REVISTA DE DIREITO MERCANTIL
industrial, econômico e financeiro

108

Publicação do
Instituto Brasileiro de Direito Comercial Comparado
e Biblioteca Tullio Ascarelli
do Departamento de Direito Comercial
da Faculdade de Direito da Universidade de São Paulo

Ano XXXVI (Nova Série)
outubro-dezembro/1997

MALHEIROS EDITORES

REVISTA DE DIREITO MERCANTIL

industrial, econômico e financeiro

Nova Série — Ano XXXVI — n. 108 — outubro-dezembro de 1997

REVISTA DE DIREITO MERCANTIL
publicação trimestral de
MALHEIROS EDITORES LTDA.
Rua Paes de Araújo, 29, conjunto 171
CEP: 04531-940
São Paulo, SP - Brasil - Tels. 822-9205
820-9718 - 820-5549 - Fax. 829-2495

Assinaturas e comercialização:
CATAVENTO DISTRIBUIDORA DE
LIVROS S.A.
Rua Conselheiro Ramalho, 928
CEP 01325-000
São Paulo, SP - Brasil
Tel. 289-0811 - Fax. 251-3756

Diretor Responsável: Álvaro Malheiros
Diretora: Suzana Fleury Malheiros

Supervisão Gráfica: Vânia Lúcia Amato
Composição: EDITORA FRASE LTDA.

SUMÁRIO

DOUTRINA

A RESPONSABILIDADE CIVIL DO MÉDICO. VISÃO BIOTÉTICA 7
— Rachel Sztajn

A REFORMA DA LEI DE FALÊNCIA FRENTE À REORGANIZAÇÃO ECONÔMICA DA EMPRESA 16
— Frederico Augusto Monte Simionato

ATUALIDADES

DUPLICATA E FACTURAS DE CRÉDITO — CONFRONTO E COMPARAÇÕES 63
— Paulo Roberto Colombo Arnoldi

ASPECTOS RELEVANTES DA REFORMA DA LEI 6.404/76, PELA RECENTE LEI 9.454/97 69
— Waldirio Bulgarelli

CUMPRIMENTO JUDICIAL DE CLÁUSULA COMPROMISSÓRIA NA LEI N. 9.307/96 E OUTRAS INTERVENÇÕES DO JUDICIÁRIO NA ARBITRAGEM PRIVADA 73
— Celso Barbi Filho

A CVM E OS CONTRATOS DE INVESTIMENTO COLETIVO ("BOI GORDO" E OUTROS) 91
— Haroldo Malheiros Duclerc Verçosa

ASPECTOS DA COMPETENÊNCIA DO CMN E DA CVM NO MERCADO DE VALORES MOBILIÁRIOS 101
— Marcos Paulo de Almeida Salles

O USO DA CLÁUSULA ARBITRAL NOS CONTRATOS SOCIETÁRIOS 116
— Fábio Buccioli

SISTEMAS DE ADMINISTRAÇÃO DAS S/A NO DIREITO COMPARADO E NO DIREITO PÁTRIO 125
— Renato Luis Bueloni Ferreira

MERCOSUL — LEGISLAÇÃO

DECRETO N. 1.765, DE 28 DE DEZEMBRO DE 1995 — DISPÕE SOBRE A VIGÊNCIA DAS RESOLUÇÕES DO GRUPO MERCADO COMUM E DAS DECISÕES DO CONSELHO DO MERCADO COMUM QUE MENCIONA 132

TEMAS EM DEBATE — A REFORMA DO JUDICIÁRIO

A CORRUPÇÃO DOS JUÍZES 159
— Jorge S. Malem Seña

JURISPRUDÊNCIA COMENTADA

GRUPO DE SOCIEDADES E ABUSO DA ACIONISTA CONTROLADOR 171
— Luiz Felipe de Carvalho Pinto

IMPOSSIBILIDADE DE RESILIÇÃO UNILATERAL DE ACORDO DE ACIONISTAS POR PRAPZO INDETERMINADO 186
— Maria Isabel de Almeida Alvarenga

ANULAÇÃO DA ASSEMBLÉIA GERAL. VOTO DO ACIONISTA CONTROLADOR CONTRÁRIO AO INTERESSE DA COMPANHIA 197
— Rodrigo Recart

JURISPRUDÊNCIA

TRIBUTÁRIO — IPMF — EMPRESA DE ARRENDAMENTO MERCANTIL INCIDÊNCIA DA ALÍQUOTA ZERO POR EQUIPARAÇÃO ÀS INSTITUIÇÕES FINANCEIRAS 205
— Voto do Juiz Newton de Lucca, do TRF da 3ª Região

COLABORAM NESTE NÚMERO

CELSO BARBI
Professor Assistente e Mestre em Direito Comercial na Faculdade de Direito da Universidade Federal de Minas Gerais. Procurador do Estado de Minas Gerais

FÁBIO BUCCIOLI
Pós-graduando da Faculdade de Direito da Universidade de São Paulo. Advogado em São Paulo

FREDERICO AUGUSTO MONTE SIMIONATO
Pós-graduando em Direito pela Faculdade de História, Direito e Serviço Social da UNESP

HAROLDO MALHEIROS DUCLERC VERÇOSA
Mestre e Doutor em Direito pela Faculdade de Direito da Universidade de São Paulo. Professor de Direito Comercial nas Faculdades de Direito da USP e da UNICID. Ex-Procurador do Banco Central do Brasil. Advogado em São Paulo

JORGE F. MALEM SEÑA
Professor de Filosofia do Direito na Universidade Pompeu Fabre, de Barcelona

LUIS FELIPE DE CARVALHO PINTO
Pós-graduando em Direito Comercial pela Faculdade de Direito da Universidade de São Paulo. Advogado em São Paulo

MARCOS PAULO DE ALMEIDA SALLES
Especialista em Direito Econômico e Financeiro e Mestre em Direito Comercial pela Universidade de São Paulo. Advogado em São Paulo

MARIA ISABEL DE ALMEIDA ALVARENGA
Pós-graduanda na Faculdade de Direito da Universidade de São Paulo

NEWTON DE LUCCA
Mestre, Doutor e Livre-docente de Direito Comercial pela Faculdade de Direito da Universidade de São Paulo. Juiz do Tribunal Federal da 3ª Região

PAULO ROBERTO COLOMBO ARNOLDI
Mestre, Doutor e Livre-docente em Direito Comercial. Professor de Direito Comercial nas Universidades São Francisco (USF), de Ribeirão Preto (UNAERP) e UNESP (Campus de Franca) Advogado

RACHEL SZTAJN
Doutora e Livre-docente de Direito Comercial da Faculdade de Direito da Universidade de São Paulo. Advogada em São Paulo

RENATO LUIS BUELONI FERREIRA
Pós-graduando da Faculdade de Direito da Universidade de São Paulo. Advogado em São Paulo

RODRIGO RECART
Pós-graduando da Faculdade de Direito da Universidade de São Paulo. Advogado em São Paulo

WALDIRIO BULGARELLI
Professor Titular de Direito Comercial da Universidade de São Paulo

Doutrina

A RESPONSABILIDADE CIVIL DO MÉDICO: VISÃO BIOÉTICA

RACHEL SZTAJN

Todos os estudos sobre responsabilidade de profissionais liberais, especialmente na área da saúde, são uniformes: a responsabilidade civil de médicos por danos causados no exercício de sua atividade é subjetiva, exige além do dano e nexo da causalidade, a demonstração de ter o profissional agido culposamente. Eventual ação dolosa, prática de ato ilícito, há de ser considerada não como ato praticado por profissional da medicina mas como ato praticado por qualquer pessoa, exceto, talvez, para agravar a pena. Isto porque, dado o tipo de atividade que exerce, de caráter personalíssimo muitas vezes, mas sem dúvida baseada em relação de confiança, o abuso da posição há de ser considerado contra o profissional que dela fizer mau uso.

Mas, se essa doutrina, calcada na distinção entre obrigações de meio e de resultado, que entende que, quanto à obrigação de curar não pode o profissional oferecer mais do que seus melhores esforços, qualquer garantia ou promessa de resultado afastado da realidade, do conhecimento, das experiências anteriores, parece estar em vias de desaparecer.

As razões podem estar presas a diferentes fatores. De um lado os avanços tecnológicos que levam à criação de aparelhos mais precisos utilizados nos diagnósticos; novas drogas que permitem melhores resultados nos tratamentos; novas formas de combinar terapias que produzem resultados mais eficazes e duradouros. De outro as promessas ou aparentes promessas feitas por médicos aos clientes que, a par do reconhecimento dos direitos individuais, das proibições de experimentações em e com seres humanos, parecem ampliar os limites da culpa, acabando por assemelhá-la à responsabilidade sem culpa.

Sem aprofundar as razões acima suscintamente apresentadas passa-se à análise de motivos que possam justificar essa súbita alteração de curso em área tão importante da atividade humana.

Em verdade trata-se aqui de responsabilidade profissional, responsabilidade essa que contempla o aspecto jurídico e o ético. Se os aspectos ético e moral podem se constituir em excludentes de responsabilidade no plano jurídico, que consiste na impunidade por falta de regras jurídicas que permitam punir o responsável pelo dano, com base nesse tipo de raciocínio, aproximando a arte curativa de poderes mágicos, divinos, ficava fácil explicar porque o profissional que agisse com diligência, prudência e dentro das *leges artis* fosse inimputável no plano do direito.

Essa mesma razão pode ser transposta para atividades como o sacerdócio, a advocacia e a magistratura, no seu mister de fazer ou distribuir justiça. Claro que a palavra profissão, do latim *professio,* que tem o substantivo *fassio* e o adjetivo *fassus* indicativos de confissão pública, promessa ou consagração ao lado de profissão. Assim para Cícero o *profiteri se medicum, gramaticum,* tinha o sentido de confessar-se publicamente, ser reconhecido publicamente como médico. A consagração social e pública de que gozavam os exercentes da profissão médica perdura até muito recentemente por força da orientação social da atividade.

Espera-se do médico altruísmo, esforço desinteressado em benefício da coletividade, tal como aparece no Juramento Hipocrático. Uma tal "responsabilidade moral e ética" poderia ensejar o afastamento da responsabilidade jurídica. Daí que a responsabilidade subjetiva fosse o modelo ideal por recair sobre membros do grupo que, de alguma maneira, tivessem afrontado as regras éticas. Há quem afirme que, diante das profissões clássicas, a sanção jurídica se manifesta sempre mais tardiamente, por ser posterior ao fato, enquanto que a moral o precede.

Assim, a profissão está fundada primariamente na responsabilidade moral, na *lex artis* e, subsidiariamente, na responsabilidade jurídica como se verifica da elaboração dos códigos de ética médica ou de deontologia profissional. A lei da arte (*Lex Artis*) é, em sentido amplo, o conjunto de regras e princípios para fazer as coisas bem ou artisticamente, de sorte que cada profissão ou atividade tem sua própria *lex artis,* mas, todas têm em comum o fazer bem, fazer com diligência e técnica adequada. Pode-se concluir que obedecer às *legis artis* precede o atender às normas informadoras da profissão e, até, aos códigos de ética profissional.

Em medicina isto significa ter conhecimento teórico e prático da matéria mas também perícia no exercício da área; utilizar métodos de diagnóstico adequados sempre em benefício do paciente; cuidar para que o tratamento resulte em benefício superior aos danos que possa produzir; empregar técnicas já suficientemente conhecidas e testadas. Nesse campo da responsabilidade ética e moral dos médicos, os julgamentos se fazem pelos Conselhos Regionais ou Federal; porém, atualmente, a questão da responsabilidade dos médicos se põe de forma mais aguda, uma vez que, aparentemente, paira na sociedade algum nível de insatisfação com os julgamentos exarados por tais Conselhos compostos de profissionais. Assim parece que as formas clássicas de controle e responsabilização do exercício profissional dos médicos deve ser submetida a padrões aplicados a profissões outras que têm contribuído para aperfeiçoar as relações entre profissionais e clientes.

O médico responde, pelo fato de exercer a profissão, por assumir certos riscos a ela inerentes, como: riscos por erro de diagnóstico; risco por erro terapêutico; riscos por erros de procedimentos decorrentes quer de fatores exógenos quer de conduta pessoal.

Os riscos por erro de diagnóstico podem derivar de falta de exames para o mal; insuficiência de testes; exigir exames mais arriscados para o paciente sem levar em conta outras alternativas menos perigosas; interpretação equivocada dos exames ou não conseguir chegar ao diagnóstico; pedir exames extemporâneos (tardios, por exemplo); diagnosticar tardiamente.

Os riscos por erro de tratamento são dos tipos: tratamento inadequado qualitativa e quantitativamente; por omissão ou comissão; tratamentos contra-indicados; interação medicamentosa; efeitos colaterais previsíveis e imprevisíveis; falta de controle de medicação; tratamentos de alto risco.

Erros decorrentes de fatores exógenos seriam: omissão ou ocultação pelo paciente de dados que levam a condutas incorretas; uso inadequado da medicação pelo paciente; mistura de tratamentos sem consulta ao médico; insuficiência ou inadequação dos recursos nos centros em que o médico atende. A par desses erros decorrentes de conduta pessoal do médico são do tipo: não obediência aos preceitos éticos e morais informadores da profissão; quanto a contágios, infecções, vacinações; assistenciais; quebra de sigilo profissional; ocultação de riscos; manifesta falta de atualização nas práticas médicas ou *malpratice*.

Mas, em que consiste a profissão médica? Consiste, diz-se em intervenções ou tratamentos, segundo o estado do conhecimento, visando a prevenir, diagnosticar, debelar ou minorar uma doença, sofrimento, lesão, fadiga corporal ou perturbação mental. O que implica que, no caso de procedimento cirúrgico executado por médico como medida terapêutica, não há imputação penal, embora a conduta pudesse ser enquadrada no tipo legal de lesão corporal. Faltaria, no caso, o dolo, a intenção de causar dano. O dolo é elemento fundante da responsabilidade penal, integrado que é pela vontade e a consciência do que faz. Não se confunde com a culpa nem com o caso fortuito ou a força maior.

A qualificação jurídico-penal das intervenções médicas é no sentido de que não constituem ofensa corporal desde que indicados pela ciência médica e destinados à recuperação ou manutenção da saúde do paciente.[1] Não se discute sucesso ou insucesso do procedimento desde que não tenha havido arbitrariedade na conduta médica.

Em discussão sobre os aspectos penais da responsabilidade dos médicos, Maria Paula Bonifácio Ribeiro de Faria lembra que: "As intervenções médico-cirúrgicas assumem plena relevância penal, já não como atentados à integridade física do paciente, na medida em que correspondam a uma actividade profissional consciente por parte do médico, mas sim como lesões do valor da autodeterminação da pessoa humana, ao serem levadas a cabo contra ou sem a vontade desse mesmo paciente, isto é, com actuações arbitrárias".[2]

Deixando o aspecto penal, há que investigar em que consiste a relação profissional médico-paciente. A relação médico-paciente tem uma especificidade própria, típica, ainda presa àqueles valores de misticismo do curador, do "salvador de vidas".

Quais os princípios que devem balizar a relação médico-paciente? A bioética oferece como moldura ou pano de fundo para discussão os princípios a seguir:

1. autonomia — a idéia de autonomia implica o reconhecimento ao respeito individual. Isto é, admitir que cada pessoa pode escolher, definir seus objetivos de vida. Ou seja, cada ser humano não tem autoridade nem deve ter poder sobre qualquer outro ser humano, não pode coagir outrem, limitar suas atividades ou impor sua vontade. Reconhecer a autonomia significa reconhecer o poder de decidir sobre o que acontece com o corpo, com a informação sobre a própria vida, os segredos, tomar decisões, enfim, ter direito de autodeterminação, observados a moral, os bons costumes e as normas cogentes próprias do convívio em sociedade.

2. veracidade — O juramento hipocrático não recomenda a veracidade bem assim a Declaração de Genebra da Organização Mundial de Saúde. Até recentemente os Códigos de Ética Médica ignoravam a veracidade como elemento fundamental na relação do médico com seus pacientes. O dever de veracidade pode ser assemelhado à transparência que informa muitas das condutas exigidas de profissionais de outras áreas de atividade. Porém a veracidade no campo da saúde é pressuposto da cooperação e da confiança. Veracidade é mais do que transparência, implica a transmissão de informação precisa, objetiva e de forma inteligível para o ouvinte. Implica não mentir e dizer a quem tem o direito à informação a verdade, embora nem sempre toda a verdade.

1. Maria Paula Bonifácio Ribeiro de Faria, *Aspectos Jurídico-penais dos Transplantes*, Universidade Católica Portuguesa, Editora Porto, 1993, pp. 35 e ss.

2. Ob. cit., p. 39, com remissão a Figueiredo Dias, *O Problema da Ortotanásia — direito de dispor da própria vida* ou *Rechtliche Grundlagen und Grenzen der ärztlichen Aufklärungsplicht* de Bockelmann (nota 10).

Ainda quando o procedimento terapêutico não leva a nenhuma técnica invasiva, o dever de veracidade se mantém como elemento vital da relação de confiança que há de existir entre médico, paciente e familiares;

3. privacidade e confidencialidade — tratando saúde, do bem-estar biopsíquico-social das pessoas, o conhecimento que o médico tem do estado de seus pacientes deve ser objeto do mais estrito sigilo e confidencialidade, tal como fazem os clérigos nos casos de confissão; trata-se de manter segredos quando danos podem ser causados pela quebra desse dever. O direito constitucional contra a violação da intimidade, pois é disso que se trata, só pode ser descumprido quando há risco para a comunidade ou saúde pública. É o caso de moléstias infecto-contagiosas que se espalhem rapidamente podendo pôr em risco grandes contingentes populacionais.

O direito à privacidade deriva do direito à vida, à liberdade, à propriedade, mas, especialmente do direito de gozar a vida, de ficar só. O direito de não ser apontado na rua, não ser submetido a tensão ou mal-estar. Charles Fried, citado por Tom L. Beeauchamp e James F. Childress[3] diz que *privacy is a necesssary condition — "the necessary atmosphere" — for maintaining intimate relationships of respect, love, friendship and trust. Without privacy, he argues these relationships are inconceivable.* Mas, acrescentam os autores, o respeito pela autonomia pode ser a melhor explicação para esse princípio. Segundo esse princípio há uma área em que o *eu* e o direito de protegê-lo restringindo o acesso de terceiros é importante e deve ser protegida.

Por sua vez a confidencialidade da informação decorre da dignidade da pessoa, da autonomia, e do poder que as pessoas têm sobre as informações particulares que prestam aos médicos, somadas àquelas que decorrem dos resultados dos testes a que tenham sido submetidas.

Nota-se que, em geral, quando uma pessoa confidencia alguma coisa a outra, solicitando que o assunto não seja comentado com outrem sem permissão, dois fenômenos estão presentes: o relato é voluntário e particular, privativo, quando o pedido de sigilo o acompanha. Em algumas profissões o pedido de sigilo não é de ser esperado uma vez que, pela própria atividade, para bem desempenhá-la, a "confidência" é involuntária, no sentido de que não decorre de vontade livre mas de necessidade operacional. Esse o caso dos médicos, dos advogados, dos religiosos. A especialidade de tais relações está, também, baseada na premissa de que as informações prestadas, voluntária ou compulsoriamente, serão mantidas longe do conhecimento de quaisquer terceiros. E, tais pessoas, por força de seu mister, estão, mais que outras, impedidas de controlar ou limitar a liberdade de seus clientes ou confidentes.

Admitem-se exceções como no caso de médicos militares, médicos de companhias seguradoras, ou situações similares, além, claro, daquelas em que possa haver prejuízo para a saúde pública. Do ponto de vista ético podem ser encontradas respostas em ambos os sentidos, algumas que permitam a quebra da confidencialidade desde que os profissionais informem aos seus pacientes quais os limites que pretendem observar. Com isso o paciente poderá procurar outro profissional ou, se for possível, ocultar ou restringir alguma informação.

O acesso não autorizado bem como a divulgação de tais informações viola o direito à intimidade. Sabe-se que desde Hipócrates os médicos juram manter em segredo as informações que recebam de seus pacientes, como prova de confiança. A quebra da confidencialidade só pode ser admitida, tal como no caso de violação da privacidade. O sigilo profissional é, portanto, fundamental na relação médico-paciente a fim de garantir que todos os sintomas ou quadro clínico possam ser relatados pelo

3. *Principles of Biomedical Ethics,* Fourth Edition, Oxford University Press, New York, Oxford, 1994, p. 409.

paciente, sem exageros, simulações ou outros subterfúgios que podem comprometer o resultado visado, a cura ou, ao menos, a melhora da qualidade de vida do paciente.

É preciso que entre médico e paciente a relação seja de confiança e de obrigação, nada obstante a despersonalização da medicina decorrente da socialização dos serviços médicos. Lembro que, em hospitais universitários e ambulatórios do tipo PAS, SUS, etc., nem mesmo existe garantia de que tratamentos e procedimentos terapêuticos sejam levados a cabo pelo mesmo profissional. Ainda assim a relação médico-paciente mantém suas características e todos os princípios acima referidos devem ser observados.

Vale dizer que a responsabilidade do médico quando da violação da autonomia do paciente, da quebra dos deveres de veracidade, confidencialidade e privacidade devem ser consideradas ao lado dos chamados "erros médicos" que, em geral, estão presos à idéia de culpa por agir o profissional com negligência, imprudência ou imperícia.

Não é este o momento nem o local para discutir algumas exceções à regra de respeito à privacidade, tais como as que envolvem questões como resultados de testes para HIV. No caso de populações de risco seria de admitir testes compulsórios e em outros casos os testes devem ser facultativos? Não há resposta uniforme para tais questões, de sorte que apenas políticas públicas é que levariam à definição de testes voluntários e gerais ou testes igualmente gerais mas compulsórios. Na segunda hipótese haverá violação da autonomia individual, o que não ocorre na primeira. Testes para gestantes seriam recomendáveis?

A jurisprudência não é pródiga nessas discussões, mas os julgados que aplicam normas de responsabilidade civil para casos de ação ou omissão culposa são vários, alcançando profissionais e instituições de saúde. Repita-se que o avanço tecnológico é tanto aliado quanto algoz no campo da saúde.

Há não muito tempo o médico era ou clínico geral ou cirurgião, ou ambos. O clínico geral, normalmente médico da família, atendia desde recém-nascidos até idosos, conhecia todas as pessoas da casa, sabia quais eram os "males da família", era, enfim, um faz-tudo. Mas, como em outras profissões, a especialização se fez crescente, e os profissionais sabem cada vez mais de áreas específicas, e menos do geral. A crescente especialização traz algumas questões no plano da responsabilidade civil.

A regra geral da responsabilidade civil está, no direito brasileiro, no art. 159 do CC. O dispositivo se prende a culpa, ou seja, a negligência, imprudência ou imperícia. Negligência é descuido, falta de atenção; imprudência é violação das regras de cuidado, de prudência; imperícia é a falta de técnica no exercício profissional que pode resultar quer de ignorância quer de execução defeituosa do ato médico.

Não há dúvida de que as antigas discussões sobre ser de *meio* ou de *resultado* a obrigação do médico começa a passar por distinções que surgem do avanço da medicina e das modernas tecnologias, sejam elas terapêuticas sejam de diagnóstico. Daí resultam de um lado o aumento de risco em algumas áreas e, de outro, talvez porque desavisados, estejam os médicos criando expectativas que, mesmo diante do estado da arte, são incapazes de preencher por subjetivas de cada paciente, a transformação daquilo em resultado do que era obrigação de meio.

Veja-se, por exemplo, algumas especialidades da medicina: a) cirurgia plástica que pode ser dividida em reparadora e estética. Na primeira forma continua sendo obrigação de meio, na última é, cada vez mais, obrigação de resultado. O que leva a essa distinção? O computador. A tecnologia que deveria contribuir para o aperfeiçoamento da técnica leva à distorção da obrigação do cirurgião. Ao entregar ao cliente um *print out*, desenho em que demonstra o resultado após a cirurgia, o médico dá ao cliente a "certeza" de que aquele será o resultado. Mas, como já se observou, cada pessoa tem reações próprias e individualizadas em face de cada procedimento médico, ainda quando a maioria possa reagir de forma similar.

O comportamento do profissional em uma tal situação transforma o que seria obrigação de meio em obrigação de resultado, dando margem a reclamações que acabam caindo no campo da responsabilidade culposa — agir de forma imprudente, negligente ou imperita —, quando nenhuma dessas condutas houve, exceto, talvez, na "promessa".

Acórdão do Superior Tribunal de Justiça em Recurso Especial (n. 73.958-PR), diz: "Responsabilidade civil. Médico. Cirurgia plástica. Reclamado dano estético e moral. Artigos 159 e 1.545 do Código Civil. — *Resultado almejado não-inteiramente alcançado*. Retoques cirúrgicos necessários, como de certa freqüência nesse tipo de intervenção, que não foram levados a termo ante o rompimento das relações médico-paciente (grifo meu). Aparentemente a obrigação no caso de cirurgia estética é de resultado, ainda quando as condições individuais do paciente podem não justificá-lo.

No caso, tratava-se de cirurgia estética, mas, mesmo no caso da reparadora pode haver elevado nível de insatisfação pessoal do paciente pois que a reparação visa, em larga medida, a reduzir dano estético ao lado de recuperação de funções. Aqui também é tênue a linha que separa a obrigação de meios da de resultados. Por vezes o cirurgião consegue resultado favorável, bom, ou, no mínimo, não piora a aparência do paciente e, ainda assim, não o satisfaz, entendendo este que ficou com aparência pior do que antes. A beleza é subjetiva e os parâmetros para aferi-la são díspares, dependendo de quem julgue. Aqui o dever de informar, especialmente quanto à possibilidade de resultados imprevisíveis, pois que a obrigação deste profissional não é um fazer absolutamente livre, ficando condicionado às exigências do paciente. Mais que uma questão de perícia a cirurgia estética é matéria de aplicação da técnica para o fim específico a cada caso concreto, sem garantir que o resultado visado será, efetivamente, alcançado.

b) análise clínica — também nesse campo a complexidade dos métodos tem contribuído para ampliar o leque de riscos a que está sujeito o médico. Investigar o uso de novas substâncias no terreno da farmacologia, maior precisão e confiabilidade dos exames geram dificuldades antes inexistentes. Os erros variam desde a coleta inadequada de materiais até a transcrição equivocada dos resultados. Na coleta de materiais, da manipulação inadequada, podem resultar lesões e/ou a contaminação do paciente. Se a amostra for inadequada o resultado do exame estará fatalmente comprometido, será menos confiável. Além disso, da má conservação da amostra podem resultar erros nas fases analíticas do procedimento. O emprego de substâncias reativas malconservadas ou com prazo de validade expirando também constituem elementos importantes na avaliação da responsabilidade do médico.

Tais erros ocasionam problemas de diagnóstico e, conseqüentemente, dificultam ou impedem a prescrição de tratamentos próprios. Assim o analista pode ser responsabilizado penal e civilmente por eventos que, aparentemente, seriam imputáveis ao especialista de outra(s) área(s). Nesse campo há que enfatizar questões ligadas à análise hematológica notadamente em nosso país. Doadores "voluntários" que recebem pagamentos dos bancos de sangue, portadores de moléstias como Doença de Chagas, hepatite, AIDS ou SIDA, são freqüentes, levando à contaminação de muitas pessoas. Dupla responsabilidade do médico/laboratório. De um lado imperícia na análise, de outro negligência ao aceitar tais "doadores" transmissores de moléstias graves aos necessitados de sangue. Lembro o caso de Herbert de Souza e seus irmãos, hemofílicos, contaminados por transfusões de sangue sem adequada análise.

Aponta-se decisão do Tribunal de Justiça do Rio de Janeiro — Apelação Cível n. 7.979/95 da Primeira Câmara Cível cuja ementa é: Direito Civil: responsabilidade civil hospitalar. Transfusão de sangue envenenado pelos vírus da AIDS injetado em recém-nascido, com eclosão de seu flagelo anos que se seguiram. Culpa evidenciada do serviço médico prestado na utilização diversa do sangue paterno doado, por outro de origem desconhecida. Indenizabilidade que se faz imperativa à inocente e condenada paciente, no seu sentido mais amplo, senão para salvar-lhe a vida, mas para suavizar os seus padecimentos, e de seus legitimados à pedida acionária no vértice do dano moral. ... Do voto do relator destaca-se o seguinte trecho: Indicado, como necessário ao tratamento da recém-nascida, o injetamento de plasma, o pai (o segundo dentre os 1os apelantes), engenheiro civil, fez-se doador, mas não foi o seu sangue o injetado na criança, senão de desconhecido, obviamente extraído diretamente de terceiro doador ou vindo de Banco de Sangue, contaminando-a, com eclosão de funestas conseqüências anos mais tarde, ... Daí a pedida indenizatória ampla, danos materiais, despesas médicas, exames, internamentos e medicações, despendidas e a despender, enquanto sobrevivida a desditosa criança, a par do dano moral.

No mesmo sentido decisão do Tribunal de Justiça do Estado de São Paulo — Apelação Cível n. 260.549-1/6 de 1996, cuja ementa é: *Ação de indenização — AIDS* — Vírus adquirido através de infusão de sangue em decorrência de ato e missão de funcionários de nosocômio — Indenização que deve corresponder à dor suportada e à possibilidade do hospital — Majoração de verbas indenizatórias. Contaminação por sangue mal-analisado em transfusão que buscava salvar a vida.

c) anestesia — campo que, no Brasil, tem sido objeto de férteis discussões. A anestesia é especialidade em que médico busca eliminar ou reduzir a dor do paciente, permitindo a atuação com técnicas agressivas inviáveis de outro modo. A anestesia pode ser geral, atuando no sistema nervoso central provocando estado de inconsciência; anestesia de tronco ou feixes de nervos, que atua sobre certos centros nervosos ou áreas superficiais, inibindo os estímulos da dor; e, finalmente, anestesia local, que provoca o bloqueio da dor em pequenas áreas de diferentes regiões do organismo; a anestesia raquidiana (ou raqui), que mantém o indivíduo consciente durante o processo cirúrgico, além de possíveis outras combinações.

Toda anestesia deve ser precedida de análise do paciente a fim de avaliar que tipos de efeitos colaterais podem resultar da aplicação de uma ou outra droga ou processo. Dessa forma o anestesista é responsável pela análise prévia, pela narcose e termina com a reanimação do paciente quando passa aos cuidados dos demais profissionais.

Erros freqüentes ou próprios do ato anestésico são: omissão do exame pré-anestésico ou análise insuficiente; erro na escolha da técnica anestésica; falta de cuidados com o paciente durante a anestesia; produção de lesões cerebrais em conseqüência dos fármacos empregados, quantidade, tempo de duração, ou eventuais concausas; abandono do paciente antes de entregá-lo a outros médicos; narcose inadequada que pode levar a acidentes cirúrgicos.

d) pediatria — é a parte da medicina que se especializa em crianças, tratando tanto das suas enfermidades próprias quanto das hereditárias e das neonatais. A especialidade inclui os cuidados neonatais junto ao obstetra e subseqüentes; pesquisa que descarte malformações, moléstias hereditárias e seus controles; vacinação; acompanhamento do desenvolvimento físico e psíquico; tratamento das doenças.

A pediatria, a par das dificuldades usuais da clínica geral vem carregada dos riscos próprios conseqüentes do insuficiente desenvolvimento defensivo, psíquico e até biológico dos pacientes.

Erros comuns na especialidade são: consultas rápidas; abuso de testes perigosos para a criança como os radiológicos; abuso de psicofármacos e analgésicos; não definição em tempo de malformações congênitas ou traumatismos do parto que possam causar lesões irreversíveis; seguir regras hospitalares de pediatria que possam ir contra a boa prática médica.

Dois acórdãos demonstram bem os riscos dessa especialidade. Em ambos os casos o evento foi deficiência visual de prematuros. A Apelação n. 251.563.1/9 do Tribunal de Justiça do Estado de São Paulo, na ementa diz: Indenização — Responsabilidade civil do hospital — Nascido prematuramente que, permanecendo em "isolete", em decorrência do oxigênio do aparelho ficou com deficiência visual e, eventualmente, cego no futuro. Responsabilidade atribuída à falta de proteção nos olhos do menor. ... Por sua vez, na Apelação n. 274.790-1/2 o mesmo Tribunal explica: Indenização — Responsabilidade civil de hospital — Nascidas prematuramente que, permanecendo em incubadeiras, em decorrência do oxigênio dos aparelhos, sem a devida proteção visual ficaram cegas, vindo uma delas a falecer no curso da lide. ... Nos dois casos o mesmo fato, oxigenação — necessária dos recém-nascidos sem os devidos cuidados com os olhos, comprovando-se que a deficiência visual decorreu da falta de cuidados na aplicação da terapia indicada. A retinopatia da prematuridade decorreu de uso de oxigênio, necessário para a síndrome de deficiência respiratória, quando a concentração de oxigênio supera 40% e falta a proteção ocular.

Em todos os casos acima relatados as decisões basearam-se em culpa na causação de danos. Os danos são concretamente relacionados a atos médicos em que se aponta negligência, imprudência ou imperícia. Mas, e se o dano psíquico ou moral decorrer da falta de observância de algum dos princípios de bioética, como ausência de consentimento informado, falta de clareza no explicar ao paciente e/ou familiares possíveis efeitos colaterais dos procedimentos terapêuticos, ocultação de dados sobre a gravidade da moléstia, de que possam resultar conseqüências indesejáveis para o paciente e familiares?

Não há, ainda, no Brasil, profundas discussões sobre o assunto fora de alguns grandes hospitais,como é o caso do Hospital das Clínicas da Faculdade de Medicina da USP, do INCOR, também da USP, do Hospital São Paulo, da UNIFESP, e algumas instituições privadas. Sem dúvida, quando as discussões forem ampliadas a AVERMES (Associação das Vítimas de Erros Médicos) e grupos congêneres estarão em posição vantajosa.

Uma última questão que deve ser respondida, é se a lei de defesa do consumidor deve ser, ou não, aplicada a questões ligadas a procedimentos médicos. Aparentemente o exercício da medicina como profissão liberal que é, está incluído nas previsões da lei de 1990. A obrigação de fazer se apresenta na modalidade culposa, o que confirma tudo quanto tem sido decidido pelos Tribunais, exceto quanto às instituições hospitalares que deveriam responder sem culpa. Nos dois casos acima referidos, dos prematuros, as instituições foram responsabilizadas por culpa.

Quero crer, porém, que não se deveria aplicar a lei de defesa do consumidor às relações médico-paciente. Por primeiro porque o profissional da medicina não é exatamente empresário, como as instituições financeiras e muitos consultores dessa área; por segundo porque a relação é de caráter personalíssimo. O paciente escolhe o médico baseado em múltiplos elementos: reconhecimento da sociedade, recomendação, especialização, empatia, confiança, entre outros. Mesmo as exceções também já apontadas, dos hospitais universitários, em que não há possibilidade de escolha do médico, a relação ainda está fundada num fazer específico, próprio das pessoas que pertencem à clínica de que se trate e que, entre si, trocam experiências, informações, conhecimento. A lei de defesa do consumidor há de aplicar-se, portanto, de forma parcimoniosa, sem constituir o meio de defesa principal dos pacientes que estarão amparados pelo Código Civil, e, subsidiariamente, pelos Códigos de Ética Médica, que no Brasil data de 1988 e incorpora muitos dos princípios da bioética aqui expostos sumariamente.

As decisões de Tribunais brasileiros, que têm ampliado as hipóteses de responsabilidade civil dos profissionais de saúde, acionados por pessoas vítimas de erros ou que se sentem ilaqueadas na sua boa-fé por informações incompletas ou promessas não cumpridas feitas por esses profissionais não indicam o caminho de modo claro, categórico, mas em muitos países o exercício da medicina baseado nos princípios hipocráticos de sedar a dor e não fazer mal a outrem não são os únicos admitidos pelos Tribunais.

A obrigação de fazer do médico, conquanto, ainda, na maioria dos casos continue sendo do tipo *meios*, já aparece na modalidade *resultado* e, mesmo na primeira forma é acompanhada de muitos outros fazer anteriormente não considerados.

Os resultados dos procedimentos judiciais contra profissionais de saúde, especialmente médicos, tornaram o exercício da arte de curar cada vez mais arriscado, impondo aos profissionais que a exercem diligência extrema e, ainda assim, podem ser civilmente responsabilizados por danos causados aos pacientes. A responsabilidade crescente torna os médicos um dos maiores riscos para as seguradoras que operam na modalidade. Organizam-se associações de vítimas de erros profissionais de saúde, e, em contrapartida, cooperativas de médicos em busca de segurança, sociedades de médicos na tentativa de escapar da responsabilidade pessoal. Todos os "artifícios" dos médicos acabam por ser tomados como simulação, aplica-se a teoria da desconsideração da personalidade jurídica, pois o fazer é, como já disse, personalíssimo e o médico acaba sendo condenado a indenizar o paciente ou familiares, quando não há prática de ato penalmente tipificado.

A conclusão é que, no campo da saúde, as obrigações de fazer caminham celeremente para ser um fazer de resultados graças à maior conscientização das pessoas quanto a seus direitos e aos avanços da tecnologia que tornam o erro cada vez menos excusável.

Doutrina

A REFORMA DA LEI DE FALÊNCIAS FRENTE À REORGANIZAÇÃO ECONÔMICA DA EMPRESA*

FREDERICO AUGUSTO MONTE SIMIONATO

Introdução. Capítulo I — A origem e evolução histórica do instituto da falência: 1.1 O direito romano na antigüidade: 1.1.1 O período clássico do direito romano; 1.2 A falência no período medieval: 1.2.1 Amplitude da execução coletiva na Idade Média; 1.3 Falência a partir do século XVIII ao fim do século XIX no direito internacional: 1.3.1 Abrangência da falência neste período da história; 1.4 O direito falimentar no Brasil: 1.4.1 O Brasil colônia; 1.4.2 O período republicano no Brasil; 1.4.3 O Decreto n. 917/1890; 1.4.4 A Lei n. 859, de 16.8.1902; 1.4.5 A Lei n. 2.014, de 17.12.1908; 1.4.6 A Lei n. 5.746, de 9.12.1929; 1.5 O período correspondente à segunda guerra mundial. Capítulo II — A natureza jurídica do instituto falimentar: 2.1 A natureza processual da falência; 2.2 A natureza substancial da falência; 2.3 Considerações críticas a respeito da natureza jurídica do instituto falimentar. Capítulo III — Aspectos estruturais referentes ao princípio da preservação da empresa: 3.1 Comentários gerais sobre o novo direito falimentar; 3.2 Correlação entre o direito e a economia; 3.3 Questões de ordem sócio-política sobre o princípio da preservação da empresa no processo de reorganização econômica; 3.4. Dissociação entre a sorte da empresa para a do empresário; 3.5 A participação dos órgãos governamentais no plano de reorganização econômica da empresa: 3.5.1 A intervenção do Estado no processo de reorganização; 3.5.2 Desnecessidade da participação estatal no plano; 3.6 A participação dos bancos privados e dos demais credores no plano de reerguimento financeiro da empresa. Capítulo IV — Aspectos objetivos do plano de reorganização econômica da empresa: 4.1 Conceito e característica do plano de reerguimento econômico; 4.2 A nova classificação creditória no procedimento reorganizatório; 4.3 A sistemática recursal no âmbito do procedimento concursal; 4.4 A instituição do cargo de Administrador Judicial; 4.5 A participação dos empregados na direção da empresa; 4.6 Reformulação da atividade jurisdicional em um novo direito concursal. Considerações finais. Bibliografia.

Introdução

Neste trabalho procuraremos demonstrar a necessidade de se alterar a atual lei de falências. Os princípios jurídicos a fundamentar esta modificação são o da Preservação da empresa viável, agregado ao da Dissociação da sorte da empresa para a do empresário.

Por sua vez, estes novos princípios viabilizam o desenvolvimento do instituto jurídico da reorganização econômica da empresa economicamente viável, com a formação de um novo Direito Concursal.

Direito Concursal é a denominação do ramo jurídico que estuda os aspectos

*Trabalho classificado em 2º lugar no Concurso "Prêmio Tullio Ascarelli", 1996.

jurídicos existentes dentro do plano reorganizatório. Desta feita, é este um novo modelo jurídico pertencente à Ciência Jurídica.

A aplicação do plano de reorganização financeira na empresa insolvente somente torna-se possível em razão dos princípios acima enunciados, vale dizer, o princípio da preservação da empresa e a dissociação entre empresa-empresário. Estes dois princípios são fundamentais para o novo Direito Concursal em vista que sem eles não existiria sustentáculo jurídico para aplicação do plano de reerguimento assim como, por exemplo, no tocante às conseqüências jurídicas que o plano provoca sobre os credores e ao devedor.

Com efeito, o Direito Concursal possui a premissa de preservar a empresa ainda viável economicamente e liquidar as consideradas inviáveis.

A dissociação entre a sorte da empresa para a do empresário é requisito fundamental da legislação concursal. Esta dissociação viabiliza que dentro do plano de reorganização econômica da empresa o empresário seja afastado de suas funções administrativas sem, contudo, cessar a atividade funcional da mesma. Portanto, esta característica diferencia-se da atual sistemática brasileira, na qual a empresa considera-se extinta com a declaração da falência, não podendo permanecer em atividade.

A referida dissociação resulta em que, reerguida financeiramente a empresa esta poderá ter suas cotas ou ações vendidas para um terceiro que a administrará.

Desde logo, é importante ressaltar que esta alteração ocorrida no Direito Falimentar vai de encontro ao intuito liquidatário-solutório previsto na atual legislação falimentar brasileira e, neste sentido, passarão a ser diminutos os poderes dos credores dentro do plano de reorganização e inclusive as ações executórias promovidas contra a empresa serão suspensas para assim proporcionar melhor desenvolvimento do procedimento reorganizatório.

Por seu turno, o individualismo existente na atual sistemática falimentar, com o intuito de liquidar empresas e saldar os créditos, não se verificando a viabilidade econômico-reorganizatória da mesma, foi suplantado pelo interesse social consubstanciado na importância que existe na permanência da manutenção da atividade geradora de empregos e riqueza.

A modificação na legislação falimentar ocorreu porque a perspectiva solutória passou a não mais auferir resultados proveitosos para a sociedade, ou mesmo aos credores.

É inegável a importância social que a empresa possui atualmente, sendo que foi necessário que a legislação falimentar alterasse os seus mecanismos de aplicação prática para assim viabilizar a reorganização econômica da empresa dentro do processo concursal e não simplesmente liquidá-la. Portanto, a nova sistemática da lei concursal reduz o conceito individualista existente na atual lei de falências, na qual se objetiva apenas e tão-somente o pagamento dos créditos com maior preferência no seu recebimento.

A nossa Lei de Falências, de 1945, foi elaborada unicamente com o intuito liquidatário e desta forma não mais se adequa ao novo Direito Concursal, no qual pretende-se conservar a empresa economicamente viável. Ao afirmarmos isto não se está questionando o alto nível que possui a mencionada lei, ou de seus formuladores. Assim, esta Lei foi redigida aos tempos da Segunda Guerra Mundial, ou seja, época em que se constatou a importância das empresas para a coletividade e para a economia. Neste período da história os ideais da reorganização econômica não haviam sido elaborados com a precisão que encontramos atualmente, principalmente nas legislações da França, dos Estados Unidos da América do Norte e da Inglaterra. Portanto com este trabalho não está sendo discutido se a atual Lei de Falências foi bem elaborada e redigida por seus formuladores quando da sua feitura porque, tanto o Projeto de Lei apresentado no ano de 1939 pelo Grande Trajano de Miranda Valverde, como a atual Lei falimentar redigida por Sílvio Marcondes, Hanneman Guimarães entre outros excelentes juristas pátrios, transformada no Decreto-Lei n. 7.661, no ano de 1945, foi à sua época a melhor sistemática legislativa-falimentar brasileira.

Todavia, em razão dos fundamentos jurídicos que possui o novo Direito Concursal a legislação falimentar brasileira de 1945 precisa ser revista totalmente, haja vista a formulação do novo instituto jurídico da reorganização econômica da empresa viável no processo concursal.

O princípio da preservação da empresa ao lado da reorganização econômica são institutos jurídicos novos, e por sua vez, fazem necessária a elaboração da lei concursal nova para disciplinar as diversas questões referentes à permanência da atividade funcional da empresa no procedimento reorganizatório.

Portanto, não estamos propondo a edição de uma lei de falências para contradizê-la apenas, ou alterar alguns dos seus artigos. Com efeito, reafirmamos ser o plano de reorganização um instituto jurídico novo, que requer a elaboração e a edição de lei nova. Esta lei nova instituirá em nosso ordenamento jurídico o princípio da preservação da empresa através do respectivo processo concursal.

É preciso entender que o instituto da reorganização da empresa é completamente incompatível com a nossa atual Lei de Falências porque, em razões de ordem conceitual e prática, cada lei protege interesses diversos e inconciliáveis uns com os outros.

A lei nova estabeleceria um procedimento de reorganização econômica para as empresas devedoras, mas financeiramente viáveis, no qual disciplinaria a forma de pagamento do crédito dos credores com a correspondente manutenção da atividade funcional da empresa. O plano de reerguimento é um procedimento sério e fiscalizado pelo Juiz e pelo Administrador Judicial, sempre com o intuito de evitar a fraude e punir o conluio. Para o melhor gerenciamento e supervisão dos responsáveis na aplicação do plano seria necessária uma completa reformulação da atividade jurisdicional porque esta necessitaria de mecanismos mais ágeis e eficazes na fiscalização do processo.

A elaboração da lei nova deveria estabelecer dois procedimentos distintos, que são: um que discipline o procedimento reorganizatório para as empresas consideradas economicamente viáveis; e um outro diverso no qual estará o procedimento de liquidação de bens para as empresas insolventes e inviáveis.

A) Revisão da Literatura

A fonte de estudos do presente trabalho são as obras dos Professores Nelson Abrão, Rubens Requião, Fábio Konder Comparato, diversos artigos publicados na *Revista de Direito Mercantil Industrial Econômico e Financeiro* e na *Revista dos Tribunais*, somados a algumas publicações do jornal *O Estado de São Paulo*.

Como se observa a nossa literatura jurídica a respeito da reorganização da empresa é bastante escassa, a despeito da importância que o tema possui para a nossa realidade. Por outro lado, a doutrina estrangeira, principalmente a francesa, a italiana e a da Espanha, é exuberante no que se refere ao princípio da preservação da empresa.

B) Problematização

Pelo estudo por nós realizado constatamos a necessidade premente de ser reestruturada e reformada a atual Lei de Falências para que assim seja elaborada lei concursal nova preceituando em seus artigos o plano de reorganização econômica da empresa dentro de um processo concursal, eficaz em proporcionar a melhor aplicação do princípio da preservação da empresa. Desta forma, é necessária a total reformulação da presente legislação, através da elaboração de lei concursal nova.

C) Material e método de estudo

O material de estudo consistiu na leitura, análise e interpretação de textos e livros específicos que tratam sobre a reforma da lei de falências no Direito estrangeiro e pátrio.

A metodologia empregada para a realização e elaboração do trabalho foi o Histórico, conjugado com o Hipotético-Dedutivo.

D) Objetivos do trabalho

O trabalho pretende demonstrar os seguintes pontos:

a) ineficácia da atual Lei de Falências;

b) O distanciamento da nossa atual legislação falimentar do seu interesse social;

c) O nítido intuito processualístico-liquidatário-solutório da atual Lei falimentar;

d) O surgimento no Direito estrangeiro do novo instituto jurídico denominado reorganização econômica da empresa insolvente dentro do processo concursal;

e) A necessidade da reformulação da atual Lei de Falências brasileira;

f) A fundamentação teórica e prática pela qual o princípio da preservação da empresa necessita estar previsto futuramente pela lei concursal;

g) Os principais aspectos estruturais e objetivos que a lei concursal deverá conter em seus artigos.

E) Justificativa

Cabe ressaltar que a despeito do trabalho ter se fundado nas obras mencionadas não só na revisão da literatura não seguiu nenhuma delas, mas procurou enfocar o tema em visão toda específica e particular para a propositura da reforma da vigente Lei de falências.

O trabalho não pretende ser original no sentido específico da palavra, mas demonstrar e denunciar a ineficiência e a imprecisão prática da atual sistemática legislativa falimentar brasileira, visão toda particularizada que lhe confere um caráter de originalidade na elaboração, desenvolvimento e demonstração do presente estudo.

CAPÍTULO I — A ORIGEM E EVOLUÇÃO HISTÓRICA DO INSTITUTO DA FALÊNCIA

1.1 O direito romano na antigüidade

No período correspondente ao Direito antigo encontra-se a característica de que a execução coletiva quando não paga a obrigação, recairia na própria pessoa do devedor, e não em seus bens como hoje ocorre.

Vejamos o que diz o Professor J. C. Sampaio de Lacerda, a esse respeito:

"É no direito romano que surgem os primeiros princípios de todo processo de execução. Entre os romanos, porém, o conceito de obrigação era essencialmente pessoal. A obrigação recaía sobre o indivíduo e não sobre os seus bens. A pessoa do devedor constituía a garantia única dos credores. A falta de cumprimento da obrigação tinha a garanti-la a pessoa do devedor e não o seu patrimônio. Esse modo de considerar se coadunava plenamente com o regime econômico então predominante no trabalho escravo".

Assim, claro é que existia no instituto falimentar desta época uma preocupação nítida em punir o devedor que não saldasse suas dívidas perante os seus credores.

1. Lacerda, J.C. Sampaio de. *Manual de direito falimentar*. Rio de Janeiro: Freitas Bastos. 1971. p. 27.

Segundo o Professor Nelson Abrão as razões para que o instituto falimentar, do Direito Romano antigo, recaísse na pessoa do devedor são:

"I — a organização do regime de propriedade em forma coletiva, o que levava o credor insatisfeito a forçar a intervenção do grupo ligado ao devedor por laços de parentesco para livrá-lo da " vindita", pagando;

"II — a punição contra o inadimplemento, isto é, a falta de pagamento em dia, que era considerada ofensa, donde emana o aspecto penal da execução ao lado do civil. A faceta punitiva, desde o início, integrada nas medidas aplicáveis ao devedor insolvente, ou seja, que não pagava (àquela época por não querer, ou não poder, indistintamente), sedimentou-se posteriormente no instituto da falência ao qual permaneceu ligada especialmente nos ordenamentos dos povos latinos, não obstante os esforços dos juristas modernos em separá-las, culminando com a vigente legislação concursal (procedimento de execução coletiva) francesa, editada em 1985, que visa a separar a sorte da empresa das conseqüências da conduta culposa ou dolosa de seus dirigentes."[2]

Durante este período de execução pessoal não adiantava ao devedor possuir bens, na realidade era seu corpo, ou seja, a sua própria pessoa quem receberia todas as conseqüências da execução coletiva.

Neste sentido é o ensinamento do Mestre J. X. Carvalho de Mendonça, o qual transcrevemos pela sua grande importância: "Sob o primitivo direito romano, crudelíssima era a situação do devedor: podia possuir casa, campos, escravos, gado e dinheiro; em nada disso tocar, ao credor era lícito. A pessoa do devedor constituía a garantia única dos credores. "Qui non habet in aere salvat in corpore". Fosse isso devido, como pensa Ihering, ao caráter da sociedade primitiva onde os primeiros movimentos do sentimento do direito lesado consistiam na violenta reação contra a injustiça causada, na defesa e na vingança (*Espirit du droit romain*, v. 2º, n. 470; Mayns, *Cours de droit romain*, vol. 1º, § 34) fosse o resultado, como supõe Niebuhr, de uma política resoluta dos chefes da plebe, que consideravam perigoso admitir a execução real, porque os patrícios podiam dessarte se apoderar dos domínios da sua ordem, ou fosse a conseqüência do grande respeito que tinham os romanos pela propriedade, que era inerente à religião doméstica (o que Savigny combateu, mas Fustel de Coulanges, *La cité antique*, Cap. VI, modernamente sustentou), é certo que a execução versava unicamente sobre a pessoa do devedor. Por obrigado se entendia o próprio corpo do devedor".[3]

Portanto primitivamente o Direito de execução era pessoal, ou seja, possuía como alvo não os bens do devedor, mas a sua própria pessoa.[4]

O devedor era aprisionado, podendo até ser morto caso não saldasse sua dívida aos credores. O procedimento da execução pessoal consistia basicamente em o credor possuir a posse sobre a pessoa do devedor, sendo este aprisionado por um prazo correspondente a sessenta dias, e neste período serviria de escravo para o credor. Se mesmo depois de transcorrido este prazo não fosse paga a dívida, os credores poderiam até matá-lo.

Era no procedimento desta época que existia a presença do *vindex*, ou seja, seria este um parente ou qualquer outra pessoa quem saldaria a dívida para assim desobrigar o devedor perante seus credores. Mas se isso não se realizasse era o devedor condenado à morte ou vendido como escravo para outra localidade.

2. Abrão, Nelson. *Curso de direito falimentar*. 4ª ed. São Paulo: Ed. RT. 1993. p. 15.

3. Mendonça, José Xavier Carvalho de. *Tratado de direito comercial brasileiro*. 7ª ed. São Paulo: Freitas Bastos. 1964. v. 7. Livro V. Parte I p. 12.

4. Diniz, Almachio. *Da falência*. São Paulo: Monteiro Lobato. 1924. p. 9.

É o que escreve o Professor Sampaio de Lacerda: "Decorridos os sessenta dias sem que houvessem as partes pactuado algo a respeito da dívida, era o devedor levado à feira e após a terceira feira, caso não houvesse surgido um *vindex*, um parente, um patrono, era o devedor condenado a morte, ou, então vendido ao estrangeiro (*trans Tiberim*)."[5]

Esta é, portanto, a denominada *manus iniectio* a qual era o procedimento em que possuía o credor o direito de infligir fisicamente o devedor.

A característica de que não eram os bens do devedor que respondiam por suas dívidas, mas sim as sanções a que este estava sujeito através da *manus iniectio*, é que a apreensão do devedor consistia na realidade um meio de coação a forçar o pagamento, incidindo mais coativamente que outra qualquer repercussão em seu patrimônio. Assim escreve o Professor Nelson Abrão: "No regime da lei das Doze Tábuas, a execução pela "manus iniectio": tinha a faculdade de atingir corporalmente o devedor. Tal medida, contudo, não constituía um fim em si mesma, mas um meio de provocar um constrangimento do executado, ou de coagir alguém por ele no sentido do cumprimento da obrigação." [6]

Também em outros povos, como os indianos e egípcios, a execução do devedor pelo não pagamento de dívida era muito rigorosa.

Nesta época entre os indianos, severas eram as punições ao devedor faltoso. Este ficaria restrito a um círculo do qual não poderia ausentar-se, porque do contrário seria morto. O devedor continuaria nesta condição de aprisionamento até que o credor fosse completamente pago de seu crédito.

No Egito, pela própria característica de sua religião, poderia não ser em vida perturbado o devedor para pagar sua dívida. Por outro lado possuía o credor o direito de, falecendo o devedor, privar-lhe das honras do cerimonial de seu falecimento.[7] Esta característica ressaltava a *manus iniectio* como meio de coação para forçar o pagamento da dívida.

Importante lembrar que nesta fase do procedimento da *manus iniectio* vigorava no Direito antigo, como meio de solução dos conflitos e pretensões, a vingança privada, ou seja, era a vontade do particular mais forte que prevalecia, o que proporcionava abusos entre as partes.

A severidade do antigo Direito Romano fez que fosse criada uma espécie de contrato, que foi denominado de *nexus*, firmado entre o devedor e o credor, no qual esse prestaria serviços ao credor para pagar sua dívida. Pelas próprias características da relação creditória, juntamente com o rigor da época, não faltaram abusos, sendo esta forma de acordo vedada posteriormente pela Lei Poetila Papira em 428.

O Estado somente passou a participar decisivamente na solução dos conflitos em épocas futuras, nas quais foi preciso o fortalecimento deste perante a sociedade.

Ainda no Direito Romano antigo surgiram duas formas de procedimento de execução, que foram: a *imissio in possessionem* e a *pignoris capio*.

A primeira consistiu em finalizar a fase da *manus iniectio* retirando os abusos que eram cometidos contra a pessoa do devedor e inaugurou uma maior participação do Estado, na solução dos conflitos, através do magistrado.

Este desenvolvimento só foi possível em razão do aumento da interferência do Estado, o que caracterizou uma maior relevância pública do instituto falimentar.

Entretanto, apesar do grande relevo que possuiu este desenvolvimento concer-

5. Gellis, Aulus. *Noites Áticas*. Livro 20. § 1º, n. 46-47. Apud Sampaio de Lacerda. op. cit. p. 29.
6. Abrão. op. cit. p. 15

7. Diniz. op. cit. No mesmo sentido são as considerações do Professor Rubens Requião. *Curso de Direito falimentar*. 15ª ed. São Paulo: Saraiva. v.1. p. 6.

nente à execução coletiva, passando da fase da *manus iniectio* (fase dos abusos contra a pessoa do devedor) para a *imissio in possessionem* (imissão na posse), esta também possuía uma característica de coação sobre o devedor porque ao credor emitir-se na posse dos bens desse causava-lhe séria perturbação e transtorno.

Assim, a *imissio in possessionem* consistia em que o Pretor poderia, através de seu poder de império, a fim de pressionar sobre a vontade de uma pessoa permitia a uma outra (credor) entrar na posse de seus bens, de modo que do incômodo e do dano derivados desta intromissão, fosse ela induzida a obedecer a ordem do magistrado.

Percebe-se, mais uma vez, que a intenção do legislador traduzida no oferecimento de condições propícias, embora pela violentação da vontade, ao cumprimento da obrigação, e não em tornar viável o recebimento do que era devido através do produto da coisa apossada. Essa entrada na posse aplicava-se tanto em relação aos bens do devedor fugitivo quanto aos daquele que se ocultasse. Era medida de caráter coletivo, e não singular.[8]

A segunda ou seja o procedimento da *pignoris capio* consistia em que o credor poderia apreender as coisas do devedor. Neste mesmo procedimento encontra-se apenas a característica da coação, haja vista o credor não poder vender o bem apreendido junto ao devedor para pagar seu crédito. Na realidade, este procedimento, fazia que se o devedor quisesse reaver o seu bem seqüestrado deveria pagar a quantia devida ao credor.

Este é o ensinamento do Professor Nelson Abrão sobre esta fase do instituto falimentar: "Não deixava, porém, de ser medida constritiva, dirigida mais a influenciar a vontade do devedor no sentido do adimplemento, do que propriamente meio de satisfação. Tanto era assim, que o exeqüente poderia "deter a coisa e até destruí-la, mas não vendê-la a fim de pagar-se sobre o preço"; o que envolto nas aparências de um ilogismo, deixa clara a "mens legis" de conferir ao credor por um meio de forçar o devedor a evitar o inadimplemento, considerado ofensa, e não propriamente de conceder um "remédium juris" para satisfazer-se sobre o valor ou preço da coisa".[9]

Cumpre ressaltar que na vigência da Lei das XII Tábuas vigorava a *manus iniectio*, segundo o que prelecionam os Eméritos Professores Carvalho de Mendonça e Almachio Diniz, entre outros.

Assim diz Carvalho de Mendonça: "As Leis das Doze Tábuas mantiveram a odiosa medida de *manus iniectio* contra o *confessus* e o *judicatus*, permitindo ao credor conservar o devedor *in cárcere* privado, vendê-lo como escravo *trans Tiberim*, e até matá-lo e *in partes secare*."[10]

Também, no mesmo sentido ensina o Professor Almachio Diniz: "Assim foi que, na — *Lex duodecim tabularum* — foi instituído o rigoroso systema de conceder-se ao credor não pago o direito de reduzir o devedor à escravidão."[11]

Referi-me ao período da *manus iniectio*, mesmo após comentá-la anteriormente, porque há na doutrina, Sampaio de Lacerda e Luiz Tzirulnik[12] entre outros, referências as quais ressaltam que o rigor legislativo desta fase do procedimento da execução coletiva não seria encontrado, na prática, mesmo em tempos remotos.

A esse respeito escreve Carvalho de Mendonça em seu *Tratado*, o que mencionamos acima: "A frase *partes secare* tem sido interpretada por alguns escritores como ficção ou modo enfático de expressão (Puchta, *Inst.*, § 179, in nota; Mommsen,

8. Abrão. op. cit. p. 16.

9. Rocco, Alfredo. *Il falimento*. Milão. 1962. p. 129. Apud Abrão. op. cit. p. 15.

10. Carvalho de Mendonça. op. cit. p. 12.

11. Diniz. op. cit. p. 11.

12. Sampaio de Lacerda. op. cit. p. 29-30. Tzirulnik, Luiz. *Direito falimentar*. 2ª ed. São Paulo: Ed. RT. 1991. p. 3.

Inscr. Mal., 479, no *Corpus Inscriptionum*). Outros se inclinam a interpretar literalmente a frase (Hugo, *Histore du droit romain*, § 119; Bayer, *Theorie des Concours — Processes nach gemeinem Rechte*, § 3.0)".[13]

No mesmo sentido são as palavras do Professor Sampaio de Lacerda, que pela sua precisão e importância entendemos também transcrevê-la: "Se houvesse mais de um credor, dividia-se o corpo do devedor (*Tertiis nundinis parte secanto; si plus minusve secuerint, ne fraude esto*: Lei XII Tábuas III, 6), pouco importando-se se cortasse mais ou menos. A interpretação da expressão *partes secanto* tem dado margens a divergências. Para o próprio Aulo Gelio nunca teria sido aplicada por repudiar os bons costumes, opinando, identicamente, Tertuliano e Quintiliano. Puchta e Mommsen interpretam a expressão como ficção ou modo enfático de se expressar. Autores modernos afirmam que se partia não o cadáver, mas o preço apurado na venda do devedor. Giffard, apesar de julgar que no tempo de Aulo Gelio não mais fosse utilizado esse processo, aceita a explicação de Jobbe Duval (*Les mortis maufainsans et le droit romain*) de que, de fato, tal sucesso em nada significaria ao devedor já cadáver, mas que serviria de gôzo aos credores pensarem assim perseguirem-no na outra vida.

"Declaureiul afirma que, podendo o devedor ser morto ou vendido, era também possível que se dessem os dois casos: se morto, dividia-se o cadáver; se vendido, repartia-se o preço apurado. É um processo primitivo, continua Declaureiul, e soluções análogas vamos encontrar nos costumes escandinavos, embora Levy Bruhl não veja nos textos escandinavos, que transcreve, identidade com os textos romanos, por isso que não se refererem êles à existência de vários credores pelos quais fosse repartido o cadáver do devedor. Apenas retrata o costume bárbaro praticado pelos povos escandinavos, com a mutilação do cadáver como direito absoluto conferido ao credor. Qualquer que seja, porém, a interpretação dada ao texto romano, a conclusão que se chega é a de Thaller que vê nêle a origem do próprio concurso de credores, isto é, que a execução fosse coletiva, tanto que no próprio texto da Lei das XII Tábuas ainda se encontra referência seguinte: *Si plus minusve secuerunt, ne fraude esto*, em que o verbo *secuerunt* (cortarem), no plural, indica bem a existência de vários credores agindo na partilha do que obteriam do *addictus*".[14]

13. Carvalho de Mendonça. op. cit. p. 12.

Portanto, feitas as considerações quanto ao Direito Romano antigo, no qual a execução coletiva era feita na própria pessoa do devedor, vejamos agora o período denominado de clássico, o qual prevê serem os bens do devedor a garantia de suas dívidas perante os credores.

1.1.1 O período clássico do direito romano

Com o desenvolvimento ocorrido no Direito Romano encontramos o período denominado de Clássico. Foi nesta fase que muito se desenvolveu a execução coletiva, haja vista ser neste período que nasceram as modificações do procedimento falimentar, não mais sendo o corpo do devedor a garantia de suas dívidas.

Portanto é nesta fase que se inaugura uma nova modalidade de execução, ou seja, somente os bens do devedor respondem pelas suas dívidas. Assim o devedor não poderia ser escravizado ou morto pelo credor.

O acontecimento histórico em que encontra-se esta modificação na execução coletiva é a edição da Lei *Poetila Papira* (428), e no ano de 643, com o surgimento da Lei *Aebutia* que proporcionou realmente a substituição na qual eram os bens, e não o corpo, do devedor que garantiam a sua dívida.

14. Declarureiul. *Rome et l'org du droit*. p.75. Bruhl, Levy. *Une énigme de l'ancien droit romain*. p. 57. Apud Sampaio de Lacerda. op. cit. pp. 29-30.

A esse respeito, Carvalho de Mendonça diz: "Com o andar dos tempos, êsse rigor foi modificado já pela lei *Poetila Papira*, que, no dizer do grande Tito Lívio, inaugura nova era de liberdade, *velut initium libertatis* (*História romana*. Livro VIII, C. XXVIII), já pela influência do direito pretoriano. Veio, desde então, a execução real sôbre os bens do devedor, o sistema da execução patrimonial, a qual somente teve verdadeiro desenvolvimento depois que a Lei *Aebutia* derrotou as *actionis legis*, substituindo-as pelo sistema formular".[15]

Para que surgisse esta evolução no Direito Romano foi necessária uma maior participação do Estado através do pretor ao diminuir as questões e conflitos relativos ao crédito.

Circunstâncias dessa nova modalidade de execução coletiva são que diante dos escândalos passou a vigorar a lei *Poetila Papira*, que suprimiu o direito de morte ou venda, sendo os bens do devedor a garantia de sua dívida estabelecendo, desse modo, a transição da execução pessoal para a execução patrimonial. Depois da Lei *Aebutia*, que fez substituir o processo de *Legis actionis*, pelo processo formular, o Preto Rutilio Ruffo, a vista da *Bonorum sectio*, instituiu a *missio in bona* ou *missio in processionem*, que consistia no desapossamento dos bens do devedor, a pedido do credor e por ordem do magistrado.[16]

Mesmo confirmando os ensinamentos acima transcritos, claras são as palavras do Professor Rubens Requião, as quais transcrevo: "O rigor desumano da execução felizmente não perdurou. No ano de 428 ou 441 a.C. não se precisando bem a data, surgiu a *Lex Poetila Papira*, pela qual foi abolida a *manus iniectio*. Ela tornava o devedor inadimplente, independente de julgamento ou confissão, *nexus*, submetido ao credor. Fortalecia-se, pelas novas regras, a atuação do magistrado, proscrevendo a execução extrajudicial que, como vimos, o direito primitivo admitia. Os bens do devedor e não o seu corpo, passam a consistir a garantia dos credores".[17]

Então, visto que os bens do devedor passaram a ser a garantia das sua dívidas, vejamos algumas características do procedimento da execução coletiva desta fase.

As modificações impostas pelas Leis *Aebutia* e, posteriormente, pela Lei *Iulia*, foram: o devedor perderia a administração de seus bens que passariam a ser realizada por uma pessoa responsável (*curator*), atualmente síndico, indicada pelo magistrado. Era a *missio in bona*.

Confirmando esta modalidade de procedimento, ensina Carvalho de Mendonça: "A *missio* não despia o devedor da propriedade nem da posse jurídica dos seus bens; privava-o apenas da administração, que passava ao curator, nomeado pelo magistrado *ex consensu majoria partis creditorum*. O patrimônio do devedor constituía um penhor em benefício dos credores.

"Êsse processo obrigatório, preliminar da *venditio bonorum*, tomou a designação específica de *missio in processionem rei servandae* causa para diferenciar-se das outras *missiones*, e representava não só a introdução ao *concursus creditorum*, como também alta medida conservatória de direitos, impedientes de desvios e abusos: *custodia, observatio et praescriptio bonorum*."[18]

Entretanto este apossamento pelos credores dos bens dos devedores (Lei *Aebutia*) só seria autorizado quando este confessasse a sua dívida ou se ocultava.

Muitos autores afirmam que é neste procedimento que se formou, primitivamente, o instituto da falência, haja vista ocorre aqui a arrecadação dos bens do devedor com a sua posterior venda para os credores serem restituídos. Esta venda é denominada de *bonorun venditio*.

15. Carvalho de Mendonça. op. cit. p. 12.
16. Sampaio de Lacerda. op. cit. p. 31.
17. Requião. op. cit. p. 7.
18. Carvalho de Mendonça. op. cit. p. 8.

Importante é o que preleciona o Professor Rubens Requião: "É desse mecanismo primitivo que se delineia o instituto da falência".[19]

Então para que o magistrado autorizasse a venda do bem do devedor fazia-se necessária a ocorrência de dois requisitos, que são: o desaparecimento do devedor ou a sua confissão.

Se alguns desses requisitos não se confirmasse o credor deveria zelar e administrar os bens do devedor que estão em sua posse, até que o procedimento de verificação dos créditos fosse totalmente realizado, porque, nesse caso, o magistrado em seu decreto não iria conceder a *venditio*.

Assim o devedor iria fazer a arrecadação dos bens do devedor e posteriormente anunciaria, através de Edital, afixado no local da atividade do devedor, para que fosse comunicada a venda do referido bem, designando-se dia para a sua alienação em praça a quem pagasse maior porcentagem sobre os créditos devidos. Entende-se essa venda, nos dias atuais, como venda judicial.[20]

Característica desse procedimento em relação a pessoa do devedor é que esta espécie de liquidação não evitava que o devedor fosse marcado com a nota de infâmia. Assim perdia, em conseqüência, seus direitos civis sendo considerado como se morto fosse. Aplicava-se, também, este tipo de sanção ao devedor que se foragia em outras terras.[21]

Outra circunstância desse procedimento refere-se ao procedimento de execução coletiva para o devedor faltoso, mas infeliz. A este correspondia procedimento diverso que foi denominado de *bonorum cessio*, criado pela Lei *Iulia*.

É o que menciona o Professor Sampaio de Lacerda: "Foi a *cessio bonorum* criada pela *Lex Iulia* (737) e por ela o devedor evitava a execução pessoal e a infâmia e não poderia sujeitar-se de novo à execução, salvo por aquisição de novos bens. Ficava-lhe também reservada certa parte de seus bens para atender suas necessidades para viver (*beneficium competentiae*). No Direito Romano, qualquer dêsses intuitos recaíam sôbre qualquer devedor, fôssem comerciantes ou civis".[22]

Com o advento da Lei *Iulia* surgiram algumas modificações no procedimento da execução coletiva. No período correspondente ao da Lei *Aebutia* os bens do devedor deveriam ser vendidos em massa, entretanto, com a Lei *Iulia* mencionada foi permitida a venda em lotes do que fosse arrecadado, o que facilitava a realização do leilão. Esta venda era denominada de *bonorum distractio*. Outra modificação foi a que cabia ao magistrado verificar os privilégios de cada crédito habilitado na execução, sendo pagos os com maior garantia.

Finalizando, nota-se que foi principalmente com a edição da Lei *Aebutia* que o *concursus creditorium* formou-se como encontra-se nos dias atuais. Foi neste período que realmente modificou-se a garantia das dívidas, não mais sendo o corpo do devedor, mas seus bens, que respondem.

Com a edição da Lei *Iulia* o que se fez foi providenciar algumas modificações no procedimento de execução coletiva mas, na realidade, o instituto foi formulado anteriormente.

O desenvolvimento que esta Lei possibilitou é inquestionável ao nível da *bonorum cessio* ser considerada como o instituto do Direito Romano no qual se originou a concordata preventiva na Idade Média.[23]

O Professor Almachio Diniz escreve que as formas de execução foram as seguintes:

19. Requião. op. cit. p. 8.
20. Ibid.
21. Ibid.

22. Sampaio de Lacerda. op. cit. p. 32. Vide: Tzirulnik. op. cit. p. 32.
23. Requião. op. cit. pp. 8-9.

"a) *bonorum sectio*, que era a execução promovida pelo erário público contra seus contribuintes;

"b) *bonorum vendictio*, que foi uma fórmula avantajada da *missio in possessionem rei servandae cause*, verdadeira manifestação preliminar do *concursus creditorium;*

"c) *bonorum distractio*, que representou uma liquidação mediante um órgão nomeado pela autoridade e independente dos credores;

"d) *pignus in causa judicanti captum*, ou *pignus judiciale*, que foi a fonte do seqüestro judicial de todo o patrimônio do insolvente." [24]

Na última fase do Direito Falimentar romano o instituto da falência esboçou-se muito bem sendo uma característica da *bonorum cessio* que o devedor, beneficiando-se do *bonorum cessio*, entregava por não poder continuar o seu negócio a totalidade dos seus bens presentes, independentemente da vontade dos credores.[25] Assim, fica claro, neste caso, a não direta participação dos credores na arrecadação dos bens do devedor.

Nos dias atuais se discute qual seria realmente o momento histórico no qual a execução coletiva teria se constituído na forma em que se encontra atualmente.

Considera-se o nascimento do instituto falimentar, mesmo primitivamente, com o advento da Lei *Aebutia* na qual correspondem os procedimentos denominados de *missio in bona* e da *bonorum venditio* presentes no direito pretoriano. Por assim dizer, as obras dos Mestres Nelson Abrão,[26] Carvalho de Mendonça,[27] e Rubens Requião[28] são precisas em identificar o momento formador do instituto da falência.

Agora vejamos o período correspondente à Idade Média no qual realmente o instituto falimentar foi estudado e desenvolvido, principalmente na Itália, sendo que este país foi denominado como o laboratório da falência moderna.[29]

1.2 A falência no período medieval

É nesta fase da História que o Direito Falimentar foi organizado e sistematizado pelos italianos, formando-se muitas de suas características, sendo estas existentes até nossos dias.

A fonte fundamental dos jurisconsultos dessa época foi o Direito Romano, haja vista serem os glosadores os responsáveis por este desenvolvimento e adequação à época. Assim, o Direito Romano prevaleceu sobre o Direito Germânico na formação falimentar deste período.

Neste sentido são os ensinamentos do Professor Almachio Diniz: "...é certo que, com toda a sua real importância, o Direito Romano foi que prevaleceu no direito estatutário da Itália".[30]

Portanto foi pelo estudo dos juristas italianos do século XIII e XIV que foram sedimentados diversos conceitos e características da execução coletiva.

Assim diz o Professor Nelson Abrão: "Nos estatutos medievais das cidades italianas encontramos preciosos subsídios para o estudo da falência nos seus albores, sendo que os sinais que caracterizam o instituto em seu nascedouro, remanesceram com ligeiras modificações, pelos séculos, chegando a nossos dias".[31]

Vejamos, neste sentido, a sempre preciosa lição do Professor Carvalho de Mendonça, que ensina: "O velho direito italiano foi, pode-se dizer, o laboratório da falência moderna. Estabeleceu a designação normal dos síndicos; o seqüestro dos bens do deve-

24. Wainberg. *La faillite d'apres le droit romain*. Apud Diniz. op. cit. pp. 11-12.
25. Milone. "Il Concurso neo diritto romano". No *Archivo Giurídico*. v. XVI. pp. 169-178. Apud Diniz. op. cit. p. 12.
26. Abrão. op.cit. p. 17.
27. Carvalho de Mendonça. op. cit. p. 12-14.
28. Requião. op. cit. p. 8.
29. Carvalho de Mendonça. op. cit. p. 17.
30. Diniz. op. cit. p. 13.
31. Abrão. op. cit. p. 18.

dor; o balanço; o exame de livros e contas; a verificação do ativo e passivo; a publicidade da falência; o vencimento antecipado das dívidas a prazo; o período suspeito; a privação do falido da administração dos seus bens; a distribuição de dividendos proporcionais à importância dos créditos, salvo às preferências hipotecárias e privilégios; a prestação de alimentos ao falido em certos casos; o acordo entre o falido e os síndicos representantes dos credores e provando pela maioria dêstes, obrigando a todos os outros ausentes e dissidentes; a cessão de bens concedida aos falidos casuais, etc."[32]

Cumpre ressaltar que neste período ainda existiam no procedimento da execução coletiva sérias e graves conseqüências para o devedor. Duas eram as características deste procedimento, que são: se o devedor inadimplente não estivesse agindo fraudulentamente poderia ser-lhe imposta a pena de infâmia, conjuntamente com outras penas vexatórias.

Entretanto, se o devedor estivesse agindo fraudulentamente mais graves seriam as sanções. Era permitido, por exemplo, ao comissário da falência apoderar-se da pessoa do devedor, dispor de seus bens, submetê-lo ao pelourinho se estivesse dolosamente subtraindo bens de valor superior a vinte libras.[33]

É importante diferenciar que estas sanções infligíveis contra o devedor não significa dizer que o corpo deste seria o responsável pelas suas dívidas, como ocorria no antigo Direito Romano. Estas penas foram aplicáveis porque na Idade Média o devedor comerciante ou não comerciante era considerado um criminoso. Até nas legislações falimentares atuais existem sanções ao devedor que infringe disposição de lei na atividade comercial.

Mas analisados os aspectos sociais da falência na Idade Média vejamos algumas características deste procedimento.

32. Carvalho de Mendonça. op. cit. p. 17.

33. Del Marmol. *La faillite en droit anglo-saxon*. p.15. Apud Requião. op. cit. p. 9.

A falência poderia ser decretada fundamentada em três circunstâncias:

a) quando o devedor se ocultava sem deixar bens que saldassem sua dívida;

b) a requerimento do devedor;

c) a pedido do credor.[34]

Quando o devedor era foragido procedia-se ao seqüestro geral de seus bens, sendo estes vendido para pagamento dos credores. O que diferenciava este procedimento dos outros modos mencionados é que este seqüestro era medida cautelar não encontrável nos outros procedimentos quando o devedor não estava foragido.

No caso da falência ser requerida a pedido do devedor, este demonstraria o seu débito perante os credores sendo que cederia os mesmos para o pagamento da dívida. Este mecanismo adveio da *bonorum cessio* do Direito Romano.

Se o pedido de falência fosse feito a requerimento do credor este deveria provar esta sua qualidade e demonstraria a insolvência do devedor. Sendo confirmada estas duas circunstâncias era decretada a falência.

Em todos estes três procedimentos existia a característica do primeiro decreto e do segundo decreto.

No primeiro decreto cabia ao cônsul autorizar os credores a entrarem na posse dos bens do devedor para coagi-lo a pagar. Se decorresse o prazo de pagamento e o devedor não o realizasse era concedido o segundo decreto, em que ocorreria a entrega definitiva dos bens para, verificados os privilégios pelo *curator* (síndico), seria vendido o bem e rateado os dividendos para pagar os credores.[35]

É o que diz Sampaio de Lacerda: "Os créditos eram também graduados, de acordo com as preferências determinadas, ca-

32. Carvalho de Mendonça. op. cit. p. 17.

33. Del Marmol. *La faillite en droit anglo-saxon*. p.15. Apud Requião. op. cit. p. 9.

34. Sampaio de Lacerda. op. cit. p. 33.

35. Requião. op. cit. p. 10.

bendo, em alguns estatutos ao *iudex potioritatis* (juiz das preferências) decidir sôbre a assistência dos privilégios para estabelecer a graduação dos créditos".[36]

1.2.1 Amplitude da execução coletiva na Idade Média

Pela própria falta de sistematização do assunto, agregado ao fato dos glosadores haver fundado seu estudo no Direito Romano, a falência continuou durante este período da história a recair em devedores comerciantes e não comerciantes.

A esse respeito escreve o Professor Nelson Abrão: "A afirmação de que a falência nasceu como instituto de Direito comum encontra apoio em renomados autores. Ferrara, após assinalar que o procedimento falimentar medieval se aplicava a qualquer devedor, comerciante ou não, reconhece a incidência maior sobre o primeiro, inclusive que diversos Estatutos a eles se cingiam, mas acaba asseverando que "a questão se encontra prevalecentemente resolvida no sentido de que a falência é de aplicação geral".[37]

Entretanto com o desenvolvimento do crédito e do comércio várias legislações entenderam limitar a decretação da falência somente aos comerciantes, o que, em nosso entender, é a melhor doutrina.

São exemplos de legislações que contemplaram na época a referida diferenciação: Itália, França e Portugal.

Agora, outras nações não restringiram a falência somente aos comerciantes, sendo que era aplicada também ao devedor não comerciante. Entre os principais estão: a Áustria, Dinamarca, Hungria, Inglaterra e Noruega.[38]

Finalizando, comprova-se que a falência inicialmente não diferenciava na sua abrangência os comerciantes dos não comerciantes. Mas com o desenvolvimento de todos os ramos do Direito foi necessário que se restringisse a falência aos comerciantes haja vista existir outro meio de cobrança de dívida para o devedor não comerciante. Hoje esta modalidade de cobrança esta sujeita ao disposto na parte obrigacional do Código Civil e na Lei Processual Civil.

Assim em nada acrescenta a discussão de voltar a incidir ao devedor não comerciante o procedimento previsto para a falência. O maior motivo para fundamentar esta afirmação está em que não existiria qualquer conseqüência prática com referida modificação. É, na realidade, remontar ao antigo Direito Medieval.

1.3 A falência a partir do século XVIII ao fim do século XIX no Direto internacional

Passado o período da Idade Média, já na fase inicial do desenvolvimento econômico, com incipiente crescimento industrial, torna-se necessário verificar qual foi a elaboração legislativa falimentar na Europa.

Em 1807 ocorreu na França a edição do denominado Código Napoleônico, ou mais precisamente *Code de Commerce* (Código de Comércio).

Mesmo com o grande desenvolvimento jurídico que esta obra proporcionou ao Direito Privado, em matéria falimentar continuava o devedor faltoso a ser considerado como um criminoso.

Neste sentido diz o Professor Rubens Requião: "É muito expressiva a reação retrógada de Napoleão Bonaparte, ao discutir com a comissão redatora do "Code de Commerce", de 1807, exigindo maior intolerância e severidade contra os comerciantes falidos".[39]

Nesta conhecida discussão o Imperador retrata que o devedor falido deveria ser

36. Sampaio de Lacerda. op. cit. p. 33.

37. Ferrara, Francesco. *Il fallimento*. pp. 57-58. Apud Abrão. op. cit. p. 21.

38. Diniz. op. cit. p. 17.

39. Requião. op. cit. p. 10.

considerado como um criminoso, sendo inclusive preso porque considerava toda falência como criminosa na qual não diferenciava o devedor casual ao que fraudava os credores.

Mas, precioso é o que escreve Sampaio de Lacerda, mencionando Bolaffio, em que retrata a verdadeira intenção do ditador francês: "Em uma palavra, o Imperador queria que o falido fôsse posto logo em estado de humilhação, correspondente a sua condição econômica".[40]

Foi necessário o fim do período napoleônico para em 1832 surgir disposição legal diminuindo a severidade de tratamento para com o devedor faltoso.

Entre as principais reformas feitas na legislação falimentar francesa após 1807 foram: Lei de 1838 que restringiu despesas com o processo falimentar simplificando seus termos; Lei de 1865 na qual disciplinou a concordata por abandono de ativo; Lei de 1889 que regulamentou a liquidação comercial preservando o nome e a honra do devedor; Lei de 1890 regulamentando disposição da Lei de 1889. Todas essas leis mantiveram os requisitos do devedor ser comerciante e ocorrer a cessação dos pagamentos.[41]

1.3.1 Abrangência da falência neste período da história

Neste período encontramos duas modalidades de entendimento sobre a amplitude do instituto falimentar. Esta classificação corresponde em: a) sistema Franco-Italiano; b) sistema Anglo-Saxônico.

No sistema Franco-Italiano estão as Leis que conferem à falência um caráter exclusivamente comercial. Pertencem a este sistema: Grécia, Código de 1835 e Lei de 1878; Turquia; Holanda, Código de Comércio de 1838; Bélgica; Portugal, que no ensinamento de Sá Vianna, desde 1597 limitara a falência somente aos comerciantes;[42] Chile, Código de 1865, Lei de 1867 e Lei de 1879; Japão, Código de Comércio de 1897; Brasil, Código Comercial.[43]

Por outro lado figura a Inglaterra como o principal país que não diferencia o alcance da falência, fazendo-a incidir sobre qualquer devedor.

Desde 1883, com a edição da Lei *Bankruptcy Act*, que na Inglaterra não há qualquer distinção. Esta Lei foi complementada com as de 1869, 1887 e 1890.

Outra importante nação que não restringiu a aplicação do procedimento da falência somente aos comerciantes foi a Alemanha em que nesta época vigorava a Lei de 1877.

Os Estados Unidos da América do Norte, pela influência do Direito Anglo-Saxão, também não limitava a falência aos comerciantes. As outras nações que integram este sistema são: Áustria (1884), Hungria (1881), Noruega, Finlândia, entre outras.[44]

1.4 O direito falimentar no Brasil

1.4.1 O Brasil colônia

Nesta época o Brasil era colônia de Portugal e por conseqüência aplicava-se as leis do reinado ao Brasil. Portanto, quando os portugueses chegaram no Brasil lá vigorava as Ordenações Afonsinas, na qual a parte falimentar era composta de disposições do Direito Estatutário italiano.

Logo em 1521 as Ordenações Afonsinas foram substituídas pelas Ordenações Manoelinas que foram elaboradas por ordem do Rei D. Manoel. Esta Ordenação previa que ocorrendo a falência o devedor seria preso até pagar o que era devido aos

40. Bolaffio. *Comentários*. n. 2. Apud Sampaio de Lacerda. op. cit. p. 35.
41. Diniz. op. cit. p. 18.
42. Sá Vianna. *Das falências*. pp. 89 e ss. Apud Carvalho de Mendonça. op. cit. p. 18.
43. Diniz. op. cit. pp. 19-20.
44. Ibid. pp. 21-22.

credores. Entretanto, por influência do Direito italiano poderia o devedor ceder seus bens aos credores para evitar a sua prisão.

Mais tarde, em 1603, surgiram as Ordenações Filipinas, que mesmo sendo de nacionalidade espanhola foi aplicada em Portugal em razão do reinado de Castela.

Portanto, conforme escreve o Professor Rubens Requião: "As ordenações Filipinas, surgidas da Espanha em 1603 e aplicadas a Portugal submetido então ao reino de Castela, maior influência tiveram no Brasil, devido o florescimento da Colônia e despertar das suas atividades mercantis. Nessa Ordenação ficou delineado o direito falimentar".[45]

Finalizando este período surgiu o Alvará de novembro de 1756 que foi considerado como um marco decisivo no Direito Falimentar brasileiro, sendo que serviu de modelo na formulação do Código Comercial de 1850.

Com a promulgação da Independência foi observado no Brasil o Código Comercial francês, por mandamento da Lei de 1823 (Lei da Boa Razão).

Assim, diz Rubens Requião: "Essa lei mandou observar a Lei da Boa Razão, isto é, o Alvará de 18 de agosto de 1769, segundo o qual deviam ser aplicadas subsidiariamente as leis das nações civilizadas. Deu-se, por isso, larga preferência à aplicação do Código Comercial napoleônico, de 1807. Disso decorreu a profunda influência do direito francês na evolução de nosso direito, inclusive em matéria falimentar".[46]

*1.4.2 O período republicano no Brasil**

Este período foi de intensa elaboração legislativa falimentar no Brasil e, para facilitar o entendimento do assunto, faremos menção às Leis especificamente.

Assim veremos as principais leis que foram: o Dec. n. 917, de 24.10.1890; a Lei n. 859, de 16.8.1902; a Lei n. 2.024 de 17.12.1908 e a Lei n. 5.746, de 9. 12.1929.

1.4.3 O Decreto n. 917/1890

Este Decreto provocou, pode-se dizer, um grande desenvolvimento no Direito Falimentar no Brasil apesar de ser formulado com muita rapidez pelos seus idealizadores.

Neste sentido ensina Sampaio de Lacerda: "A segunda fase da história do instituto, entre nós, inicia-se com a proclamação da República, tendo o Govêrno Provisório revogado inteiramente as disposições sobre falências do Código Comercial pelo Dec. 917, de 24.10.1890, obra de Carlos de Carvalho, auxiliado por Macedo Soares, no curto prazo de quatorze dias".[47]

Sendo um relato histórico de extrema importância procuramos fazer a citação na sua íntegra para não ser fragmentada a idéia do que expõe Carvalho de Mendonça sobre o Dec. n. 917: "O Dec. n. 917, de 24 de outubro de 1890 continha defeitos, é certo. Não se lhe pode, porém, contestar o mérito de haver aberto novos horizontes ao direito comercial pátrio (n. 50 do 1º volume dêste tratado). Quantos institutos não foram aí reconhecidos, cessando as incertezas que tantas perturbações trouxeram as relações mercantis?

"Infelizmente, os juízes em sua grande maioria, que o tiveram de aplicar nunca se esforçaram pela realização das idéias da reforma. A jurisprudência nada fêz em benefício do prestígio e eficácia da lei e conseqüentemente em garantia dos grandes interêsses que visava acaudelar e proteger.

"Os credores abusaram das vantagens que se lhe deram e procuraram tirar todo o partido da situação dos devedores.

45. Requião. op. cit. p. 14.

46. Ibid. p. 19.

* Vide sobre este período da história a magnífica obra de Carvalho de Mendonça: *Tratado de direito comercial brasileiro*. 7ª ed. São Paulo: 1964. v. VII. Livro V. Parte I. p. 57-117.

47. Sampaio de Lacerda. op. cit. p. 37.

"Êstes, por sua vez, não tiveram mais escrúpulos desde que contaram com a impunidade. Os anais forenses não registraram anos seguidos um só processo penal contra os falidos. Letra morta a longa série de fatos puníveis que a lei enumerava! Um curador das massas falidas, que se criou, órgão do Ministério Público, desde que inventou meios de entrar em comissões, somente de arrecadá-las cuidou.

"O Dec. n. 917, instituíra como meio preventivo da declaração da falência: a moratória, cessão de bens, e o acordo preventivo. Foram as portas por onde entrou, desabusada, a fraude que se tem visto.

"O comércio que recebera com aplausos o ato do Governo Provisório, sem aliás bem o conhecer, não tardou em levantar-se contra êle.

"Sofreu o Dec. n. 917 críticas acerbas e injustas, esquecendo-se os censores das condições do momento histórico que atravessávamos e da grande culpa dos aplicadores da lei".[48]

Visto que este Decreto não recebeu grande acolhida na sua aplicação prática logo foi elaborada outra lei a regular a falência no Brasil, a Lei n. 859, de 1902.

1.4.4 A Lei n. 859, de 16.8.1902

Esta Lei surgiu com o escopo de acabar com as fraudes na vigência do Dec. 917.

Desta forma procurou a Lei nova vedar os abusos ocorridos principalmente no tocante a ocorrência da moratória que sérios abusos causou entre credores e devedores. Mas, de outro lado, esta Lei também não proporcionou o alcance esperado para a solução dos conflitos referentes ao procedimento falimentar.

O Senado votou precipitadamente esta Lei sem contudo analisar-lhe profundamente o seu texto. Assim a Lei de 1902 também não ficou de acordo com o esperado.

48. Carvalho de Mendonça. op. cit. pp. 71-74.

Escreve Carvalho de Mendonça que:

"Contradições, abusos, portas-abertas à mais deslavada fraude encontravam-se em abundância nessa obra, apresentada para a salvação do comércio honesto! Mutilou-se sem critério o Dec. n. 917, de 1890".[49]

Pela própria falta de regulamentação bem estabelecida para o processo de falência esta Lei não demorou em ser revista, sendo que em 1908 foi elaborada uma nova Lei de autoria do Mestre Carvalho de Mendonça.

1.4.5. A Lei n. 2.024, de 17.12.1908

Passado o período em que era disciplinado o processo de falência pelo Dec. n. 917 e pela Lei de 1902, surgiu uma Lei nova de autoria de Carvalho de Mendonça, Lei esta que foi de grande valia para o desenvolvimento do Direito Falimentar no Brasil, permanecendo em vigor até 1929, quando foi elaborada outra Lei pelo Eminente Professor Waldemar Ferreira.

A esse respeito escreve Sampaio de Lacerda: "Foi, então, promulgada a Lei n. 2.024, de 17 de dezembro de 1908, que dá assim início a terceira fase que estenderia até a atualidade. A Lei n. 2.024 foi elaborada por Carvalho de Mendonça e representa uma síntese bem formulada dos princípios que norteavam o Dec. n. 917, de 1980, embora com aproveitamento de algumas normas colhidas do direito estrangeiro novo".[50]

Esta Lei foi realmente muito bem elaborada em todos os seus preceitos sendo que foi durante muito tempo a Lei da República para disciplinar a falência.

Críticas existiam, mas qual lei de falências não recebe críticas seja de qualquer ordem e parte!?

A lei de 1908 previa nas próprias palavras de Carvalho de Mendonça, o seguin-

49. Ibid. p. 85.
50. Sampaio de Lacerda. op. cit. p. 38.

te: "De todo o seu conjunto se vê que o característico da nova Lei, é: visar uma verificação e classificação de créditos, que sejam a expressão da verdade, e desterrar a fraude, o conluio, a ma-fé e chicana, dando-lhes caça onde quer que se ocultem. Entre as disposições que sobremaneira dificultam o ingresso da fraude, o conluio, a ma-fé, na formação e aceitação das concordatas, se notam que: obrigam o concordatário a depositar a importância dos créditos privilegiados, sem garantias especiais, antes de receber os bens da massa; excluem da votação da concordata os credores que se apresentarem com créditos transferidos depois da abertura da falência; presumem o conluio entre o devedor e o credor que desistir de suas garantias para votar na concordata, quando nenhum interesse de ordem econômica lhe aconselha esse procedimento e o seu voto influiu na formação da concordata".[51]

Com esta disposição legislativa para a concessão da concordata pretendia-se vedar que o credor, com privilégio, desistisse da sua condição porque assim o devedor não estaria obrigado a depositar a quantia referente a este crédito, conseguindo mais facilmente a concessão da concordata em prejuízo dos credores sem garantia privilegiada. Na verdade o credor com privilégio já teria recebido a sua parte.

Pela sua precisão e por ser ensinamento do próprio autor da Lei em estudo transcrevemos suas palavras em sua inteireza:

"O processo da verificação e classificação de créditos e engenhos, garantidor das partes interessadas e econômico; faz com que, no momento em que é azada a apresentação da proposta de concordata, a verificação e classificação dos créditos já estejam definitivamente decididos em 1ª Instância. É o quanto se pode exigir para garantir a verdade e a justiça, sem quebra da celeridade peculiar a tais processos. Esperar para permitir a apresentação da proposta de concordata depois que os créditos sejam verificados e classificados em 2ª Instância seria prolongar demasiadamente a primeira fase da falência, trazendo mais prejuízos do que vantagens.

"A nova Lei de falências trouxe, pois, incontestáveis melhoramentos, veio moralizar o instituto; e alguns pontos fracos que possa ela conter hão de ser reforçados por uma jurisprudência bem orientada, podendo augurar-se a nova lei duração e estabilidade até ser fundida no futuro Código Comercial em reforma do vigente, já em tantos pontos grandemente alterado. A nova lei veio submeter à falência às Sociedades Anônimas; e foi lógica, desde que, ante a moderna intuição jurídica, nas falências se deve atender mais ao patrimônio do que às pessoas, não havendo, portanto, motivo de distinções".[52]

Mesmo com as suas novas disciplinações a respeito da falência, se a nova Lei não atingiu o esperado foi que para a sua aplicação, no dizer do Professor Otávio Mendes, seria necessário um Judiciário enérgico, inteligente e ilustrado, e não em razão da própria Lei.[53]

Vejamos, sumariamente, a Lei de 1929, a qual era muito próxima da Lei n. 2.024.[54]

1.4.6 A Lei n. 5.746, de 9.12.1929

Esta Lei revisou alguns dos pontos da Lei anterior, sendo que regulamentou e aperfeiçoou seus mecanismos, e inovou em outros pontos em que a Lei anterior não funcionou com precisão.

Foram características introduzidas por esta Lei: a diminuição do número de síndicos de três para apenas um e a instituição de porcentagens sobre os créditos para concessão da concordata.

51. Carvalho de Mendonça. op. cit. p. 113.

52. Ibid. pp. 113-114.

53. Mendes, Otávio. *Falências e concordatas*. p. 10. Apud Requião. op. cit. p. 21.

54. Sampaio de Lacerda. op. cit. p. 38. Tzirulnik. op. cit. p. 33.

Assim, esta lei esteve em vigor até 1945, época cm que surgiu Lei nova fundada no Projeto elaborado pelo Professor Trajano de Miranda Valverde.

1.5 O período correspondente à segunda guerra mundial

Em 1945 surge o Decreto-Lei n. 7.661, de 21 de junho de 1945 o qual é a Lei Falimentar vigente no Brasil.

Foi o Projeto deste Decreto-Lei elaborado pelo Mestre Trajano de Miranda Valverde sendo apresentado ao Congresso Nacional para votação em 1939.

Relata Sampaio de Lacerda: "Em 31 de outubro de 1939 apresentou Trajano de Miranda Valverde um anteprojeto de Lei de falências, encargo a êle confiado pelo então Ministro da Justiça Francisco Campos".[55]

Entretanto o anteprojeto apresentado não sofreu o andamento esperado e eficaz para a sua aprovação.

No ano de 1943 quando era Ministro da Justiça Alexandre Marcondes Filho, foi apresentado outro anteprojeto de Lei falimentar, este elaborado pela Comissão composta para reforma da Lei de falência na qual faziam parte os renomados juristas: Noé Azevedo, Sílvio Marcondes Machado, Filadelfo Azevedo, entre outros.

Apresentado o projeto foi ele transformado no Decreto-Lei n. 7.661, de 21 de junho 1945.

Quanto aos grandes méritos que a legislação de 1945 possuiu para o desenvolvimento do instituto falimentar no Brasil temos que esse diploma apresentou muitas inovações, reforçando os poderes do magistrado, diminuindo-se a influência dos credores porque começou a abolir a Assembléia de credores; a concordata, tanto preventiva como suspensiva, deixou de ser um contrato, para se tornar um benefício concedido pelo Estado, através do Juiz ao devedor infeliz e honesto.[56]

Assim, Sampaio de Lacerda, referindo-se a Trajano de Miranda Valverde, escreve: "Tratando-se de uma lei, que interessa, profundamente a ordem econômica, deve ela ter duplo objetivo, acentuava Miranda Valverde: a) amparar o devedor honesto para que a empresa sob sua direção, continue como unidade da economia nacional, a prestar serviços a coletividade; b) punir, severamente, o devedor desonesto, porque é um elemento perturbador dessa mesma economia e que vai repercutir na ordem social, com a cessação das relações de trabalho".[57]

Portanto visto algumas das características da atual lei falimentar e, embora reconhecendo seu grande valor à sua época faz-se necessária a reforma da mesma atualizando-a no tocante a reorganização econômica da empresa e a sua conseqüente manutenção no contexto social, não mais sendo apenas um meio de liquidação com o encerramento das suas atividades.

Foi por assim dizer, os graves acontecimentos causados pelas duas grandes guerras que fizeram que houvesse uma maior preocupação com a função social da empresa perante a sociedade. Não se pode atualmente, no estudo do Direito Falimentar, como em qualquer outro ramo do Direito, interpretar as suas normas distanciando-as do interesse público de sua melhor aplicação.

Desta forma traz-se à discussão qual seria a função social da empresa e de que maneira o novo Direito Concursal poderá auxiliar para a obtenção desta função inerente a qualquer propriedade privada. Na consecução deste fim não pode a administração da empresa seguir diretrizes diversas do interesse social, ou seja o interesse que prevalece tanto na administração da empresa quanto no Direito Falimentar é o

55. Ibid. p. 38.

56. Requião. op. cit. p. 21.

57. Sampaio de Lacerda. op. cit. pp. 38-39.

da coletividade em ver a melhor administração econômica possível da empresa e o seu reerguimento no caso de insolvência. Com efeito, os interesses da empresa não pertencem somente aos seus dirigentes, mas abstratamente a todos os seus interessados, quer sejam empregados ou a própria coletividade.

A despeito do grande diploma falimentar de 1945 o Direito Falimentar precisa de modificações não somente na sua parte formal mas, principalmente, por ocorrer a formação de um novo instituto jurídico que é o da reorganização da empresa em crise dentro de um plano próprio e específico, que será verificado no transcurso deste trabalho. A Lei falimentar de 1945 atendia a um modelo sócio-econômico reinante à época de sua publicação, o qual não mais condiz com a realidade atual, sendo este o entendimento do Professor Paulo Roberto Colombo Arnoldi: "A legislação falimentar brasileira guarda a mentalidade das legislações editadas na fase anterior a I Grande Guerra, como objetivo liquidatário-solutório, com concepção finalística e processual, sistema obsoleto, que cedeu lugar, entre as duas Grandes Guerras, ao da preservação da empresa e não a sua liquidação".[58]

Com efeito, realizada a explanação, discutimos, em linhas gerais, vários aspectos históricos que se estenderam desde a fase da execução pessoal encontrada na antigüidade, passando pelo período que se inaugurou a execução real no Direito Romano clássico, com o seu aperfeiçoamento no Direito Estatutário das cidades italianas durante a Idade Média, e chegamos ao novo Direito Falimentar, no qual predomina a reorganização econômica da empresa em crise, sobre o anterior objetivo liquidatário-solutório previsto na atual Lei falimentar de 1945, conforme veremos nos capítulos seguintes.

58. "O novo modelo jurídico da empresa nacional e a reforma da lei de falências". *Revista dos Tribunais*. São Paulo: n. 663. pp. 252-254. jan. 1991.

CAPÍTULO II — A NATUREZA JURÍDICA DO INSTITUTO FALIMENTAR

O objetivo deste trabalho é demonstrar a questão referente a reorganização da empresa em crise econômica em um novo Direito Falimentar no qual existe a preocupação na preservação da empresa.

Todavia, é necessário mencionarmos em linhas gerais a natureza jurídica da falência haja vista esta influenciar sobremaneira o Direito Concursal.

Portanto cabe indagar: qual a verdadeira natureza jurídica do instituto falimentar?

As opiniões dos juristas a este respeito são divergentes, sendo que alguns dizem ser de natureza processual e outros de natureza substancial. Analisemos as razões de cada posição doutrinária.

2.1 A natureza processual da falência

Pelo que podemos analisar nos livros que tratam sobre este tema a corrente processualística da falência é defendida por Pontes de Miranda,[59] e entre os autores estrangeiros por Renzo Provinciali,[60] Max Pagenstecher,[61] entre outros.

O principal argumento desta corrente doutrinária está em afirmar que a falência seria um processo de execução coletiva no qual é apurado o ativo e passivo, pagando-se aos credores na preferência dos seus créditos.

Para os sequazes da corrente processualística apenas está em relevo as circunstâncias e características do processo falimentar, não sendo feito qualquer questionamento relacionado com a anterior rela-

59. Miranda, Pontes de. *Tratado de direito privado*. Rio de Janeiro: 1960. v. 28. p. 3.

60. Provinciali, Renzo. *Manuale di diritto falimentare*. Milão: 1969. v. 1. p. 42. Apud Abrão. op. cit. p. 70.

61. Pagenstecher, Max. *Il falimento*. Milão: Apud Abrão. op. cit. p. 33.

ção creditória a qual realmente, deu ensejo ao procedimento concursal.

Por seu turno, a falência trata da execução processual coletiva realizada em juízo sendo que cada credor defende o seu direito individual subordinando-se a regras próprias e especiais para a obtenção de um fim comum.[62]

Está caracterizada a preocupação liquidatária-solutória presente na doutrina processualista quando estabelece a dissolução da empresa para assim saldar as dívidas. Com efeito, podemos afirmar que o processualismo falimentar está consubstanciado com a sua intenção liquidatária.

As palavras de Max Pagenstecher são precisas em demonstrar a liquidação do patrimônio como meio de satisfazer os credores, correlacionado com a processualística da natureza jurídica da falência quando expõe: "Também a falência, como o processo civil, leva ao acertamento das pretensões dos credores e à sua satisfação; todavia, o acertamento dos créditos na falência não é mais fim em si mesmo, mas sempre e, sobretudo, um instrumento para atingir o escopo de satisfação dos credores. Por isso, a falência é um processo de execução, como a assim chamada execução singular".[63]

Entre nós o Professor Pontes de Miranda preleciona que a natureza jurídica da falência faz parte do Direito Processual porque efetivamente ocorre simplesmente a transferência do patrimônio do devedor para o credor, por meio da prestação jurisdicional.[64]

Desta forma demonstramos o paralelo existente entre caracterizar a natureza jurídica da falência como processual e a sua conseqüente preocupação liquidatária-solutória contida nesta corrente doutrinária.

Para Renzo Provinciali, um dos maiores juristas italianos, a falência cinge-se dentro da concepção processualística-liquidatária-solutória. Para este Emérito jurista as normas processuais contidas para a disciplinação do procedimento falimentar sobrepõem-se às demais, haja vista aquelas normatizarem as atividades dos órgãos, das partes e dos atos processuais.[65]

Dizia o Mestre italiano acima mencionado: "No direito concursal ressalta sempre a natureza de direito público (não diferente do direito processual, no qual se insere e do qual faz parte) e deve entender-se como primariamente volvido para a tutela de um interesse público. Fenômeno distinto e que algo mais que a assim chamada publicização do direito falimentar."[66]

Posicionamento intermédio são dos Professores Trajano de Miranda Valverde e Carvalho de Mendonça.[67]

Para Miranda Valverde há na falência regras de fundo e de forma destinadas a protegerem não só o interesse particular, mas também o interesse público. As regras de fundo seriam as que estabelecem os efeitos da falência quanto aos bens do devedor e os direitos dos credores, a situação jurídica do falido, a resolução dos contratos, a indicação dos atos ineficazes, os privilégios dos créditos, entre outros.

Em referência às normas materiais da falência continua o inigualável falencista:

"...presidem ao nascimento de direitos e obrigações, que o estado jurídico da falência provoca".[68]

Fundado nas palavras acima enunciadas, permita-me o Mestre Valverde perguntar: o que provoca o estado jurídico da falência? É, nos termos da Lei de falências, a impontualidade nos pagamentos, ou seja, a

62. Ferreira, Waldemar. *Instituições de direito comercial*. 3ª ed. São Paulo: 1951. v. 5. p. 66.

63. Pagenstecher. Apud Abrão, Nelson. *A continuação do negócio na falência*. São Paulo: 1975. p. 33.

64. Pontes de Miranda. op. cit. p. 3.

65. Provinciali. Apud Requião. op. cit. p. 24.

66. Provinciali. Apud Abrão. op. cit. p. 70.

67. Carvalho de Mendonça. op. cit. p. 28.

68. Valverde, Trajano de Miranda. *Comentários à lei de falências*. Rio de Janeiro: 1948. v. 1. p. 15.

dívida entre o devedor comerciante diante dos credores. Desta forma as normas jurídicas substantivas são as competentes para regulamentar a falência e presidir o estado jurídico falimentar do devedor comerciante.

É inquestionável a importância da existência das normas processuais em uma Lei falimentar, mas não só por isto pode-se concluir que a sua natureza jurídica seja processual. O que deve ser levado em conta para a caracterização do instituto falimentar é a anterior relação creditória. A sentença declaratória de falência apenas decreta juridicamente uma situação fática preexistente.

2.2 A natureza substancial da falência

De certa forma a corrente que entende ser substancial a natureza jurídica da falência é a majoritária.

O Professor Rubens Requião preleciona a esse respeito: "Entre os processualistas se estabeleceu certa confusão no estudo da natureza jurídica da falência, por via de regra embaralham a pesquisa da natureza jurídica do processo falimentar com a natureza jurídica da sentença declaratória da falência".[69]

Para dirimir esta celeuma sobre a natureza da falência deve estar em relevo a relação creditória anterior, e não a posterior instauração de um processo para recebimento dos créditos devidos. Mesmo se outorgarmos maior importância às normas processuais não significa dizer que estas são o bastante para caracterizar a natureza jurídica de um instituto. Natureza jurídica é a razão fundamental para a diferenciação de um instituto de outro, e não delimitar a sua extensão apenas porque em uma Lei contém em seus artigos normas processuais.

A principal razão de mencionarmos este debate doutrinário está em que para o desenvolvimento da reorganização econômica da empresa será preciso a aplicação de um plano reorganizatório de maneira rápida e direta, hábil em proporcionar o reequilíbrio financeiro da empresa.

A pior solução é manter esta orientação marcadamente processualista, haja vista ter sido o instituto da falência criado desta forma pelos práticos na Idade Média, tendo como meta subtrair a insolvência do devedor comerciante à esfera antieconômica do processo comum. Desta forma, é ilógico que o atual legislador permaneça restrito a moderna processualística não considerando os problemas econômicos que a insolvência provoca principalmente nas grandes empresas. Este processualismo danoso não é encontrado no atual Direito concursal francês.[70]

2.3 Considerações críticas a respeito da natureza jurídica do instituto falimentar

Pelo que foi analisado acima resta claro uma conclusão: a natureza jurídica da falência não pode estar restrita ao processualismo vigente da atualidade.

A razão prática está em que a falência atual não corresponde somente na liquidação do patrimônio do devedor. Algo irrompe esta fase. Por assim dizer, é a preservação da empresa em crise econômica a qual estará sujeita ao cumprimento de um plano reorganizatório.

Em excelente artigo publicado na *Revista dos Tribunais*, n. 627/15, o Professor Claudio Vianna Lima demonstra a dicotomia da doutrina quanto à natureza jurídica da falência. Entretanto, a discussão da referida natureza do instituto falimentar não deve ser caracterizada como pretende o Ilustre Professor ao expor que: "Os comercialistas, na verdade, com as colocações agora assumidas, de ser o direito falimentar

69. Requião. op. cit. p. 26.

70. Comparato, Fábio Konder. *Aspectos jurídicos da macro-empresa*. São Paulo: Ed. RT. 1970. pp. 107-108.

um direito genérico, abrangente de direitos administrativos, penal, processual, comercial, etc, fazem concessões, entrevendo normas de direito material e do direito processual entremeadas, aspectos estático e dinâmico, na falência. Direito *sui generis* etc. Na verdade, configuram um exército, vencido em retirada. Não hostilizam, mais, com eficácia o ex-adverso, e se o fustigam, com argumentos de antemão insustentáveis, o fazem tão-só para atenuar a desonra da saída do campo de batalha.

"É polêmica a série de conclusões, mas necessária a sua trazida para a mesa de debates para a definição — tão importante, como visto — da natureza jurídica da falência."[71]

A discussão da natureza jurídica da falência não se trata em submetê-la a um ou outro ramo do Direito conforme convenha ao interesse particular de uma pessoa. A ciência está muito acima disto. Quando se afirma que a falência está incluída no Direito Material leva-se em conta situações objetivas quanto a sua melhor aplicação prática, principalmente, quando o interesse social na preservação da empresa revoga todo e qualquer interesse individual.

Finalizando, o grande Professor Salvatore Satta que era partidário da corrente processualista da falência e anos após reviu este seu posicionamento doutrinário, passando a conceituar a falência como de natureza material, expôs: "A concepção rigidamente processualista da falência, isto é, sua qualificação como execução coletiva, foi-me aparecendo, com o tempo, não correspondente à realidade. A transformação em execução coletiva não implica em uma diferença de quantidade, mas em salto de qualidade: a execução coletiva seria um ponto de partida, não de chegada".[72]

Neste capítulo procuramos salientar que a dicotomia da natureza jurídica da falência possui reflexos para a formação de um novo Direito Concursal. Os interesses individuais de simples solução de pagamento dos créditos com a correlata extinção da empresa sem verificar a possibilidade de sua reorganização financeira não mais pode permanecer como medida legislativa. A continuidade do funcionamento da empresa sobreleva ao exclusivo entendimento liquidatário da atual Lei de falências.

71. Lima, Cláudio Vianna. "A falência como processo". *Revista dos Tribunais*. São Paulo: n. 627. p. 28. jan. 1988.

72. Satta, Salvatore. Apud Abrão. op. cit. 42.

CAPÍTULO III — ASPECTOS ESTRUTURAIS REFERENTES AO PRINCÍPIO DA PRESERVAÇÃO DA EMPRESA

Antes de verificarmos os aspectos objetivos que devem existir em um plano de reorganização econômica de uma empresa em crise financeira, vejamos algumas características, as quais são preliminares para a formação deste plano.

Serão feitas considerações em que demonstraremos a importância que a seara econômica produz no âmbito jurídico para a atuação do Direito Concursal, ou seja, a correlação existente entre o Direito e a economia.

Por seu turno, faremos alguns questionamentos de ordem sociológica a respeito da conveniência ou não de instaurar em nosso ordenamento jurídico o princípio da preservação da empresa com a sua reorganização econômico-financeira.

Ressaltaremos o maior fundamento da preservação, que é a dissociação entre a sorte da empresa e a do empresário na atividade comercial. E, finalmente, iremos verificar as razões da interferência ou não do Estado diretamente no processo de reorganização e, por outro lado, as formas de participação dos bancos privados e dos demais credores no referido plano.

3.1 Comentários gerais sobre o novo direito falimentar

Clara é a importância que a empresa possui para a economia de uma sociedade, sendo que hoje grande parte dos empregos e da produção da riqueza são criadas pela atuação destas no contexto regional e mundial. Nos dias atuais, seja a empresa de pequena, média ou grande dimensão, possui relevo dentro da coletividade, haja vista estas agirem de forma agrupada formando um todo, e constituindo o que podemos denominar de Organicismo da atividade empresarial.

Este organicismo da atividade empresarial não se trata de algo imanente somente ao sistema capitalista porque nos próprios países socialistas, ou em outros países como no Brasil, existe a participação direta do Estado na economia através de suas empresas.

A enorme dimensão que a participação da empresa possui na economia foi notada também sobre o Direito Falimentar. Explicamos. Detectado que a liquidação de uma empresa provocaria graves conseqüências para a sociedade, e ao Estado, o Direito Falimentar foi chamado à auxiliar de alguma forma para possibilitar que a empresa fosse, de certa forma, mantida em atividade através da elaboração de um plano hábil a reerguê-la economicamente.

Desta forma estamos procurando salientar que o novo Direito Falimentar é uma disciplina jurídica que possui conhecimento da importância da empresa para a sociedade e procura assim não apenas liquidá-la, mas indicar mecanismos jurídicos suficientes para a sua manutenção.

Em razão disso afirmamos anteriormente que a perspectiva processualística-liquidatária-solutória da falência atual não mais condiz ao Direito Falimentar, ou seja, um novo Direito Concursal surge para, fundado no princípio da conservação da empresa, garantir a reorganização desta.

Vale dizer que ao paralelo existente entre processualismo e liquidação da atividade comercial existente na atual sistemática legislativa pátria corresponde um outro em que o princípio da preservação da empresa e o novo Direito Concursal possuem como perspectiva dogmática a manutenção do ente produtor de riqueza.

Ao verificarmos o conceito correspondente à função social da empresa podemos afirmar que a reorganização econômica da empresa auxilia na melhor observação desta função social porque atinge o interesse público existente na continuação da atividade funcional da empresa.[73]

Esta correlação empresa e Direito Concursal foi melhor caracterizada quando da conhecida Comunicação feita por Roger Houin[74] na qual verificou-se a existência de algumas características que deviam ser alteradas no Direito Falimentar francês. Entre as principais conclusões a que chegou esta Alta Comissão, temos:

I — A falência não é uma sanção aplicável à empresa insolvente, mas um meio a limitar e reparar, na medida do possível, os prejuízos causados por esta na sociedade ou terceiros;

II — Celeridade dos atos do procedimento concursal;

III — Dissociação entre o empresário e a empresa não possibilitando aos dirigentes escaparem de suas responsabilidades patrimoniais ou penais;

IV — Completa reformulação na estrutura do procedimento concursal para viabilizar o cumprimento do plano de reorganização fixado pelo Juiz entre outras de maior especificidade que veremos no capítulo seguinte.[75]

73. Sobre função social da propriedade vide: Fábio Konder Comparato. "Função social da propriedade dos bens de produção". *Revista de Direito Mercantil, Industrial, Econômico e Financeiro*. São Paulo: n. 63. p. 71.

74. O relatório da Inspetoria-Geral de Finanças criada em França conteve a Comunicação de Roger Houin, a qual indicava a necessidade da reformulação da legislação falimentar francesa para, desta forma, instituir legislativamente o Princípio da Preservação da empresa no processo concursal.

75. Abrão, Nelson. *O novo direito falimentar: nova disciplina jurídica da crise econômica da empresa*. São Paulo: Ed. RT. 1985. pp. 19-21.

Com efeito, na sua Comunicação Roger Houin demonstra a correlação existente entre a importância da empresa no contexto atual e o seu reflexo sobre o Direito Falimentar, senão vejamos: "De nossa parte, consideramos que uma legislação moderna da falência deveria dar lugar à necessidade econômica da permanência da empresa".[76]

Outra característica de uma lei concursal nova é a celeridade dos atos que o plano de reorganização deverá obrigatoriamente seguir. O fundamento desta celeridade encontra guarida no próprio Direito Processual, como também, para facilitar o melhor cumprimento possível do referido plano não sendo necessária a excessiva procrastinação do procedimento reorganizatório. Resultante disto é o grande poder que deve possuir o Juiz e o Administrador Judicial dentro do referido procedimento, decidindo sempre na melhor aplicabilidade do plano. Em contrapartida, são diminutos os poderes e a vontade dos credores na estipulação dos termos do plano, não lhes cabendo deliberações a respeito da conveniência de ser efetuada a reorganização da empresa.

Concluindo, cabe dizer que aos credores não se faculta a possibilidade de objeções às estipulações para a forma de pagamento dos seus créditos, sendo de competência do Juiz resolver sobre a verdadeira viabilidade do procedimento apresentado à sua convicção chegar a um resultado positivo. Veremos esta característica da quase não participação dos credores no procedimento falimentar em capítulo próprio.

Também será feita consideração sobre a forma da participação dos órgãos governamentais no reerguimento da empresa, sendo analisada a teoria que entende ser necessária esta participação, e a que, por seu turno, é contrária a esta direta interferência do Estado no plano de reorganização.

76. Frase retirada da Comunicação de Roger Houin. Apud Abrão. op. cit. p. 22.

Genericamente temos como característica do novo Direito Concursal: o paralelo existente entre a empresa e o Direito Falimentar, correlação da economia com o Direito; dissociação entre a sorte do empresário e a da empresa; interferência ou não do Estado no procedimento; a desconsideração, se viável o plano de reerguimento, da fase liquidatória-solutória; a pequena participação dos credores; a obrigatoriedade de cumprimento do plano pelo devedor, a responsabilidade do dirigente da empresa com presunção contrária a sua administração; a nova classificação dos créditos; diversa sistemática recursal das decisões judiciais no procedimento e, como medida a proteger os trabalhadores, conferir-lhes a autogestão da empresa em que trabalham.

Desta forma pretende-se que a Lei concursal esteja apta a fornecer elementos objetivos concernentes à obtenção do interesse social resultante de sua melhor aplicação prática. O simples e egoístico interesse particular do administrador na gestão da empresa, distanciando-a do interesse público em sua atuação, ou a individualista medida solutória dos créditos da atual Lei falimentar não se preocupando com a situação orgânica da sociedade, foram suplantados pelo interesse da coletividade, à qual não interessa ver liquidada uma fonte produtora de emprego e riqueza, mas por outro lado quer a sua manutenção com o afastamento do dirigente que não atenda em sua conduta o interesse social de zelar pelo melhor funcionamento e interesses da empresa.

3.2 Correlação entre o direito e a economia

A importância que a empresa passou a ter na conjuntura econômica e social da coletividade foi comprovada, sendo que foram notados seus efeitos no Direito, fazendo que surgisse o Direito Econômico.

Procurar-se-á demonstrar a nova participação que a economia deverá possuir na aplicação do procedimento de reorganização econômico-financeira da empresa.

Esta é uma característica do novo Direito Concursal, ou seja, a existência de normas jurídicas ao lado de uma efetiva preocupação e participação das noções econômicas administrativas, haja vista que sem a participação destas inviabiliza-se a operacionalidade e a gestão do plano de reorganização.

As medidas administrativas do referido plano estarão a serviço de algo maior, isto é, o próprio Direito. A participação da economia não corresponderá em sobrepujá-las ao Direito, mas subordiná-las à consecução de um fim genérico que é o interesse social.

Resumindo, as medidas econômicas passam obrigatoriamente a persecução do bem comum e do interesse público sendo revogadas as teorias individualistas justificadoras do interesse egoístico e particular da atuação da ciência econômica.

O organicismo vigora no atual Direito Concursal e a economia será um dos meios hábeis para colocar em prática objetivos sociais.

Correlata a economicidade do procedimento concursal está a função social da propriedade, em que o adjetivo social demonstra o objetivo correspondente ao interesse coletivo, e não ao interesse específico do *dominus*, mas de qualquer modo se está diante de um interesse coletivo nesta função, que corresponde a um poder-dever do proprietário, sancionável pela ordem jurídica.[77]

A esse respeito é importante transcrevermos as sempre objetivas e precisas palavras do Ilustre Professor Fábio Konder Comparato: "Pelo repertório desses comentários percebe-se quão deficiente é a técnica normativa de se lançarem, nessa matéria, fórmulas sintéticas e imprecisas, do tipo que se encontra no artigo 160, III, de nossa Constituição: função social da propriedade. No contexto do amplo debate político e ideológico da atualidade, defender a função social da propriedade, sem especificações maiores, pode ser e tem sido um argumento valioso para a sustentação do *status quo* social em matéria de regime agrário e de exploração empresarial capitalista.

"Se se quiser lograr algum avanço na regulação constitucional da propriedade, é preciso estabelecer as distinções e precisões fundamentais. Algumas delas já foram mencionadas nesta exposição: a função social da propriedade não se confunde com as restrições legais ao uso e gozo dos bens próprios; em se tratando de bens de produção, o poder-dever do proprietário de dar à coisa uma destinação compatível com o interesse da coletividade, transmuda-se, quando tais bens são incorporados a uma exploração empresarial, em poder-dever do titular do controle de dirigir a empresa para a realização dos interesses coletivos."[78]

A chamada publicização do Direito privado não é algo novo, porque de certa forma o organicismo sempre prevaleceu na conjuntura histórico-social. Mas a publicização do Direito não cinge-se somente a aspectos eminentemente ideológicos em disputa quase sempre superficiais e distantes da realidade prática da população. Este fenômeno jurídico é algo que necessita ser bem delimitado e desenvolvido para poder produzir seus efeitos nos mais diversos ramos do Direito, inclusive no Comercial e Falimentar.

Com efeito, o interesse social no dever da consecução da função social da propriedade está acima dos interesses particularizados de uma classe. Também, desta feita a publicização não está subordinada ao materialismo defendido por Karl Marx, que entendia ser o Direito simples manifestação da vontade da classe economicamente superior, ou seja, estaria adstrito a uma infra-estrutura econômica anterior.

Sobre a ineficácia da teoria de Marx, ao querer subordinar o direito ao fato econômico, esquecendo assim diversas outras

77. Comparato. op. cit. p. 75.

78. Ibid. p. 76.

circunstâncias, as quais são peculiares desta Ciência, escreve um dos maiores juristas pátrios: "Nada justifica o entendimento do Direito como forma abstrata e vazia casada a um conteúdo econômico, inclusive porque o Direito está cheio de regras que disciplinam atos totalmente diferentes ou alheios a quaisquer finalidades econômicas. Como bem observa Ascarelli, a questão é bem outra, por ser próprio do Direito receber os valores econômicos, artísticos, religiosos etc., sujeitando-se às suas próprias estruturas e fins, tornando-os, assim, jurídicos na medida e enquanto os integra em seu ordenamento.

"Cabe, outrossim, ponderar, que assim como o fator econômico atua sobre o Direito, este resulta também de elementos outros, de natureza religiosa, ética, demográfica etc., o que demonstra a unilateralidade e inconsistência de todas as teorias que como a Marxista enxergam no homem apenas uma de suas múltiplas dimensões."[79]

O propósito da enunciação desta correlação entre o Direito e a economia em um novo Direito Falimentar, está em que poderia ser levantada a questão do imperativo econômico preponderar sobre as normas jurídicas, haja vista conhecermos as nefastas conseqüências que este engrandecimento poderia provocar. Assim, em termos gerais, pergunta-se: o simples incremento da ciência econômica tendente a um fim específico poderia sobrepor-se às normas jurídicas? As respostas poderiam ser diversas, sendo a mais abrangente a que entende existir uma simples correlação entre as ciências, mas o interesse jurídico não estar adstrito a soluções econômicas que de imediato pareçam ineficazes a alcançar o fim certo e determinado do interesse social na continuação da empresa viável e importante para a coletividade.

Da análise feita chega-se à conclusão que o melhor entendimento está em ser o Direito ciência própria e soberana e não está a serviço de ideais políticos-ideológicos visantes a favorecer apenas algumas pessoas.

3.3 Questões de ordem sócio-política sobre o princípio da preservação da empresa no processo de reorganização econômica

Neste item iremos verificar a conveniência da instauração em nosso ordenamento jurídico do princípio da preservação da empresa insolvente. Serão feitos questionamentos sobre as razões pelas quais existem sérias restrições àquele princípio e procuraremos debater sumariamente sobre o verdadeiro intuito axiológico contido neste princípio. Com efeito, verificaremos alguns aspectos subjetivos que circundam o princípio da preservação da empresa.

Sobre o referido princípio existem algumas considerações que procuram, de certo modo, modificar a verdadeira finalidade deste instituto fazendo que este sirva mais aos seus próprios interesses, em prejuízo da sociedade. Expressões que indicam este posicionamento contradizente são que: nenhuma empresa deve falir ou ser extinta; deve ser mantida em atividade qualquer empresa mesmo comprovada a sua total insolvência e inviabilidade; o Direito Falimentar, como medida liquidatária, não seria mais previsto no ordenamento jurídico; entre outras com a mesma finalidade.

A doutrina dos sequazes desta continuidade absurda da empresa não deve ser observada por contrariar o próprio interesse público que existe na extinção e dissolução de uma empresa totalmente insolvente.

A permanência da empresa é instituto destinado a manter privilégios ou situações favoráveis a alguns em detrimento dos outros, mas trata-se de salvar o viável e não garantir o funcionamento a qualquer custo de organismos inertes que deixam de ser produtivos. Não se aplicará, desta forma, recursos da comunidade em empresas nestas situações, haja vista ser necessário ces-

79. Reale, Miguel. *Lições preliminares do direito.* 14ª ed. São Paulo: Saraiva. 1987. p. 22.

sar sua atividade residindo aí o interesse público da sua não manutenção.[80]

Desta feita visto qual a maneira objetiva de conceituar o novo Direito Falimentar, resta-nos fazer os questionamentos necessários para assim demonstrarmos a contradição da doutrina do continualismo da atividade empresária e, por seu turno, confirmarmos a necessidade do nosso ordenamento jurídico prever o princípio da preservação da empresa.

As perguntas são: seria a aplicação do plano de reerguimento econômico apenas uma medida para serem mantidas sempre as mesmas empresas? O princípio da preservação seria um mecanismo para proteger a economia nacional frente a internacional evitando a concorrência entre países? Poderia ser uma forma de manter e viabilizar mercados em países que possuem em seu parque industrial somente empresas internacionais, inviabilizando o surgimento de empresas realmente nacionais? E, finalmente, em razão dos acontecimentos históricos e econômicos deste século teriam feito surgir um movimento o qual denominamos de "burgueses esclarecidos" para, através da reorganização das empresas, manter o sistema capitalista? Posto que as perguntas se complementam vejamos em seu todo as razões pelas quais merecem ser analisadas.

É inquestionável a importância da empresa atualmente, porém, considerar ser este novo instituto jurídico da preservação como algo somente para privilegiar determinadas empresas e mercados econômicos não é a verdadeira amplitude do referido princípio.

A doutrina especializada no Direito Falimentar é de grande relevo, sendo que todos os autores possuem a preocupação de mencionar que as empresas inviáveis economicamente terão sua atividade cessada. Da mesma forma não serão admitidos privilégios a qualquer empresa sendo o procedimento judicial-reorganizatório aplicado e supervisionado pelo Juiz, como também pelo Administrador Judicial habilitado para este mister.

Assim, o plano de reerguimento não é uma panacéia a serviço de interesses financeiros alheios e distintos dos coletivos apenas favorecendo e mantendo-se lugares ocupados pelas mesmas empresas. O novo Direito Falimentar é um atuante ramo do Direito, cingindo-se o seu interesse no plano econômico, mas nem por isso possui um fim distante da coletividade. Por seu turno, a amplitude do conceito do novo Direito Concursal é sobremaneira maior em si próprio, não lhe sendo autorizado dizer em qual empresa será aplicado o plano financeiro, mas apenas determinar um substrato jurídico-normativo para esta aplicação.

Desta forma entender que o novo Direito Concursal seria um mecanismo para manter empresas não eficientes, competitivas e viáveis tão-só com o objetivo de favorecer uma determinada classe ou estrutura econômica, significa na realidade, uma pretensa distorção dos verdadeiros ideais do princípio da preservação da empresa a qual não encontrará guarida quer na lei, quer na doutrina.

Com efeito, o Professor Adolfo A. N. Rouillon é objetivo ao explicar o seu posicionamento sobre a verdadeira finalidade do novo Direito Falimentar, afirmando que não é a lei concursal responsável a remediar todos os males econômicos e que não poderiam ser as normas jurídicas capazes de manter indeterminadamente empresas insolventes, em razão do próprio mercado, através de um mecanismo judicial para evitar a desaparição das empresas distantes dos requisitos de eficiência e competitividade. Continua o mestre Platino. Que saem em retirada do direito concursal estas pseudo-ingenuidades de um pensamento a proporcionar as expressões "nadie debe quebrar"; "la quiebra ya no sirve"; "reducir el entendimiento del nuevo derecho concursal sólo

80. Ruiz, Manoel Olivencia. *La reforma del derecho de quiebra*. Espanha: p. 122. Apud Abrão. op. cit. p. 32.

al tratamento de las dificuldades de las grandes empresas", ou seja, que nada deveria quebrar ou reduzir o Direito Concursal somente a reorganização das empresas de grande dimensão. Finalizando, diz o Professor mencionado existir uma maior sensatez sobre o novo Direito Falimentar e, conseqüentemente, menores extremismos nos debates a esse respeito.[81]

Resta claro, portanto, a existência de um novo instituto jurídico que não possui o escopo de solucionar a insolvência e inviabilidade da empresa mas, por sua vez, instituir um procedimento de reorganização econômica das empresas viáveis que estejam em uma situação pré-concursal. Na prática uma lei concursal nova possuirá dois capítulos distintos: um conterá toda a regulamentação para o cumprimento do plano de reerguimento financeiro; e outro, diverso, conterá a realização do ativo e passivo da empresa inviável ou que não tenha cumprido satisfatoriamente suas obrigações dentro do referido plano.

3.4 Dissociação entre a sorte da empresa para a do empresário

A dissociação entre empresa-empresário é o ponto fundamental do novo Direito Concursal, porque é esta distinção que possibilitará o afastamento do dirigente da empresa sem, contudo, corresponder na cessação da atividade funcional da mesma. Desta forma o conceito de empresa sobreleva ao do empresário sendo passível o seu afastamento imediato para a melhor aplicação do plano de reerguimento.

Portanto esta dissociação proporciona que a empresa ainda viável seja melhor administrada, porque o dirigente que concorreu para esta situação de insolvência será privado de suas funções gerenciais. O objetivo, diz o Professor Fabio Konder Comparato, desta distinção está em impedir que o mal procedimento do empresário acarrete a dissolução da empresa separando-se, assim, a sanção pessoal punitiva do procedimento de execução coletiva e o completo afastamento da empresa do dirigente faltoso.[82]

Este afastamento reside no interesse público que a atividade empresária passou a ter e não mais se permite cometer, na administração da empresa, abusos e desmandos. O interesse social deve estar presente na conduta do empresário, conforme analisaremos em item específico.

Em excelente trabalho intitulado *A Continuação do Negócio na Falência*, publicado em 1975, o Professor Nelson Abrão tece comentários sobre esta separação entre empresa e empresário, dizendo:

"Como se vê, é a clara separação entre a sorte do empresário e a da empresa. Restrições, e até mesmo punições, são impostas àquele que mal usou dos poderes de gestão, mas independentemente disso, se possui viabilidade, a empresa deverá prosseguir, uma vez que a relevância sócio-econômica que ela assume, principalmente a grande empresa, os interesses que congrega, transcedem o limitado círculo das relações individuais de seu malogrado gestor".[83]

Conceituando, a dissociação entre a sorte da empresa para a do empresário é o mecanismo hábil e suficiente em afastar o dirigente faltoso da administração da empresa ainda viável economicamente, para ser efetuado o respectivo plano de reorganização financeira e manter a atividade funcional da empresa.

3.5 A participação dos órgãos governamentais no plano de reorganização econômica da empresa

Conforme analisaremos no próximo item é uma característica do procedimento

81. Rouillon, Adolfo A. N. *Passado, presente y futuro del derecho concursal*. Texto publicado pelo Departamento de Direito da Universidade Austral. Rosário. Argentina: 1994. pp. 159-160.

82. Comparato. op. cit. p. 122.

83. Abrão, Nelson. *A continuação do negócio na falência*. São Paulo: 1975. p. 66.

de reerguimento da empresa a suspensão das execuções promovidas pelos credores contra a empresa insolvente. Ainda para viabilizar este ajuste financeiro, são de somenos importância as posições contrárias dos credores quanto à aplicação do plano.

Por seu turno, também se discute na doutrina da conveniência da realização de uma participação direta dos órgãos governamentais dentro do plano de reorganização, como por exemplo, concessão de financiamentos pelo BNDES; criação de um fundo próprio para o auxílio econômico a empresa deficitária; suspensão dos créditos tributários, entre outras diversas medidas as quais contam com a participação do Estado.

Para facilitar o entendimento desta complexa interferência governamental nas empresas, e por razões didáticas, dividiremos o assunto em favoráveis à participação estatal; e contrários a esta direta intervenção.

3.5.1 A intervenção do Estado no processo de reorganização

No entendimento dos sequazes da intervenção estatal no plano de reerguimento, esta ocorreria em conseqüência da publicização do Direito Privado, agregado a razões econômicas, juntamente ao fator social que a empresa possui na atualidade. Desta feita seria um dever do Estado proporcionar a manutenção da atividade funcional da empresa porque este próprio seria o maior beneficiário recebendo tributos e gerando empregos.

A justificativa dessa direta participação governamental seria que o Estado, ao manter empregos e receber tributos, estaria apto a atingir o fim social que lhe é atribuído e, de certo modo, efetivaria a sua permanência como ente sócio-político. O Estado, por assim dizer, vincula-se à sorte da atividade empresarial para poder aferir os seus próprios dividendos políticos e sociais.

Santini enuncia sobre a interferência estatal: "O interesse público na continuação da empresa se manifestaria em duas etapas, por motivos sociais e econômicos. Sob o aspecto social, visar-se-ía a impedir o desemprego em massa, que poderia comprometer a paz social regional ou nacional. Economicamente, porque a cessação das atividades da empresa em crise poderia provocar efeitos prejudiciais no mercado, pela desaparição ou escassez de bens e serviços necessários ou úteis para a economia nacional ou para a exportação, ou também a perda de um estabelecimento moderno com alta tecnologia que tenha como conseqüência um valor objetivo".[84]

Um meio positivo para ser efetivado o auxílio estatal seria a abertura de financiamento para as empresas deficitárias e viáveis, através de um fundo próprio no qual o ativo se constituiria por contribuições do meio empresarial e do Estado.

A participação do Estado assumindo as dívidas da empresa, estatizando-a ou comprando ações desta para fomentar o seu desenvolvimento, não são consideradas como possíveis, haja vista os sérios equívocos que poderiam ocorrer favorecendo-se ao interesse de alguns.

3.5.2 Desnecessidade da participação estatal no plano

A oposição à interferência governamental possui como fundamento maior o qual cabe aos próprios credores e aos bancos privados criarem mecanismos para viabilizar o ajuste econômico-financeiro da empresa não sendo dever do Estado, como ente coletivo, interferir aplicando recursos públicos para a obtenção deste fim.

Caberia aos próprios credores diligentes proporcionarem a continuidade do funcionamento da empresa e não aguardar a subsidiação pública para escusar-se de sua responsabilidade. Diante disso chegamos à

84. Santini, Gerardo. *La reforma del derecho de quiebra*. p. 42. Apud Abrão. op. cit. p. 45.

conclusão que: os credores são responsáveis pelo melhor desenvolvimento do plano participando e observando as determinações judiciais.

Neste sentido é o ensinamento de Martineau: "O Estado, com ou sem a ajuda de organismos como a CIASI (*Comité Interministériel pour l'Amenagément des Structures Industrielles*, criado em França, em 1974, como organismo de sustentação das empresas), não pode minorar todos os fracassos; ele não tem nem os capitais suficientes, nem os homens ou equipes para colocá-los em ação.

Uma política econômica coerente desejaria que os bancos, os industriais, os comerciantes, que souberam salvaguardar sua propriedade, participem da obra comum".[85]

O fenômeno da publicização também não seria o suficiente para legitimar a participação estatal no plano de reorganização, porque este fenômeno jurídico não circunscreve-se somente a isto. Na correlação existente entre o Direito e as ciências econômicas na formação do novo Direito Concursal, demonstramos que a publicização do Direito é algo mais que resolver sobre a participação política-ideológica referente a interferência ou não do Estado nos diversos setores da sociedade.

A publicização do Direito corresponde, por exemplo, na revisão judicial dos contratos; na obrigatoriedade de credores e devedor em cumprir o estipulado no plano de reerguimento econômico; o aumento dos poderes judiciais; proteção ao empregado; dirigismo contratual através da normatização legislativa para a constituição de certos contratos (*leasing*, consórcio, financiamentos etc.); sobreposição das normas supletivas do Direito civil, pelas de natureza cogente, entre outras medidas legislativas e judiciais.

Como resta claro a participação estatal mediante a concessão de financiamento ou quaisquer outros privilégios necessita de melhor delimitação, senão eliminação na aplicação do procedimento reorganizatório, sob pena de se manipularem mercados, fraudando-se a concorrência empresarial, tudo em nome do interesse social. Com efeito muitas vezes o interesse público está na extinção de empresas completamente inviáveis cabendo ao Poder Público não salvá-las, mas extingui-las.

A preocupação em vedar a manutenção de empresas economicamente inviáveis também existe na Europa por razões econômicas e estratégicas. Assim, o art. 92 do Tratado de Roma de 1972 proíbe o auxílio estatal que privilegie certas empresas falseando a concorrência. A Comissão deste Tratado decidiu que os créditos a empresas em dificuldades podem impedir o normal desenvolvimento da economia, obstaculizando a desaparição de empresas não competitivas, e que a manutenção destas pode perturbar a estruturação de setores econômicos inviabializando-se o intercâmbio comercial. Desta feita a redução do preço da energia elétrica, isenções fiscais, cobertura de *déficit* operacional podem caracterizar "subsídios de financiamentos", vedados pela Comunidade quando não se limitam no tempo ou não visam ao saneamento da empresa em dificuldade.[86]

Talvez pareça que sendo desnecessária uma maior participação estatal na reorganização da empresa se esteja contribuindo para a mantença do interesse individualista. Entretanto, os acontecimento históricos revogaram a infeliz frase *laissez faire laissez passer* sustentadora daquele ideal. O ente social ou político deve possuir a obrigação da persecução do bem comum, inclusive a iniciativa privada.

O Estado auferirá melhores resultados práticos se a sua participação perante as empresas ocorrer anteriormente visando que elas não entrem sequer em estado pré-concursal.

85. Martineau, Jean. Prefácio de *L'Application du droit de la failite*. A. Sayag. e H. Serbat. Paris: 1982. Apud Abrão. op. cit. p. 38.

86. Ruiz, Manoel Olivencia. *La reforma del derecho de quiebra*. Sevilha: p. 44. Apud Abrão. op. cit. pp. 43-44.

Desta forma cabe ao Governo dirigir a economia proporcionando estabilidade monetária; melhores condições estruturais no país; favorecer o intercâmbio comercial; cumprir seu papel em efetivar a eqüitativa distribuição de renda; viabilizar investimentos tecnológicos em todos os setores comerciais; mediar sem demagogia as questões referentes a empregados e empregadores; a atuação do BNDES como banco de fomento financiando a implantação, expansão e modernização da unidade de produção etc.

Caberia assim ao Estado agir diretamente na economia em um período anterior e estrutural para desta interferência fomentar o desenvolvimento e crescimento econômico, diminuindo, desta forma, o número de empresas sujeitas a dificuldades financeiras, e por conseqüência reduzindo os graves efeitos causados pela insolvência empresarial. Poderia existir um Fundo próprio para atuar junto às empresas em dificuldades financeiras, subvencionado com recursos públicos e privados. Seria inviável ao Estado chamar para si a reorganização de grande parte das empresas porque não obteria resultados satisfatórios e poderia favorecer a instalação de falências absolutamente fraudulentas.

Finalizando, um dos maiores fundamentos que inviabilizam a participação estatal no plano reorganizatório são: os escassos recursos públicos e a falta de uma fiscalização na aplicação destes recursos públicos mesmo sendo realizado sob as ordens judiciais, haja vista sempre existir, no ato administrativo do Poder Público, espaço para a conveniência e oportunidade. De certa forma só os credores, conjuntamente com os bancos, que deverão participar mais decisivamente do referido plano, cabendo ao Estado participar somente em circunstâncias extraordinárias.

3.6 A participação dos bancos privados e dos demais credores no plano de reerguimento financeiro da empresa

Como tivemos oportunidade de verificar no item anterior a participação estatal é, em regra, de complicada praticidade pelas próprias razões lá demonstradas.

Desta forma para que o procedimento reorganizatório chegue a um melhor contento faz-se necessário uma maior participação dos credores no plano. Portanto conclui-se: os credores devem observar todos os termos do plano de pagamento, conforme fixado pelo Juiz, com suspensão provisória de todas as execuções promovidas contra a empresa.

Com efeito, no plano de reerguimento econômico aumentam os poderes jurisdicionais, com a correlata diminuição da vontade dos credores. Deferindo-se a realização do procedimento reorganizatório as demandas individuais permanecem suspensas, juntamente com as execuções tributárias. Entretanto, escapam desta medida os créditos trabalhistas que de modo algum sofrem restrições ou limitações para o seu pagamento. Por sua vez, os créditos que tiveram suspensas suas execuções não estão sujeitos a prescrição ou decadência.

Esta suspensão das demandas executivas podem ser criticadas de arbitrárias ou inquisitivas porque reduzem a vontade dos credores e o seu direito absoluto de propositura de ações. Mas a crítica não possui razão haja vista o deferimento da aplicação do procedimento concursal ser ato judicial provocado pelo devedor, ou pela somatória da participação dos credores, os quais pela proporção dos seus créditos são interessados na continuidade da empresa.

Na realidade, com a suspensão das demandas, visa-se diminuir o interesse particular no recebimento dos créditos e aumentar a importância da preservação da empresa viável. Este, realmente, é um efeito da publicização do Direito.

Relega-se a um plano secundário a participação dos credores, vez que o Tribunal é soberano em deliberar sobre a melhor adaptação do plano ao interesse comum.[87]

Outro não é o dizer do Professor Fábio Konder Comparato sobre a diminuta interferência dos credores: "Por último, a reforma do direito falimentar francês obede-

87. Abrão. op. cit. p. 128.

ceu ao princípio do reforço das prerrogativas judiciais, em detrimento dos poderes de intervenção dos credores".[88]

No que diz respeito a participação dos bancos privados pretende-se que este auxílio financeiro seja lastreado pelo Estado, que garantiria os financiamentos concedidos. Isto é um meio para evitar que o banco, ao conceder o crédito não sofra problemas com a sua atividade creditória caso o procedimento reorganizatório não lograr resultado positivo. Ressalva-se que os bancos privados na maioria das vezes devem participar isoladamente do procedimento, e somente agiriam em concurso com o Fundo, em determinadas situações econômicas específicas. Restaria ao Estado interferir para lastrear recursos somente quando o setor privado não possuir condições suficientes para investimentos desta ordem, ou quando a desaparição do ente produtivo ocasionar sérios transtornos econômicos e sociais.

Com o desenvolvimento das instituições financeiras públicas no Brasil poderemos ter organismos que funcionem realmente como investidores, reorganizando economicamente empresas, assim como os antigos IRI (*Instituto per la Riconstitruzione Industrial*) na Itália ou o CODEF (*Comité Departamentaux pour le Financiament*) em França.

Finalizando, uma lei concursal nova repousa seus preceitos em alguns princípios, os quais são: o da separação entre a sorte da empresa e a do empresário; da diminuta interferência dos credores com o aumento dos poderes judiciais; da preservação da empresa e a publicização da administração concursal.

CAPÍTULO IV — ASPECTOS OBJETIVOS DO PLANO DE REORGANIZAÇÃO ECONÔMICA DA EMPRESA

No capítulo anterior verificamos os principais aspectos estruturadores do procedimento de reorganização da empresa em crise econômica. Por sua vez, ressaltamos a existência de alguns princípios norteadores e fundamentais para o Direito Concursal.

Desta forma, pretendeu-se conferir uma certa amplitude de conceitos para um melhor entendimento das razões que proporcionaram a criação de uma nova teoria dentro do Direito Falimentar.

Com efeito, neste capítulo, o qual denominamos de aspectos objetivos do plano de reorganização econômica da empresa, pretender-se-á trazer para o debate circunstâncias práticas que uma lei concursal nova deverá conter em seus artigos.

Retiramos da doutrina especializada[89] sobre o Direito Falimentar, alguns dos principais requisitos legais do novo Direito Concursal. Por seu turno, os classificamos em seis grandes grupos, cada qual analisados com as suas especialidades, os quais são:

I — Conceito e característica do plano de reerguimento econômico;

II — A nova classificação creditória no procedimento reorganizatório;

III — A sistemática recursal no âmbito do procedimento concursal;

IV — A criação do cargo de Administrador Judicial;

V — Participação dos empregados na direção da empresa;

VI — Reformulação da atividade jurisdicional em um novo Direito Concursal.

Em decorrência de existirem alguns itens que possuem, por si, conceitos abrangentes, procuramos restringi-los somente ao

88. Comparato. op. cit. p. 115.

89. Abrão, Nelson. *O novo direito falimentar: nova disciplina jurídica da crise econômica da empresa*. São Paulo: Ed. RT. 1985. Idem. *O síndico na administração concursal*. São Paulo: Ed. RT. 1988. Fábio Konder Comparato. *Aspectos juridicos da macro-empresa*. São Paulo: Ed. RT. 1988. Artigos especializados na reforma da Lei de Falências publicados na *Revista de Direito Mercantil, Industrial, Econômico e Financeiro* mencionados na bibliografia do trabalho.

Direito Falimentar, por razões didáticas e metodológicas.

4.1 *Conceito e característica do plano de reerguimento econômico*

O plano de reorganização econômica é o procedimento judicial que visa sanear financeiramente a empresa, mantendo sua atividade funcional, tudo sob as ordens e fiscalizações judiciais e do Administrador Judicial. É, por sua vez, a intervenção judicial na empresa deficitária para reerguê-la economicamente.

Como resta claro das definições acima, não existe o intuito liquidatário-solutório no plano de ajuste, desde que a empresa seja viável e esteja em situação pré-concursal.

Terminologicamente denomina-se o plano de reorganização na expressão "regulamento judiciário", em razão de ser este o termo utilizado pela lei francesa. Desta feita, dispunha o art. 7º da Lei francesa de reerguimento econômico, n. 563/67, com os termos *régulement judiciairie* (regulamento judiciário) e, no caso de revogação da medida reorganizatória o converteria em *liquidation des bens* (liquidação de bens).[90] Contudo, mencionamos o termo "plano de reorganização econômica" para facilitar o entendimento do tema, haja vista este indicar a existência de um procedimento não liquidatário.

O Professor Fábio Konder Comparato, em definição precisa, explica o que é procedimento reorganizatório: "O regulamento judiciário é o processo concursal destinado a regular a insolvabilidade das empresas ainda economicamente viáveis".[91]

Na aplicação do procedimento reorganizatório encontrar-se-á uma série de características para o seu desenvolvimento. Entre as principais encontramos: o deferimento da concessão judicial para a aplicação do plano de reerguimento econômico possui uma presunção favorável ao devedor, a não ser que seja de imediato comprovada a inviabilidade financeira da empresa; o prazo máximo da duração do procedimento; a prorrogação do prazo de ajuste econômico anteriormente fixado; meio para saldar as dívidas; as sanções pela inexecução do plano; a obrigatoriedade de cumprimento do plano pelos credores e devedor, oposição pelos credores quanto à conveniência da aplicação do procedimento reorganizatório; legitimação para requerer o plano; publicidade dos atos e a substituição do dirigente com presunção contrária a sua administração e responsabilização penal e patrimonial pela insolvência da empresa.

Para o deferimento da aplicação do plano reorganizatório existe uma presunção *iuris tantum* favorável à empresa devedora. Desta forma o Juiz ao analisar os autos deverá conceder a medida de reorganização, a não ser que as provas sejam cabais em demonstrar a inviabilidade econômica da empresa.

Neste caso podemos notar um efeito da publicização do Direito Concursal no qual se presume em favor do devedor para conceder-lhe a medida requerida.

O Professor Fábio Konder Comparato, ao expor sobre as difíceis possibilidades do Juiz possuir, na fase preliminar do processo, o real conhecimento da situação econômica da empresa pergunta: "Terá o magistrado, na fase vestibular do processo, os elementos necessários para a aferição do estado econômico da empresa e das suas possibilidades de soerguimento?"

90. O art. 7º da Lei n. 563, de 1967, que instituiu o processo de reorganização da empresa no Direito francês estabelece: "Le tribunal prononce le *régulement judiciaire* s'il lui apparaint de le débiteur est en mesure de propuser un concordat sériex est en, dans le cas contraire, la liquidation des beins. A toute époque de la procédure, le tribunal: convertit le *régulement judiciaire en liquidation des beins* s'il se revele que le débiter n'a pas ou n'a plus la possibilité de proposer un concordat sérieux" (grifo nosso). Apud Comparato. op. cit. p. 115.

91. Comparato. op. cit. p. 115.

Ele próprio afirma: "Tem-se a impressão de que os tribunais tenderão naturalmente para concessão do regulamento judiciário como princípio, reservando-se para convertê-lo em liquidação de bens no curso do processo, quando o impasse econômico da empresa se manifestar através de provas inequívocas".[92]

Por isso a presunção favorável ao devedor ser *iuris tantum*, ou seja o Juiz somente indeferirá preliminarmente a medida requerida sendo comprovada a inviável situação econômica da empresa.

Por seu turno, se concedida a referida medida e o Juiz fixar-lhe um prazo máximo de duração somente em situações específicas ele poderá ser alterado.

Em teoria é difícil fixar um prazo determinado para ser realizado o ajuste financeiro. Todavia se o prazo estipulado pela lei circunscrever-se entre 2 (dois) e 3 (três) anos não contrariará o senso comum. Nos dizeres do Professor Nelson Abrão, o prazo, para o plano de pagamento, em princípio, não deverá ultrapassar três anos.[93]

Desta forma a lei fixaria um prazo limite para a efetuação do plano, cabendo ao Juiz verificar conforme o caso apresentado a quantidade do prazo requerido ser excessivo ou exíguo.

Entretanto, vejamos um exemplo: foi fixado, judicialmente, o prazo de três anos para o cumprimento do plano com o pagamento do passivo. Decorridos um ano e meio foram pagas as obrigações referentes a este período, mas o devedor analisando o desenvolvimento da situação financeira das empresas constata que esta conseguirá saldar as obrigações futuras anteriormente fixadas pelo Juiz. Pergunta-se: poderá o devedor requerer ao Juiz que prorrogue o prazo antes estabelecido?

Diversas e contraditórias são as respostas, modificando-se conforme o caso.

92. Ibid. p. 116.
93. Abrão. op. cit. p. 81.

Se o devedor requerer ao Juiz a prorrogação do prazo de pagamento dos créditos este mandará ouvir os credores que opinarão sobre a viabilidade desta concessão dilatória. Se todos concordarem com a prorrogação do prazo o Juiz verificará se não se trata de manobra entre os credores para prejudicar terceiro fiscalizando se as obrigações anteriores foram pagas. Com efeito, explicam: "Muitos autores, ainda que suas posições careçam às vezes de clareza, admitem em ultrapassamento dos prazos de pagamento, colocando em foco o dispositivo do art. 27, alínea 1ª, segundo o qual o plano "relata o estado das remissões ou prazos eventualmente concedidos pelos credores". Com efeito, este não precisa que os prazos permitidos quando do estabelecimento do plano devem ser limitados a três anos. Ademais, certos magistrados observam com exatidão que este dispositivo, deixando os credores livres para conceder a seu devedor as facilidades que eles julgam compatíveis com seus interesses, dos quais, eles são os melhores juízes, aparece como um temperamento à regra, que, aliás, não é acompanhada de qualquer sanção, da apuração do passivo num prazo de três anos".[94]

Por sua vez, se não foram pagos os créditos anteriores, ao pedido de prorrogação o Juiz poderá indeferir o requerimento prorrogatório e liquidar a empresa porque neste caso o devedor não está observando as determinações do plano estando, na verdade, apenas atrasando a liquidação da empresa em reerguimento.

Agora, se requerida a prorrogação do plano e esta não contar com o consenso de todos os credores a solução é mais complicada. O plano reorganizatório é medida judicial que não pode ser alterada a qualquer momento, seja por vontade única do devedor, ou determinada classe de credo-

94. Baudron, Anne Marie. *La suspension provisoire des persuites et l'apuremene collectif du passif selon l'ordenance du 23 septembre 1967*. Paris: 1972. p. 202. Apud Abrão. op. cit. pp. 125-126.

res. Portanto, se não há consenso deve ser, em regra, indeferido o requerimento.

Na realidade, se todos credores resolverem estender o prazo de pagamento com a modificação do plano podemos dizer que é estabelecido um acordo, diferente do reerguimento judicial clássico. Desta feita, o Juiz deferirá o requerido, se não ocorrer circunstâncias que indiquem o conluio entre credores, ou a existência de verdadeira remissão das dívidas regulamentada pelo Direito Civil, situação esta que coloca termo ao procedimento, na porcentagem dos créditos perdoados.

Com efeito, em regra o prazo final é rígido. Afirmamos em regra porque o Juiz poderá deferir a prorrogação dos prazos estipulados se não existirem as seguintes circunstâncias:

a) Conluio fraudulento entre devedor e credor;

b) Se a prorrogação no pagamento causar a falência de algum credor, ou terceiro;

c) Não forem pagas as obrigações anteriores ao pedido de prorrogação;

d) Realização de acordos que indiquem a inviabilidade do reerguimento financeiro da empresa;

e) Toda e qualquer estipulação que demonstre a má-fe das partes para fraudar o procedimento reorganizatório, contrariando os interesses públicos e da Justiça.

O procedimento reorganizatório possui outra característica que é a obrigatoriedade de cumprimento do plano pelos credores e devedor. Isto resulta da coercibilidade das decisões judiciais.

Esta obrigatoriedade possui certa similitude em relação a característica da não modificação do plano de pagamento acima mencionada. Todavia não é esta correlação que iremos demonstrar, mas a imperatividade do cumprimento das determinações judiciais dentro do procedimento.

A obrigatoriedade que estamos mencionando cinge-se em que o devedor não poderá recusar a aplicação do plano por motivos egoísticos ou circunstanciais. O deferimento da medida que instituiu o procedimento faz criar uma vinculação devedor-plano-credor, indissociável, até que sejam cumpridas e pagas as obrigações ou se proceda a liquidação da empresa.

Desta feita, se rejeitado o plano oferecido pelo devedor, mas deferido o apresentado pelo Administrador Judicial, este vinculará o devedor e os credores. Esta obrigatoriedade advém da natureza pública do instituto falimentar agregado ao fator de ser decisão judicial.

No artigo 9º, § 4º do Projeto de Lei Falimentar n. 4.376/93, publicado no *Diário Oficial do Congresso Nacional* (seção I), encontra-se preceito que estabelece esta obrigatoriedade, senão vejamos: "Art. 9º. O devedor cuja falência for decretada pode requerer a continuação do negócio, que vise à sua recuperação.

"§ 4º. A apresentação dos planos de recuperação econômica e financeira e de solução do passivo da empresa vincula o devedor a executar as obrigações neles assumidas".[95]

O Professor Nelson Abrão é claro em enunciar a obrigação do devedor dentro do plano:

"Referentemente ao plano, o devedor assume obrigação antes, ou depois, da decisão judicial. Apresentado por ele o plano, está legalmente obrigado a executar as obrigações a seu cargo, que foram programadas, em caso de posterior admissão pelo Tribunal. Há também uma prévia assunção de ônus executório de parte do devedor quando este não se propuser a executar o plano proposto pelo curador e apresentar um outro de seu próprio feitio e que venha a ser aprovado pelo Tribunal".[96]

95. Brasil. Projeto de Lei n. 4.376, de 1993. *Publicado no Diário do Congresso Nacional* em 22 de fevereiro de 1994. Seção I. Brasília: pp. 1974-1988.

96. Abrão. op. cit. p. 128.

A obrigatoriedade, no que se refere aos credores, está em que não poderão impugnar o plano apenas por razões dos privilégios de seus créditos ou por não estarem de acordo com as determinações do Administrador Judicial.

Assim os credores com garantias e privilégios, por estarem suspensas as suas demandas, não poderiam se opor à venda dos bens sobre os quais se fariam pagar.[97]

Não estão adstritos a restrições creditórias os empregados, os quais possuem preferência absoluta para receberem seus créditos trabalhistas podendo, inclusive, autogerirem a empresa reerguida economicamente, conforme veremos em item específico.

Para requer a concessão da medida do plano de reorganização financeira é preciso possuir legitimidade processual. No Direito francês de 1967, eram legitimados: o devedor, um ou mais credores; pelo Procurador da República ou o Tribunal.

Quando a medida for requerida pelo devedor podemos mencionar os seguintes requisitos de ordem prática: demonstrativo de sua verdadeira situação econômica; Certidões da Justiça do Trabalho; Certidões da Fazenda Pública Municipal, Estadual e Federal; dos Cartórios competentes; apresentação do total do passivo; indicação dos credores; outras que forem necessária para esclarecer a situação financeira da empresa e, necessariamente, apresentar detalhado plano de reerguimento financeiro.

Se o pedido for requerido pelos credores é necessário que o valor dos créditos somados represente uma porcentagem considerável, ou seja, entre 15 e 20% sobre o total da dívida.

Poderá, uma lei concursal nova atribuir poderes ao representante do Ministério Público, se assim entender necessário. Mas para o referido representante requerer a medida é necessário estar em defesa de interesse geral assim: "O interesse geral é um fundamento do conhecimento do ofício para os fins da suspensão provisória das demandas. Entretanto, uma nova noção de interesse geral deveria aparecer, que a diferenciará daquela considerada para a falência de ofício. Ali o interesse geral comandava a exclusão dos devedores incompetentes e desonestos no conjunto das relações comerciais e industriais. Ao contrário, a suspensão provisória das demandas tende a permanência das empresas indispensáveis à nação ou à região. Estes não podem desaparecer sem desorganizar as estruturas da economia francesa.

"O interesse geral em sua acepção econômica ou mesmo social impõe então a tomada de medidas autoritárias de proteção a seu favor. O tribunal pode forçálas a inclinar-se diante de sua vontade, na perspectiva do bem comum. Mas o conhecimento do ofício permite também suprir a carência do devedor e do credor que não formula um pedido de suspensão das demandas, o primeiro por falta de vigilância ou por temor de perder seus poderes econômicos e jurídicos e, o segundo, por ignorância ou por temor das conseqüências nefastas para ele".[98]

O Projeto de Lei de Falências n. 4.376, publicado no *Diário Oficial do Congresso Nacional*, em seu artigo 10, estabelece que poderão requerer a medida o devedor, e os seguintes interessados:

"Art. 10. Poderão também requerer a recuperação da empresa:

"I — qualquer credor;

"II — dois terços dos empregados existentes no trimestre ao da decretação da falência;

"III — o Ministério Público, relativamente as empresas de que trata o art. 3º,

97. O caso acima referido foi objeto de Julgado da Corte de Cassação francesa em 1972. Apud Abrão. op. cit. p. 145.

98. Baudron. op. cit. p. 88. Apud Abrão. op. cit. p. 100.

desde que haja interesse econômico ou social na sua manutenção;

"IV — o Ministro do Estado, o Governador, ou outra autoridade, a que estiver vinculada a empresa pública, sociedade de economia mista ou entidade que explore atividade econômica".[99]

O procedimento de reorganização será impulsionado por atos judiciais e desta forma são públicos os atos do referido processo, não cabendo qualquer sigilo sobre as questões debatidas. A publicidade processual é imperativo e princípio jurídico, não sofrendo restrições no Direito Concursal.

No Direito Concursal novo existe uma presunção contrária à administração financeira do dirigente empresarial. Na própria concessão da medida deferindo-se o procedimento, constará determinação de afastamento do atual dirigente. Esta possibilidade de afastamento do dirigente é um dos postulados do moderno Direito Concursal e consiste que nenhuma empresa chega à insolvência sem o concurso do seu dirigente.[100]

Esta característica pretende que não sejam encontradas, na prática falimentar, abusos e fraudes cometidos pelos dirigentes societários que na administração da empresa apenas servem aos seus interesses.

Com a reforma a lei concursal necessariamente deverá conter dispositivo expresso em considerar presumida a culpa do diretor na administração da empresa insolvente. Se este, por sua vez agiu de forma diligente na condução da empresa deve comprová-la para escusar-se de qualquer responsabilização podendo, inclusive, participar do procedimento reorganizatório atuando ao lado do Administrador Judicial.

O Professor Fábio Konder Comparato afirma:

"A tradicional responsabilidade dos administradores sociais por atos culposos, devidamente provados, transformou-se em responsabilidade com culpa presumida, vindo finalmente dar lugar à responsabilidade também dos que exercem o controle".[101]

Esta exclusão permite subtrair da pessoa jurídica o sócio faltoso em sua conduta e assegurar a realização prática da separação entre a empresa e seus dirigentes.[102]

Finalizando, o fundamento desta presunção de culpa advém do interesse público que a atividade empresária passou a ter, não mais a permitindo distanciar a sua administração do interesse social do melhor gerenciamento empresarial. Desta feita a responsabilidade presumida do dirigente empresarial aproxima-se da responsabilização do agente público.

4.2 A nova classificação creditória no procedimento reorganizatório

Do exposto anteriormente ficou claro que para a aplicação do plano são necessários alguns sacrifícios pelos credores.

Desta forma o plano como órgão concentrador de interesses coletivos, avulta a importância da participação de cada interessado na solução do problema comum. A problemática solutória é relegada a posição secundária erigindo-se, por sua vez, a preservação do organismo produtor de bens e serviço como fator determinante em impor sacrifícios aos interessados no reerguimento financeiro da empresa.[103]

Deste sacrifício resulta a conclusão que: a classificação e hierarquia creditória deve ser revista em uma lei concursal nova. Entretanto, como já foi por nós afirmado, os créditos trabalhistas não sofrem qualquer restrição.

Todavia, a modificação dos privilégios creditórios cinge-se aos créditos tributários

99. Brasil. op. cit. p. 1.975.
100. Abrão. op. cit. p. 233.

101. Comparato, Fábio Konder. *O poder de controle na sociedade anônima*. São Paulo: 1977. p. 324. Apud Abrão. op. cit. p. 325.

102. Abrão. op. cit. p. 237, menciona ser este o entendimento dos Juristas Georges Ripert e René Roblot. *Traité elementaire de droit comercial*. Paris: 1981. p. 952.

103. Ibid. op. cit. p. 229.

fazendo que estes não possuam mais a preferência encontrada atualmente.

Em excelente artigo intitulado, "Algumas sugestões para uma nova lei concursal", o Professor Nelson Abrão ressalta que em outros países não existe o excessivo privilégio dos créditos tributários, senão vejamos: "Sabemos que outros sistemas legais são mais racionais, como o sistema alemão, como o sistema inglês, por exemplo, que estabelecem o privilégio dos créditos tributários em relação apenas àqueles de até um ano precedente à abertura de procedimento concursal".[104]

A mesma forma de modificação na hierarquia creditória encontra-se disposta no Anteprojeto de Lei Falimentar, realizado pelo Alto Instituto dos Advogados de São Paulo, através da Portaria Ministerial n. 233, de 9 de maio de 1991, que criou a Comissão para elaboração do referido Anteprojeto. Participaram desta excelsa Comissão, entre outros, Rubens Aprobatto Machado e Waldírio Bulgarelli, o que demonstra o relevo e a importância deste Anteprojeto.

No capítulo da reorganização da empresa do referido Anteprojeto, encontra-se estabelecido que o plano de reorganização da empresa deve prever o pagamento dos créditos existentes na seguinte ordem de preferência:

"a) salários e demais encargos trabalhistas;

"b) indenização por acidentes do trabalho;

"c) créditos dos fornecedores de bens e serviços que não interromperem seus fornecimentos;

"d) crédito dos demais fornecedores e quirografários;

"e) créditos decorrentes de operações financeiras, com ou sem garantia;

"f) créditos com privilégios gerais ou especiais, inclusive fiscais e parafiscais.

"Parágrafo Único — O credor que continuar fornecendo bens e serviço à empresa poderá receber o valor parcial de seu crédito, em cada operação em montante nunca superior a dez por cento (10%) do seu total."[105]

É, portanto, elogiável a preceituação realizada.

Por seu turno, existe no referido Anteprojeto dispositivo específico que trata da Classificação dos Créditos. É o artigo 102, que diz:

"Para efeito de distribuição do apurado na falência, e segundo as preferências estabelecidas por esta Lei, a classificação dos créditos obedece a seguinte ordem:

"I — encargos de massa, que são decorrentes das verbas perscritas no art. 124;

"II — créditos por restituição de qualquer natureza;

"III — créditos dos empregados, por salários e indenizações trabalhistas, em conformidade com a decisão que foi proferida na Justiça do Trabalho, com trânsito em julgado;

"IV — créditos de seguridade social, pelas contribuições que a empresa falida dever, reconhecidas por decisão transitada em julgado, mediante habilitação de crédito;

"V — créditos fiscais decorrentes dos tributos devidos pela falida, constantes de habilitação com decisão transitada em julgado;

"VI — créditos com direitos reais de garantia;

"VII — créditos privilegiados;

"VIII — créditos quirografários".[106]

Na lição do Professor Rubens Requião, os encargos da massa são devidos na seguinte ordem:

104. Abrão, Nelson. "Algumas sugestões para uma nova lei concursal". *Revista de Direito Mercantil, Industrial, Econômico e Financeiro*. São Paulo: n. 31. p. 39.

105. Bulgarelli, Waldirio. "Reforma da Lei de falências". *Revista de Direito Mercantil, Industrial, Econômico e Financeiro*. São Paulo: n. 83. pp. 135-136.

106. Ibid. p. 129.

"I — as indenizações por acidente do trabalho que, no caso da continuação do negócio falido, se tenham verificado; salários e indenizações trabalhistas;

"II — tributos e contribuições parafiscais a cargo da massa falida e exigíveis durante o processo de falência;

"III — as custas judiciais do processo da falência, dos seus incidentes e das ações em que a massa for vencida;

"IV — as despesas com a arrecadação, administração, realização do ativo e distribuição do seu produto, inclusive a comissão do síndico;

"V — as despesas com a moléstia e enterro do falido."[107]

No ensinamento do ilustre Professor acima referido, segundo a atual sistemática da Lei Falimentar e especial que classificam a preferência para recebimento dos créditos, temos a seguinte ordem:

"1º. Crédito resultante de indenização por acidente de trabalho (art. 102, *caput*, do Decreto-lei n. 7661, de 21.6.1945).

"2º. Créditos dos salários e das indenizações dos empregados (CTN — Lei n. 5.172, de 25.10.1966, art. 186; CLT, art. 449, § 1º; e Dec.-lei n. 192, de 24.2.1967)

"3º. Créditos tributários da União, Estados e Municípios, no mesmo plano de igualdade (art. 60, parágrafo único, do Dec.-lei n. 960, de 17.12.1938; arts. 186 e 187 da Lei n. 5.172, de 25.10.1966; e Constituição Federal; art. 145);

"4º. Créditos parafiscais tais como contribuições do SINPAR (INPS), SESC, SESI, SENAC, SENAI, FGTS, PIS etc, no mesmo plano que os créditos tributários da União;

"5º. Créditos por encargos da massa (art. 124, § 1º, da Lei de Falências);

"6º. Créditos por dívidas da massa (art. 124, § 2º, da Lei de Falências);

"7º. Créditos com direitos reais de garantia;

"8º. Créditos com privilégios especiais sobre determinados bens;

"9º. Créditos com privilégio geral;

"10º. Créditos quirografários".[108]

Contudo, em razão da história legislativa brasileira privilegiar a classificação dos créditos tributários, preferidos sobre os demais, exceto trabalhistas, torna-se difícil na prática encontrarmos futuramente dispositivo legal que contrarie esta tradição legislativa.

Mas para desta forma não prejudicar um Projeto de lei concursal deve-se, necessariamente, conter expressamente disposição legal suspendendo as execuções fiscais, porque do contrário inviabilizaria-se todo o procedimento reorganizatório.

4.3 A sistemática recursal no âmbito do procedimento concursal

Uma característica do processo de reerguimento econômico é a celeridade dos seus atos. Para isto uma lei concursal nova deverá conter dispositivos normatizadores de um processo rápido e ágil. Esta celeridade é requisito fundamental para a aplicação prática do novo Direito Concursal.

Em nossa atual Lei falimentar encontramos diversos artigos que a tornam de difícil aplicação em razão de ser um texto legislativo que confere vários recursos às partes, provocando desta forma um delongamento do feito. Com veracidade afirma-se que a atual Lei de Falências possui um moroso processualismo em virtude de sua processualística-liquidatária.

O principal intuito que uma lei concursal nova pretenderá em se diminuindo o número excessivo de recursos é fazer que esta seja cumprida e aplicada, e não favoreça ao devedor desonesto e fraudulento que retira vantagens de um procedimento falimentar moroso em prejuízo de toda a sociedade.

107. Requião. op. cit. p. 328.

108. Ibid. pp. 281-282.

Podemos afirmar que o interesse social irrompe mais uma questão, ou seja, o interesse social da sociedade em não consentir que o moroso procedimento falimentar beneficie a fraude e o conluio. Um exemplo característico do processualismo recursal da nossa Lei de Falências está em seus artigos 17 e 18, que estabelecem dois recursos para praticamente o mesmo ato judicial.

O Professor Rubens Requião em artigo específico sobre a reforma da Lei falimentar, há tempos detectava a excessiva procrastinação recursal da Lei de Falências. Diz o Mestre: "Penso que o procedimento pré-falencial, de natureza eminentemente cognitiva, procrastina demasiadamente a declaração judicial da falência. Essa procrastinação se deve à proliferação de recursos, os quais, não bastassem o agravo, foram acrescidos embargos à sentença declaratória. Chega a lei ao cúmulo de permitir a dualidade de recursos, como no caso dos arts. 17 e 18. Com efeito, segundo a jurisprudência, o devedor pode, da sentença declaratória, não só recorrer de agravo de instrumento (art. 17), como opor embargos (art. 18)".[109]

Desta forma um procedimento concursal renovado visante a permanência da empresa, somente se desenvolverá se a via recursal for utilizada racionalmente, sobrepondo-se as exigências da vida ao formalismo processual.[110]

Não se trata com esta diminuição da amplitude das regras processuais no procedimento concursal em atentar contra os princípios fundamentais do Direito Processual, que são: o do Contraditório, da Ampla Defesa e do Devido Processo Legal. Ao contrário, o novo Direito Concursal ao ser ágil nos termos da lei ratificará a aplicação prática daqueles, conjuntamente com o princípio processual, vale dizer, da celeridade dos atos processuais.

Este debate sobre as regras processuais possuiu, de certo modo, similitude com a discussão em voga a respeito da Justiça comutativa e distributiva que, por sua vez, os sequazes da teoria dos pampas só fizeram em prejudicá-la.

Com efeito, é importantíssimo os dizeres de Guillermo J. Jiménez Sanches, sobre a participação jurisdicional em qualquer ramo do Direito: "Em definitivo, se queremos empregar uma formulação comprometida, o trânsito do Estado de Direito ao Estado Social não se deve produzir renegando as conquistas do primeiro, senão, em todo caso, complementando-as. A revisão da finalidade sancionadora tradicional da falência e sua substituição pela idéia de salvamento da empresa, sempre que essa apresente um futuro que reclame a atenção social, pode trazer graves problemas se se produz no modelo do livre jogo dos interesses particulares ou, inclusive, no campo da atuação administrativa. A nova concepção funcional do tratamento das situações de crise, precisamente pela complexidade das soluções a que permite recorrer, reclama a garantia que só a presença do Poder Judiciário pode proporcionar, o único, não o esqueçamos, que assegura o respeito dos direitos subjetivos".[111]

4.4 A instituição do cargo de Administrador Judicial

O Administrador Judicial é o encarregado, no procedimento reorganizatório, de gerir e administrar a empresa sob reerguimento econômico, cumprindo as determinações fixadas pelo Juiz. Será em poucas palavras, um administrador empresarial.

A atividade do Administrador Judicial não é de resultado, mas um meio para o ajuste financeiro da empresa insolvente e

109. Requião, Rubens. "A crise falimentar brasileira: reforma da lei de falências". *Revista de Direito Mercantil, Industrial, Econômico e Financeiro*. São Paulo: n. 14. pp. 28-29.

110. Abrão. op. cit. pp. 238-239.

111. Sanches, Guillermo J. Jiménez. *La reforma del derecho de quiebra*. p. 216. Apud Abrão. op. cit. p. 36.

desta forma não será responsabilizado se o plano não alcançar resultados positivos devendo, contudo, zelar pelos interesses da empresa.

O Administrador Judicial será uma pessoa que tenha sido aprovada em um Concursal de Título sendo, necessariamente, formado em administração empresarial ou ciências econômicas possuindo prática comprovada na condução de empresas. É uma atividade profissional que requer exclusividade no seu exercício porque desta forma vai ao encontro da profissionalização da sua função eminentemente pública.

Portanto, resta claro que a participação do Administrador Judicial nos procedimentos concursais reorganizatórios faz desaparecer a atuação do síndico como representante dos credores.

Existiria um Conselho Nacional de Administradores Judiciais que fiscalizaria e organizaria a atividade destes. A despeito de estarem sob a fiscalização do seu órgão maior, o Administrador Judicial estará sujeito a responsabilização patrimonial e penal se agir de forma a fraudar o procedimento concursal.

A remuneração deste profissional é fixada no início do procedimento, sendo atribuída para todo o período de duração do plano.

Sobre o exercício da administração judicial, existem as seguintes características:

a) a profissionalização técnica da atividade realizada por profissional hábil e qualificado para este mister;

b) a desconsideração do atual síndico escolhido dentre os maiores credores porque o intuito do procedimento reorganizatório não é a liquidação da empresa;

c) a atuação do Administrador Judicial dever ser independente;

d) as regras da ciência econômica regem a atividade do Administrador Judicial.

A atividade administrativa judicial desenvolve-se precipuamente à luz de princípios econômicos para a preservação da empresa, e não como medida liquidatária da execução coletiva. O procedimento reorganizatório possui no Administrador Judicial sua característica predominante.[112]

Não mencionamos o cargo de Mandatário-Liquidatário em razões deste participar, como representante dos credores, na liquidação de bens, ou seja, quando a empresa for considerada inviável economicamente ou quando o plano de reorganização não auferir resultados positivos, os quais fazem parte do objeto deste trabalho.

4.5 A participação dos empregados na direção da empresa

Em razão da gigantesca abrangência que o tema participação dos empregados na direção da empresa possui apenas o abrangeremos, resumidamente, no que se refere ao Direito Concursal.

Preliminarmente, afirmamos que a participação total dos empregados na direção da empresa somente ocorrerá depois de feita a reorganização econômica. As razões desta características são que: este profissional hábil e competente para cumprir a função no ajuste financeiro (Administrador Judicial) da empresa e, por sua vez, será melhor para os próprios empregados assumir a administração da empresa depois de reerguida economicamente.

A participação dos empregados ocorre em razão dos seguintes fatores:

a) geralmente são avultosos os valores dos créditos trabalhistas devidos;

b) afastamento do dirigente que concorreu para a situação de insolvência da empresa.

O primeiro requisito não significa que os empregados deverão fazer uma "compensação" sobre os valores dos seus créditos para poderem administrar a empresa, mas será uma medida para facilitar o reer-

112. Abrão, Nelson. *O síndico na administração concursal*. São Paulo: Ed. RT. 1998. p. 36.

guimento financeiro da mesma. Assim, os empregados gerenciariam a empresa auferindo os rendimentos.

O fundamento prático está em que se fosse declarada a falência os maiores prejudicados seriam os empregados, porque demorariam muito tempo para que recebessem os seus créditos trabalhistas.

Em segundo, o afastamento do dirigente faltoso que agiu incorretamente no gerenciamento da empresa fundado no princípio da dissociação entre a sorte da empresa para o empresário são os argumentos jurídicos e teóricos que viabilizam a entrada dos empregados na direção da empresa. Desta forma a teoria contrária à participação dos empregados na direção de uma empresa em razão desta interferência modificar o conceito de propriedade, não mais pode prevalecer na conjuntura brasileira. Com efeito, os empregados são qualificados para gerenciar a empresa na qual estão trabalhando. Ressalvamos que a participação dos empregados (autogestão) é um mecanismo que necessita estar regulamentado através de lei específica, porque do contrário poderiam ser causados reflexos prejudiciais à ordem econômica e social se esta participação fosse realizada de maneira inadequada e distante dos preceitos legais.

Finalizando, ressaltamos que a autogestão aqui resumidamente analisada não deve ser confundida com a co-gestão da empresa em normal atividade funcional e bem estruturada financeiramente. Por seu turno, a autogestão é realizada em uma fase posterior ao processo concursal sendo um meio assecuratório da preservação da empresa.

4.6 Reformulação da atividade jurisdicional em um novo direito concursal

Para a aplicação do plano de reorganização econômica teremos a participação do Administrador Judicial atuando ao lado do Juiz de Direito. O processo concursal é rápido e dinâmico e desta forma necessitará de um Poder Judiciário ágil e atento na aplicação da lei.

Importante para o Direito Concursal foi a criação das Varas Especializadas em Falências. A esse respeito o Professor Nelson Abrão relata: "A sugestão de Varas e Juízes especializados não é nova, nem é nossa. É do professor Waldemar Ferreira, já em seu Tratado de Direito Comercial. O inconveniente que se aponta é que, havendo poucas Varas e Cartórios competentes para os procedimentos falimentares, haveria um incremento da fraude. Isto não é verdade, porque a fraude é humana; a fraude tanto pode existir em trinta cartórios como em três, de modo que o argumento cai por terra; não apenas Varas Especiais, mas cumpre eventualmente Juízes especializados."[113]

O referido Professor foi bastante feliz na expressão "Juízes especializados" porque ressalta a importância que o Poder Judiciário possui na aplicação da legislação concursal. Até podemos afirmar que se o Poder Judiciário não participar ativamente no processo concursal novo não teremos reorganização financeira da empresa. Assim, a só criação de Varas especializadas não será suficiente, ou seja, será preciso uma participação judicial no conteúdo, e não simplesmente na forma.

Isto faz que toda organização judiciária seja adaptada a este imperativo, inadiável de enfrentamento da crise econômica da empresa. O escopo da preservação e o caráter publicístico do procedimento reorganizatório resulta na profissionalização dos que nele atuam. Assim, são importantes: o perito contábil que decreta a insolvência; o administrador judicial, entendendo-se sua função da supervisão do procedimento até a substituição do devedor, o liquidante que representará os credores na liquidação da empresa inviável.[114]

113. Abrão. op. cit. p. 38.
114. Ibid. p. 241.

Desta forma resulta a importância que os ordenamentos concursais novos atribuem à organização judiciária. Em razão disto, não é verdadeiro afirmar que ocorra um dirigismo processual restringindo-se direitos e garantias individuais, haja vista que a legislação da França e dos Estados Unidos — defensores destas garantias — outorgaram poderes extraordinários à magistratura na conduta jurisdicional da crise econômica da empresa.[115]

Por seu turno: "A experiência, e a tendência das modernas legislações, demonstraram que se deve caminhar para a profissionalização e oficialização dos funcionários do concurso, único meio de se manter a feição publicística unitária do procedimento, graças, também, ao controle a que ficam suspeitos".[116]

Finalizando, o nosso maior Comercialista, fundado em Dupin, diz: "Diz-se, há séculos, que o Juiz faz boas as leis ou más".[117] O Mestre Carvalho de Mendonça, nesta frase, indica a importância que a Hermenêutica Jurídica possui para o êxito de uma lei de falências, ao lado das circunstâncias formais e estruturais da organização jurisdicional.

Considerações finais

O principal objetivo deste trabalho consistiu em demonstrar a necessidade de ser elaborada uma reformulação na atual legislação falimentar para desta forma inserir um novo instituto jurídico, denominado reorganização econômica da empresa.

Tivemos oportunidade de ressaltar o surgimento de princípios próprios e específicos do Direito Concursal juntamente com a apresentação de questões práticas referentes ao plano de reorganização econômica da empresa e, procedendo desta forma, pretendemos conferir ao trabalho um suporte teórico e prático aproximando-o da realidade jurídica brasileira.

O fundamento jurídico no qual desenvolvemos esta pesquisa foi o princípio da preservação da empresa e disto resultou-nos uma preocupação não só econômica como social que possui o novo processo concursal.

No curso da pesquisa ressaltamos que não estamos propondo uma simples alteração em nossa legislação falimentar para contradizer apenas alguns dos seus artigos ou dispositivos sem qualquer argumentação objetiva. Ao contrário, requerendo esta modificação em nossa tradição histórica-falimentar o fazemos em razão de que o princípio da preservação da empresa dentro do processo concursal é um novo instituto do Direito que precisa estar legislativamente previsto. O interesse social que existe na permanência da atividade funcional da empresa deve preponderar sobre os interesses individuais que a atual Lei de Falências estabelece ao liquidar a empresa.

Pela falta de disposição legislativa a respeito da reorganização econômica da empresa não diríamos que se configuraria uma lacuna em nosso Direito porque como sabemos não há lacunas no Direito. E, desta forma, não será a Hermenêutica Jurídica que solucionará o caso ao interpretarmos extensivamente o art. 74, da Lei de Falências, que estabelece a continuação do negócio do falido e aproximá-lo do conceito de reorganização econômica da empresa.

Com efeito, reafirmamos que o princípio da preservação da empresa vai ao encontro com a atual Lei de Falências fazendo que esta seja totalmente reformulada por Lei concursal nova.

A argumentação de inserir dentro da atual Lei falimentar dispositivos referentes ao plano reorganizatório não é a correta, haja vista cada uma dessas leis protege interesses diversos e incompatíveis uma das outras, vale dizer, a atual Lei de Falências estabelece a liquidação da empresa sendo pagos os créditos que possuem maior pre-

115. Ibid. p. 239.
116. Ibid. p. 241.
117. Carvalho de Mendonça. op. cit. p. 117.

ferência no seu recebimento, protegendo-se assim interesses individuais da liquidação da empresa para o pagamento dos créditos devidos; a Lei concursal que estabelecesse o procedimento de reerguimento protege mais ao interesse social que o individual, porque ao disciplinar a permanência e manutenção da atividade funcional da empresa, a lei estará procurando salvaguardar interesses maiores aos da simples liquidação e extinção da empresa.

A maior incompatibilidade existente entre a atual Lei falimentar com a nova sistemática concursal está em que a lei nova procura fazer sobrepujar os interesses coletivos, sendo que a atual Lei ao liquidar a empresa, sem questionar sua viabilidade econômica, não contempla a nova perspectiva doutrinária e social da preservação da empresa. Portanto, a solução legislativa de inserir dentro da atual Lei falimentar dispositivos do plano de reorganização econômica não é a melhor técnica.

Este trabalho não pretende ser completo sobre o tema da reorganização da empresa em crise financeira, sendo que outras diversas características e situações objetivas deverão ser estabelecidas e disciplinadas pela lei concursal nova. Assim, a nova legislação deverá ser minuciosa em evitar e punir o conluio, todavia estará em amplitude menor as disposições a respeito do plano de reorganização econômica da empresa. Podemos afirmar que o núcleo prático do novo Direito Concursal está no plano financeiro a ser desenvolvido na empresa e que a auferição de resultados positivos será muito importante para esta Disciplina Jurídica.

O conceito de interesse social proposto no desenvolvimento do trabalho, e afirmado em diversas passagens, é aquele que pretende sobrepujar os interesses coletivos aos individuais. Pretendemos conferir ao trabalho uma aplicação prática deste conceito e não justificamos as considerações feitas no bojo da pesquisa com a abstrata definição de "função social da propriedade". Assim, o trabalho não seguiu a orientação da conceituação abstrata do que seja o interesse social ou função social da propriedade, proposta por aqueles que não querem ver estes termos bem especificados e delimitados pela Ciência Jurídica.

É preciso que seja legislativamente especificada a função social da propriedade para viabilizar concretamente a sua realização prática na conjuntura sócio-política brasileira. Portanto, qual seria a razão pela qual não é feita esta especificação legislativa do conceito de função social da propriedade, ou seja, enquanto esta delimitação prática não for realizada não a teremos.

Quando fizemos considerações práticas no desenvolvimento do trabalho o fizemos em virtude de pretendermos outorgar maior preocupação com certos aspectos que envolvem a aplicação do plano, e demonstrar o quanto o interesse social interfere na aplicação deste.

O trabalho possui grande parte de suas considerações retiradas da melhor doutrina pátria especializada na reforma da Lei de Falências, sendo que os livros e textos do Professores mencionados na revisão da literatura foram por nós estudados. Todavia, a pesquisa possuiu alguma originalidade de conceitos e considerações próprias que advieram do estudo abrangente da totalidade do tema, tendo sido a interpretação sistemática e a teleológica dos textos legais e doutrinários a principal forma de entendimento da matéria. Assim, o trabalho não procurou seguir este ou aquele autor, mas as considerações e afirmações foram feitas, realizadas e fundadas na perspectiva dogmática da supremacia do interesse social.

O trabalho foi realizado tendo em consideração o pequeno número de publicações pátrias a respeito da reforma da Lei de Falência e, por isso, a pesquisa possui uma certa particularidade nas suas expressões, sem contudo pretender contradizer a nossa melhor doutrina especializada.

Sem dúvida o maior, senão único, escopo teórico que este trabalho possui é recolocar à mesa de debates a discussão sobre a modificação da atual Lei falimentar. Neste sentido, os nossos maiores juristas há pelo menos vinte anos estão imbuídos na reforma da atual Lei, sendo que elaboraram diversos Anteprojetos de lei concursal, mas o Congresso Nacional ainda não aprovou nenhum dos Projetos que estão em tramitação.

Por seu turno, a França no ano de 1967 e, posteriormente, em 1985, disciplinou a questão da reorganização financeira da empresa de maneira satisfatória, sendo que estas duas leis foram fonte legislativa utilizada por diversos países quando da elaboração de suas leis concursais.

Portanto, é necessário a regulamentação das várias circunstâncias que envolvem a aplicação do processo concursal. Sobre o plano de reorganização a lei deverá estabelecer:

a) Celeridade dos atos processuais;

b) Estabelecer a dissociação entre a sorte da empresa para a do empresário;

c) Prever a disciplinação da responsabilidade patrimonial com a punição do dirigente faltoso com presunção contrária à sua administração;

d) A permanência e a manutenção da atividade empresarial dentro do processo concursal;

e) Obrigatoriedade de cumprimento pelo devedor e pelos credores do respectivo plano reorganizatório;

f) Nova classificação creditória no processo concursal;

g) Instituir o cargo de Administrador Judicial;

h) Suspensão de todas as demandas executivas promovidas contra a empresa em fase de reorganização concursal;

i) Formas para a participação do Estado no referido plano.

Esta postura legislativa é aconselhável em qualquer procedimento de reorganização econômica, tanto que o IV Encontro Internacional de Direito da América do Sul realizado em maio de 1995 na cidade de Montevidéu no Uruguai, recomendou aos países que fazem parte do Mercosul que na elaboração de legislação concursal nova estabeleçam:

"I — Mecanismos para evitar a falência;

"II — Organização de uma Sindicatura Concursal;

"III — Judicatura especializada em Falências;

"IV — A orientação do processo concursal deve ter sempre em consideração a conservação da empresa e a diminuição de recursos;

"V — Regulamentação dos privilégios creditórios.

Com efeito, estes aspectos para a elaboração de uma lei concursal nova são de certa forma gerais e correlatos a todos os ordenamentos jurídicos que estabeleceram legislativamente o plano de reorganização financeira da empresa. Todavia, na elaboração da lei concursal pátria, o legislador deverá verificar as características próprias da sistemática jurídica brasileira, porque simplesmente copilar outros textos legislativos estrangeiros, distantes da realidade econômica brasileira, não será a melhor solução.

Em suma consideramos ser necessária a modificação da atual legislação falimentar elaborando-se uma lei concursal nova calcada na dissociação entre a sorte da empresa e a do empresário, estabelecendo um plano de reorganização econômica hábil e suficiente em objetivar e outorgar prioridade ao interesse social na preservação da atividade funcional da empresa com a manutenção dos empregos da classe obreira.

Bibliografia

a) Citada:

ABRÃO, Nelson. *O novo direito falimentar: nova disciplina jurídica da crise econômica da empresa*. São Paulo: Ed. RT. p. 243. 1985.

_______ *Curso de direito falimentar*. 4ª ed. São Paulo: Ed. RT. 1993. p. 317.

_______ *A continuação do negócio na falência*. São Paulo: 1975. p. 163. Tese ao Concurso de Livre-Docência de Direito Comercial da Faculdade de Direito da Universidade de São Paulo.

_______ *O síndico na administração concursal*. São Paulo: Ed. RT. 1970. p. 133.

_______ "Algumas sugestões para uma nova lei concursal". *Revista de Direito Mercantil, Industrial, Econômico e Financeiro*. São Paulo: v. 17. n. 31. pp. 31-41. 1978.

_______ "Medidas paliativas não afastam a crise". *O Estado de São Paulo*. São Paulo: 30.12.1990. p. 24.

ARNOLDI, Paulo Roberto Colombo. "O novo modelo jurídico da empresa nacional e a reforma da lei de falências". *Revista dos Tribunais*. São Paulo: n. 663. pp. 252-254. jan. 1991.

BRASIL. Decreto-Lei n. 7.661, de 21.6.1945. Lei de Falências. *Diário Oficial da União*. Brasília: 15.3.1974. Suplemento.

_______ Projeto de Lei n. 4.376, de 1993. *Diário do Congresso Nacional*, 22.2.1994, Seção I. Brasília: pp. 1.974-1.988.

BULGARELLI, Waldirio. "Reforma da lei de falências". *Revista de Direito Mercantil Industrial, Econômico e Financeiro*. São Paulo: v. 25. n. 83. pp.122-136, jul-set. 1991.

COMPARATO, Fábio Konder. Aspectos jurídicos da macro-empresa. São Paulo: Ed. RT. 1970. p. 133.

_______ "Função social da propriedade dos bens de produção". *Revista de Direito Mercantil Industrial, Econômico e Financeiro*. São Paulo: v. 25. n. 63. pp. 71-74. jul-set. 1986.

DINIZ, Almachio. *Da fallência, Theoria dos factos e prática dos princípios à luz da lei num. 2.024, de 17.12.1908 e da última jurisprudência dos Juízes e Tribunais da República*. São Paulo: Monteiro Lobato. 1924. p. 483.

FERREIRA, Waldemar. *Instituições de direito comercial*. 3ª ed. São Paulo: Saraiva. 1951. v. 5. p. 536.

LACERDA, J. C. Sampaio. *Manual de direito falimentar*. São Paulo: Freitas Bastos. 1959. p. 521.

LIMA. Cláudio Vianna de. "A falência como processo". *Revista dos Tribunais*. São Paulo: n. 627. pp. 15-29. jan. 1988.

MENDONÇA, J. X. Carvalho de. *Tratado de direito comercial brasileiro*. 7ª ed. São Paulo: Freitas Bastos. 1964. v. 7. Livro V. Parte I. p. 581.

MIRANDA, Pontes. *Tratado de direito privado*. Rio de Janeiro: 1960. v. 28.

REALE, Miguel. *Lições preliminares de direito*. 14ª ed. São Paulo: Saraiva. 1987. p. 381.

REQUIÃO, Rubens. *Curso de direito falimentar*. 15ª ed. São Paulo: Saraiva. 1993. v. 1. p. 535.

_______ "A crise do direito falimentar: reforma da lei de falências". *Revista de Direito Mercantil, Industrial, Econômico e Financeiro*. São Paulo: v. 13. n. 14. pp. 23-33. 1974.

_______ *Aspectos modernos de direito comercial* (Estudos e Pareceres). São Paulo: Saraiva. 1980. v. 2. p. 371.

ROUILLON. Adolfo A. N. *Passado, presente y futuro del derecho concursal*. Publicação do Departamento de Direito da Universidade Austral. Rosário: 1991. p. 367.

TZIRULNIK, Luiz. *Direito Falimentar*. 2ª ed. São Paulo: Ed. RT. 1991. p. 367.

VALVERDE, Trajano de Miranda. *Comentários à lei de falências*. Rio de Janeiro: Forense. 1948. v. 1.

b) Consultada:

ABRÃO, Nelson. "A nova lei argentina sobre procedimentos concursais". *Revista de Direito Mercantil Industrial, Econômico e Financeiro*. São Paulo: v. 12. n. 9. pp. 143-145. 1973.

_______ "Advogado faz restrições a Anteprojeto do Governo: A Comissão cometeu o equívoco de tentar dar alento a um texto morto por meio de dispositivos novos". *O Estado de São Paulo*. São Paulo: 11.4.1992. p. 9.

CARVALHO, Dora Martins de. "O Anteprojeto Legislativo da Lei de Falências". *Revista de Direito Mercantil, Industrial, Econômico e Financeiro*. São Paulo: v. 31. n. 88. pp. 88-94. out-dez. 1992.

CARDOSO, Edson Laura. "Sociedade de credores: solução?". *Revista dos Tribunais*. São Paulo: n. 654. pp. 248-250. abr. 1990.

COELHO, Fábio Ulhoa. "Anteprojeto de lei possui méritos mas mudança ainda pode ser aperfeiçoada. (A proposta da disciplina do processo de concordata é burocratizada)". *O Estado de São Paulo*. São Paulo: 18.4.1992. p. 9.

COMPARATO, Fábio Konder. "A reforma da empresa". *Revista de Direito Mercantil, Industrial, Econômico e Financeiro*. São Paulo: v. 22. n. 50. pp. 54-57. abr.-jun. 1983.

COSTA, Philomeno J. da. "Noticiário do Instituto Brasileiro de Direito Comercial Comparado e Biblioteca Tullio Ascarelli. *Revista de Direito Mercantil, Industrial, Econômico e Financeiro*. São Paulo: v. 24. n. 59. p. 111. jul.-set. 1985.

FRONTTINI, Paulo Salvador. "O caso de falência da Sanderson e as tendências atuais do direito falimentar". *Revista de Direito Mercantil, Industrial, Econômico e Financeiro*. São Paulo: v. 13. nn. 15-16. pp. 247-250. 1974.

______. "Reflexões sobre a reforma da lei de falências". *Revista de Direito Mercantil, Industrial, Econômico e Financeiro*. São Paulo: v. 17. n. 31. pp. 43-45. 1978.

______. "Governo quer mudar tudo na lei de falência". *O Estado de São Paulo*. 28.3.1992. p. 3.

GUAGLIANONE, Dário. "Porque muitas empresas quebram. Táticas e estratégias adotadas em tempo de pouco consumo podem reverter em prejuízo". *O Estado de São Paulo*. São Paulo: 10.11.1990.

INCARATO, Márcio Antonio. "Créditos sujeitos aos efeitos da concordata perante a nova lei". *Revista de Direito Mercantil Industrial, Econômico e Financeiro*. São Paulo: v. 29. n. 77. pp. 65-67 jan.-mar. 1990.

KATUDJIAN, Elias. COELHO, Fábio Ulhoa. ABRÃO, Nelson. MACHADO, Rubens Aprobatto. "Advogados criticam Anteprojeto que muda a lei de falências e concordatas". *O Estado de São Paulo*. São Paulo: 18.4.1992. p. 9.

LOBO, Jorge. "A crise da empresa: a busca de soluções". *Revista dos Tribunais*. São Paulo: n. 668. pp. 35-46. jun. 1991.

MARIANI, Irineu. "O princípio da preservação da empresa e a dissolução da sociedade por cotas de responsabilidade limitada". *Revista dos Tribunais*. São Paulo: n. 630. pp. 56-60. abr. 1988.

MARTINS, Gilberto de Andrade. *Manual para elaboração de monografias*. São Paulo: Atlas. 1990. p. 90.

MEDEIROS, Wanderley Pinto de. "A insolvência das empresas brasileiras e o papel dos bancos de desenvolvimento". *Revista de Direito Mercantil Industrial, Econômico e Financeiro*. São Paulo: v. 27. n. 72. pp. 48-56. out.-dez. 1988.

______. "Nova Lei de Falências exige um judiciário ágil" (Contém a participação dos juristas J. C. Sampaio de Lacerda, José Bulhões Pedreira e Eduardo Seabra Fagundes). *O Estado de São Paulo*. São Paulo: 30.10.1977. p. 49.

REQUIÃO, Rubens. "A função social da empresa no Estado de Direito". *Revista da Faculdade de Direito da Universidade Federal do Paraná*. Curitiba: v. 19. n. 39. pp. 163-280. 1978-1980.

SANT'ANA, Rubens. "A falência da empresa: realidade contemporânea e perspectivas futura". *Revista de Direito Mercantil, Industrial, Econômico e Financeiro*. São Paulo: v. 25. n. 64. pp. 37-46. out.-dez. 1986.

SILVA NUNES, Hélio. "O destino de nossas empresas". *O Estado de São Paulo*. São Paulo: 15.6.1990. p. 92.

Atualidades

DUPLICATA E FACTURAS DE CRÉDITO — CONFRONTO E COMPARAÇÕES

PAULO ROBERTO COLOMBO ARNOLDI

I. Generalidades

Nas vendas a prazo, o vendedor cumpre a sua obrigação de entregar a coisa vendida, mas fica estabelecido que o comprador só realizará a sua prestação em uma época posterior. Há entre o vendedor e o comprador uma confiança, através da qual usa-se o crédito na realização da compra e venda.

Com o intuito de se garantir o cumprimento da obrigação assumida e fazer valer os direitos do comprador e vendedor, através de um processo coativo enérgico, é que foi criado, entre os brasileiros, a duplicata.

A duplicata é um título genuinamente brasileiro, com características próprias, podendo ser considerado *sui generis*.

Substitui a letra de câmbio e a nota promissória como documento que representa o crédito pelo fornecimento de mercadorias ou prestação de serviços, aplicando-lhe também as normas de direito cambiário, sendo classificada por Pontes de Miranda como título cambiariforme.

É de emissão facultativa, sendo obrigatória somente a emissão de fatura. Trata-se, portanto, a duplicata, de título de crédito formal (abstrato para Pontes de Miranda e causal para a maioria da doutrina brasileira), suscetível de circular por endosso (à ordem), dotada de ação executiva, admitindo o aval e o aceite.

II. Histórico

A história da implantação da duplicata no Brasil, remonta ao Código Comercial de 1850, que previu a fatura ou conta assinada, no seu art. 219, à qual se aplicavam as regras do direito cambiário, por força do art. 487, e dava-lhe a ação descendiária. Entretanto, tal dispositivo, não surtiu o efeito desejado pelo legislador, continuando os comerciantes à procura de novas fórmulas que lhes dessem maiores garantias no recebimento dos créditos resultantes de vendas a prazo.

A solução foi encontrada através do interesse que os comerciantes despertaram no governo no sentido de, num documento relativo às vendas mercantis, ser afixado um selo concernente ao imposto a ser pago ao fisco. Da aliança comércio-governo, nasceria a duplicata.

Segue-se a Lei Orçamentária n. 1.919, de 1914, que autorizou o governo a regulamentar a cobrança do selo proporcional sobre as contas assinadas, equiparando-se às letras de câmbio e notas promissórias.

O comércio permaneceu porém, em sua disposição de criar um título próprio. Este objetivo foi alcançado com o Decreto n. 16.041, de 1923, alterado no mesmo ano, pelo Decreto n. 16.189 que criou a Duplicata, contendo requisitos que satisfaziam as aspirações do comércio e interessava ao governo como instrumento de fiscalização e arrecadação do imposto sobre as vendas mercantis.

Seguiram-se a estes, vários regulamentos. Com a Constituição de 1934, a competência da cobrança do imposto sobre vendas e consignações passou para os Estados, do que se elaborou nova legislação que qualificava a duplicata como representativa do contrato de compra e venda mercantil e promessa de pagamento do preço das mercadorias.

Com as reformas procedidas pela Revolução de 1964 e a criação do imposto sobre circulação de mercadorias, foram baixados vários decretos e leis a regulamentar a duplicata vindo a culminar com a promulgação da Lei n. 5.474/68 (Lei das Duplicatas).

A nova lei procurou atender as novas exigências do mercado interno ante o prestígio do título, ampliando sua aplicação nas atividades econômicas e preencher uma lacuna na evolução comercial do após guerra.

A despeito da sua boa intenção, foi elaborada com má técnica jurídica, dando margem a dificuldades na sua aplicação com as burlas naturais e das fraudes perpetradas pelas partes contratantes.

A nova Lei 5.474/68 incluiu no seu bojo a duplicata de prestação de serviços, ao que parece, inspirada na Ordenança francesa n. 67.838, que era uma reivindicação da indústria da construção civil, tendo alcançado grande êxito neste setor.

Incluiu, também a lei, a duplicata de serviços de profissionais liberais e os que prestavam serviços eventuais. Sendo, ao contrário da similar de prestação de serviços, de difícil e impraticável funcionamento, posto que existem meios mais fáceis e tradicionais para utilização.

Em virtude de defeitos apresentados na prática, apresentou-se novas alterações pelo Decreto-Lei n. 436/69, sendo inserido o aceite tácito. Esta modalidade de aceite gerou grande conflito doutrinário e jurisprudencial, agravado pelo advento do Código de Processo Civil de 1973, que deu novos encaminhamentos as ações executivas, alterando, inclusive às ações dispostas na lei das duplicatas.

Discutiu-se à época se à duplicata inaceita, mas acompanhada com o comprovante de entrega de mercadorias e protestada, caberia ou não o procedimento executivo e, também, se era o documento hábil para requerer a falência. Após longo debate o Supremo Tribunal Federal dissipou a dúvida entendendo ser cabível a ação executiva através do Recurso Extraordinário n. 80.407 de São Paulo. Todavia a questão só veio ser definitivamente solucionada com o advento da Lei n. 6.458, de 1.11.77, que consagrou essa orientação, possibilitando não apenas a ação executiva, mas também o requerimento da falência do sacado fundamentado o pedido em duplicata não aceita. Alterou-se em conseqüência as disposições do art. 586 do Código de Processo Civil de 1973 e o artigo 1º, § 3º do Decreto-Lei n. 7.661, de 21.6.45 (Lei de Falências).

A despeito dos frutos produzidos, inegáveis são as imperfeições da lei, além dos inúmeros remendos que sofreu, tornando-a disforme ao longo do tempo. Nesse sentido, o mais adequado, a nosso ver, será elaborar-se novo projeto, visando a sua reformulação e adequação aos novos tempos, principalmente agora, com a utilização no Brasil cada vez mais intensa dos cheques pós-datados e da utilização dos cartões de crédito.

III. A duplicata mercantil e similares no direito estrangeiro

A duplicata como visto é título de criação genuinamente brasileiro, criado em face das circunstâncias especiais de nossas atividades mercantis em suas relações com o fisco, vem prestando inestimáveis serviços ao desenvolvimento do comércio e atividades econômicas prestadoras de serviços, tendo sido chamada por Tullio Ascarelli como "título príncipe do direito brasileiro". Tamanho foi seu êxito no Brasil que acabou por granjear muitos adeptos no estrangeiro, tendo em vista acudir as necessidades comerciais, que são iguais em todo o mundo, ou seja, fazer dinheiro o mais rápido possível nas vendas a prazo, antecipando receitas, para o fim de reaplicá-las, e, desta forma, dinamizar a demanda comercial.

Todas as legislações similares têm por tônica facilitar o crédito na indústria e no comércio, na compra e venda de bens móveis, trabalhos, locação, serviços prestados e transportes, enfim nas atividades econômicas empresariais.

Até o advento da Lei argentina n. 24.760 de 13 de janeiro de 1997 que instituiu um título de crédito similar à duplicata brasileira, denominado Factura de Crédito, a legislação brasileira era a que melhor regulava o assunto; tendo em vista que foi o pioneiro na criação deste valioso instrumento de crédito. Sendo, por isso mesmo, reconhecida por todos os países que a estudaram; ou legislaram sobre esse instrumento de crédito.

Apenas a título elucidativo podemos citar alguns países e seus respectivos títulos que se aproximam mais da duplicata, tais como:[1]

a) França: Lei "Dailly", n. 81-1 de 2 de janeiro de 1981, reformada parcialmente pela Lei n. 84-46 de 24 de janeiro de 1984, que teve por objetivo facilitar o acesso ao crédito das empresas, derrogando o antigo sistema das facturas protestáveis; oriunda da Ordenança n. 67.838 de 28 de setembro de 1967.

Neste país a mobilização do crédito se opera a partir da difusão de um *bordereau*, que constitui um regime especial de cessão de créditos só aplicável às empresas. Os créditos oriundos da atividade comercial se incorporam ao *bordereau* e por esse meio são transmitidos como de propriedade, ou em garantia ao banqueiro, que financia a operação.

b) Itália: Está orientada no sentido de estimular o financiamento dos empresários, através da agilização do regime da cessão de crédito. Se instrumenta na Lei 52 de 21 de fevereiro de 1991, denominada "Disciplina das cessões de crédito de empresas". Através desta sistemática permitiu-se a difusão do *factoring*, a tal ponto que a Itália é o país europeu onde essa modalidade de financiamento tem tido maior difusão.

c) Uruguai: A matéria é disciplinada no Código de Processo que estabelece o caráter de título executivo às "facturas de vendas de mercadorias", subscritas pelo obrigado ou seu representante reconhecidas, ou dadas por reconhecidas, conforme dispõe o Código no seu art. 353, incisos 3 e 5, Lei 15.982.

d) Estados Unidos: *Trade Acceptance* que não está disciplinado em lei escrita (*Statute Law)*, e sim, introduzido pelos usos e costumes do comércio. Nas vendas de certos produtos são emitidos pelo vendedor documentos aceitos pelo comprador para desconto em bancos. Tais documentos tem o nome de aceite comercial (*trade acceptance*). É um particular tipo de letra de câmbio emitido pelo vendedor contra o seu comprador e aceito por este mediante sua assinatura. Este tipo de documento não é muito utilizado neste país, porque os bancos preferem comerciar mais com letras de câmbio e notas promissórias.[2]

e) Portugal: Criou o extrato fatura pelo Decreto 19.490, de 21.3.31, que visa facilitar as transações comerciais. Tal título deve ter as características fundamentais da letra (de câmbio), mas ao mesmo tempo, e

1. A esse respeito vide trabalho apresentado por Miguel C. Araya — *Factura de Crédito,* apresentado nas Jornadas Internacionais de Derecho Comercial, ocorrida em Colônia de Sacramento, República do Uruguai, nos dias 1º a 3 de maio de 1997; Alberto João Zortéa, *A duplicata mercantil e similares no direito estrangeiro,* Rio de Janeiro, Forense, 1983, pp. 129 e ss.

2. Fran Martins, *Títulos de Crédito,* 10ª ed., v. II, Rio de Janeiro, Forense, 1997, p. 148.

sem perder a autonomia daquela como título de crédito, oferecer às atividades bancárias maior número de garantias, no intuito de se facilitar a sua aceitação e circulação.[3]

f) Colômbia: Fatura cambiária de compra e venda; prevista no Código Comercial, promulgado em 1971 — Decreto n. 410, de 17 de maio de 1971, regulado nos artigos 772 a 779 — Paralela à legislação brasileira, foi a melhor legislação criada, atingindo razoável estágio de perfeição do título de crédito oriunda da compra e venda mercantil — está inserida na Lei Geral de Títulos — Valores de inspiração uniformizadora dos institutos cambiários latino-americanos sob a égide do INTAL.

Possui virtudes inovadoras, mas o mais importante a salientar é a criação da factura cambiária de transporte, mas peca porque não adotou a de prestação de serviços e trabalhos.[4]

g) Projeto de Lei Uniforme de títulos valores para América Latina — Projeto INTAL, coadjuvado pelo Banco Central da Argentina, de 13.10.66, com 287 artigos, tendo por antecedentes a Convenção de Genebra de 1930 e 1931 e Lei Geral de títulos e operações mercantis de 15.9.32 do México, tendo por objetivo harmonizar as legislações de títulos de crédito.

Por esse projeto a duplicata brasileira foi elevada à condição de título cambiário de expressão internacional, sob a nova roupagem de fatura cambiária, prevista nos arts. 223/227.[5]

A despeito das peculiaridades e especificidades das legislações similares à legislação brasileira, se sobressai, sendo praticamente unânime a posição dos comercialistas estrangeiros, como sendo a pioneira e mais adequada como título resultante da compra e venda mercantil.

3. Fran Martins, ob. cit., p. 148.
4. Alberto João Zortéa, ob. cit., pp. 176 e ss.
5. Alberto João Zortéa, ob. cit., pp. 173-175.

Inicialmente, pouco conhecida no exterior, mas nos últimos tempos ganhou notoriedade e ascensão, sendo até objeto de reafirmação e aprimoramento, como é o caso da recém-editada legislação argentina — Lei 24.760, de 13.1.67 — sobre fatura de crédito, que será objeto de análise específica, dados os inúmeros avanços que empreendeu no seu bojo em relação a sua similar brasileira.

IV. Factura de credito — Lei n. 24.760, de 13.1.97

Em recente Jornadas Internacionais de Direito Comercial ocorrida durante o Segundo Encontro Argentino-Uruguaio de Institutos de Direito Comercial, em Colônia do Sacramento, República do Uruguai, de 1º a 3 de maio de 1997, tivemos oportunidade de participar e debater de painel onde foram apresentadas cinco comunicações relacionadas a este novo título, denominado factura de crédito.[6]

A impressão que nos ficou quanto a este novo instrumento de crédito é que ele significou um avanço em relação às legislações anteriores argentinas, de 1963, Decreto n. 6.601 denominada factura conformada e de 1992, Lei 24.064, também sobre facturas conformadas, mas que foram um fracasso tendo em vista que não conseguiram se disseminar nas atividades econômico-empresariais.

Entendem os juristas que o instituto é bem inspirado e intencionado quanto aos seus fins, mas que tem imperfeições e falhas, gerando muitas questões, que sem

6. Miguel C. Araya da Universidade Nacional de Rosario; Dante Cracogna do Instituto de Derecho Comercial, FEIFEI, Buenos Aires; Eduardo Mario Faver Dubois da Universidade Notarial Argentina — Instituto de Direito Comercial; Santos Grambelluca representando o Instituto de Direito Comercial de la Empresa y de la Integración dependiente del Colegio de Abogados de Quilmes e Carlos G. Gensovich e Silvio V. Lisopranwski da capital de Buenos Aires.

dúvida, em pouco espaço de tempo a partir de sua vigência, gerarão grandes conflitos, tendo em vista que impõe substancial mudança nas práticas comerciais e nos sistemas de faturização (Miguel C. Araya). Cracogna critica a lei dizendo que sua eficácia dependerá em grande parte da aceitação efetiva que dispensem os operadores econômicos, pois de outra forma pode frustrar-se sua finalidade. Critica também o exíguo prazo para entrada em vigência que é de 120 dias, dada a sua importância e magnitude. Favier Dubois, também faz inúmeras críticas apresentando vários problemas e incongruências, tendo melhor sorte que as legislações anteriores, porque atendeu uma necessidade do comércio; todavia faz críticas à lei sobre vários aspectos.

Na visão de um comercialista brasileiro, entendemos que a lei, como é natural, apresenta imperfeições e incongruências, posto que nem sempre a mentalidade do político coincide com a do jurista, que é mais detalhista e rigoroso em sua análise, pois é um operador do direito, trabalhando diuturnamente com fatos decorrentes dos conflitos sociais e consegue enxergar problemas que nem sempre são visíveis aos políticos. Ademais ocorre, às vezes, que o projeto de lei é até bem estruturado e coerente, mas pelos interesses mesquinhos e específicos dos políticos acabam sendo desfigurados, o que ocasiona grandes celeumas e conflitos que cabem aos juristas e aos tribunais darem o devido acerto. Entendemos que essa é, efetivamente, a missão do jurista.

Margarino Torres, grande comercialista brasileiro, no prefácio de sua festejada obra *Nota Promissória* (pagaré) diz que um trabalho de pesquisa científica é como uma pintura, que mesmo depois de acabada, ainda careceria de pequenos retoques. O mesmo, entendemos, aplica-se a uma nova lei, que sempre tem as suas imperfeições. E com o tempo, como ocorre com a pintura, envelhece, necessitando de outras demãos de tinta. É um constante vir a ser.

No geral entendemos que a nova lei sobre factura de crédito significou um sensível avanço em relação às legislações anteriores, como já mencionado, diria até em relação a duplicata brasileira, de onde foi inspirada.

Evoluiu em vários aspectos, a saber:

a) tornou-se título de emissão obrigatório;

b) pode ser utilizada na locação de coisas móveis, o que não existe na legislação brasileira;

c) pode ser negociada nas Bolsas de Comércio e Mercado de Valores autoregulamentados (art. 6º), avançando, nesse aspecto, em relação à sua similar no Brasil;

d) a obrigação do comprador ou locatário de aceitá-la, exceto os casos previstos em lei (art. 4º);

e) a recusa de aceite deve ser formalizada em prazo de 15 dias após o recebimento da mercadoria, obra, ou serviço realizado. A recusa injustificada do aceite configura delito penal (art. 5º), o que não ocorre na legislação brasileira;

f) procurou-se melhorar e estimular a posição da *Pymes* (pequenas e médias empresas) frente ao sistema financeiro, possibilitando seu acesso ao crédito em condições mais favoráveis;

g) incrementa a utilização do *factoring* e reduz o recurso a descoberto em conta corrente bancária, como meio de financiamento habitual;

h) melhorou a situação dos credores mediante o reconhecimento de um privilégio geral em cifras de até $ 20.000, por cada vendedor, ou locador em caso de concurso ou quebra (art. 8º), privilégio este que não se outorga a nenhum outro título cambiário;

i) pode ser emitida em outro tipo de moeda que não a nacional, o que não ocorre no Brasil.

V. Quadro comparativo entre a factura de crédito e a duplicata brasileira

Factura de Crédito	Duplicata
1. emissão obrigatória	**1.** emissão facultativa
2. recusa de aceite no prazo de 15 dias	**2.** recusa de aceite deve ser comunicada no prazo de 10 dias
3. aceite obrigatório	**3.** aceite é facultativo
4. pode ser negociada em bancos e instituições financeiras	**4.** só pode ser descontada em banco ou instituições assemelhadas, não podendo ser negociada em Bolsas
5. falta de aceite constitui sanção penal	**5.** falta de aceite, supre-se pelo comprovante de entrega de mercadorias e protesto cambial
6. requer intervenção do banco para encaminhamento para aceite no prazo de 5 dias. Na omissão, ocorre o aceite tácito através de declaração firmada pelo banco	**6.** não necessita de banco para comprovar a falta de aceite, bastando o comprovante de entrega de mercadorias e o protesto cambial
7. incide em sanção penal pela emissão de factura de crédito, que não corresponda à compra e venda realmente contratada e quem subscreve pelo obrigado ou seu representante. Incide, também, em infração fiscal, com pena de multa.	**7.** também estabelece sanção penal pela emissão de duplicata fria (que não corresponda a entrega efetiva de mercadorias e a real prestação de serviços). Não existe sanção fiscal
8. estabelece privilégio concursal em valores até $ 20.000 na habilitação de crédito, o que não acontece com os demais títulos de crédito.	**8.** não estabelece privilégios na habilitação dos credores nos concursos
9. pode ser emitida em moeda estrangeira	**9.** só pode ser emitida em moeda nacional
10. só pode ser utilizada entre empresas	**10.** pode ser emitida entre empresas e entre pessoas físicas (consumidor)

VI. Conclusão

Como se observa do acima exposto, os avanços da nova legislação argentina sobre factura de crédito são muitos e expressivos em relação às legislações anteriores, e diríamos até, em relação à sua similar brasileira (duplicata), que ficou defasada ante a sua atualidade, o que nos faz prever grande êxito e sucesso na sua aplicação, como forma de alavancar e incrementar as atividades econômico-empresariais argentinas, principalmente no que se refere às *PYMES*.

Atualidades

ASPECTOS RELEVANTES DA REFORMA DA LEI 6.404/76, PELA RECENTE LEI 9.457/97*

WALDIRIO BULGARELLI

1. Não obstante viesse já há tempos sendo discutida a alteração da Lei 6.404/76, conforme se verifica pelas inúmeras sugestões e pelos anteprojetos e projetos de lei a respeito, a Lei 9.457/97 conquanto tenha alterado 41 artigos e revogado um (o art. 254) e portanto tenha introduzido modificações de relevo na Lei 6.404/76[1] não atendeu integralmente a tudo o que se reivindicava, como ainda será visto.

Por outro lado, perante o conflito de interesses entre a maioria e a minoria, que permanece inarredável na dialética diuturna do poder nas sociedades por ações, é induvidoso que pendeu — aliás, como sempre, entre nós — para a maioria (ou pelo controlador se se preferir) embora não tenha deixado de lado, integralmente, os reclamos dos minoritários, sobretudo, os detentores de ações preferenciais. Aonde, entretanto, parece ter ferido fundo foi em relação às alterações no direito de recesso e à oferta pública de ações, aliás, como predicava parte da doutrina representada por Alfredo Lamy Filho.[2]

2. Antes de adentrar mais a fundo no exame da Lei 4.457/97, conveniente é que se recorde os primórdios da Lei 6.404/76 e sua evolução durante esses vinte anos de vigência.

3. A propósito havemos de lembrar que a atual Lei 6.404/76 surgiu num contexto histórico importante, quando o País atravessava uma fase de crescimento e modernização sobretudo em relação às empresas aqui sediadas; e mais do que isso foi talvez o único diploma legal sujeito à discussão pública no regime autoritário, o que ensejou várias polêmicas, inclusive, acirradas.

Ademais disso trouxe inúmeras inovações com institutos transladados de outros países, como por exemplo, o voto múltiplo, o acordo de acionistas, a subsidiária integral, as ações sem valor nominal e as escriturais, os grupos de fato e de direito e os consórcios, e ainda, talvez a mais importante, o conceito de controlador e suas responsabilidades.[3] Do que resultou após alguns anos, superada a crise que se instalara com a vigência prolongada do Decreto-lei 2.627/40 — que, aliás, confirmou a tese de G. Ripert sobre os traumas que causam as leis novas — absorveu-se a nova situação. E não obstante algumas críticas isoladas, pareceu a quase todos que a Lei era boa (não obstante como afirmava a

* Este texto contém na essência as várias colocações feitas em conferências em Ilhéus, Curitiba, Recife e Porto Alegre, durante os meses de setembro e outubro de 1997.

1. Nelson Eizirik aponta 26 alterações de monta; cf. *Reforma das S.A. & do Mercado de Capitais*, Ed. Renovar, 1997.

2. Cf. "Considerações sobre a elaboração da Lei de S.A. e de sua necessária atualização", in *RDM* n. 104, pp. 86 e ss., 1996.

3. Cf. relação no meu livro *Manual das Sociedades Anônimas*, 8ª ed., Ed. Atlas, São Paulo, 1996.

Exposição de Motivos, tivesse um caráter experimental) e atendia em grande parte as necessidades dos interesses em jogo na economia. Tanto assim é que, quando completou dez anos de vigência, os pronunciamentos a seu favor foram praticamente unânimes, destacando-se, a tal propósito, os elogios do Prof. Arnoldo Wald (cf. *RDM* n. 62, pp. 5 e ss.); o que ocorreu novamente, quando completou vinte anos de vigência, conforme ficou manifesto pelo pronunciamento da doutrina, em vários seminários realizados a respeito, como, por exemplo o do Instituto de Direito Comercial Comparado, anexo à Faculdade de Direito da USP. Algumas críticas e sugestões foram feitas, como aquela referente à necessidade de um Código Societário, sobre a estrutura e a função do Conselho Fiscal, e ainda a elaboração de uma perfeita separação entre companhias abertas e fechadas, afora, é claro, o sempre grande problema subjacente em todas as companhias, a saber: o conflito de interesses entre os minoritários e os controladores.

Já em favor da Lei os argumentos se centralizaram nas inovações importantes que trouxe, em relação sobretudo à funcionalidade e praticidade dos seus institutos e pairando sobranceiro o conceito do controlador, com as conseqüentes responsabilidades.

4. Pode-se verificar então, até há pouco, que a Lei, apesar do seu alegado caráter experimental, sofreu durante os seus vinte anos de vigência, poucas alterações de monta. Vale anotar a propósito: 1) a chamada Lei Lobão, 7.958, de 20.12.89, que restringiu o direito de recesso nos casos de fusão, incorporação e cisão de empresas, participação em grupos e alienação de controle, a qual gerou insuperável controvérsia; 2) a Lei 8.021, de 12.4.90, que determinou que as ações das companhias seriam sempre nominativas; 3) a Resolução 1.723, de 27.6.90 do BCB que considerou como valores mobiliários as notas promissórias emitidas pelas companhias para negociação no mercado.

5. Quanto às alterações constantes da Lei 9.457/97 vê-se, conforme afirmamos, que não sendo em grande número, algumas porém são profundas; foram alterados 41 artigos acrescidos de parágrafos, incisos e alíneas e revogado o art. 254 e os parágrafos 1º e 2º do art. 255, num texto como o da Lei 6.404/76 que contém 300 artigos mais 15 da Lei anterior, Dec.-lei 2.627/40, referentes às sociedades estrangeiras. Destarte a Lei 9.457/97 já chamada de pequena reforma introduziu suas alterações nos arts. 16, 17, 24, 39, 40, 42, 43, 45, 49, 50, 63, 64, 72, 78,79,100, 101, 104, 117, 123, 126, 136, 137, 152, 162, 163, 170, 176, 206, 223, 229, 230, 250, 252, 256, 264, 270, 283, 289, 294, e revogados o art. 254 e os parágrafos 1º e 2º do art. 255 e ainda a Lei Lobão, afora, é claro, as alterações que introduziu na Lei 8.385, de 7.12.76, que regula a Comissão de Valores Mobiliários — CVM.

6. Tudo indica que a intenção do legislador foi a de: *1)* corrigir dispositivos que se referiam a ações e obrigações ao portador e endossáveis, admitindo somente as nominativas; *2)* atender a algumas reivindicações do mercado — como melhoria no tratamento dos minoritários, principalmente, os titulares de ações preferenciais; e *3)* fazer alguns ajustes tendo em vista o programa de privatizações. Entretanto, cabe advertir, desde logo, que manteve a supremacia do controlador, apesar de ter proibido a integralização de ações pelo controlador com bens estranhos ao objeto social, e ainda previu a melhoria dos honorários dos administradores, além, é claro, das alterações no direito de recesso, deixando fora a cisão, e na apuração do valor de reembolso, e ainda cancelando, através da revogação do art. 254 que a alienação do controle seja submetida à prévia apreciação da CVM e haja tratamento igualitário aos acionistas minoritários. Destarte, apesar de ter previsto um percentual de 10% a maior aos dividendos preferenciais, nos casos que especifica no art. 17, não atendeu a maior parte das reivindicações do mercado, expressas, por exemplo, na Resolução da ABAMEC, no seu XIV Congresso, realizado de 28 de agosto a 1º de setembro de 1996, chamada Carta de Rio das Pedras, cujas principais propostas eram: — Defesa do direito dos minoritários, inclusive com maioria no Conselho Fiscal; — Remuneração proporcionalmente maior para as ações preferenciais; — Melhor caracterização de abuso de poder para os acionistas controladores; — Dividendos pagos em bases correntes; — Melhoria da proporção de ações ordinárias e preferenciais; — Manutenção do direito de recesso nos processos de cisão; — Divulgação dos demonstrativos pela sistemática da correção integral, usando-se o IGP-M como índice (cf. texto do comunicado da ABAMEC, in *O Estado de São Paulo*, de 5.9.96).

A esta altura, é de todo conveniente realçar que uma certa doutrina, capitaneada pelo Prof. Alfredo Lamy Filho, de acordo com o seu artigo aqui já citado pregava a atualização da Lei 6.404/76, sugerindo vários tipos de alterações não ajustáveis àquelas vistas acima. Assim é que o ilustre co-autor do anteprojeto que viria a se converter na Lei 6.404/76 partia de alguns pressupostos, ou seja: *1*) de que as leis mercantis têm vida curta (o que aliás, consta da Exposição de Motivos da Lei 6.404/76, em que se afirmava que a Lei tinha um caráter experimental); *2*) que essas leis tendem à universalização; e *3*) que se tornaram a partir da Revolução Industrial leis da empresa mercantil, que ascendeu à condição de instituição dominante da sociedade moderna, ao lado da família e da escola. Em conseqüência, ao predicar o que chamou de atualização da Lei entendia que se deveria: *1)* corrigir as imperfeições de redação; *2)* incorporar os preceitos das Leis 8.021 e 8.088 de 1990 que extinguiram os títulos ao portador e os endossáveis em branco; *3)* e como o direito de retirada não resistiu ao teste da prática, concedê-lo somente na mudança de objeto ou de nacionalidade como ocorre na legislação italiana. Avançava a propósito, que os investidores institucionais ficavam obrigados a exercer o direito de recesso toda vez que o valor patrimonial do reembolso fosse superior ao da Bolsa — a quase totalidade dos casos — e por isso sugeria que se deveria prescrever o valor do reembolso das companhias abertas, igual ao da cotação em Bolsa, ou restringir-se os casos de recesso.

Acrescentava ainda o Prof. Lamy outro preceito que a seu ver era prejudicial, ou seja, a subordinação da venda do controle à prévia aprovação da CVM e posterior realização de oferta pública, preceitos contidos nos artigos 254 e parágrafos do art. 255, a respeito do tratamento eqüitativo. Invocando ainda a necessidade de colocação de certificados de depósitos de ações, no exterior, os chamados ADRs, entendia que se deveria reduzir o direito de preferência para agilizar as operações. E finalmente, alertava para a edição de preferenciais com direitos específicos, alegando que a lei das sociedades anônimas é um sistema que não comporta alterações numa só peça, acentuando que se deve corrigir a questão das ações preferenciais sem preferências, e invocando a propósito a ação dos que chama de *especuladores desocupados*.[4]

Ficando claro, assim, ao menos em resumo o que se buscava com a pretendida atualização da Lei 6.404/76, tem-se que se o resultado não foi pífio pelo menos não atendeu aos reclamos de uns e de outros.

A propósito o Dr. Nelson Eizirick, na obra aqui já citada, no resumo que faz do que chama reforma da Lei 6.404/76 pela Lei 9.457/97, acena para alguns pontos importantes. Assim é que quanto ao direito de recesso entende que se tentou impedir que se onere a concentração empresarial, através de fusões, incorporações ou participação em grupos de sociedades, na competição com as multinacionais, assim re-

4. A respeito o Dr. Nelson Eizirich, em sua obra aqui citada, aventa o que chama de indústria de recesso. A propósito, pensamos ter traduzido coerentemente o pensamento do eminente Jurista A. Lamy Fº, o qual aqui foi resumidamente enunciado.

duzindo os custos da privatização, nos casos de cisão e venda do controle; acena ainda para o sistema de reembolso que será pelo valor econômico-financeiro; que se eliminou a indústria do recesso e por fim que nas ações preferenciais acabaram-se com os dividendos a ela referidos, ligados ao direito de voto referido no art. 111, tese que encontra notáveis críticos.

Em nosso modo de entender, havemos de avançar, em forma resumida, que, do ponto de vista a bem dizer formal, deixou passar a oportunidade de realizar a reclamada sistematização das companhias fechadas e as abertas que se confundem ao longo de todo o texto da Lei, dificultando a tarefa de interpretação e aplicação; já do ponto de vista operacional, deixou de esclarecer certos pontos referentes aos acordos de acionistas e tendo ainda mantido o Conselho Fiscal como órgão colegiado, em que o controlador possui sempre a maioria, não esclarecendo, com a previsão que se impõe, a competência individual dos seus membros, assim como alguns pontos mais que estão a merecer reparos.

Pelo menos fez-se apenas alterações no texto da Lei em vigor, não se chegando ao absurdo de pretender promulgar um novo texto inteiro, que é o que se vem pretendendo fazer, por exemplo, com a Lei de Falências e Concordatas.

Atualidades

CUMPRIMENTO JUDICIAL DE CLÁUSULA COMPROMISSÓRIA NA LEI N. 9.307/96 E OUTRAS INTERVENÇÕES DO JUDICIÁRIO NA ARBITRAGEM PRIVADA

CELSO BARBI FILHO

1. Possível efetivação prática da arbitragem no Brasil com sua nova regulamentação legal. 2. A Convenção de Arbitragem: cláusula compromissória e compromisso arbitral. 3. Noçao de execução específica. 4. O rito especial para execução específica da cláusula compromissória. 5. O procedimento arbitral instituído: incidentes judiciais. 6. A decisão arbitral: natureza, requisitos, retificações e ações judiciais de nulidade. 7. As modificações no CPC. 8. A inconstitucionalidade do art. 7º da Lei n. 9.307/96 no STF. 9. Conclusão.

1. Possível efetivação prática da arbitragem no Brasil com sua nova regulamentação legal

Não é recente a reflexão de alguns segmentos de nossa sociedade sobre as dificuldades de compatibilização entre o incremento das relações comerciais e as condições do Poder Judiciário para bem solucionar os eventuais conflitos nascidos de tais relações.

Nessa reflexão, um secular instituto sempre foi lembrado como alternativa: a arbitragem comercial privada. Já estava ela prevista no Código Comercial e no Regulamento 737 de 1850. Neste século XX, em que a evolução das relações negociais mais se fez marcante, a arbitragem privada estava legalmente disciplinada no Brasil desde o Código Civil de 1916, em seus arts. 1.037 a 1.048, chegando ao Código de Processo Civil de 1973, nos arts. 1.072 a 1.102.

Entretanto, apesar das propaladas virtudes atribuídas à arbitragem, como rapidez, sigilo, especialização e respeito à autonomia de vontade das partes na composição dos conflitos, pouco se ouviu falar nesse tempo da efetiva utilização de procedimentos arbitrais na solução de litígios em nosso país.

Muitos atribuíram isso a uma questão cultural da nação brasileira, supostamente avessa, por tradição, às composições privadas de litígios. Outros questionaram a complexidade e custo da arbitragem, tal como prevista no Código Civil e no CPC. Houve ainda quem argüísse a constante possibilidade de direta ou indireta revisão judicial da decisão arbitral, pela homologação do laudo em juízo ou pelo preceito constitucional (hoje art. 5º, XXXV) que não permite excluir-se da apreciação pelo Judiciário quaisquer possíveis lesões ou ameaça a direitos.

Em verdade, sem embargo de outras justificativas, a efetiva razão dessa "abstinência arbitral" brasileira foi uma questão processual. Com efeito, ainda que as partes pudessem estipular contratualmente uma cláusula arbitral, prevendo o uso de arbitragem para a solução de eventuais conflitos que entre elas surgissem, a instauração do procedimento de arbitragem só poderia se dar, no mecanismo previsto em nosso direito positivo (CC e CPC), por meio de um outro contrato entre as mesmas partes, denominado compromisso arbitral.

Esse compromisso teria necessariamente que conter, além das condições do procedimento arbitral, um elemento inevitavelmente posterior à cláusula arbitral do contrato original, qual seja, o próprio conflito a ser dirimido.

Assim, o procedimento só poderia ser instaurado após o surgimento do conflito. Aí entrava, de certa forma, o fator cultural a que se fez alusão. As partes, já em discordância quanto ao contrato original, dificilmente se entenderiam para acertar as bases de um novo contrato, o compromisso arbitral, destinado a regulamentar a arbitragem.

A solução seria então judicial. O art. 639, do vigente CPC, assim como o fazia o art. 1.006, do CPC de 1939, prevê que, se aquele que se comprometeu a celebrar um contrato (no caso o compromisso arbitral) não cumprir a obrigação, a outra parte poderá obter uma sentença que produza o mesmo efeito do contrato a ser firmado. É a chamada execução específica da obrigação de contratar, destinada à obtenção de um suprimento judicial da vontade destinada à conclusão de contrato prometido e não ultimado, comumente utilizada no caso das promessas de compra e venda de imóveis, quando o vendedor recusa-se a outorgar a escritura definitiva depois de pago o preço.

Todavia, debatida essa questão nos pretórios, ainda na vigência do Código de 1939, o Supremo Tribunal Federal concluiu que a cláusula compromissória de arbitragem ou cláusula arbitral não comportava execução específica, devendo seu inadimplemento resolver-se em perdas e danos (RE 58.696/SP, 2.6.67, Rel. Min. Luiz Gallotti, *RTJ* 42, p. 212).[1]

Dito entendimento consolidou-se na jurisprudência brasileira, sofrendo variação apenas no caso dos contratos internacionais, sobre os quais o Superior Tribunal de Justiça decidiu mais recentemente que, quando submetidos ao Protocolo de Genebra de 1923 (Promulgado no Brasil pelo Decreto n. 21.187/32), a cláusula arbitral neles inserida prescinde do compromisso e, por si só, é apta a instituir o juízo arbitral (Resp. 616-RJ, *DJU* 13.8.90).

Esse quadro não poderia prevalecer diante dos incessantes reclames de empresários e juristas. Aqueles desejosos de uma Justiça mais eficiente e célere, e estes de meios processuais adequados a propiciar ao jurisdicionado exatamente aquilo que obteria se não precisasse recorrer ao Poder Judiciário.

Nessa linha de entusiasmo, eu mesmo tive a iniciativa de, em 1993, escrever trabalho sobre a execução específica da cláusula arbitral,[2] onde identificava o fenômeno aqui referido e, respaldado pelo anseio dos juristas por uma maior efetividade do processo civil, propugnava pela reversão da jurisprudência até então vigente sobre o tema.

A resposta já estava por vir. Nos ventos inovadores que trouxeram a reforma do CPC em dezembro de 1995, chegou também a Lei n. 9.307/96, que passou a disciplinar a arbitragem no Brasil, revogando as normas sobre o tema presentes no Código Civil e Código de Processo Civil.[3]

1. Demonstrando as razões da impossibilidade de execução específica da cláusula compromissória, mesmo após o CPC de 1973, mencione-se por todos José Carlos Barbosa Moreira. Parecer "Juízo Arbitral: Cláusula Compromissória: efeitos", *Temas de Direito Processual Civil*, 2ª série, Saraiva, 1980, p. 192.

2. Barbi, Celso Filho. "Execução Específica de Cláusula Arbitral", *Revista de Direito Mercantil*, v. 97, 1995, p. 29.

3. Interessante observar que, concomitantemente ao Brasil, outros países editaram em 1996 novas leis sobre arbitragem, como a Inglaterra, pelo

Tal diploma trouxe a tão esperada à execução compulsória da cláusula arbitral ou cláusula compromissória de arbitragem.

No entanto, nessa tentativa criou-se um procedimento que propicia diversas possibilidades de intervenção do Poder Judiciário na arbitragem, o que pode ensejar problemas processuais de difícil solução.

Para a adequada compreensão e aplicação prática da arbitragem prevista pela Lei n. 9.307/96, é fundamental a correta e detida análise desse procedimento da execução compulsória específica da cláusula arbitral ou compromissória, no rito previsto na lei e que constitui a inovação fundamental introduzida para a arbitragem privada em nosso direito.

O objetivo deste breve estudo é exatamente o exame desse novo rito legal para a execução específica da cláusula compromissória, e de outras conseqüentes e possíveis intervenções do Poder Judiciário dentro do procedimento da arbitragem.

2. *A Convenção de Arbitragem: cláusula compromissória "versus" compromisso arbitral*

Uma premissa ao bom entendimento do que se acabou de expor é a diferença conceitual entre cláusula compromissória de arbitragem, ou cláusula arbitral, e compromisso arbitral.

A cláusula arbitral ou compromissória é a estipulação inserida em um contrato qualquer, pela qual as partes comprometem-se a submeter à arbitragem a solução de eventuais controvérsias surgidas na interpretação e aplicação daquele contrato.

Como se vê, tal cláusula prevê tipicamente uma obrigação de fazer, cujo inadimplemento a jurisprudência entendia insuprível por execução compulsória específica,[4] devendo resolver-se em perdas e danos. Ela constitui uma promessa de contratar ou contrato preliminar de arbitragem, que fica dependente do elemento ensejador de sua exigibilidade, qual seja o conflito.

Já o compromisso arbitral é o objeto da obrigação de fazer prevista na cláusula compromissória. Constitui-se no acordo de vontades (contrato) pelo qual as partes instituem efetivamente o juízo arbitral, indicando e delimitando o conflito, nomeando os árbitros e fixando a forma de processamento da arbitragem.

Esse compromisso, portanto, tem natureza tipicamente contratual, sendo negócio jurídico efetivado dentro do âmbito da autonomia de vontade das partes e cujo elemento integrante essencial é a indicação do conflito a ser dirimido. Por isso, a cláusula arbitral não pode antecipar o compromisso, pois ao tempo de sua celebração ainda inexiste conflito.

A própria arbitragem como um todo tem natureza contratual, porquanto nasce da vontade das partes, que transacionam sob a forma de solução de um conflito sobre direitos patrimoniais disponíveis, com renúncia à processualidade estatal.[5] Daí porque, inclusive, sua adoção de forma alguma viola o art. 5º, XXXV, da Constituição Federal.

Conforme previsto no próprio art. 1º da Lei, a arbitragem privada só se aplica a direitos patrimoniais disponíveis de pessoas capazes, posto que as partes valem-se da autonomia de suas vontades para retirar do Judiciário entregar a particulares a solução de seu conflito, de acordo com as regras que estipularem, para uma decisão que pode fundar-se inclusive na eqüidade.

O compromisso é o ato fundamental dessa manifestação autônoma de vontades em submeter uma controvérsia identificada sobre direitos disponíveis à decisão

Arbitration Act of 1996, em vigor a partir de 3.1.97, e a Índia, com a Lei de 1996, em vigor desde 25.1.96. Notícia do *Bulletin de la Cour Internationale d'Arbitrage de la CCI*, v. 8, n. 1, Paris, maio de 1997.

4. Essa jurisprudência encontra-se bem compilada por José Carlos Barbosa Moreira no parecer anteriormente referido, pp. 207-208.

5. Pontes de Miranda, Francisco Cavalvanti. *Tratado de Direito Privado*, v. 26, p. 325, § 3.181.

privada. Assim, dentro do sistema previsto pelo CC e pelo CPC, só com o compromisso pode iniciar-se a arbitragem.

A Lei n. 9.307/96, por respeito à tradição do direito brasileiro[6] manteve esse mecanismo, definindo separadamente cláusula compromissória e compromisso arbitral, que constituem espécies distintas do gênero convenção de arbitragem (art. 3º).

Assim, se quiserem submeter a solução de seu litígio à arbitragem, as partes devem criar uma convenção de arbitragem, que terá inicialmente uma cláusula compromissória (promessa) e, quando surgido o litígio, um compromisso arbitral (contrato definitivo).

Ou ainda, independentemente de firmarem cláusula compromissória, podem as partes celebrar compromisso arbitral quando surgir um conflito.

Dessa forma, na dicção do art. 4º da Lei, "a cláusula compromissória é a convenção através da qual as partes em um contrato *comprometem-se* a submeter à arbitragem os litígios que possam vir a surgir relativamente a tal contrato".

Já o compromisso arbitral, definido no art. 9º, "é a convenção através da qual as partes *submetem* um litígio à arbitragem de uma ou mais pessoas, podendo ser judicial ou extrajudicial", conforme celebrado no curso de uma ação judicial ou fora dela.

A cláusula compromissória é, portanto, a promessa de firmar o compromisso, e que será exigível, conforme dito, quando ocorrer o conflito. E ambos são convenções de arbitragem, uma preliminar e outra definitiva.

Em outros sistemas jurídicos, a cláusula compromissória pode se prestar diretamente à instituição da arbitragem independentemente de compromisso firmado quando surgir o conflito. Esse, aliás, é o sistema mais lógico e simplificado como lembrou em recente conferência o Prof. José Carlos de Magalhães.

Mas, dentro do sistema previsto na Lei n. 9.307/96, não se pode, como já vi sugerir-se, substituir o compromisso por uma cláusula compromissória bem elaborada, pois cada um tem sua função. A cláusula é o contrato preliminar, a promessa de arbitragem, enquanto o compromisso é o contrato definitivo que a institui. A própria Lei, fiel ao sistema existente no CC e no CPC, deixa claro, como dito, que na cláusula compromissória as partes *comprometem-se* a submeter um conflito à arbitragem, enquanto no compromisso é que elas *submetem* a questão à arbitragem.

Pode até haver compromisso sem cláusula compromissória, ou seja, pode haver contrato sem promessa prévia, mas não pode haver arbitragem sem compromisso. Isso porque o compromisso contém um elemento fundamental, que só pode nascer após firmada a cláusula arbitral, qual seja, o conflito (art. 10, III). Não se pode, assim, instituir arbitragem pela cláusula compromissória porque ao tempo que ela foi firmada ainda inexiste o conflito.

O compromisso é o ato fundamental da arbitragem, tanto que a Lei impõe para ele um maior rigor formal, quando extrajudicial, exigindo-lhe duas testemunhas (art. 9º, § 2º), o que não fez para a cláusula compromissória.

Antes da Lei n. 9.307/96, conforme já dito, mesmo existindo cláusula compromissória de arbitragem, a celebração do compromisso para efetiva realização da arbitragem só poderia ser voluntária. Agora ela é compulsória. Está aí, a meu ver, a grande mudança trazida na nova Lei, que introduziu em nosso direito a execução específica da cláusula arbitral.

3. Noção de execução específica

Um ponto de vital importância ao tema sob exame é a compreensão do que seja

6. Martins, Pedro Batista, *Anais do Seminário Internacional sobre Arbitragem Comercial*, promovido pelo Comitê Brasileiro da CCI — Câmara de Comércio Internacional e Confederação Nacional do Comércio, no Rio de Janeiro, em 26.5.97, p. 15.

execução específica e do campo de sua aplicabilidade no direito obrigacional.

Juridicamente falando, pode-se cogitar de pelo menos três significados para a palavra execução.[7] O primeiro deles é o cumprimento voluntário da obrigação pelo devedor, o que constitui o antônimo de inexecução dessa obrigação. O segundo significado refere-se à chamada execução coativa, que é o conjunto de atos praticados pelo credor para obter o cumprimento da obrigação por via jurisdicional. E o terceiro sentido é o do processo de execução, que se opõe ao de conhecimento porque, enquanto neste o que se busca é a obtenção da norma jurídica concreta aplicável a determinada situação, naquele o que se pretende é a atuação prática dessa norma concreta, com a realização de atos materiais pelo juiz, para a efetivação do direito tutelado.

Como o processo de execução pressupõe o inadimplemento voluntário no cumprimento da obrigação, ele é chamado de processo de execução forçada.

Assim, processo de execução forçada é aquele em que a prestação jurisdicional postulada consiste na prática de atos materiais destinados à efetivação judicial de um direito certo quanto à existência e determinado quanto ao objeto, constante de título executivo judicial ou extrajudicial.

Existem duas grandes espécies de execução forçada: a por reparação e a específica. Na execução por reparação, o direito do credor é restaurado através da recomposição patrimonial. Opera-se uma substituição da prestação devida por outra equivalente, em dinheiro. Já a execução específica se dá quando a satisfação do direito do autor efetiva-se pelo cumprimento preciso e *in natura* da prestação que lhe era devida pelo réu.

Nesse passo, a execução da obrigação de pagar quantia certa seria a única sempre e verdadeiramente específica, pois visa ao pagamento em dinheiro ao credor, ainda que com a alienação compulsória dos bens do devedor. Todavia, tal conclusão é por muitos questionada, de vez que a execução para pagamento de quantia certa tem caráter genérico, sendo possível em todas as modalidades de obrigação as quais, se não cumpridas em espécie, podem nela se converter, para resolverem-se em perdas e danos.

Excluída essa hipótese, a execução específica verificar-se-á nas obrigações de dar, fazer e não fazer, as quais compreendem a obrigação de entregar coisa certa, a de realizar determinada prestação e a de abster-se de um ato.

A obrigação de entregar coisa certa é passível de execução específica sempre que o bem está na posse do devedor. Sendo a coisa encontrada, ela é apreendida e entregue ao credor. Se a coisa não é encontrada com o devedor, a execução *in natura* torna-se inviável, procedendo-se então à execução pela obrigação subsidiária, que terá por objeto o valor da coisa e as perdas e danos. É uma solvência anormal pela conversão da obrigação de dar na de pagar quantia certa.[8]

Já no caso das obrigações de fazer, a situação é diversa. Essas obrigações, que podem ser positivas ou negativas, assim entendidas as de fazer e as de não fazer, respectivamente, não comportam, em princípio, uma atividade jurisdicional tendente ao constrangimento do réu para seu cumprimento específico. Isso, tendo-se em vista o secular princípio do *nemo ad factum praecise cogi potest*, segundo o qual não se pode utilizar a força física para obrigar o réu ao cumprimento específico da obrigação que se recusa a adimplir. Assim, a solução tradicional para seu inadimplemento seria a conversão em perdas e danos.

Todavia, a evolução dos direitos obrigacional e processual demonstrou que essas obrigações podem ser executadas especificamente.

7. Barbosa Moreira, José Carlos. Parecer "Condenação a Fazer. Limites da Coisa Julgada e da Execução". *Revista dos Tribunais*, v. 711, 1995, p. 79.

8. Liebman, Enrico Tullio, *Processo de Execução*, 4ª ed., São Paulo, Saraiva, 1980, p. 225.

Nas obrigações de não fazer, é viável a execução *in natura* quando se tratar de ato material concreto que possa ser desfeito, ou de ato coibível pela cominação de multa ou outra medida judicial preventiva.

As obrigações de fazer positivas, a seu turno, podem ser separadas em fungíveis e infungíveis. As primeiras são aquelas que admitem cumprimento por terceiro, às expensas do devedor, quando este é inadimplente, o que significa execução específica. Já as segundas, que se subdividem em naturalmente infungíveis e juridicamente infungíveis, podem, na forma que se verá, comportar a efetivação judicial em espécie, mas por outros meios.

A diferença entre as obrigações naturalmente e juridicamente infungíveis é bastante nítida.

Nas primeiras, o devedor tem que cumprir pessoalmente a prestação, que é personalíssima, constituindo ato só por ele realizável, não passível de qualquer substituição por terceiros ou suprimento judicial. A infungibilidade é natural, essencial, e a recusa do devedor ao cumprimento da prestação acarreta como soluções a imposição de penalidade *(astreintes)* para coagi-lo a tal cumprimento, ou, persistindo a desobediência, o pagamento de perdas e danos.

Já nas obrigações juridicamente infungíveis, embora o ato, em princípio, só pudesse ser efetivado pelo obrigado, o ordenamento jurídico prevê mecanismo próprio para suprir eventual omissão do devedor. É o que ocorre com as obrigações de emitir declaração de vontade, nas quais, recusando-se o obrigado a seu cumprimento voluntário, pode-se obter decisão judicial (sentença), que supra integralmente o ato volitivo não manifestado, substituindo-o para todos os efeitos. Daí porque a infungibilidade não é natural ou essencial, mas apenas jurídica, na medida em que admite suprimento por sentença.

Assim, nas obrigações de fazer juridicamente infungíveis, consistentes em atos como as manifestações de vontade, passíveis de suprimento judicial, a execução específica mostra-se perfeitamente possível. A recusa do devedor ao cumprimento da obrigação é substituída por sentença que equivale à declaração de vontade não manifestada. Daí porque, como já dito, a infungibilidade dessas obrigações é considerada jurídica e não natural.

A tal propósito, bem acentua Kazuo Watanabe que "a infungibilidade, porém é apenas aparente, como já ficou anotado, e, no momento em que o legislador teve a percepção da diferença básica entre o ato do devedor e o resultado prático-jurídico a ele correspondente, conseguiu conceber provimentos jurisdicionais propiciadores da tutela específica, como a ação de adjudicação compulsória e os provimentos previstos nos arts. 639 e 641 do Código de Processo Civil, em que a própria sentença do Juiz produz os mesmos efeitos do ato do devedor."[9]

Assim, cumpre notar que a já mencionada *"execução coativa"*, que é um dos significados jurídicos do termo execução, consistente na prática de um ato ou conjunto de atos pelo credor para obter o cumprimento jurisdicional da obrigação do devedor, nem sempre necessita valer-se do "processo de execução" para atingir seu objetivo. E um caso típico é aquele "em que o credor de obrigação de emitir declaração de vontade pleiteia ao juiz a prolação de sentença capaz de produzir os mesmos efeitos da declaração não emitida".[10]

E esse pleito, apesar da finalidade executiva, é cognitivo, pois o que se busca é uma sentença substitutiva da vontade omitida e não a prática de atos materiais pelo Juiz.

Do exposto, infere-se que, em tese, o descumprimento da cláusula compromissória de arbitragem resolver-se-ia por sua

9. Watanabe, Kazuo. "Tutela Antecipatória e Tutela Específica das Obrigações de Fazer e não Fazer", *Ajuris* — Revista da Associação dos Juízes do Rio Grande do Sul, V. 66, Porto Alegre, 1996, p. 181

10. Barbosa Moreira, José Carlos. Parecer "Condenação a Fazer...", p. 80.

execução específica, obtendo-se uma sentença que valesse pelo compromisso, com base nos arts. 639 e 641, do CPC, que disciplinam o suprimento judicial do ato volitivo não manifestado voluntariamente nas obrigações de contratar (art. 639) e emitir declaração de vontade (art. 641). Tais preceitos foram introduzidos no direito brasileiro com o CPC de 1939 (art. 1.006), criando a possibilidade de execução compulsória das obrigações de declarar vontade.

A origem imediata do texto desse art. 639 do CPC de 1973, segundo observa e demonstra o sempre meticuloso Fábio Comparato, está no art. 2.932 do Código Civil Italiano de 1942, e não no § 894 da Ordenação Processual Alemã de 1950 (ZPO),[11] como afirmam os comentadores do Código.[12]

Entretanto, tal solução, conforme já referido, foi repudiada pelo STF para o cumprimento coativo das cláusulas compromissórias de arbitragem, entendendo ser cabível na espécie apenas o pagamento de perdas e danos pelo inadimplemento do pacto prévio de promessa de arbitragem.

A Lei n. 9.307/96 não fez referência expressa aos arts. 639 e 641 do CPC para cumprimento compulsório do compromisso arbitral. Ao contrário, criou um rito próprio para que se opere o suprimento judicial da vontade não emitida voluntariamente para formação do compromisso arbitral. É o que se passa a examinar.

4. *O rito especial para execução específica da cláusula compromissória* [13]

O procedimento previsto na Lei n. 9.307/96 para cumprimento coercitivo da cláusula compromissória de arbitragem principia no seu art. 6º. Tal dispositivo estabelece que, inexistindo acordo prévio sobre a forma de instituir a arbitragem e surgindo um conflito, a parte interessada comunicará formalmente à outra sua intenção de dar início à arbitragem, por via postal ou por qualquer outro meio de comunicação, mediante comprovação de recebimento, convocando-a para, em dia, hora e local certos, firmar o compromisso arbitral.

Esse dispositivo, tal como redigido, com a expressão "não havendo acordo prévio sobre a forma de instituir a arbitragem", parece admitir duas situações.

A primeira seria quando nada se convencionou sobre arbitragem no contrato original, inexistindo sequer cláusula compromissória. Nesse caso, a parte interessada na solução arbitral poderia notificar à outra para vir firmar o compromisso. Contudo, se a outra parte não comparecesse, ou comparecendo se recusa, não se poderia compeli-la à arbitragem, por falta da cláusula compromissória.

Dita hipótese seria inócua no texto legal, porquanto desprovida de qualquer efetividade diante da recusa da outra parte. Contudo, a redação do *caput* do art. 6º com a expressão "não havendo acordo prévio sobre a forma de instituir a arbitragem" dá a entender que, inexistindo sequer cláusula compromissória poderia a parte, assim mesmo, pretender solucionar o eventual conflito por via arbitral, notificando a outra para esse fim, mas sem poder efetivar coativamente sua pretensão. Talvez a melhor redação devesse ter sido "não havendo acordo sobre o cumprimento da cláusula compromissória para se instituir a arbitragem".

Já a segunda situação é aquela em que há cláusula compromissória, mas, surgido

11. Comparato, Fábio Konder. "Nota sobre a Execução Específica da Obrigação de Contratar", *Revista de Direito Mercantil*, v. 97, 1995, p. 104.

12. Lima, Alcides Mendonça. *Comentários ao Código de Processo Civil*, v. VI, 7ª ed., Rio de Janeiro, Forense, 1991, p. 675

13. O art. 7º, da Lei n. 9.307/97, que disciplina o cumprimento judicial da cláusula compromissória, foi considerado inconstitucional pelo voto do Ministro Sepúlveda Pertence, no julgamento do Agravo Regimental em Sentença Estrangeira n. 5206-7, do Reino da Espanha, ainda não concluído no STF até a data em que o presente trabalho foi elaborado.

o conflito, as partes não se entendem para a celebração do compromisso, o que significa efetivamente não ocorrer acordo sobre a forma de instituir a arbitragem, que, no sistema da Lei, só pode se dar com o compromisso.

Nessa hipótese, a parte interessada no procedimento arbitral notificará a outra, na forma do art. 6º, para comparecer em dia, hora e local certos para firmar o compromisso arbitral. Aqui sim, não comparecendo a outra parte, ou comparecendo e recusando-se a firmar o compromisso, poderá o prejudicado propor a demanda prevista no art. 7º da Lei.

A competência para essa demanda é a do foro a que originalmente competiria julgar as causas relativas ao conflito em discussão (art. 6º, parágrafo único). Interessante notar que nada impede haver um foro contratual distinto do local previsto para a arbitragem na cláusula compromissória. Nesse caso, a demanda para cumprimento compulsório da aludida cláusula deverá ser proposta no foro do contrato, mas a arbitragem, quando for instituída, terá curso no local convencionado.

Estabelece então o art. 7º da Lei que, "existindo cláusula compromissória e havendo resistência quanto à instituição da arbitragem, poderá a parte interessada requerer a citação da outra parte para comparecer em juízo a fim de lavrar-se o compromisso, designando o juiz audiência especial para tal fim".

A ação será para cumprimento compulsório ou execução específica de cláusula compromissória, processada pelo rito previsto no art. 7º, da Lei n. 9.307/96. Se adotada a segunda nomenclatura, note-se que a ação não será *de* execução específica, pois tem natureza cognitiva, visando a uma sentença judicial que supra o compromisso não firmado voluntariamente. A ação será *para* execução específica da cláusula compromissória, na sutil distinção da qual um dia me alertou o saudoso Prof. Celso Agrícola Barbi.

Repete-se, de certa forma, nesse processo a tentativa conciliatória extrajudicial prevista no art. 6º. Só que agora o encontro das partes para acertar o compromisso se dará em audiência judicial, presidida pelo juiz e realizada dentro de um processo.

O primeiro pressuposto processual dessa ação de cumprimento compulsório da cláusula compromissória de arbitragem é a existência dessa cláusula, celebrada na forma do art. 4º, § 1º, da Lei, e provada pelo documento respectivo.

O segundo é o surgimento do conflito sobre o negócio principal, que faz nascer a exigibilidade da cláusula compromissória, com celebração do compromisso arbitral e formação da convenção de arbitragem.

E o terceiro, que na realidade seria mais propriamente uma condição da ação ligada ao interesse de agir, é a recusa da outra parte em firmar o compromisso arbitral após surgido o conflito, provada pela notificação prevista no art. 6º. Isso, considerando que o art. 7º fala que o procedimento cabe em "havendo resistência quanto à instituição da arbitragem".

Assim, na forma do art. 6º, parágrafo único, e 7º, § 1º, da Lei n. 9.307/96, a petição inicial da ação para cumprimento compulsório da cláusula compromissória deverá indicar com precisão o conflito objeto da arbitragem, ser instruída com o documento que contiver a cláusula arbitral e a prova de notificação da outra parte para firmar o compromisso. Isso, sob pena de inevitável aditamento da inicial, na forma do art. 284, do CPC, indeferimento da peça vestibular, ou extinção do processo sem julgamento do mérito com base no art. 267, do CPC, por falta dos pressupostos processuais ou condições da ação disciplinadas na Lei n. 9.307/96.

O pedido deverá conter o requerimento de designação da audiência especial referida na lei e, para o caso de não se firmar voluntariamente o acordo, a procedência do pleito de suprimento judicial da vontade da outra parte na celebração do compromisso, para se proferir sentença que substitua o mesmo, por ele valendo (§ 7º).

Em face dessa segunda alternativa, a inicial precisa extrair da cláusula compromissória e apresentar ao juiz todos os elementos necessários ao compromisso, tais como a indicação de árbitros, o procedimento, prazo da arbitragem, lugar etc. Se a cláusula compromissória for omissa, o autor deve propor esses elementos, para eventual contestação pelo réu, sob pena de que o juiz não possa emitir sentença que supra o compromisso.

Ao despachar a inicial, o juiz deverá, após verificar o preenchimento dos pressupostos processuais, condições da ação e requisitos da inicial, designar a audiência especial a que alude o *caput* do art. 7º.

Comparecendo as partes nessa audiência, caberá ao juiz, antes de qualquer cogitação sobre a arbitragem, tentar conciliar as partes sobre o litígio em si. Frustrada tal tentativa, deverá então procurar conduzi-las a firmar de comum acordo o compromisso arbitral, com base nos elementos contidos na cláusula compromissória. Note-se aqui o duplo e relevante papel conciliador do juiz, seja quanto ao conflito principal, seja quanto à instituição da arbitragem pelo compromisso.

Fracassadas ambas tentativas conciliatórias, passar-se-á à instrução do feito. Primeiramente, caberá ao juiz colher a contestação do réu quanto ao pedido de cumprimento compulsório da cláusula compromissória e decidir (§ 3º).

Aqui a redação do texto dá margem a uma certa confusão, quando expressa que "decidirá o juiz, após ouvir o réu, sobre seu conteúdo, na própria audiência ou no prazo de dez dias". Afinal, o que se dá na própria audiência ou no prazo de dez dias é a contestação do réu ou a decisão do juiz?

A interpretação mais lógica, por analogia ao procedimento sumário de CPC, é a de que seja a decisão do juiz a ser proferida no prazo de dez dias. Disso infere-se que o réu tem que comparecer à aludida audiência já portando sua contestação, devendo disso ser advertido no mandado de citação.[14]

Na contestação, o réu deve invocar fatos impeditivos da arbitragem, tais como nulidade da cláusula compromissória, indisponibilidade dos direitos.

Sucessivamente, deve também impugnar os elementos da arbitragem constantes da cláusula compromissória ou propostos pelo autor, como a delimitação do próprio conflito, o procedimento, os árbitros, prazos etc., propondo outros alternativamente. Nada impede que o réu sucumba quanto ao pedido de suprimento de vontade mas derrube elementos da arbitragem propostos pelo autor.[15]

A argüição de suspeição ou impedimento de árbitros pré-indicados na cláusula compromissória não impede o provimento do pleito, pois o juiz pode substituí-los.

O juiz deverá dar sua decisão respeitando as disposições da cláusula compromissória e atendendo ao disposto nos arts. 10 e 21, § 2º, da Lei. Isso significa que o compromisso a ser suprido pela sentença deve se dar com base nos elementos constantes da cláusula compromissória, ter os requisitos do art. 10 (qualificação das partes, dos árbitros, objeto da arbitragem e lugar), e propiciar às partes no processo de arbitragem o contraditório, a igualdade de partes, além da imparcialidade e livre convencimento do árbitro (art. 21 § 2º).

Se a cláusula compromissória nada dispuser sobre a nomeação de árbitros, o juiz decidirá a respeito, podendo nomear árbitro único (§ 4º). O procedimento da arbitragem, salvo convenção em contrário, será o estatuído na própria lei (arts. 19 a 22).

14. Nesse sentido, a posição de Sérgio Bermudes nos *Anais do Seminário Internacional sobre Arbitragem Comercial*, promovido pelo Comitê Brasileiro da CCI — Câmara de Comércio Internacional e Confederação Nacional do Comércio, no Rio de Janeiro, em 26.5.97, p. 21

15. Barbi, Celso Filho. Ob. cit., p. 37.

O que o juiz não pode fazer é avançar sob pontos inexistentes na cláusula compromissória e que sobre os quais só as partes poderiam deliberar, tais como a previsão de julgamento por eqüidade na arbitragem, ou com base em normas do comércio internacional (art. 11, II e IV), bem como sobre a atribuição a uma só das partes da responsabilidade pelo pagamento das despesas de arbitragem. Sendo omissa a cláusula compromissória e divergindo as partes sobre tais pontos, prevalecem as regras no processo civil: direito positivo nacional e despesas pelo sucumbente.

Nota-se desses dispositivos a superação, para o compromisso arbitral, de problema que sempre atormentou a execução específica das promessas de contrato. Com efeito, muitos doutrinadores e vários julgados consideram que, se o instrumento da promessa não contém todos os elementos do contrato definitivo a ser firmado, o juiz não pode criá-los para dar a sentença substitutiva prevista no art. 639 do CPC. Tanto que esse dispositivo prevê poder ser a sentença obtida "sendo isso possível e não excluído pelo contrato". Mas, como visto, em matéria de cláusula compromissória, mesmo que lacunosa, isso não impede o suprimento judicial do compromisso.

A ausência do autor à aludida audiência especial tem efeito semelhante ao do processo trabalhista: importa extinção do processo sem julgamento do mérito (art. 7º, § 5º). Já a ausência do réu tem os efeitos da revelia: o juiz, pelos argumentos do autor, vai proferir sentença substitutiva do compromisso. Mas, nesse caso, o árbitro será único (art. 7º, § 6º).

A sentença proferida valerá como compromisso arbitral (§ 7º). É o mesmo efeito preconizado no já citado art. 639 do CPC, não mencionado na lei, mas que influencia seu espírito. Obtém-se uma sentença que produz o mesmo efeito do contrato que a parte prometeu concluir e não o fez.

Com ela estar-se-ia então suprida a vontade não manifestada para se firmar o compromisso e pronta a ser instituída a arbitragem por força de execução específica da cláusula compromissória.

Mas a solução final não é tão simples. Depois de proferida a sentença, outros incidentes processuais judiciais, admitidos pela própria Lei, podem obstaculizar a eficácia prática da sentença para o início e efetivação da arbitragem.

5. *O procedimento arbitral instituído: incidentes judiciais*

5.1 *Apelação*

Primeiramente, vale assinalar que, contra essa sentença judicial que supriu o compromisso só cabe apelação em efeito devolutivo, de acordo com o art. 520, inciso VI, do CPC, acrescido pelo art. 42 da Lei n. 9.307/96. Mas seria a típica, e aqui eventualmente cabível hipótese, de mandado de segurança para se dar efeito suspensivo à apelação, remédio que continua a valer para casos como esse, mesmo após a nova regulamentação do recurso de agravo.

A apelação deve argüir tudo que comprometa a validade do compromisso suprido pela sentença e que, se voluntário fosse, deveria ser invocado perante o árbitro na primeira oportunidade após instalada a arbitragem (art. 20). Mas, se inexistente a apelação contra a sentença que supriu o compromisso, não fica impedida ação para decretação de nulidade da sentença arbitral (art. 20, § 2º e art. 33).

Há uma hipótese que deverá ser objeto de apelação sob pena de preclusão: a não aceitação do suplente eventualmente indicado para o árbitro na sentença. Isso porque essa recusa tem que constar do compromisso, sob pena de que, impedido o árbitro principal, o suplente não possa ser recusado (art. 16, § 2º).

5.2 *Conteúdo da sentença de suprimento do compromisso arbitral*

Outro ponto discutível refere-se aos requisitos da sentença judicial que supre o compromisso. Embora a lei diga que ela deva conter apenas os requisitos obrigatórios do compromisso, previstos no art. 10 da Lei (qualificação das partes, dos árbitros, objeto da arbitragem e lugar), deveria também, a meu ver, conter os requisitos ditos facultativos do art. 11, e que, na realidade, são fundamentais à adequada execução da sentença. São eles: local da arbitragem, prazo para apresentação do laudo, indicação das regras aplicáveis à arbitragem e fixação dos honorários dos árbitros. Se a sentença não contiver esses elementos "facultativos" do art. 11, mas apenas os obrigatórios do art. 10, será de exeqüibilidade problemática.

A sentença só não pode dispor, salvo previsão na cláusula compromissória ou aceitação pelas partes, conforme dito, quanto a julgamento por eqüidade, aplicação de normas internacionais, ou atribuição isolada da responsabilidade pelos custos da arbitragem. Nesse caso, como já referido, o julgamento será pelas regras do direito substancial positivo interno, com custos processuais pelo sucumbente.

No caso do prazo para a conclusão da arbitragem, se for omissa a sentença, será de 6 meses (art. 23), contado da aceitação ou substituição do árbitro, podendo ser prorrogado de comum acordo pelas partes.

Vale assinalar que o descumprimento desse prazo ensejará a extinção da arbitragem (art. 12, III). Aqui, parece-me que toda responsabilidade deve ser imputada aos árbitros. Eles têm instrumentos para levar a cabo seu trabalho independentemente da contribuição de uma das partes, cuja conduta será por eles considerada no julgamento, que não fica impedido pela *"revelia"* (art. 22, §§ 2º e 3º). Além disso, os árbitros têm responsabilidade civil (art. 14) e criminal (art. 17).

Para que a sentença passe a ter eficácia, faltará apenas a aceitação da nomeação pelo(s) árbitro(s), quando então será considerada instituída a arbitragem, na forma do art. 19 da Lei.

A execução da sentença judicial que supriu o compromisso não depende, pois, do Judiciário, mas apenas de que os árbitros iniciem seu trabalho de arbitragem, com base nos elementos do compromisso arbitral suprido pela sentença. Para o andamento do processo, a parte interessada certamente fornecerá as informações e elementos necessários. Se a outra recusar-se a fazê-lo, sofrerá, como dito, as conseqüências de sua omissão dentro do próprio procedimento de arbitragem (art. 22, §§ 2º e 3º).

A sentença deve fixar os honorários do árbitro, o que não lhe seria requisito obrigatório a teor do art. 10, mas que pode ensejar que o árbitro venha a requerer ao juiz que os fixe (art. 11, parágrafo único), tumultuando o procedimento.

Em suma, a sentença judicial que supre o compromisso arbitral deve ser o mais completa possível, procurando, sem desrespeitar os limites da cláusula compromissória e aqueles temas sobre os quais não pode dispor (art. 2º: eqüidade, usos e costumes, normas internacionais de comércio), conter todos os elementos, obrigatórios (art. 10) e facultativos (art. 11) que integram o compromisso. E deverá haver um especial cuidado na nomeação do árbitro, pelas razões que se expõe a seguir.

5.3 A nomeação judicial do árbitro

Poderá ser árbitro qualquer pessoa capaz, no sentido legal e profissional, e que tenha a confiança das partes (art. 13). Os árbitros incorrem nos mesmos impedimentos, suspeições e têm os mesmos deveres e responsabilidades dos juízes (art. 14), sendo equiparados aos funcionários públicos para efeitos penais (art. 17).

Aqui, poderia se pensar em uma contradição: se os árbitros são pessoas de confiança das partes (art. 13), como podem estar sujeitos à suspeição? Na realidade, se é árbitro único a confiança é comum e se for mais de um cada parte indica o de sua confiança. A suspeição é sempre quanto ao árbitro comum ou da parte contrária, seja por amizade íntima ou inimizade.

No compromisso arbitral firmado voluntariamente, os árbitros deverão ser nomeados em número ímpar (art. 13, § 1º), de comum acordo pelas partes. Se forem em número par, com cada parte indicando os seus, estes deverão indicar um desempatador (art. 13, § 2º). Não havendo acordo entre os árbitros quanto a isso, as partes recorrerão ao Judiciário.

No suprimento judicial do compromisso por sentença, se a cláusula compromissória nada dispuser sobre a nomeação de árbitros, o juiz poderá nomear árbitro único (art. 7º, § 4º). Ocorre que a arbitragem só se considera instituída quando aceita a nomeação pelo árbitro. E o compromisso arbitral extingue-se se o árbitro recusar a nomeação (art. 12, I), se falecer ou ficar impedido de votar (art. 12, II).

Tendo o juiz nomeado um árbitro na sentença de suprimento judicial do compromisso, como fica a situação se esse árbitro recusar a nomeação, falecer ou ficar impedido de votar, lembrando que, com a sentença, o juiz esgota sua função jurisdicional? Não se poderia cogitar de embargos declaratórios ou nada equiparável, porquanto seria absolutamente impróprio e possivelmente intempestivo.

Parece-me que a solução é que, sempre que houver compromisso arbitral suprido por sentença, com nomeação de árbitro único, o juiz deverá nomear um suplente, para que nessas hipóteses haja o suprimento automático na forma do art. 16.

Se não for assim entendo que, na recusa, impedimento ou morte do árbitro nomeado pela sentença que supriu o compromisso, as partes, inexistindo acordo, terão que repetir todo o procedimento judicial, como determina o § 2º, do art. 16.[16]

Essa solução aplica-se também aos casos de argüição de impedimento ou suspeição de árbitro por fato posterior à nomeação, ou por fato anterior só conhecido após a nomeação. A parte deve apresentar o pleito de recusa do árbitro, por via de exceção, na primeira oportunidade que tiver de se manifestar (art. 20). Essa exceção deverá ser apresentada diretamente ao árbitro, se for apenas um, ou ao tribunal arbitral, se forem vários árbitros (art. 15). Procedente a recusa, a substituição automática dar-se-ia pelo suplente, na forma do art. 16. Inexistindo suplente, a questão acabaria voltando ao Judiciário, nos termos do § 2º desse mesmo artigo.

Se o árbitro único recusa a exceção indevidamente, a hipótese é de anulação judicial da decisão arbitral, depois de proferida, com base no art. 32, inciso II.

Para que a parte possa recusar o substituto indicado no compromisso, em caso de impedimento do árbitro, deverá ter declarado isso expressamente no próprio compromisso (art. 16, § 2º), ou apelado da sentença que supriu o compromisso e indicou o suplente.

Embora a fixação dos honorários dos árbitros não deva obrigatoriamente ser feita na sentença que substituiu o compromisso, pois não consta do art. 10, é de todo prudente que o seja, sob pena de que o próprio árbitro nomeado tenha que requerê-lo ao Judiciário com base no art. 11, parágrafo único. A meu ver seria típico caso de embargos declaratórios, se formulados tempestivamente pela própria parte.

5.4 O procedimento da arbitragem

A arbitragem instituída por compromisso voluntário ou suprido judicialmente atenderá ao procedimento ali indicado, que pode ser aquele constante das normas de

16. Para Sérgio Bermudes, nesses casos o juiz poderia modificar a decisão já proferida para substituir o árbitro, pois estar-se-ia diante de "uma sentença determinativa, dispositiva, sentença que se flexibiliza, se ajusta a circunstâncias de fato posteriores à sua prolação". *Anais do Seminário Internacional sobre Arbitragem Comercial*, Debates, p. 22.

uma comissão já instituída, conforme referido no art. 5º e desnecessariamente repetido no art. 21.

Note-se que a arbitragem não é procedimento de execução, mas de conhecimento, sendo meramente investigatória e decisória a atividade dos árbitros.

Havendo omissão quanto ao procedimento da arbitragem, seria hipótese de embargos declaratórios contra a sentença judicial que supriu o compromisso. De qualquer forma, a própria Lei, nos arts. 19 a 22, praticamente cria um procedimento a ser observado.

Nesse procedimento da Lei, uma questão interessante necessita ser observada para os casos de suprimento judicial do compromisso. De acordo com o art. 19, parágrafo único, instituída a arbitragem, os árbitros podem entender que é necessário se explicitar alguma questão disposta na convenção, para melhor desenvolvimento dos trabalhos. E isso, no compromisso voluntário, deve ser feito por meio de adendo celebrado pelas partes. Se o compromisso foi realizado por sentença, não haveria mais tempo, e nem legitimidade ativa dos árbitros para embargos declaratórios.

Penso então que só existem duas soluções. Ou o esclarecimento é feito de comum acordo pelas partes,[17] ou tem que se repetir judicialmente o procedimento do art. 7º para se complementar o compromisso.

Superada essa questão e iniciados os trabalhos, a inércia da parte que recusara o compromisso, ensejando o suprimento judicial de sua vontade, não impede o desenvolvimento da arbitragem, pois a sentença arbitral pode ser proferida mesmo à *"revelia"* (art. 22, § 3º), devendo o comportamento negligente da parte ser considerado para efeito da decisão arbitral (art. 22, § 3º).

Note-se que a Lei não estabelece a conseqüência expressa dessa *"revelia"*, e nem poderia, porque esta é instituto da jurisdição estatal, e na arbitragem nem há réu. Apenas diz a Lei que a *"revelia"* não impede seja proferida a decisão arbitral, a fim de evitar que a inércia da parte, principalmente nos casos de suprimento judicial do compromisso, inviabilize a arbitragem.

Como dito, a arbitragem é procedimento de cognição e não de execução. A atividade dos árbitros é apenas investigar e dirimir a controvérsia, dizendo com quem está a razão. A eventual execução da sentença arbitral é judicial (art. 31).

Mas havendo necessidade, dentro do procedimento de arbitragem, a critério dos árbitros, poderão eles requerer ao juiz medidas judiciais cautelares ou coercitivas, inclusive condução de testemunhas, na forma dos §§ 2º e 4º, do art. 22.

Já há alguns pontos controvertidos sob esse requerimento de medidas judiciais pelos árbitros no curso da arbitragem. Primeiramente sobre a própria forma de se requerê-las. Seria através de ação ou simples requerimento do árbitro ao juiz? Quem seria o autor, o réu ou a parte beneficiada pela medida? O juiz pode decidir se defere ou não a pretensão em função de sua motivação ou apenas executa a medida já decidida pelo árbitro?

Com base no art. 18 da Lei, que diz ser o árbitro juiz de fato e de direito, alguns entendem que a medida é feita por simples ofício de autoridade para autoridade.[18] Em face do art. 8º, parágrafo único, que estabelece caber ao árbitro decidir sobre nulidade da convenção de arbitragem, há quem sustente ainda que o juiz não pode apreciar a medida cautelar ou coercitiva, que é decretada pelo árbitro, devendo apenas executá-la.[19]

17. No sentido de que as partes é que devem prestar o esclarecimento. Sérgio Bermudes, ob. cit., p. 22.

18. Paula, Adriano Perácio de. *Arbitragem e Relações de Consumo* Conferência no Simpósio sobre Arbitragem da Escola de Advocacia da OAB/MG, de fevereiro/97, ainda não publicada.

19. Gianulo, Wilson. "A Nova Arbitragem no Brasil", *Revista Literária de Direito*, n. 14, São Paulo, 1996, p. 22.

A meu ver, quando é convocado o Poder Judiciário, para qualquer fim, não se podem excluir os princípios constitucionais do devido processo legal e do contraditório (art. 5º, LIV e LV), além do princípio do processual do livre convencimento do juiz. Assim, o requerimento de medidas coercitivas e cautelares pelos árbitros ao Judiciário deve ser feito por ação judicial, movida pelo árbitro contra a pessoa que sofrerá a medida.[20] E o árbitro, se não for advogado, deverá ser representado por um, em virtude do que prevê o Estatuto da OAB. As partes não podem postular diretamente tais medidas se o tribunal arbitral já se acha instituído.[21]

No caso específico das testemunhas renitentes, devem ser réus de ação própria movida pelo árbitro, pois, como o processo de arbitragem não é judicial e a testemunha não é parte da arbitragem, tem o direito de apresentar em juízo as escusas ou privilégios de depoimento, com base nos arts. 405, 406 e 414, § 2º, do CPC. Mas cabe aqui a habilidade dos árbitros de ouvi-las por outros meios, o que em tese é possível, verificando a diligência da parte em trazer sua testemunha, ou até a dispensá-la em virtude da escusa apresentada.

Sendo a arbitragem sobre direitos patrimoniais disponíveis, sobrevindo em seu curso controvérsia sobre direitos indisponíveis, assim entendidos aqueles que não podem ser alienados, se de sua existência depender o julgamento arbitral, o árbitro remeterá a questão ao Judiciário, suspendendo a arbitragem, que prosseguirá quando transitada em julgado a decisão judicial sobre os direitos indisponíveis (art. 25).

Já há quem sustente na doutrina que essa superveniência dos direitos indisponíveis teria o condão não de simplesmente suspender, mas de extinguir o juízo arbitral, posto que o julgamento judicial da controvérsia modificaria as bases do compromisso, comprometendo a arbitragem.[22] O argumento tem sentido, mas talvez seja precipitado, posto que a hipótese formulada na Lei é viável, e cada caso concreto evidenciará uma conseqüência peculiar quanto à sobrevida da arbitragem.

6. *A decisão arbitral: natureza, requisitos, retificações e ações judiciais de nulidade*

Superados todos esses possíveis incidentes, chega-se à decisão arbitral, atingindo-se a pretendida composição privada do litígio, com a decisão dos árbitros.

Note-se que a arbitragem não se confunde com mediação, prevista no art. 21, § 4º, da Lei n. 9.307/96. A decisão arbitral não concilia as partes, mediando a controvérsia, ela decide, a favor de uma parte e contra a outra.

Depois de tudo que se examinou, não se há confundir a sentença judicial que supre o compromisso arbitral, na execução específica da cláusula compromissória, instituindo a arbitragem, com a decisão arbitral, que a Lei chama de *"sentença"*, proferida ao final do procedimento de arbitragem.

A crítica à denominação de *"sentença"* dada à decisão arbitral procede, pois o ato não é jurisdicional. Mas, a intenção do legislador foi atribuir à decisão nomenclatura compatível com os atributos que a própria Lei lhe dá, quais sejam os de ser irrecorrível, judicial ou extrajudicialmente, não sujeita a homologação em juízo (art. 18), por ser equiparada à sentença judicial, constituindo, se condenatória, título executivo judicial (art. 31).

A sentença arbitral é um documento, ou seja decisão dos árbitros, obrigatoriamente expressa em documento escrito, e por eles assinada (art. 26, parágrafo único). Ela tem os mesmos requisitos da sentença ju-

20. Nesse sentido, também Sérgio Bermudes, ob. cit., p. 10.

21. Martins, Pedro Batista. Ob. cit., p. 17.

22. Gianulo, Wilson. Ob. cit., p. 21.

dicial (art. 26), quais sejam relatório, fundamentação, dispositivo e data.

Penso que essa sentença tem a natureza de negócio jurídico derivado, porquanto decorre de um acordo de vontades firmado no compromisso, pelo qual as partes ajustaram renunciar conjuntamente à tutela jurisdicional do Estado, delegando a solução de sua controvérsia sobre direitos patrimoniais a um árbitro, assumindo a obrigação de cumprir a decisão que este tomar.

Entretanto, o tratamento processual dado pela Lei à sentença arbitral não é o mesmo do contrato, considerando-a título executivo judicial, ao inseri-la no art. 584, III, do CPC (art. 41), o que tem merecido críticas da melhor doutrina.[23]

Mas, mesmo como título executivo judicial, pode ter sua validade questionada, seja pelo procedimento comum, na ação de nulidade (art. 33), ou nos embargos à execução (§ 3º).

Apesar da impropriedade da Lei ao colocar a sentença arbitral como título judicial, sua irrecorribilidade e a desnecessidade de homologação judicial também previstas justificam-se no próprio princípio do *pacta sunt servanda*, relativo à composição de direitos patrimoniais disponíveis, nada tendo de inconstitucional, à luz do art. 5º, XXV, da CF.

A decisão arbitral, se vários os árbitros, é proferida pela maioria dos votos, com eventual desempate, de toda a questão ou parte dela, pelo Presidente do tribunal arbitral, se existente (art. 24, § 1º). O árbitro vencido pode declarar seu voto em separado (art. 24, § 2º), ou até recusar-se a assinar a sentença (art. 26, parágrafo único), o que deverá ser certificado pelo Presidente ou pelos demais árbitros.

A sentença deve decidir sobre a responsabilidade das partes quanto a custas e despesas, e inclusive sobre eventual condenação em litigância de má-fé (art. 27). Deve também fixar o prazo para cumprimento da decisão (art. 26, III), para que possa ser caracterizada a mora justificadora da execução judicial da sentença arbitral. E pode ainda a sentença constituir simples homologação de acordo ocorrido no curso da arbitragem (art. 28).

As partes dela devem ser intimadas, por qualquer via, desde que com comprovante de recebimento (art. 29).

A sentença arbitral submete-se a uma espécie de *"embargos declaratórios"*, previstos no art. 30 da Lei n. 9.307/96, para a correção de erros materiais ou esclarecimento de obscuridades, dúvidas e contradições. Esse pedido de esclarecimentos deve ser feito ao árbitro ou tribunal no prazo de até 5 dias do recebimento da sentença, tendo a parte interessada que comunicar a outra que formulou o pedido.

O árbitro ou tribunal decidirá a questão em 10 (dez) dias (e esse prazo vale mesmo, pois as partes podem responsabilizar o árbitro como já se viu) aditando a sentença arbitral e comunicando novamente as partes na forma do art. 29.

A sentença arbitral, como é óbvio, só produz efeito entre as partes envolvidas e seus sucessores (art. 31). Ela pode ser decretada judicialmente nula quando padecer de algum dos vícios de forma ou de fundo previstos no art. 32. A conseqüência dessa anulação será a determinação aos árbitros que profiram novo laudo (§ 2º). Aqui eu destaco: se os árbitros não forem réus na ação para anulação, como se lhes poderá ditar uma ordem judicial para proferir novo laudo? A ação de nulidade deverá ser dirigida contra eles também.

Essa ação deverá ser movida até noventa dias do recebimento da sentença arbitral. O prazo, a princípio, parece decadencial, mas na realidade é prescritivo, porquanto será necessariamente interrompido pela eventual interposição dos "embargos declaratórios" previstos no art. 30. O procedimento da ação será comum, or-

23. Magalhães. José Carlos de. *"Reconhecimento de Laudos Arbitrais Estrangeiros"*, ainda não publicado.

dinário ou sumário, conforme o valor da questão.

É possível também que a decretação de nulidade se dê por embargos de devedor na execução da sentença arbitral (§ 2º). Essa norma traz uma perspectiva sombria para a arbitragem em um país no qual o que os devedores litigantes mais gostam de fazer é embargar as execuções que lhe são movidas.

Por fim, duas observações interessantes.

A primeira é de que a sentença judicial que supre compromisso arbitral não necessita de execução judicial, pois com ela e independentemente da cooperação das partes, os árbitros estão aptos a iniciar seu trabalho de arbitragem. Já a sentença arbitral, se não for cumprida voluntariamente, dependerá de execução judicial.

E segunda, sendo a sentença arbitral objeto de execução, os embargos a ela opostos terão seu conteúdo circunscrito àqueles itens do art. 741, do CPC, que restringem os embargos à execução fundada em sentença.

7. *As modificações no CPC*

O art. 44, da Lei n. 9.307/96, revogou expressamente todos os artigos do Código Civil e do Código de Processo Civil que disciplinavam a arbitragem.

E o art. 41 fez algumas relevantes modificações nos arts. 267, 301 e 584, do CPC.

A partir de agora, o ajuizamento de uma ação para discutir contrato que tenha cláusula compromissória, ou para dirimir conflito sobre o qual já tenha se firmado, judicial ou extrajudicialmente, compromisso arbitral, é caso de extinção do processo sem julgamento do mérito. Isso porque, no novo art. 267, VII, do CPC, determina ao juiz que extinga o processo sem julgamento do mérito quando houver convenção de arbitragem. Anteriormente, a referência era apenas ao compromisso arbitral.

A existência dessa convenção, seja por cláusula compromissória ou compromisso arbitral, é portanto matéria a ser alegada em preliminar de contestação para o réu, na forma do art. 301, IX, do CPC. Note-se que, talvez por descuido, permanece em vigor o § 4º, do art. 301, pelo que, se não argüída pelo réu na contestação a existência da convenção de arbitragem, a questão estará preclusa, não podendo ser conhecida de ofício pelo juiz.

A sentença arbitral é título executivo judicial, na forma do art. 584, III, do CPC. Mas isso já havia sido feito pela Lei n. 8.953/94, quando da reforma do Código. Foi só um cochilo do legislador.

Por fim, como já dito anteriormente, a apelação contra a sentença que julgou procedente o pedido de instituição de arbitragem não tem efeito suspensivo, a teor do inciso VI, adicionado ao art. 520 do CPC. Tal dispositivo tem por finalidade reforçar a real eficácia da execução específica da cláusula arbitral.

E se a cláusula compromissória for anterior à vigência da Lei n. 9.307/97, todos os seus dispositivos materiais e processuais aplicam-se-lhe? Parece-me que não, pois as partes firmaram a cláusula em um momento no qual as conseqüências materiais e processuais de seu ajuste eram outras, não podendo o ato jurídico perfeito ter seus efeitos modificados por lei posterior.[24]

8. *A inconstitucionalidade do art. 7º da Lei n. 9.307/96 no STF*

A questão da constitucionalidade da arbitragem, como mecanismo de solução privada dos conflitos, com renúncia à jurisdição estatal, encontra-se hoje pacificada,

24. Em sentido contrário, entendendo aplicar-se a Lei n. 9.307/96 às cláusulas arbitrais a ela anteriores, Sérgio Bermudes argumenta que "a cláusula compromissória, pura e simplesmente, é um negócio jurídico entre as partes, mas sua eficácia jurisdicional é ditada pela lei vigente no momento em que se invoca a jurisdição". Ob. cit., p. 22.

sendo inúmeros os argumentos que a justificam. Apenas exemplificativamente, indicaria alguns que considero mais relevantes:

a) O que há na arbitragem é uma transação contratual sobre direitos patrimoniais disponíveis, realizada no âmbito da autonomia de vontade das partes, com renúncia à jurisdição estatal, e efeitos de um contrato privado, como qualquer outro.

b) Quem pode renunciar ao direito sobre que se funda à ação pode renunciar ao julgamento da ação, pois quem pode mais pode menos.

c) A Constituição (art. 5º, XXV) proíbe ao legislador, e não às pessoas, excluir do exame do Judiciário qualquer lesão ou ameaça de direito.

d) O próprio preâmbulo da Constituição diz que ela visa, entre outras coisas, à *"solução pacífica das controvérsias"*. A arbitragem é uma forma de solução pacífica.

e) A sentença arbitral, padecendo de vícios formais ou intrínsecos, sempre estará sujeita à anulação pelo Judiciário, mesmo no sistema da nova Lei, seja pelo procedimento comum, ou pelos embargos do devedor.

Assim, a discussão que acaba de surgir no Supremo Tribunal Federal em torno da Lei n. 9.307/96 não se refere à constitucionalidade da arbitragem, já admitida, mas sim à inconstitucionalidade da executividade judicial da cláusula compromissória, prevista no art. 7º da Lei, que atribui a essa cláusula o caráter de uma "renúncia genérica, de objeto indefinido, à garantia constitucional de acesso à jurisdição, cuja validade os princípios repelem".[25]

Essa questão está sendo debatida como incidente de inconstitucionalidade da Lei n. 9.307/96, no julgamento do Agravo Regimental em Sentença Estrangeira n. 5206-7, do Reino da Espanha, ainda não concluído no STF até a data em que o presente trabalho foi elaborado.

No único voto já proferido, pelo Min. Sepúlveda Pertence, S. Excia., embora reconhecendo a constitucionalidade da arbitragem instituída pelo compromisso, no qual os próprios titulares dos interesses objeto de uma lide já concretizada renunciam legitimamente à jurisdição estatal, entende que o mesmo raciocínio não se aplica à cláusula compromissória de arbitragem, na qual o conflito ainda inexiste e a renúncia à jurisdição estatal é genérica, de objeto indefinido, o que faz inconstitucionais o parágrafo único, do art. 6º, e o art. 7º, da Lei n. 9.307/96, aqui analisados, que ensejam sua execução compulsória.

Esse é apenas o primeiro voto do julgamento, que se encontra suspenso, mas que sinaliza a possibilidade de absoluta frustração de todo o avanço conquistado pela Lei n. 9.307/96.

Discordando respeitosamente de S. Excia., entendo que a renúncia prévia à jurisdição estatal constante de cláusula compromissória de arbitragem não é genérica, mas específica quanto aos conflitos decorrentes do contrato em que dita cláusula está inserida. A promessa de submissão à arbitragem do futuro e eventual conflito surgido tem objeto determinado, circunscrito ao contrato no qual está inserida.

Como tem acentuado a doutrina, a renúncia à jurisdição estatal já se verifica de fato no momento em que é celebrada a cláusula compromissória, restando ao compromisso apenas precisar os termos da arbitragem. E o objeto do eventual conflito, se não é determinado ao tempo da cláusula arbitral, é pelo menos determinável, dentro dos limites do contrato.[26]

25. Trecho do voto já proferido pelo Min. Sepúlveda Pertence, no julgamento do Agravo Regimental em Sentença Estrangeira n. 5206-7, do Reino da Espanha, não concluído no STF até a data em que o presente trabalho foi elaborado.

26. Filgueira Júnior, Joel Dias. "Da Constitucionalidade dos arts. 6º, 7º, 41 e 42, da Lei da Arbitragem (9.307/96) — A Questão da Inafastabilidade do Controle Jurisdicional", *Repertório IOB de Jurisprudência*, código 3/13757, 1ª quinzena de novembro de 1997, p. 431.

Suprimir a executividade e a obrigatoriedade da cláusula compromissória significa quebrar o sistema da convenção de arbitragem, aniquilando a expectativa de seu uso efetivo na soluções de conflitos, em um retorno ao quadro anterior à edição da Lei n. 9.307/96.

O julgamento do Incidente de Inconstitucionalidade ainda está em curso, e não me cabe aqui aprofundar mais o exame da questão, mas espero que prevaleça o bom senso e a lógica jurídica para não se jogar por terra o avanço da nova Lci brasileira de arbitragem.

9. Conclusão

A Lei n. 9.307/96 trouxe um alento e uma real perspectiva para a arbitragem comercial privada no Brasil, mormente quando instituiu, a execução específica da cláusula arbitral, em resposta a um anseio doutrinário de décadas, mas que já se vê ameaçado no STF.

Se o dispositivo for julgado constitucional, caberá aos juízes, advogados e, talvez principalmente, aos cidadãos fazerem a arbitragem ganhar força em nosso país. Eu me pergunto se, quando esses cidadãos, informados das novas e reais conseqüências da cláusula compromissória de arbitragem, que tem agora execução específica, implicando, por ato de vontade autônoma, renúncia, voluntária ou coercitiva, à jurisdição estatal, assinarão eles confiantes contratos com cláusulas compromissórias?

Os devedores contumazes, acostumados a ganhar tempo com as delongas do processo judicial, e aqueles contratantes que só têm obrigações e não mais direitos nos contratos como mútuo, compra e venda etc., assinarão cláusulas compromissórias?

Arbitragem não significa simplesmente solução privada, mas sim decisão privada, com ganhador e perdedor, que tem de ser respeitada.

Lembro-me então da história que certa feita contou-me um amigo. Segundo ele, o povo judeu tem o milenar costume de, nas desavenças entre familiares, escolherem os conflitantes pessoa de sua confiança mútua, para quem relatarão separadamente sua versão dos fatos. Após ouvir ambas as partes, essa pessoa dirá quem tem razão e os dois judeus brigados devem aceitar a decisão e fazer as pazes.

Esse amigo relatou-me que seu pai e seu tio desentenderam-se por uma pequena questão e romperam relações. Realizaram então o tal costume. A pessoa de confiança ouviu ambos separadamente, e concluiu que a razão estava com o tio. O pai então disse que até entendia e aceitava a decisão, mas que preferia mesmo é continuar sem conversar com o tio.

Atualidades

A CVM E OS CONTRATOS DE INVESTIMENTO COLETIVO ("BOI GORDO" E OUTROS)

HAROLDO MALHEIROS DUCLERC VERÇOSA

O que foi, será, o que se fez, se tornará a fazer; não há nada de novo debaixo do sol *(Eclesiastes, 1:9)*.

Modus in rebus, diriam os romanos.

Introdução

Desde algum tempo vinha a imprensa especializada noticiando o breve advento de legislação destinada a colocar sob a responsabilidade da CVM os contratos comumente denominados de *boi gordo*. Esses acordos, como se sabe, na verdade, abarcavam, na maneira como vinham sendo celebrados, um objeto mais amplo, envolvendo também aves, suínos e ovinos, destinados à engorda para abate. Referidas notícias vieram a confirmar-se verdadeiras com a promulgação da Medida Provisória 1.637, de 8.1.98, a qual veio a dispor sobre *a regulação, fiscalização e supervisão dos mercados de títulos ou contratos de investimento coletivo*. Pela sua atualidade e importância, o tema merece a imediata atenção dos estudiosos, fazendo-se aqui uma primeira abordagem sob alguns dos seus aspectos mais importantes, os quais poderão ser aprofundados mais tarde.

I. Elementos característicos

Os instrumentos típicos dessa modalidade contratual, não elaborados segundo a melhor técnica contratual — do que, fatalmente decorrerão problemas de aplicação e interpretação a serem dirimidos pelo Judiciário —, apresentam, via de regra, as seguintes condições:

a) são referidos a quantidades padronizadas de peso;

b) o vencimento do contrato vincula-se ao tempo de maturidade do respectivo objeto, tendo em conta o momento propício para o abate; tal vencimento varia, portanto, para cada diferente objeto do acordo; inexiste prorrogação do vencimento do contrato, uma vez que, passado o momento ótimo previsto para o abate, as despesas futuras de manutenção do animal passam a ser consideradas prejuízo;

c) dá-se a aquisição para engorda de tantos animais quantos correspondam ao peso contratado, podendo ocorrer a negociação de frações ideais do objeto do contrato;

d) os pagamentos são previstos em tantas parcelas quantas correspondentes ao tempo da engorda (estabelecendo-se um período-limite);

e) a extinção do contrato ocorre quando do recebimento, por parte do comprador, dos valores originados da venda dos animais engordados ou, opcionalmente, mediante a sua entrega física;

f) em geral, duas parcelas iniciais ficam retidas até o final do contrato como garantia do vendedor, a título de *reserva*.

g) estabelecem-se parâmetros de peso e idade dos animais destinados a engorda e abate (*boi magro*, por exemplo, correspondente a animal pesando dez arrobas, com idade mínima equivalente a vinte e quatro meses);

h) do preço pago pelo comprador uma determinada porcentagem é deduzida a título de despesas de manutenção (10%, geralmente, no caso dos contratos de *boi gordo*); além disso, por ocasião do abate, resgate em espécie ou antecipação de parcelas, o vendedor deduzirá uma determinada porcentagem a título de reembolso pelas despesas de manutenção, administração e cobertura técnica (geralmente cerca de 20% para os casos de *boi gordo*).

i) o vendedor estabelece sistemas de engorda, que serão adotados, a seu critério (regime inicial extensivo, regime semi-confinado e regime confinado intensivo);

j) o vendedor assume o risco da morte ou *descarte* do animal. D*escarte* no sentido de sua substituição por outro, caso não corresponda ao padrão de engorda previsto, como condição para se alcançar o lucro esperado;

k) a comercialização dos animais objeto do contrato, findo o prazo de engorda, é feita ao *preço do dia*. Este preço é divulgado por entidade ligada aos criadores (o SINDIPEC, no caso dos contratos de *boi gordo*);.

l) o pagamento será feito ao interessado em atendimento às condições estabelecidas pelo frigorífico comprador;

m) o vendedor assume o risco de alguns resultados em benefício do comprador, como sejam:

— desenvolvimento mínimo de engorda durante o *regime extensivo,* na faixa de 10%;

— promessa de ganho mínimo de peso ao fim do processo total de engorda (em cerca de 40%, nos contratos de boi gordo, por exemplo), já deduzida a taxa referida na segunda parte da alínea *h*, acima;

n) é expressamente prevista a transferência do contrato a terceiros;

o) o inadimplemento do contrato por parte do comprador acarreta o pagamento de multa, pela dedução da *reserva* mencionada na alínea *f*, supra;

p) no caso do resgate em espécie, caberão ao comprador as despesas relativas aos impostos incidentes sobre o negócio e de transporte; e

q) o foro do contrato é estabelecido pelo vendedor.

II. Natureza jurídica

Como se verifica, os contratos de *boi gordo* constituiriam, com as modificações adiante indicadas, modalidade da conhecida *parceria rural*, especialmente quando se fala na *parceria pecuária* (Cód. Civil, arts. 1.410 a 1.423), estando presentes algumas diferenças específicas, relativamente a esta última, estabelecidas com base no princípio da autonomia privada, adiante examinadas. Antes disso, impõe-se esclarecer a relação existente quanto à terminologia do Código Civil e aquela presente nos contratos vertentes, sendo dadas como sinônimas as expressões *parceiro criador e tratador* e *vendedor*, de um lado e *parceiro proprietário* e *comprador*, de outra parte. O estudo comparativo da *parceria pecuária* e dos contratos de *boi gordo* apresenta os seguintes resultados:

a) as partes no contrato são o *parceiro tratador e criador*, ou seja, quem recebe animais de terceiro; e o *parceiro proprietário*, aquele que entrega seus animais ao primeiro;

b) em ambos os casos são entregues animais a alguém para pastorear, tratar e criar, mediante uma participação nos resultados;

c) nos acordos de *boi gordo* não se fala da partilha de crias dos animais e dos seus produtos, em vista de seu objeto próprio restrito (engorda para abate);

d) na parceria rural, o *parceiro proprietário* tem a obrigação da substituição dos animais evictos; diferentemente, nos contratos de *boi gordo,* a evicção está presente nos casos de *descarte* e de morte, sob responsabilidade do *parceiro tratador e criador*, considerando-se ter sido este quem assumiu o risco do negócio;

e) levando-se em conta não haver expressa exclusão da hipótese no texto dos instrumentos, entende-se que, nos contratos de *boi gordo*, o *parceiro proprietário* assume os riscos do caso fortuito e da força maior, aplicando-se, para tanto, a regra do art. 1.419 do Código Civil, combinada com a cláusula respeitante ao descarte pela *não correspondência evolutiva* (o animal não engorda dentro dos padrões esperados) ou pela morte. Esta solução, contudo, não se coadunaria com o espírito desses acordos, nos quais o risco do negócio é assumido pelo *parceiro tratador e criador* —, um profissional do mercado — diante da massa de *investidores* que confiam na capacidade e idoneidade do primeiro;

f) nos contratos de parceria pecuária, o proveito eventual tirado dos animais mortos recai sobre o proprietário; de outro lado, nos contratos de *boi gordo,* em conseqüência da assunção dos riscos supra mencionados pelo criador e tratador — inclusive o *descarte*, esse benefício deveria caber-lhe;

g) na parceria pecuária, a disposição do gado, salvo cláusula em contrário, depende do acordo de ambas as partes; enquanto isso, nos contratos de *boi gordo,* é objeto natural do contrato a venda do animal engordado, podendo o proprietário optar pelo seu recebimento físico;

h) na parceria rural, as despesas com o tratamento e a criação correm por conta do *parceiro tratador e* criador; nos contratos de *boi* gordo essas despesas são de responsabilidade do *parceiro* proprietário, para cuja finalidade são deduzidas parcelas dos pagamentos feitos por este ao primeiro; e

i) na parceria pecuária, as regras sobre o contrato de sociedade suprirão as lacunas do instrumento e aquelas existentes no texto do próprio Código Civil, sendo omissos a esse respeito os contratos de *boi gordo*.

A partir desta última colocação, podemos fazer duas observações alternativas: a) o legislador considera a parceria pecuária e, por extensão, os contratos de boi gordo, como pertencentes ao instituto da sociedade; ou b) embora não tido como modalidade de contrato de sociedade, aplicam-se as disposições deste instituto aos contratos de parceria pecuária por expressa determinação legal, considerada a afinidade de elementos entre os dois casos. Nos limites estreitos deste artigo não se fará a discussão desta matéria, mesmo que alguns pontos muito interessantes possam ser levantados, deixados, quem sabe, para outra oportunidade.

Considerados os contratos de *boi gordo* como espécie de parceria pecuária, eles devem ser obrigatoriamente transcritos no Registro de Títulos e Documentos, a teor do art. 127, V., da Le i6.015/73.

III. Aplicação do Direito do Consumidor. Equiparação dos criadores e tratadores às instituições financeiras

De início, verifica-se estarem tais acordos claramente enquadrados na categoria de *relações de consumo*, portanto, regidos pelo Direito do Consumidor, uma vez verificadas as condições previstas nos arts. 2º e 3º da Lei 8.078/90, no que tange aos conceitos de *consumidor*, de *fornecedor*, de *produto* e de *serviço*.

A proteção determinada pelo Código de Defesa do Consumidor é altamente importante, uma vez tratar-se de um contrato formado por adesão, circunstância agravada por algumas condições próprias do negócio, nas quais atuam o poder discricionário do vendedor, estabelecendo-se cláusulas estranhas à vontade e ao controle do comprador.

No primeiro caso incluem-se as despesas fixadas a cargo do comprador, e o regime de engorda, por exemplo. No segundo, contam-se, entre outras hipóteses, a fixação do preço de compra e de venda e a caracterização do inadimplemento contratual, do qual decorre o pagamento de multa pelo comprador.

Além disso, o exame desses contratos indicava a possibilidade de seu enquadramento no art. 17 da Lei 4.595/64 e conseqüente qualificação das empresas que os patrocinavam como *instituições financeiras*, como tais sujeitas à disciplina do Banco Central do Brasil.

O texto supra referido, como se sabe, considera próprias de instituições financeiras, para os fins da lei, as atividades de coleta, intermediação, aplicação e custódia de recursos próprios ou de terceiros. Para o efeito do enquadramento em foco, a doutrina predominante não tem considerado ser necessária a acumulação das referidas atividades, bastando que uma delas seja exercida em caráter profissional.

No caso das empresas lançadoras de contratos de *boi gordo*, portanto, elas poderiam ser equiparadas a instituições financeiras porque operam profissionalmente na coleta de recursos de terceiros e na aplicação de recursos próprios e de terceiros. O elemento *risco* não faz parte do tipo, mas pode-se entender que ele está implicitamente considerado.

Dessa forma, ao Banco Central do Brasil caberia intervir nesse mercado e regulá-lo, estabelecendo a necessidade de prévia autorização para o funcionamento das empresas do ramo, a sua fiscalização e eventual liquidação.

Evidentemente não se trata de atividade própria de bancos centrais, mas, como é notório, o Banco Central do Brasil foi dotado de uma ampla competência pela Lei de Reforma Bancária, dada a largueza do já lembrado art. 17, além de outros textos expressos, como, por exemplo, o referente às empresas administradoras de consórcios de bens duráveis. No entanto, a publicação da MP 1.637/97 torna superada a discussão dessa matéria, que veio a ser assumida pela CVM.

IV. A inclusão dos contratos de "boi gordo" e de outros negócios na competência da CVM

Como dito, os contratos de *boi gordo* vieram a ser qualificados como *valores mobiliários* sujeitos à disciplina da Lei 6.385/76, ou seja, colocados sob a responsabilidade da CVM. Para esse efeito, veio a ser grandemente alargado o conceito de *valor* mobiliário, quando considerada a legislação anterior, do que resultarão repercussões deveras importantes no mercado. Desse novo tratamento legislativo deve resultar — em tese — uma melhor proteção do comprador, tendo em vista a necessidade de prévio registro das operações correspondentes e sua fiscalização institucional por aquela autarquia federal.

Mesmo não sendo profeta, tive a felicidade, em recente artigo, publicado na *RDM* 106/74 (*Notas sobre o regime jurídico das ofertas ao público de produtos, serviços e valores mobiliários no direito brasileiro — uma questão de complementação da proteção de consumidores e de investidores*), de fazer algumas referências sobre a necessidade de se melhorar o nível de proteção dos consumidores diante de negócios novos, para os quais o legislador brasileiro ainda não havia atentado, enfocando-os sob a categoria de possíveis novos valores mobiliários. Mais cedo do que poderia imaginar e mesmo inexistindo nexo de causalidade, algumas idéias ali expostas vieram a ser adotadas pelo legislador na regulação de *títulos ou contratos de investimento coletivo*, como vieram a ser chamadas tais operações.

Do ponto de vista doutrinário, tendo em conta o direito comparado, os contratos de *boi gordo* e seus congêneres sempre corresponderam, indubitavelmente, a *valores mobiliários*. Esta conclusão resulta, necessariamente, do conceito de *security* analisado no famoso estudo do Prof. Luiz Gastão Paes de Barros Leães, mencionado naquele meu trabalho. No entanto, tendo em conta o direito positivo brasileiro, de forma alguma poderiam eles receber tal classificação, uma vez que, antes da recente alteração legislativa aqui examinada, e tomando-se em conta o alcance original dos termos do art. 2º da Lei 6.385/76, algumas condições necessárias para tal efeito até então não se haviam verificado.

Mesmo a abertura dada pelo inciso III do dispositivo supra — como seja, a outorga de competência ao Conselho Monetário Nacional para ampliar o rol de valores mobiliários — não era aplicável aos contratos de *boi gordo*, já que referia-se apenas a *títulos emitidos por sociedades anônimas*. Isto porque, como se sabe, sob um aspecto, contratos e títulos são institutos jurídicos diversos e, de outro lado, as empresas do ramo de *boi gordo* não estavam obrigadas a revestir-se da forma de sociedades anônimas.

A ampliação da competência da CVM quanto a outros *valores mobiliários*, entre os quais se incluíam os contratos de *boi gordo*, dependia de mudanças legislativas, as quais preenchessem os requisitos necessários de abstração e generalidade, sob pena de poderem ser consideradas inconstitucionais. Para a finalidade em tela, dois caminhos alternativos estavam à disposição do legislador.

O primeiro deles corresponderia a um grande alargamento do conceito de *valor mobiliário*, tomando-se como parâmetro o do direito norte-americano. Embora essa solução pudesse ser considerada ideal, por ampliar de forma bastante favorável a proteção do consumidor, com o acréscimo dos poderes da CVM ou pela criação de outra agência à qual tal função fosse outorgada, o problema residiria na conseqüente necessidade de uma ampla adaptação daquela agência ou da estruturação completa do novo órgão, a fim de que tal mudança pudesse ser verdadeiramente eficaz. Esses requisitos pareciam tornar essa opção inviável, uma vez que a sofrível situação das finanças do Governo Federal tem impedido a ampliação dos serviços existentes ou a instalação de novos, estando a verificar-se, até mesmo, o desmantelamento de parte da máquina administrativa, causado pela aposentadoria precoce de grande parte de funcionários — receosos da perda de direitos diante da reforma previdenciária ora em curso — e pela dificuldade da renovação desses quadros, seja em vista da contenção de gastos que elimina cargos, seja pelos baixos salários oferecidos.

A segunda possibilidade, de âmbito mais estreito, corresponderia a um simples acréscimo na competência da CVM por inclusão de novo inciso no art. 2º da Lei 6.385/76, que, de forma genérica, diria estarem os contratos da espécie sujeitos à disciplina legal ali estabelecida. Reconhece-se que haveria dificuldade prática na redação de tal inciso, para que não ferisse as regras de boa técnica legislativa, conforme já foi lembrado acima, não sendo aceitável uma hipótese de casuísmo.

Um problema a ser necessariamente resolvido, em qualquer das soluções mencionadas, estaria na obrigatoriedade de serem ou não as empresas que viessem a colocar no mercado tal tipo de contrato, necessariamente, companhias abertas, as quais eram, até então, as únicas subordinadas à competência da CVM. Caso afirmativo, a lei deveria prever a obrigação da transformação das sociedades limitadas que vinham explorando a atividade de *boi gordo*, para a forma de sociedades anônimas, dando-se um prazo para essa adaptação. Dessa imposição resultariam, evidentemente, problemas relacionados com alegação de direito adquirido quanto às empresas que já atuavam no ramo e os contratos por elas já colocados no mercado. Uma segunda questão residiria na superação dos limites da legislação anterior que considerava valores mobiliários apenas certos *títulos* emitidos pelas companhias abertas, não se podendo atribuir essa natureza jurídica a um contrato.

A eficácia das mudanças ora cogitadas dependeria, fundamentalmente, ainda, da possibilidade de verificação efetiva, por parte do órgão competente, das condições dentro das quais esses contratos estivessem sendo realizados, entre outras:

— a qualidade das instalações do vendedor, necessariamente suficientes para a engorda da totalidade dos animais negociados, as quais não necessitariam ser inteiramente próprias, sendo permitido o arrendamento parcial;

— a efetiva destinação dos recursos originados dos compradores na aquisição de animais para engorda e não o seu desvio para finalidades especulativas de alto risco ou para proveito pessoal do lançador;

— a verificação do mecanismo de formação dos preços de aquisição do *boi magro* e de venda do *boi gordo*, que deveriam ser obrigatoriamente objetivos e transparentes;

— a existência de reservas suficientes, por parte do vendedor, aptas a assegurar o comprador quanto aos riscos que o primeiro assume diante deste (seria o caso de se estabelecer, por exemplo, capital mínimo para o vendedor e utilização de parte dele em reservas a serem aplicadas sob forma a ser definida pelo órgão fiscalizador);

— o estabelecimento de registro das empresas e das *emissões* de contratos da espécie, cuja concessão dependeria da prova da idoneidade moral, técnica, e administrativa dos administradores das empresas vendedoras;

— a determinação da prestação de informações precisas aos investidores, nos moldes da legislação vigente, inclusive quanto ao *prospecto* de lançamento da emissão desses contratos e sua publicidade;

— de maneira geral, o atendimento ao princípio do *full disclousure* na defesa dos interesses do mercado.

Como veremos adiante, a análise das exigências baixadas pela CVM para as empresas exploradoras da atividade sob exame indica não terem sido ainda atendidos todos os cuidados acima.

Na verdade, o legislador veio a adotar uma solução que ampliou bastante a competência da CVM, quase que inteiramente dentro da primeira solução supra referida, atingindo-se um campo bem maior do que o representado pelo dos contratos de *boi gordo*, cuja tutela específica estaria sendo preocupação da CVM, conforme se noticiava. Se aquela autarquia estava preocupada somente com esse tipo de operações — que viu —, o legislador acertou também no que ela não viu. Houve uma profunda mas não suficientemente alardeada nem debatida modificação legislativa, com enormes reflexos no mercado de capitais.

Antes de descermos ao estudo das novas regras, cumpre lamentar, mais uma vez, a utilização do instrumento da medida provisória para o fim em vista, pois não se pode dizer que a matéria pudesse ser caracterizada como relevante ou urgente, nos termos do art. 62 da Constituição Federal. O assunto mereceria debate prévio e amplo no âmbito do Poder Legislativo.

Pelo texto do art. 1º da MP 1.637/98, passaram a ser considerados *valores mobiliários* sujeitos ao regime da Lei 6.385/76:

— os contratos de investimento coletivo;

— ofertados publicamente;

— que gerem direitos de participação, de parceria ou de remuneração (inclusive resultante da prestação de serviços); e

— cujos rendimentos advenham do esforço do empreendedor ou de terceiros.

Mantém-se excluídos da relação os títulos públicos e os títulos cambiais, exceto as debêntures (art. 1º, § 1º, da MP 1.637/98 c/c o art. 2º da Lei 6.385/76).

As empresas emissoras desses novos *valores mobiliários* e seus administradores e controladores ficam subordinados à disciplina prevista na Lei 6.385/76, para as companhias abertas (art. 1º, § 2º).

À CVM compete expedir normas relacionadas com suas novas atribuições, sendo-lhe *facultado* (art. 1º, § 3º):

— exigir a forma de sociedade anônima para as empresas emissoras;

— exigir sejam auditadas por auditor independente nela registrado as demonstrações financeiras das empresas emissoras, ou as informações sobre o empreendimento ou projeto;

— dispensar, na distribuição pública dos aludidos valores mobiliários a participação de sociedade integrante do Sistema de Distribuição de Valores Mobiliários (Lei 6.385/76, art. 15, c/c art. 19, § 4º);

— estabelecer condições específicas para o exercício, no âmbito do mercado vertente, da distribuição de emissão no mercado, da compra e revenda desses novos valores mobiliários e da mediação ou corretagem em Bolsa de Valores, bem como requisitos próprios de idoneidade, habilitação técnica e capacidade financeira dos seus administradores e das demais pessoas que nele atuem; e

— estabelecer padrões de cláusulas e condições que devam ser adotadas nos títulos ou contratos de investimento, destinados à negociação em bolsa ou balcão e recusar a admissão ao mercado da emissão que não satisfaça a esses padrões.

A par das regras acima, foram feitas modificações no texto da Lei 6.385/76, para o fim de adaptá-lo à nova situação, basicamente incluindo-se no texto normas sobre as empresas emissoras da nova modalidade de valores mobiliários e das pessoas que com eles atuam, com a conseqüente ampliação da competência da CVM (nova redação ao art. 9º, incisos I, "b" e "g" e II) e, finalmente, ampliando-se o Sistema de Distribuição de Valores Mobiliários pela inclusão das entidades de compensação e de liquidação de operações com valores mobiliários (idem ao art. 15, VI).

V. Considerações sobre o novo campo de atuação da CVM

A ampliação da competência da CVM vai exigir um grande esforço, no sentido da disponibilização de todos os recursos materiais e humanos necessários ao exercício de suas novas funções, de maneira que possa vir a gerir o mercado agora colocado sob a sua responsabilidade. As atividades de fiscalização, por exemplo, não poderão ser executadas apenas nos suntuosos escritórios mantidos pelos criadores nas grandes cidades, como fachada apetecível para consumidores chamados publicamente a participar de um empreendimento lucrativo. Esses trabalhos terão que ser realizados fundamentalmente nas fazendas, como forma de se saber se aos bois em engorda existentes no papel correspondem outros tantos na realidade dos pastos de fazendas espalhadas pelo país. Também não será suficiente embasar-se a CVM nos relatórios dos auditores independentes, a serem contratados pelas empresas colocadoras desses novos *valores mobiliários*.

Mas, como já foi destacado, a reformulação em foco não tratou especificamente dos contratos de *boi gordo*, mas, de forma abrangente, na qualidade de novos *valores mobiliários*, ***dos títulos ou contratos de investimento coletivo, que gerem direito de participação, de parceria ou remuneração, inclusive resultante da prestação de serviços, cujos rendimentos advém do esforço do empreendedor ou de terceiros***. Esse conceito merece ser analisado esquematicamente, conforme se faz em seguida.

a) Títulos ou contratos — o conceito de valor mobiliário deixa de referir-se exclusivamente a determinados títulos emitidos por companhias abertas, para incluir, também, contratos, conhecendo-se a diferença entre um e outro desses institutos jurídicos, tema que não interessa aqui desenvolver. Basta lembrar, no momento, a diferente forma de circulação dos títulos e dos contratos, daí decorrendo efeitos jurídicos diversos.

b) De investimento coletivo — a expressão é inovadora no direito brasileiro, necessitando, então, ser interpretada quando ao seu significado e alcance.

Pode-se afirmar tratar-se de negócio no qual o comprador busca auferir lucro, estando presente, de forma implícita, o elemento risco. Este é, justamente, um dos critérios identificadores dos valores mobiliários no direito norte-americano: o fornecimento de capital de risco por investidores a um empreendimento. Tal investimento, de acordo com a definição da lei brasileira em apreço, não é individual, e sim coletivo, ou seja, a atividade desenvolvida pelo empresário *vendedor* de tais títulos ou contratos é feita mediante a participação coletiva de investidores, cujos recursos são aplicados em algum tipo de bem, entre os quais estão expressamente incluídos os serviços.

c) que gerem direito de participação, de parceria ou de remuneração, inclusive resultante de prestação de serviços.

Isto significa que, quanto aos lucros auferidos pelo empreendimento, a eles têm direito os investidores, nas modalidades de participação, de parceria ou de uma remuneração fixada.

Não ficou claro no texto legal qual a natureza jurídica desse *investimento coletivo*, podendo pensar-se nas figuras da comunhão, do condomínio ou da sociedade, por exemplo, lembrando-se que a esta última reporta-se diretamente o Código Civil ao tratar da parceria pecuária.

Sob esse enfoque, nota-se ter ficado em aberto a questão da atribuição da propriedade do investimento. No caso dos contratos de boi gordo, a propriedade dos animais não pode ser reconhecida como vinculada a algum investidor em particular. Quanto a um determinado investidor que tiver aplicado certa importância em bois para engorda, não existe condição de referi-la a animais específicos, em meio ao restante do rebanho, formado por bois pertencentes ao próprio criador e a muitos outros investidores: não há marcas identificadoras dos proprietários, nem poderão existir em função da natureza do negócio.

Os modelos de contratos dessa espécie, acima já examinados, indicam um tipo de investimento coletivo baseado na negociação de unidades padronizadas de peso, não necessariamente correspondentes, é evidente, a um animal inteiro. Isto quer dizer que dois ou mais compradores estarão participando de um condomínio dinâmico (considerada a venda na época própria), referido a um mesmo animal, para cuja engorda contribuem os recursos conjuntos dos seus proprietários e do esforço do criador.

d) cujos rendimentos advém do esforço do empreendedor ou de terceiros.

A fórmula segue a do modelo norte-americano, na qual o investidor não tem ação própria ou controle direto sobre o desenvolvimento da atividade.

Como se sabe, essa característica não afasta a figura da sociedade, lembrando-se da sociedade em conta de participação quanto ao sócio oculto e dos sócios minoritários das sociedades por cotas de responsabilidade e das companhias, destacando-se nestas, especialmente, os acionistas titulares de ações sem direito de voto, considerados por muitos como *meros investidores*, sob o ponto de vista econômico.

Editada a MP 1.637/98, imediatamente se lhe seguiu a regulamentação correspondente, baixada pela CVM no exercício das novas atribuições a esta outorgadas, consubstanciada na Instrução CVM 270 e na Deliberação CVM 238, ambas de 23.1.98. Vejamos os pontos principais desse regulamento.

Na Instrução CVM 270/98, encontramos as seguintes disposições:

a) Exigência da forma de sociedade anônima para a *emissão pública* de títulos ou contratos de investimento coletivo (art. 1º).

As emissões privadas desses títulos ou valores mobiliários, ou seja, a sua colocação fora do mercado (não pública), continua regida pelo direito comum e pelo direito do consumidor, não se lhes aplicando o sistema recentemente inaugurado. A regra segue os antigos princípios da Lei 6.385/76.

b) Obrigatoriedade do registro das empresas do ramo na CVM e da designação, pela sociedade, de um diretor com a função de relações com o mercado, responsável pela prestação de informações aos investidores, àquela própria autarquia e ao mercado (art. 2º).

Para o atendimento das estipulações, as empresas que não são sociedades anônimas deverão transformar-se nesse tipo social e aquelas que já o são terão necessidade de alterar e adaptar seus estatutos.

c) Obrigatoriedade da prestação de diversas informações à CVM e ao mercado, as quais podem ser classificadas como institucionais, periódicas ou eventuais (arts. 9º a 12).

d) Sujeição à penalidade de multa cominatória para a falta de atualização dos registros exigidos pela CVM (art. 13).

e) Fiscalização pela CVM, devendo a empresa, para tanto, manter em boa ordem e guarda os seus livros sociais, registros contábeis e outros documentos, pelo prazo de oito anos ou por prazo superior, se para tanto houver determinação específica daquela agência (art. 14).

Observe-se, a propósito, ter tal atividade ficado claramente caracterizada como mercantil pela forma, pois assim o são as sociedades anônimas. Em conseqüência, passam a ficar obrigadas à adoção de uma escrituração mercantil regular, nos termos do Decreto-lei 486/86.

f) Definição de casos de penalidades como objetivas e como infrações graves, para certas condutas especialmente previstas (arts. 15 e 16).

Por sua vez, a Deliberação CVM 238/98, estabeleceu as seguintes exigências:

a) Assinalação de prazo de quarenta e cinco dias para que as sociedades lançadoras de títulos ou contratos de investimento coletivo prestem diversas informações à CVM, assim resumidas:

— informações gerais sobre a sociedade e seus administradores;

— inventário físico de animais ou do ativo objeto dos contratos;

— discriminação das despesas administrativas e operacionais mensais do empreendimento nos últimos doze meses;

— número de investidores por tipo de contrato; e

— cópias dos contratos e indicação do respectivo cartório de registro.

Para o caso de descumprimento dessas exigências, no prazo estabelecido, foi estipulada multa cominatória de R$500,00 por dia.

Considerando o princípio da irretroatividade da lei, entendo serem abusivas as exigências da CVM quanto à prestação de informações pelas aludidas sociedades, *quanto a negócios anteriores à sua edição, ou seja, celebrados até 8 de janeiro do ano em curso, data da medida provisória ampliadora do rol de valores mobiliários no direito brasileiro*.

Por mais que essas determinações possam ter o objetivo da proteção do investidor — e noticia-se no mercado estar inadimplente uma das mais conhecidas empresas do ramo —, a CVM não tinha competência sobre esses *contratos de investimento coletivo* antes da mudança legislativa em pauta e não pode, portanto, fazer exigências com caráter retroativo. Apenas os novos lançamentos é que ficam sujeitos à sua disciplina.

Considerando-se, conforme acima exposto, ser possível o enquadramento de tais sociedades como instituições financeiras para os efeitos do art. 17 da Lei 4.595/64, teria o Banco Central do Brasil, este sim, competência fiscalizadora sobre tais negócios, anteriores à presente mudança legislativa.

VI. Um teste da definição legal

Cabe, então, uma pergunta a ser feita como forma de se testar a compreensão do alcance do conceito de *investimento coletivo*. O lançamento público de um edifício de *flats*, dos quais a grande maioria deles é destinada para locação centralizada em um *pool* de administração, poderá ser considerado investimento coletivo para os fins da MP 1.637/98?

À primeira vista, dir-se-ia que não, pois cada investidor é proprietário exclusivo da unidade ou das unidades por ele adquiridas, podendo até mesmo não locá-la, mas utilizá-la pessoalmente.

No entanto, a aquisição para uso próprio é marginal nesse tipo de empreendimento, notando-se que a grande maioria desses *flats* é adquirida para fins de renda, entregando-se sua locação a terceiro, centralizador de um *pool* de *flats* nessas condições. Neste caso, o caráter de *investimento coletivo* é dado pela realidade da participação de inúmeros compradores na construção de um imóvel formado pelas áreas privativas (de propriedade de cada investidor) e pelas áreas comuns, correspondentes a todos os tipos de facilidades destinadas a atrair hóspedes, tais como piscina, sauna, academias de ginástica, salas para convenções, salas para reuniões, etc., algumas delas reservadas para o empresário lançador, cuja totalidade, na sua exploração dinâmica, forma um *aviamento* determinado, ou seja, uma especial capacidade de geração de lucro por via da locação do bem.

Além disso, o novel legislador (assim irregularmente travestido o Poder Executivo, no caso, em vista das circunstâncias acima referidas) parece não ter excluído os casos de propriedade individuada como os do exemplo aqui discutido, para os fins da definição de *investimento coletivo*, segundo se pode entender da leitura do dispositivo legal correspondente.

Dessa forma, julgo ser possível, daqui para a frente, entender-se que tais empreendimentos possam ser considerados como um dos valores mobiliários que vieram a ser objeto da presente reformulação legislativa.

Somente o trabalho da doutrina e da jurisprudência, no futuro, poderão levar a um entendimento mais seguro do alcance da definição do art. 1º da MP 1.637/98 e mostrar à CVM — na provável hipótese favorável a uma interpretação extensiva — que ela terá sido guindada muito além da altura de suas atuais sandálias.

São Paulo, dezembro-97/janeiro-98.

Atualidades

ASPECTOS DA COMPETÊNCIA DO CMN E DA CVM NO MERCADO DE VALORES MOBILIÁRIOS[1]

MARCOS PAULO DE ALMEIDA SALLES

Na década de 70, iniciaram-se os trabalhos de doutrina, à procura de uma legislação apropriada para regular o estímulo e a fiscalização do mercado de valores mobiliários com vistas ao desenvolvimento das unidades produtivas por meio da capitalização empresarial, democratizada pela captação de recursos junto a poupança popular.

Resultou deste esforço, não só a retirada do capítulo próprio das sociedades por ações, do projeto do Código Civil (em curso aprobatório no Congresso Nacional), como também da criação de um programa legislativo que viesse a dar tratamento àquele estímulo e àquela fiscalização que deveria haver, para se desenvolver o mercado de capitais, por meio da oferta pública de valores mobiliários emitidos pelas sociedades anônimas.

As experiências anteriores a 1975, fizeram com que as pretensões se transformassem em dois projetos de lei, dos quais resultaram as Leis 6.385/76, que regula o "Mercado de Valores Mobiliários e cria a CVM" e 6.404/76, que deu novo tratamento às sociedades por ações, caracterizando-se pela dicotomia constante de seu art. 4º — companhias abertas e companhias fechadas. É de se compreender que, em razão do específico tratamento dado às companhias abertas, nascesse também o organismo estimulador e fiscalizador do mercado onde elas pudessem vir a angariar os recursos para seu desenvolvimento.

Por uma circunstância meramente congressual, a Lei 6.385/76 foi votada alguns dias antes daquela que deveria ser sua razão de existir, qual seja a Lei 6.404/76 reguladora da sociedade por ações, fonte de criação dos valores mobiliários, cuja emissão e circulação são, em síntese, a causa da primeira. Contudo, a menos de algumas imperfeições, nenhuma outra conseqüência o fato teve, e ambas as leis estão a produzir os efeitos pretendidos.

O importante, no entanto, é que a vontade do legislador em ambas as leis, coerentemente pelo fato de que elas se interdependem na vertente da companhia aberta, era ampliar ainda mais o microssistema jurídico normativo que regula o sistema financeiro nacional, nascido da evolução havida nos países ocidentais, principalmente após o término da 2ª grande guerra.

Com propriedade lembra o Prof. Fábio Comparato em comentário a acórdão na *RDM*[2] que "ao criar o Conselho Monetário Nacional com a finalidade de formular a política da moeda e do crédito (...)

1. Este artigo é uma compilação de nossa opinião manifestada em três épocas distintas, em 1982 em 1986, em 1990, em 1996 e em 1997, procurando elencar a evolução do nosso pensamento na medida em que a Lei 6.385/76 foi produzindo seus efeitos, com as eventuais alterações promovidas pela Constituição de 1988, e, ao final, sob os efeitos da Lei 9.457/97.

2. Comparato, Fábio Konder, in *RDM* 3/60.

objetivando o progresso econômico e social do País, a Lei 4.595, deu-lhe *atribuições privativas*", isto é atribuiu-lhe competência para a prática dos atos complementares das funções ali elencadas.

Posteriormente a Lei 6.385/76 ampliou as funções do CMN, acrescentando-lhes aquela constante do item III do art. 20, qual seja, atribuir a condição de valores mobiliários sujeitos ao regime desta lei especial, a títulos criados ou emitidos por sociedades anônimas.

Diante desta postura legislativa iniciaram-se as discussões a respeito da competência dos órgãos ou autarquias legalmente instituídas pelo poder competente para a prática não de "um simples ato administrativo regulamentar, mas sim o *preenchimento de uma norma legal em branco*, atuando portanto como o necessário momento integrativo do seu conteúdo e participando da sua natureza".[3]

Para a análise destas considerações, resolvemos reproduzir aquilo que, em oportunidades distintas viemos escrevendo, em 1982, em 1986, em 1995 e em 1997 sobre as Leis 4.595/64, 4.728/65, 6.385/76 e 9.457/97 para buscarmos uma conclusão, inclusive, tendo em conta por sua recepcionalidade, à vista da Constituição de 1988.

1. 1982 — Os poderes da "CVM e os títulos societários"[4]

Analisar os "Poderes da CVM" em relação aos títulos societários significa, a nosso ver, antes de mais nada analisar-se a criação da CVM, para dar-lhe por definidos os poderes decorrentes da competência que lhe é atribuída pela Lei 6.385/76.

Há porém uma premissa que nos parece fundamental que é a qualificação genérica que têm os aqui chamados títulos societários, de "valores mobiliários" pois que sem esta compreensão estaríamos a nos afastar da essência da CVM, qual seja de ser Comissão de Valores Mobiliários, autarquia federal especialmente criada para promover e regular o mercado de valores mobiliários. Assim é que todos os títulos societários hão que ser necessariamente valores mobiliários para poderem ser objeto de qualquer ingerência legítima dos "poderes da CVM".

1.1 Valores mobiliários

"Serão disciplinadas e fiscalizadas de acordo com esta lei as seguintes atividades:

"I — a emissão e distribuição de valores mobiliários no mercado;

"II — a negociação e intermediação no mercado de valores mobiliários" (Lei 6.385/76, art. 1º).

A Lei 4.728/65 pretendeu abranger um mercado de capitais composto de títulos e valores mobiliários, enquanto a Lei 6.385/76 veio restringir-se ao campo específico dos valores mobiliários, que durante 10 anos foram exclusivamente regulados pela Lei de Mercado de Capitais.

São estes títulos societários necessariamente valores mobiliários, isto é títulos emitidos por sociedades anônimas para distribuição em massa junto ao público.

Compete ao CMN estender os limites de atuação da CVM a outros títulos que, a critério daquele e desde que emitidos por sociedades anônimas, possam ser considerados valores mobiliários. Entendemos assim que os valores mobiliários não sendo necessariamente títulos de crédito, estariam por assim dizer a abranger todo o documento de titularidade sobre direitos decorrentes de obrigações assumidas pelas sociedades anônimas que os emitissem, para sua colocação em massa, junto ao público.

Estaria a lei brasileira a ampliar o conceito francês de "valores mobiliários", para quem estes serão sempre títulos de crédito emitidos pelas sociedades por ações para

3. Comparato, in ob. cit., p. 63.

4. Trabalho apresentado aos cursos de pós-graduação da FADUSP na cadeira de Títulos de Crédito — ministrada pelo saudoso Prof. Mauro Brandão Lopes, do qual transcrevemos somente a primeira parte, atinente aos "poderes da CVM."

distribuição em massa junto ao público aplicador de sua poupança, ampliação esta que mais os aproxima do conceito americano de *securities*? *Securities* que entendemos, genericamente, como qualquer instrumento que venha prometer parte do resultado da empresa, a participante ou simples credor, desde que seja título distribuído em massa àquele mesmo público que busca aplicação para os recursos de sua poupança.

Este universo de emissões e de poupadores é que deve ser entendido como o campo para a atuação da CVM no âmbito de seus poderes. Isto é, promover o desenvolvimento deste mercado de valores mobiliários conjuntamente com sua fiscalização, como o quer o art. 4º da Lei 6.385/76 ao definir a CVM como autarquia do governo federal, subordinada ao Ministério da Fazenda, encarregada de "estimular a formação de poupanças e a sua aplicação em valores mobiliários" (art. 4º — I) e "proteger os titulares de valores mobiliários e os investidores do mercado ..." (art. 4º — IV).

Para sua atuação neste universo assim definido, a "Comissão de Valores Mobiliários terá jurisdição em todo o território nacional ..." (Lei 6.385/76 — art. 9º) de que decorrem então os "poderes da CVM" como conseqüência de sua competência.

Apesar de toda jurisdição ter um caráter administrativo há que se distinguir entre jurisdição propriamente dita e aquela exercida por quem tem o poder de administrar,[5] também chamada Jurisdição Administrativa, sentido em que a expressão é aqui empregada, não se prendendo àquela própria da distribuição da tutela jurídica processual, procedida pelo Estado, no âmbito do poder Judiciário.

Tem então a CVM a faculdade de conhecer de certos fatos ou negócios jurídicos, exercendo sobre eles os poderes que legalmente lhe são conferidos.

Para melhor entender a distribuição de competência talvez nos devamos socorrer da Lei 4.595/64 que instituiu o Sistema Financeiro Nacional através da reforma bancária, competindo à CMN regular a constituição, o funcionamento e a fiscalização dos que exercem atividades subordinadas a esta Lei (4.595/64), bem como a aplicação das penalidades previstas (art. 4º — VIII), dispositivo este que foi repetido na Lei 6.385/76, quando, no § 1º do art. 15, dá competência a CMN para definir os tipos de instituição financeira que poderão exercer atividades no Mercado de Valores Mobiliários, bem como as espécies de operação que poderão realizar ... sendo que, "as atribuições da CVM serão limitadas às atividades submetidas ao regime da Lei 6.385/76 (art. 15 — § 2º), competindo ao CMN, regular a ação harmônica dos poderes exercidos pela CVM e pelo BACEN (art. 15 — § 3º).

No que tange às limitações territoriais dos poderes da CVM, poderíamos concluir que, dentro do território nacional, a CVM exerce sua jurisdição nos limites das operações exercidas pelos agentes do sistema de distribuição de Valores Mobiliários, assim como definidos no art. 15 da Lei 6.385/76, tendo por objeto valores mobiliários emitidos por companhias abertas, tal como definido no art. 2º da mesma Lei 6.385/76.

2. 1986 — O poder regulamentar da CVM: a sua eficácia e o papel do Poder Judiciário[6]

2.1 Introdução

O tema do poder regulamentar tal como aqui proposto deve ser abordado tendo-se em conta a hierarquia das leis e a tripartição dos poderes.

5. Salles, Marcos Paulo de Almeida, "Comentários à Lei 6.385/76", in *Comentários à Lei das Sociedades por Ações*, v. 3, Resenha Tributária, 1980, S. Paulo, p. 57.

6. Conferência proferida no curso de especialização da FADUSP em 1º de abril de 1986 — sob a regência da Profª Vera Helena de Mello Franco.

Tem-se por sobejamente conhecida a tri-participação dos poderes de Montesquieu, manifestada em *L'esprit des lois*:[7] "Aprés avoir examiné quelles sont des lois relatives à la nature de chaque gouvernement, il faut voir celles qui le sont à son principe. Il y a cette différence entre la nature du gouvernement et son principe, que sa nature est ce qui le fait être tel; et son principe, ce qui le fait agir. L'une est sa structure particulière, et l'autre les passions humaines qui le font mouvoir. Or les lois ne doivent pas être moins relatives au principe de chaque gouvernement qu'à sa nature. Il faut donc chercher quel est ce principe".

Em uma democracia, afirma o autor, aquele que executa as leis sente que é submisso à mesma, então a cessação da aplicação das leis gera a corrupção da própria república, daí sua proposta de que os poderes da república agissem independentemente entre si: Legislativo — Executivo — Judiciário; isto é, elaborando as leis, executando as leis e prestando a tutela jurídica processual.

Desta forma as leis emanadas de um governo democrático republicano constarão de normas desejadas pela maioria da população através do voto dado aos seus representantes no congresso, poder elaborador das leis. Igualmente estas leis deveriam ser aplicadas pelo poder Executivo, no caso do presidencialismo, por força da filosofia de governo adotada pelo presidente eleito pela mesma maioria da população.

As pretensões resistidas, para usar de uma terminologia carnelutiana, lides da vida forense, seriam resolvidas pela via pretoriana dos magistrados encarreirados por concurso, na difícil tarefa jurisdicional.

Para orientar as atividades de cada um dos poderes do Estado as leis, as normas jurídicas, objeto da ciência jurídica na afirmação de Kelsen[8] "...de que o objeto da ciência jurídica é o Direito, na qual está contida a afirmação de que são as normas jurídicas o objeto da ciência jurídica, e a conduta humana, só o é na medida em que é determinada nas normas jurídicas como pressuposto ou conseqüência, ou na medida em que constitui o conteúdo das normas jurídicas. Pelo que respeita à questão de saber se as relações inter-humanas são objeto de ciência jurídica, importa dizer que elas também só são objeto de um conhecimento jurídico enquanto relações jurídicas, isto é, como relações que são constituídas através de normas jurídicas".

Por um momento poderiam estar os senhores a perguntar o porquê dessas manifestações de nossa parte; ocorre, no entanto, que a análise do tema vai desembocar em uma colidência na autonomia dos poderes que compõem o Estado Brasileiro.

De outra feita devemos trazer também à discussão o tema das normas de ordem pública, pois as normas que teremos de analisar na competência da CVM são essencialmente de ordem pública. Como bem nos alerta o Prof. Miguel Reale[9] "o emprego do adjetivo 'pública' leva, às vezes, alguns espíritos a confundir essas regras com as de Direito Público, que é aquele que rege as relações sociais em que, de maneira imediata prevalece o interesse da coletividade", sendo certo que no tema em tela teremos oportunidade de ver conviverem as normas de ordem pública e o direito público administrativo.

Para aclarar esse emaranhado há que se tratar da hierarquia das leis, que emanam do poder Legislativo, são tomadas pelo poder Executivo e terão julgados seus efeitos pelo poder Judiciário. Teremos que dar ênfase aos dispositivos de ordem pública que traduzem a ascendência da norma sobre a vontade das partes, considerada a dupla jurisdição, isto é, aquela própria do poder Judiciário e aquela, jurisdição administrativa de que é investido o Executivo.

7. 9ª edição, Paris, p. 19.

8. Kelsen, Hans, *Teoria Pura do Direito*, Coimbra. 1974, p. 109.

9. Reale, Miguel, *Lições Preliminares de Direito*, Bushatsky, S. Paulo, 1973, p. 154.

2.2 A origem da CVM

As origens da CVM remontam aos idos de 1930 quando se começou a estudar no mundo capitalista de então uma forma de evitarem-se os desastres de 1929, decorrentes da ausência de normas de ordem pública que regulassem a circulação dos valores mobiliários emitidos pelas sociedades anônimas, dentro de seu escopo original de que a "união faz a força" na consecução do seu objetivado empreendimento.

Quando falamos em "união faz a força" queremos dizer que os capitais necessários aos empreendimentos objetivados eram de tal monta que, somente apelando para a economia popular na subscrição de ações ou obrigações, poderíamos vê-los atingidos.

Este apelo às economias domésticas de cada um não podia dificultar ou impedir o particular de alienar tal participação, transferindo para terceiros os valores mobiliários subscritos. Em conseqüência dessa necessidade nasce o "mercado de valores mobiliários", isto é, o lugar do encontro entre a oferta e a procura dessas ações e obrigações que teriam seu valor determinado pela maior ou menor perspectiva de sucesso do empreendimento objetivado.

Ocorre, no entanto, que estas perspectivas poderão ser de conhecimento maior ou menor de vendedores do que de compradores e vice-versa, permitindo, então, situações privilegiadas àqueles que disponham de informações preferenciais e, como diz o Prof. Fábio Comparato,[10] a atual lei de sociedades por ações perfilhou a orientação específica para companhias abertas e companhias fechadas demonstrando "que se instaurou em tal matéria uma verdadeira distinção de natureza entre esses dois tipos de sociedades anônimas. Num deles predomina o caráter institucional, marcado por disposições de ordem pública, não derrogáveis por deliberações dos acionistas, porque tendentes a proteger o interesse coletivo de investidores no mercado de capitais. No outro, prevalece o aspecto contratual, conferindo-se ampla liberdade de estipulação às partes para regular o funcionamento do mecanismo societário de acordo com seus interesses particulares".

Não necessitando apelar para a economia popular a sociedade por ações, chamada fechada, não reclamava maiores proteções de ordem pública, e portanto está fora do âmbito desta análise. Ao contrário a companhia aberta passou, desde aquela época de 1930, a merecer tratamento especial no sentido da maior proteção ao acionista investidor.

"A velha classificação das sociedades mercantis", prossegue o Prof. Comparato, "em sociedade de capitais e de pessoas, que já fora aliás criticada por Vivante, aparece agora subvertida; ou melhor, a clivagem entre as espécies passa no interior do próprio direito acionário. Se ainda é aceitável classificar a companhia aberta na categoria das sociedades de capitais, pelo seu caráter marcadamente institucional, a companhia fechada já apresenta todas as características de uma sociedade de pessoas animada por uma 'affectio societatis' que se funda no 'intuitus personae'."

Por isso mesmo compete às normas de ordem pública dispor sobre o funcionamento no mercado de valores mobiliários, que permite a qualquer cidadão tornar-se "sócio" da companhia aberta pela simples aquisição de ações em um mercado de Bolsa ou de Balcão.

A idéia de se institucionalizar um mercado de valores mobiliários, por meio da intervenção direta do Estado na proteção do investidor, nasceu em 1933 com o *Securities Act* norte-americano, pretendendo regular a circulação das participações conhe-

10. Comparato, Fábio Konder, "A Natureza da Sociedade Anônima e a Questão da Derrogabilidade das Regras Legais de *Quorum* nas Assembléias Gerais e Reuniões do Conselho de Administração", in *RDM* 27/89.

cidas como *Securities*.[11] O conceito de *Security* apresentado no texto da lei, e depois alvo de interpretações das cortes norte-americanas, leva-nos a entender como, *security* todo instrumento que possibilita participar de maneira direta ou indireta dos resultados da atividade da empresa e que venha a ser objeto de oferta pública.[12]

Como decorrência da regulação da circulação dos valores mobiliários o legislador norte-americano entendeu criar um organismo fiscalizador do cumprimento das disposições de ordem pública emanadas do *Securities Act*, e, em 1934, expediu o *Securities and Exchange Act* de que se originou a *Securities Exchange Comission* (SEC). A SEC, como passou a ser conhecida essa "agência governamental" foi organizada em 2 de julho de 1934, é composta por cinco membros, sendo três deles integrantes do mesmo partido político, todos escolhidos pelo Presidente da República, com consulta e aprovação do Senado, com mandato de 5 anos vencendo-se sempre em junho, alternada e anualmente em relação a seus membros.

Dentre as obrigações regulamentadoras e fiscalizadoras de que se incumbe a SEC, parece-nos a mais importante a apresentação ao Congresso das apreciações sobre as leis de que se venha incumbir como fiscal do poder legislativo e como *amicus curiae* do Judiciário. Essa conduta dos membros da SEC há que ser independente, pois seus cargos dependem de aprovação do próprio Senado, que se pode negar à indicação do Presidente da República.

A partir de seu surgimento é a SEC responsável pelo registro de todas as emissões de *securities* ofertadas ao público, bem como pela autorização e fiscalização de funcionamento das Bolsas Nacionais, dos profissionais de mercado e mais recentemente da associação dos distribuidores no mercado de balcão (*over the counter market*), responsáveis pela divulgação dos negócios e pela prestação das cotações e liquidações.

No Brasil, o mercado de valores mobiliários data dos últimos anos do século passado, tendo ainda sofrido em sua instalação a influência do encilhamento, que foi a grande crise provocada pelo excesso de emissão de papel moeda pelos bancos particulares, logo após a proclamação da República, acompanhada pela emissão fraudulenta de ações pelas companhias com o conseqüente desenvolvimento do mercado de ações sem controle. No estrangeiro os jornais divulgavam que a adoção do sistema de República Federativa iria dividir o Brasil em pequenas unidades soberanas, o que dificultaria o recebimento dos créditos por parte dos investidores estrangeiros.

Neste clima evoluiu o mercado de títulos e valores mobiliários no Brasil em ritmo lento e gradual até 1965 quando, pela Lei 4.728/65, "Lei do Mercado de Capitais", adaptando-o ao recém-criado Sistema Financeiro Nacional, experimentou grande incremento.

Com o chamado *boom* de 1971, e a conseqüente queda de 1972, novamente se passou a pensar em um sistema de controle da circulação dos valores mobiliários.

Em palestra proferida há anos na Cidade do México, e recentemente traduzida e publicada na *RDM* 58/71, o Prof. Louis Loss, advogado e professor em Harvard, que tem acompanhado *pari passu* a regulação no mercado de valores mobiliários norte-americano, comentou que na área dos valores mobiliários não houve uma legislação federal americana até 1933 e o Congresso teve grande dificuldade, no sentido de preservar as legislações estaduais. "Tal fato é que torna complicada nos Estados Unidos a legislação sobre valores mobiliários".

11. V. nosso "Comentários à Lei 6.385/76, in *Comentários a Lei de S/A*, v. 3, Resenha Universitária, 1980, p. 7.

12. Sobre a matéria recomendamos a leitura de Louis Loss — professor da Universidade de Harvard, USA — in *Securities Regulation*, Edição Little, Browon and Co., Boston.

Dos estudos então realizados foi-se pouco a pouco concluindo da necessidade de se adotar no Brasil um sistema semelhante àquele da SEC norte-americana, tal como o fizeram a França (COB - *Comission des Opèrations de Bourse*) a Itália (CONSOB - *Comissione Nacionale per Società i Borsa*), a Argentina (CNV - *Comisión Nacional de Valores*), ou México (CNTB - *Comissión Nacional de Títulos y Bolsa*)...

Salientamos que na Inglaterra continua vigendo o sistema de auto-regulação, com a adoção do Painel de Ofertas e Fusões (*Painel on Take Over and Mergers* - PTM) em 1968, ao qual se somou em 1978 o organismo supervisor CSI — *Council for the Securities Industry* — árbitro e educador da auto-regulação, sem prejuízo do disposto no *Prevention of Fraud Act* de 1954.

A revelar o espírito inglês, Weinberg informa que "a flexibilidade do Painel em complemento à auto-regulação é que a sua secretaria está sempre apta a atender toda sorte de problemas antes e durante as transações com participações societárias, enquanto que um sistema institucional estaria atrelado a um rígido conjunto de normas que somente poderiam ser interpretadas pelas cortes!"[13]

O Japão por sua vez, também se aliou à corrente da interferência do Estado na circulação dos valores mobiliários, quando em 1943 a *Japan Securities Exchange Law*, unificou todas as Bolsas do país, para em 1947 criar sua comissão de bolsa de valores, entidade, inicialmente apenas assessora da administração da Bolsa, para tornar-se reguladora, após 1948, por influência das forças de ocupação norte-americanas, pelo que se adotou estrutura semelhante àquela da SEC.[14]

13. Ver: *Take-Overs and Mergers*, de Weinberg e Blank, London, 1979, p. 210.

14. Ver: *O Mercado de Capitais no Japão*, de Thomaz Schneider, IBEMEC, 1975. E lembrar que o mercado de valores mobiliários em Tokio, no ano de 1987/88 ultrapassou aquele de New York tendo-se tornado à época o maior do mundo.

2.3 A Lei 6.385/76

Na trilha dessas organizações reguladoras ou controladoras da circulação do capital das anônimas, o Brasil iniciou em 1970 a discussão sobre a alteração na lei das sociedades por ações de 1940, tendo, como já dissemos, por escopo a dicotomia em sociedades anônimas abertas, isto é, aquelas que se valem da poupança popular para sua capitalização, e sociedades anônimas fechadas.

Em simpósio realizado na Federação das Indústrias do Estado de São Paulo, patrocinado pelo Instituto Brasileiro de Direito Comercial Comparado e Biblioteca Tullio Ascarelli, de que tivemos oportunidade de participar, toma-se dos anais a conclusão pela necessidade de se dar tratamento diferencial a cada uma delas.

No prosseguimento de seus estudos o Instituto passou a analisar o anteprojeto de Código Civil unificador do direito privado e que trazia em seu bojo capítulo destinado ao tratamento da Sociedade por Ações. Em 1975 tal capítulo foi retirado do texto projetado e transformado no estudo que redundou em projetos para as Leis 6.385/76 e 6.404/76, que à época dos estudos legislativos caminhavam juntamente.

Quando da aprovação pelas casas do Congresso Nacional a lei que disciplina o Mercado de Valores Mobiliários e criou a CVM mereceu curso mais rápido antecedendo-se, com sua sanção e vigência, à Lei das Sociedades por Ações.

Com a entrada em vigor na data de sua publicação, 9.12.76, a Lei 6.385/76 introduziu no Brasil uma entidade autárquica vinculada ao Ministério da Fazenda, a quem compete primordialmente regulamentar, com obsevância da política definida pelo Conselho Monetário Nacional, as matérias expressamente previstas, quer na Lei 6.385/76 quer na Lei das Sociedades por Ações.

Instituída com a finalidade de desenvolver e fiscalizar o mercado de valores mobiliários a CVM é administrada por um colegiado de 5 (cinco) membros "nomeados pelo Presidente da República", porém sem a obrigatória aprovação do Congresso Nacional, o que seria de desejar houvesse sido trazido do modelo da SEC norte-americana, como tivemos oportunidade de explanar, e justifica nossa preocupação introdutória de que sem esse detalhe criam-se desequilíbrios entre os poderes normativos da CVM e aqueles dos demais poderes do Estado, tal como disciplinados por Montesquieu, principalmente devido à força coatora do § 1º do art. 6º da Lei 6.385/76.

Foi então sob este clima de preponderância do poder Executivo que se editou o Regulamento da CVM, como corolário do disposto na Lei 6.385/76 para ordenar e regular o seu funcionamento.

Assim a Lei 6.385/76, em seus artigos 5º e seguintes e o Regulamento Interno da CVM, disciplinam o poder regulamentar da Comissão de Valores Mobiliários, dandolhe vida e eficácia, enquanto a lei processual regula o papel do poder Judiciário, na prestação da tutela jurídica processual do Estado, sem prejuízo do exercício da jurisdição administrativa por parte daquela autarquia.

3. O poder regulamentar da CVM

Dos capítulos anteriormente estudados pudemos ver que a CVM, sendo autarquia vinculada ao Ministério da Fazenda é órgão do poder Executivo que deve exercer suas funções através de normas e condutas administrativas ao lado do modelo americano da SEC, que, como diz Loss,[15] "deu origem a muitos problemas constitucionais e processuais, desde logo desafiando a tradicional tese de Montesquieu, pois exerce as três funções governamentais: legislativa, executiva e judiciária. Algumas pessoas chamam-na de quarto poder sem cabeça, e sua condição jurídica exata, com respeito aos Poderes Executivo e Legislativo, não é fácil definir".

Ainda que se tenha esta dificuldade de definir a condição jurídica exata da autarquia reguladora com respeito aos Poderes Executivo e Legislativo, já de plano se põe de lado qualquer dificuldade em admitir sua submissão ao Poder Judiciário, entendendo com o jurista Modesto Carvalhosa[16] que "a questão fundamental está na confusão entre a competência da Comissão de Valores Mobiliários de aplicar sanções administrativas aos integrantes do mercado de capitais e aquela outra competência do Poder Judiciário para decretar a nulidade ou ineficácia desses mesmos atos".

Isto é, não nos parece devam caber, no Brasil, dúvidas quanto aos limites da competência jurisdicional do Estado por meio de seu poder Judiciário, em relação ao valor das normas disciplinadoras do mercado de valores mobiliários estarem sendo aplicadas *ex vi legis*, pela CVM como órgão da administração indireta, de modo a "descentralizar o poder regulamentar do executivo e disciplinar as matérias de caráter técnico da respectiva área sob sua jurisdição administrativa".[17]

De outra feita Nelson Eizirik[18] conclui por "demonstrar que o conceito de *regulação de mercados* apresenta em termos de teoria jurídica uma determinada especificidade. Com efeito, há certas normas jurídicas que limitam a conduta dos participantes do mercado, isto é, restringem sua autonomia de vontade ao nível de seus direitos de propriedade e ao nível do conteúdo dos contratos. Tais normas jurídicas podem ser chamadas de *normas reguladoras* e estudadas como normas de Direito Econômico, na medida em que implementam a política econômica de um governo" (grifos do autor).

15. Ob. cit., p. 82.

16. Carvalhosa, Modesto, in *Revista da CVM*, v. 2, n. 6, p. 51.

17. Carvalhosa, ob. cit., p. 53.

18. Eizirik, Nelson, *O Poder do Estado na Regulação do Mercado de Capitais*, IBEMEC, 1977, p. 137.

Explica-se, por assim dizer, com facilidade a confusão executivo-legislativa que se impõe à CVM, isto é, pelas próprias normas de Direito Econômico que regem o Sistema Financeiro Nacional, há que se reger também a CVM, pois a este se veio agregar por força da Lei 6.385/76. O Sistema Financeiro Nacional por sua vez está capacitado a legislar em sentido material, pois a Lei 4.595/64 outorgou-lhe competência para tal.

Assim sendo a CVM é competente para legislar por meio de atos regulamentares tidos como expedidos pelo poder Executivo, através de suas Instruções, toda a matéria relativa ao Mercado de Valores Mobiliários, nos termos do art. 8º da Lei 6.385/76.

Por sua vez a CVM ao elaborar seu Regimento Interno, deu em seu Capítulo III (art. 4º) tratamento integral sobre sua Competência, dividindo-a no que concerne ao Sistema de Distribuição (art. 5º), à Negociação no Mercado (art. 6º), às Companhias Abertas (art. 7º), à Administração de Carteiras e Custódia e Valores Mobiliários (art. 8º), aos Auditores, Consultores e Analistas de Valores Mobiliários (art. 9º) e finalmente ao Exercício de suas Atribuições Legais (art. 10).

Em sua primeira manifestação (Deliberação CVM n. 1) a CVM, no intuito de elucidar o *modus operandi* na consecução de seus objetivos, instituiu a nomenclatura por meio da qual denominaria hierarquicamente os atos por via dos quais passaria a exercer sua competência.

A competência da CVM foi-lhe atribuída pela Lei 6.385/76 subordinando-a ao Conselho Monetário Nacional (art. 3º) nos moldes da Lei 4.595/64, complementada pela Lei 4.728/65.

Estas leis foram dando organicidade ao Sistema Financeiro Nacional de modo a evitar os abusos do poder econômico e o domínio dos mercados, tal como se enfoca no capítulo da Ordem Econômica e Social, da Constituição (aquela em vigor em 1986).

4. A CVM como "amicus curiae"

Como tivemos oportunidade de afirmar, a jurisdição da CVM é administrativa e nesse âmbito ela exerce seu poder, cumpre, no entanto, ao poder Judiciário conhecer das lides que tenham por objeto matéria incluída na competência da CVM, como bem esclarece o art. 31 da Lei 6.385/76 com a nova redação que lhe deu a Lei 6.616/78 que introduziu a figura do *amicus curiae*, representada pela CVM.

A independência do poder Judiciário em nenhum momento vê-se prejudicada pela legislação em tela. Vindo a Lei 6.616/78 dar maior alcance à capacidade da CVM no sentido de defender as normas de ordem pública que lhe são próprias ou que são próprias de sua competência, para que, intimada, possa adentrar ao processo judicial que verse sobre matéria da sua competência administrativa, podendo inclusive interpor o competente recurso, na desistência do mesmo pelas partes.

Assim o poder regulador da CVM deve ser subdividido em um poder/dever, no que concerne às normas de proteção ao investidor (em especial do critério informativo das companhias abertas) e de fazer cumprir as normas legais e regulamentadoras e de um poder/faculdade no que concerne a sugerir ao Conselho Monetário Nacional normas visando promover e assegurar o funcionamento do Mercado de Valores Mobiliários, bem como no exercício da função de *amicus curiae*.

Em síntese, após este período em que pretendemos haver tangenciado o maior número de pontos referentes à implantação de uma "agência governamental" destinada a promover e fiscalizar o Mercado de Valores Mobiliários no sentido de evitarem-se prejuízos aos acionistas minoritários (ou simplesmente investidores), podemos dizer que a autarquia vinculada ao Ministério da Fazenda, como órgão da administração indireta do poder executivo, denominada Comissão de Valores Mobiliários, tem os poderes que lhe outorgam as Leis 6.385/76 e 6.404/76 para a consecução desse objetivo, com jurisdição em todo o território nacional e nos limites de sua competência.

Ao poder Judiciário então compete a tutela jurídica processual sobre lides decorrentes da ação ou omissão da CVM no cumprimento de sua finalidade, julgando nas instâncias do Judiciário aquela pretensão resistida na esfera administrativa.

5. 1996 — A competência do CMN frente ao art. 2º da Lei 6.385/76[19]

Ante o desaparecimento do decreto-lei e assim da preponderância do poder Executivo, pelas normas da Constituição de 1988, passando a competência constitucional para legislar sobre direito comercial, direito financeiro etc. exclusivamente para o âmbito do poder Legislativo Federal, composto pelas duas casas do Congresso Nacional, é tomando-se das disposições constitucionais que se deve analisar a competência das "agências governamentais", isto é, das autarquias vinculadas ao poder Executivo, dotadas de órgão deliberativo colegiado com competência administrativa regulamentadora de normas legais.

Como verificamos da conclusão a que chegamos no trabalho escrito em 1986, a competência do CMN é originária, outorgada pela lei que o criou (Lei 4.595/64) e por aquelas que se seguiram e a foram ampliando.

Os estudos desenvolvidos sobre competências originárias, delegadas e concorrentes acentuaram-se no trato da Constituição de 1988, porém apenas como o tratamento dado entre si, aos três níveis de governo, União, Estados e Municípios, regulando a atividade legislativa de cada um deles frente ao seu próprio poder Legislativo, ou em relação ao poder Legislativo de outro nível, em face da competência concorrente ou a quem possa ser atribuída competência delegada; porém a competência atribuída, pela Constituição Federal, à União para legislar sobre matéria financeira ou econômica, e em especial pelo art. 192, outorga-a ao Congresso Nacional para legislar sobre todo o Sistema Financeiro Nacional, inclusive assinando competência especial, complementar para a regulação e aplicação dos atos legislados.

Uma vez recepcionada a Lei 4.595/64 e todas as demais que a seguem, há que se entender inclusive que enquanto transformações não vierem a ocorrer no que respeita ao art. 192 da Constituição de 1988, essa legislação adquire o caráter de lei complementar por força da sua recepção frente àquele dispositivo.

Como afirma Fernanda Menezes de Almeida[20] "a Federação, a rigor é um grande sistema de repartição de competências. É essa repartição que dá substância à descentralização em unidades autônomas", isto é, as competências instituídas pela lei, no delinear dos poderes de cada organismo por ela criado, são perfeitamente originais, *ex lege*, se emanada do poder Legislativo constitucionalmente capacitado ao seu exercício, não há assim uma "delegação" mas uma "atribuição", cuja legitimidade está no poder outorgante.

Competência, segundo José Afonso da Silva[21] "é a faculdade juridicamente atribuída a uma entidade ou a um órgão ou agente do Poder Público para emitir decisões. Competência são as diversas modalidades de poder de que se servem os órgãos ou entidades estatais para realizar suas funções". São estes dois elementos atribuídos pela lei aos agentes do poder da União, originariamente competentes para a prática das decisões regulamentadoras e fiscalizadoras

19. Síntese resultante das aulas preparadas para serem monitoradas nos cursos de bacharelado da FADUSP, sob a regência da Profª Rachel Sztajn — 5º ano — Mercado de Capitais.

20. Almeida, Fernanda Dias Menezes, *Competências na Constituição de 1988*, Atlas, S. Paulo, 1991, p. 30.

21. Silva, José Afonso da, *Curso de Direito Constitucional Positivo*, Ed. RT, 1989, p. 413.

que lhes incumbe. Assim o Conselho Monetário Nacional e, sob ele, a Comissão de Valores Mobiliários.

A Constituição de 1988, dentro da ordem econômica e financeira, em capítulo especial vem a dar guarida ao microssistema jurídico denominado "Sistema Financeiro Nacional", a ser, por meio da lei complementar, estruturado de forma a promover o desenvolvimento equilibrado do País, enquanto o art. 22 outorga competência privativa, isto é, indelegável, à União para legislar sobre direito comercial (I), sistema monetário ... títulos e garantias dos metais (VI), política de crédito, câmbio, seguro e transferência de valores (VII), sistemas de poupança, captação e garantia da poupança popular (XIX), que são atos típicos dos mercados que integram o Sistema Financeiro Nacional, regulado por esse microssistema jurídico, todo ele recepcionado pela Constituição de 1988, enquanto a lei complementar a que alude o seu art. 192 não o substituir.

Como cabe ao Congresso Nacional dispor sobre todas as matérias de competência da União, em especial sobre matéria financeira, cambial e monetária, instituições financeiras e suas operações (art. 48 — XIII), cabe também a ele definir a atividade do Conselho Monetário Nacional outorgando-lhe assim, originariamente a competência para a prática dos atos que lhe compõem a atividade.

Valendo-nos uma vez mais dos ensinamentos do Prof. Fábio Konder Comparato:[22] vemos que, "o impasse tem sido resolvido, nos sistemas legislativos contemporâneos através de dois métodos principais. O primeiro deles, cujo exemplo nos é dado pelo sistema constitucional francês de 1958, consiste em reservar à lei um certo número de matérias que dizem respeito aos princípios da organização política social e econômica e de atribuir ao executivo a faculdade de disciplinar tudo o mais por meio de ordenações. O segundo método consiste na criação de órgãos executivos autônomos, aos quais a lei atribui poderes normativos específicos, em setores determinados. Foi este último o caminho seguido nos Estados Unidos com as *Independent Regulatory Commissions*. É esta também a trilha adotada pelo legislador brasileiro, durante o Estado Novo e também a partir de 1964".

Assim qualquer lei que venha outorgar competência às "agências" do poder Executivo, somente lhes vai permitir atuar por meio de atos administrativos, normativos ou apenatórios autorizados nos limites da outorga, criando assim microssistemas normativos.

No Brasil, ao Conselho Monetário Nacional - CMN a lei acometeu funções privativas de caráter complementar normativo, atribuindo-lhe competência para dirigir a política financeira e creditícia do País, por meio de resoluções emanadas de seu plenário e vinculantes para todas as entidades a que autoriza participar do Sistema Financeiro Nacional e a quem com elas se relacione, por meio da prática de atos jurídicos tipificados.

A competência do CMN para assim resolver lhe é atribuída originariamente pelo art. 4º da Lei 4.595/64 que, após a edição da Constituição de 1988, foi recepcionada como a lei complementar a que alude o seu art. 192 até que outra a possa substituir.[23]

As *Resoluções* do CMN atuam como o complemento normativo da lei que lhe outorgou esta competência, pelo que não há que se falar em delegação, pois a ele compete "o *preenchimento de uma norma legal em branco* atuando portanto como o necessário momento integrativo do seu conteúdo, e participando de sua natureza"[24] (grifo do autor).

22. Comparato, Fábio Konder, ob. cit., in *RDM* 3/61.

23. V. Projeto de lei complementar 47/91 de autoria do Dep. Francisco Dornelles em tramitação no Congresso Nacional, tendo como relator o Dep. Saulo Queiroz.

24. Comparato, ob. cit., in *RDM* 3/63.

O que fez a Lei 6.385/76 foi acrescer, à já existente competência do CMN, tal como definida na Lei 4.595/64, aqueles poderes constantes de seu texto legal, no sentido de se regulamentar a política para o mercado de valores mobiliários, por meio da administração e da fiscalização da CVM, reconhecendo-se assim a competência do CMN para atribuir a "outros títulos criados ou emitidos pelas sociedades anônimas", a condição de valores mobiliários sujeitos ao regime da Lei 6.385/76 (art. 2º — III).

6. 1997 — Os efeitos da Lei 9.457/97 na competência da CVM[25]

A Lei 9.457/97 não só procurou alterar dispositivos da Lei 6.404/76, como também inovou no que respeita aos poderes e à competência outorgados à CVM, pela Lei 6.385/76, do que puderam resultar alguns poderes passíveis de argüição de inconstitucionalidade, ao ampliar para além do âmbito do poder Executivo, a competência exercida por aquela autarquia.

Esta preocupação diz respeito à alteração proposta pelo art. 2º da Lei 9.457/97, com a redação dada aos §§ 5º e 10º do art. 11 da Lei 6.385/76, pretendendo atribuir competência à CVM para suspender, em qualquer fase, o procedimento administrativo a que legitimamente der início, se o indiciado ou acusado assinar termo de compromisso obrigando-se a:

"I — Cessar a prática de atividades nos atos considerados ilícitos pela CVM;

"II — Corrigir as irregularidades apontadas, inclusive indenizando os prejuízos."

Ainda que se possa dizer como Eizirik que "não houve, com a reforma promovida mediante a Lei 9.457/97, substancial alteração no que tange ao âmbito de atuação da CVM", não é menos verdade que "a Lei 9.457/97, dotou a CVM de mais amplos e eficazes poderes punitivos, os quais devem ser exercitados sempre com obediência ao princípio do 'devido processo legal'."[26]

Estar-se-ia atuando dentro do devido processo legal (*due process of law*) ao imprimir ao curso de um procedimento administrativo instaurado pela CVM, para apuração de atividades ou atos ilícitos, que assim por ela considerados haveriam de tê-la legitimado à instauração, para ao depois considerá-los passíveis de interrupção por acordo entre a autarquia e o indiciado, sem a oitiva do Ministério Público ou a eventual homologação judicial do ato terminativo do procedimento administrativo, apurador da violação à ordem pública?

No sentido de elucidar a pergunta é que recordamos as palavras de Bolivar Rocha[27] para quem "a polêmica surgiu a propósito do art. 18, II — 'b' da Lei 6.385/76 que atribui competência à Comissão para definir a configuração das condições artificiais de demanda, oferta ou preço de valores mobiliários, ou de manipulação de preço; operações fraudulentas e práticas não eqüitativas na distribuição ou intermediação de valores", fato que se normatizou por meio da Instrução CVM 8/79, que veda aos administradores e acionistas de companhias abertas, aos intermediários e demais participantes do mercado de valores mobiliários a criação de condições artificiais de demanda, oferta ou preço de valores mobiliários, a manipulação de preço, a realização de operações fraudulentas e o uso de práticas não eqüitativas.

É no item II desta Instrução que a CVM define os fatos típicos acima enunciados, cumprindo assim com o disposto na Lei 6.385/76, porém deixando amplo critério subjetivo e dependente da prova dos fatos, à sua própria consideração. Assim a

25. Texto preparado para o ciclo de conferências realizadas pela AASP sob coordenação do Dr. Paulo Afonso Sampaio Amaral em setembro de 1997.

26. Eizirik, Nelson, *Reforma das S/A e Mercado de Capitais*, Renovar, RJ, 1997, p. 135.

27. Rocha, Bolivar B. M., "O Poder Normativo de Órgãos da Administração o Caso da Comissão de Valores Mobiliários", in *RDM* 64/67, 1986.

consideração de ilicitude a ser atribuída aos atos cuja definição a CVM cuidou de manter nos termos da Instrução 8/79, leva à necessidade de apuração mediante complementação do inquérito competente, cuja interrupção pelo mencionado acordo deixa dúvidas sobre a própria ilicitude do ato.

Estará sendo despicienda a norma gerada pela Lei 9.457/97, pelo condão de interromper o procedimento administrativo inquisitório e apenatório, ao mesmo tempo que o referido acordo possa ser objeto de discussão judicial, proposta pelos envolvidos ou pelo Ministério Público. Caso a decisão pelo acordo deva terminativa, não reconhecemos à CVM competência homologatória *erga omnes*.

Como afirma Eizirik[28] "nesta fase do processo administrativo, na realidade as condutas estão sob investigação, para apuração de eventuais irregularidades ou ilegalidades", pelo que concluímos que a CVM, ao intentar o acordo, não tem como afirmar da ilicitude!

Ainda que se possa aplicar a analogia com a Lei 8.884/94 conforme o sugere o mesmo Eizirik, esta, não só se expressa pela cessação de prática sob investigação, como mantém em aberto a possibilidade de alterações posteriores no termo de compromisso, o que o torna susceptível de se transformar em objeto de lide posterior, o que não é próprio das transações.

Por outro lado, há que se lembrar a figura do terceiro prejudicado, a quem a Lei 9.457/97 procurou resguardar com a indenização pelos prejuízos a ele causados pelo indiciado, sem que no entanto ao mesmo terceiro seja dado manifestar-se sobre sua quantificação, senão pela via judicial.

Estas e outras questões decorrentes desta pretensão do legislador de suspender o processo administrativo, sem assegurar às partes e aos terceiros a estabilidade jurídica da solução, está, ao mesmo tempo, a revelar uma insegurança jurídica e uma inocuidade decorrente da impossibilidade legal da delegação de competência que se estaria a admitir, se ao referido acordo se atribuir a natureza da transação, "inclusive indenizando os prejuízos".

A inexistência do princípio do contraditório neste procedimento, para tratar de considerar um indiciado ou acusado de "atividade ou atos considerados ilícitos pela Comissão de Valores Mobiliários", passível de firmar uma transação de "bom comportamento" por uma consideração unilateral da CVM, apenas para "agilizar" a solução da controvérsia, nos parece agora, ao contrário de tudo o que dissemos, até então uma delegação ao órgão do Executivo, de poderes do Judiciário, que, se não trataria de competência originária para a complementação dos atos legalmente pré-dispostos pela lei, mas de delegação vedada pelos princípios constitucionais, pois se estará tratando de atribuir à CVM uma competência própria e indelegável do poder Judiciário de homologar transações pactuadas pelos contendores. Além do que é, até mesmo, de se poder pôr em dúvida a transacionalidade do bem público tutelado pela CVM, cuja preservação jurídica ela mesma deve acometer ao Ministério Público, na defesa "dos interesses sociais e individuais indisponíveis"[29] que lhe compete.

O parecer de orientação CVM 6/80 institui com clareza as duas fases de processo administrativo; aquela da investigação, onde há apenas o indiciado e aquela do procedimento sancionador, onde já havendo o acusado, a intimação dá início ao procedimento contraditório. Como de ambos o indiciado ou acusado participam é que pretende a lei economia processual por meio de transação, cuja fonte inspiradora é o *consent decree*, do direito americano, que se traduz por "autorização de órgão do poder público."[30]

28. Ob. cit., p. 249.

29. Constituição Federal de 1988, art. 127.

30. Goyos Jr., Durval de Noronha, *Noronha's Legal Ditionary* — observador legal — 1993, S. Paulo, p. 53.

Ainda com Eizirik,[31] "o instituto do *consent decree* tem origem no direito norte-americano e significa o acordo ajustado entre o indiciado ou o acusado da prática de algum ilícito civil ou criminal e a autoridade pública encarregada de sua investigação...". Ocorre, no entanto, que a ordem pública no Brasil assegura direitos indisponíveis e portanto não passíveis de transação, especialmente na esfera administrativa e aonde existam terceiros afetados, como é o caso da previsão indenizatória do texto legal.

Valendo dizer assim que, neste caso há dificuldade em se defender a legitimidade da competência da CVM, tal como viemos fazendo até aqui, neste caso especial pretendido pelo legislador de 1997, para a prática de funções que não sejam apenas aquelas disciplinadoras e fiscalizadoras do mercado de valores mobiliários. A competência, que neste caso lhe é atribuída *ex lege*, pelo art. 11 da Lei 6.385/76, com a introdução dos novos parágrafos, temo-la por indevidamente delegada, para a prática do pretendido "termo de compromisso", que versa sobre direitos que entendemos indisponíveis, tanto é que se viu o legislador na contingência de introduzir a norma excludente de culpabilidade assumida, constante do § 6º.

A dúvida que nos assola, no entanto, permanece no ar para que as decisões jurisprudenciais que se sucederem à vigência da Lei 9.457/97, venham a tornar clara esta preocupação no sentido de se estar retirando do poder competente a apreciação terminativa sobre a cessação da prática dos atos ou da atividade, a fixação da indenização por prejuízos ao "mercado", que são terceiros e, principalmente, a configuração de sua ilicitude. Ou a qualquer instante o procedimento mesmo cumprido o acordo poderá ser reaberto, se entendido ineficaz o acordo ou o seu cumprimento?

E, por fim, não nos parece cabível a aplicação da figura típica da "desobediência" prevista no art. 330 do Código Penal, ao caso em tela, pelas próprias características de que o tipo penal se reveste, além da possível incongruência na aplicação de pena antes da conclusão do procedimento administrativo que houvera sido suspenso pelo "termo" e que, ao seu inadimplemento, deve prosseguir até as suas conclusões em nível administrativo, "para aplicação das penalidades cabíveis", nesta esfera (§§ 5º a 12 do art. 11 da Lei 6.385/76, na forma da Lei 9.457/97). Deixamos ainda em destaque a disposição do § 10, em que pretende o legislador possa essa discutível delegação vir a sair objeto de subdelegação às entidades civis, em torno das quais se organizam os mercados.

7. Conclusão

Trazemos para completar o nosso trabalho as palavras do Prof. Luiz Gastão Paes de Barros Leães[32] para quem "... nos casos de órgãos públicos policiadores da economia, criados pela legislação relativa à intervenção econômica, como são exemplos o Conselho Monetário Nacional, ... a Comissão de Valores Mobiliários ... e tantos outros, o poder regulamentar é atribuído aos órgãos de direção da entidade *criada pela lei*, tendo em vista a possibilidade de delegação da competência administrativa, que, por não excluir a competência concorrente e superior do chefe do Executivo (antes a implica), não fica ao desamparo do dispositivo constitucional, que, nos termos em que foi colocada, expressamente a autoriza". Esclarecemos que este texto do Prof. Leães foi redigido anteriormente à Constituição de 1988, o que nos permite, *data venia*, interpretar a "delegação da competência" como "atribuição de competência" sem que, no entanto, se lhe altere o sentido das afirmações com

31. Eizirik, Nelson, ob. cit., p. 242.

32. Leães, Luiz Gastão Paes de Barros, *Mercado de Capitais & Insider Trading*, Ed. RT, S. Paulo, 1982, p. 44.

que concordamos e que em muito elucidam o nosso pensamento.

Entende-se assim a competência do CMN e da CVM, como o poder que lhes é atribuído pela lei que os instituiu, legitimando-os para regular por meio de normas jurídicas hierarquicamente inferiores às leis emanadas do poder Legislativo, as relações jurídicas que se realizam nos limites de suas jurisdições administrativas, sem que se deleguem aos mesmos competências próprias de outros poderes.

Não se trata de competência delegada, mas de competência originária ditada pelo legislador ao exercer as suas funções na órbita que lhe compete, dentro da partição dos poderes do Estado; atribui às entidades autárquicas a competência necessária e suficiente para que, dotadas do poder de império do Estado, aquelas pessoas jurídicas de direito público preencham o espaço que lhes cabe e que decorre da lei que lhes dá origem, constituição e função, com a conseqüente competência específica.

O USO DA CLÁUSULA ARBITRAL NOS CONTRATOS SOCIETÁRIOS*

FÁBIO BUCCIOLI

Recurso extraordinário n. 58.696 — Cláusula compromissória ainda não é compromisso constitutivo do juízo arbitral, mas obrigação de o celebrar.

Acórdão do Supremo Tribunal Federal, 3ª Turma.

Juízo arbitral — Contrato social — Instituição de conselho arbitral para dirimir divergências entre sócios — Simples cláusula compromissória. Acórdão da 6ª Câmara do Tribunal de Alçada Civil. Processo de apelação n. 163.973 — Capital — Apelante: Manoel de Jesus Vieira. Apelado: João Feliciano de Souza (RT 434/159-160).

Juízo arbitral — Cláusula compromissória em contrato — Ingresso em juízo não obstante — Exceção não acolhida.

Acórdão da 4ª Câmara do 1º Tribunal de Alçada Civil. Processo de apelação n. 205.934 — Capital — Apelantes: Flávio Barone Pereira e outro. Apelado: Ernesto de Silva Santos (RT 470/150-152).

História da arbitragem comercial

A arbitragem é instituto antigo, anterior à estatização da administração da justiça. Como lembra Pontes de Miranda,[1] no direito romano as partes podiam renunciar à tutela jurídica estatal a respeito de questão pendente entre elas e pactuar a nomeação de árbitro que examinasse o caso e proferisse a decisão. Desenvolvia-se em duas fases: uma *in iure*, pela qual as partes interessadas acordavam em aceitar a decisão que viesse a ser proferida, obrigando-se por meio da *liticontestatio*; e outra *apud iudicem*, quando o terceiro livremente escolhido conhecia da controvérsia e decidia a questão.[2]

Note, entretanto, que o pronunciamento do árbitro não possuía força vinculante ou caráter jurisdicional. Revestido da natureza de negócio ou pacto entre as partes, com fulcro na *bonasfides*, a decisão não produzia *res judicata* (*pactum nudum*).[3]

No período medieval era a arbitragem o instituto responsável pela composição das divergências entre comerciantes, com a adoção de usos e costumes que, posteriormente, onginaram a *lex mercatoria*.[4] É durante a Idade Média que a jurisdicionali-

* Trabalho apresentado no curso de Pós-Graduação da Faculdade de Direito da Universidade de São Paulo, em 1997, na disciplina "Administração das Sociedades Mercantis em Direito Comercial Comparado II" (DCO 842), ministrada pelo prof. Mauro Rodrigues Penteado.

1. Cf. Miranda, Pontes, *Tratado de Direito Privado*, t. XXVI, 3ª ed., Rio de Janeiro, Editor Borsoi, 1971, p. 318.

2. Cf. Dinamarco, Cândido Rangel e Cintra, Antônio Carlos de Araújo & Grinover, Ada Pellegrini, *Teoria Geral do Processo*, 5ª ed., São Paulo, Ed. RT, pp. 6 e ss.

3. Cf. Guerreiro, *Fundamentos da Arbitragem do Comércio Internacional*, São Paulo, Ed. RT, pp. 6 e ss.

4. Cf. Strenger, Irineu, *Arbitragem Comercial Internacional*, São Paulo, LTr Editora, 1996, p. 23.

zação da arbitragem ganha relevo, como fonte de obrigações,[5] e que a sentença arbitral ganha executoriedade.

Lembra Carmona que o fragmentado e pobre direito feudal, além do despreparo do aparato judicial do Estado para solucionar rápida e de maneira eficaz as controvérsias comerciais, favorecem o florescimento da arbitragem, incentivado inclusive pela grande variedade de ordenamentos jurídicos.[6]

Por sua vez, o Estado moderno, de poderes absolutos, desprestigiou o instituto, que novamente ganhará vigor após a Revolução Francesa, quando a arbitragem aparecerá como reação aos abusos da justiça estatal institucionalizada, ligada ao *Ancien Régime*.[7]

Desde os tempos da colonização, o instituto é conhecido pelo ordenamento jurídico pátrio. Inicialmente, são as Ordenações Filipinas que o prevêem, em seu Livro III, Título XVI, sob a rubrica Dos Juízes Árbitros. Depois o vetusto Código Comercial de 1850 e o regulamento n. 737 do mesmo ano, que o previam como forma obrigatória (necessária), para alguns assuntos comerciais, tais como pendências entre sócios de uma sociedade comercial.[8]

O juízo arbitral obrigatório foi, todavia, suprimido da legislação brasileira pela Lei n. 1.350,[9] de 14 de setembro de 1886, e pelo Decreto n. 3.900, de 26 de junho de 1867, cabendo aos sócios de sociedades comerciais a opção de incluí-lo no contrato social para dirimir as pendências sociais.

Acha-se a matéria, presentemente, regulada no Código de Processo Civil, artigo 1.301 e seguintes.[10]

Cláusula compromissória e compromisso

A supressão do Juízo arbitral obrigatório provocou a decadência — ou podemos dizer a morte — do instituto. Os problemas criados pela interpretação jurisprudencial e doutrinária, a respeito do uso da cláusula arbitral, afastaram qualquer aplicação, ou tentativa de aplicação, da mesma.

A instituição da arbitragem pressupõe, obrigatoriamente, uma prévia convenção arbitral.[11] A Convenção Arbitral, por sua vez, manifesta-se de dois modos: através de uma cláusula compromissória, ou então, por meio de compromisso.

Antes da Lei 9.307/96, pela cláusula arbitral, consoante leciona Luiz Olavo Baptista,[12] as partes convencionavam resolver, por meio de arbitragem, as divergências que eventualmente iriam surgir entre elas, geralmente quanto à execução ou interpretação de um contrato. Já o compromisso arbitral apresentava-se como contrato perfeito, que tinha por objetivo instituir o juízo arbitral para solução de controvérsia determinada, específica, que constava mesmo do instrumento sob pena de nulidade deste.

Luise Schmalz, em dissertação de mestrado a respeito, esclarece ser a cláusula arbitral: "acordo de vontade entre as partes que se comprometem a submeter à arbitragem todo litígio eventual ou futuro decorrente de um contrato ou de uma operação comercial internacional, sendo que o compromisso traduz o contrato pelo qual as partes submetem uma controvérsia atual, já existente, à decisão dos árbitros; o seu objeto é determi-

5. Cf. Guerreiro, ob. cit. p. 14.

6. Cf. Carmona, Carlos Alberto, *Arbitragem no Processo Civil Brasileiro*, São Paulo, Malheiros Editores, 1993, p. 42.

7. Cf. Guerreiro, ob. cit., p. 16, Carmona, ob. cit., p. 45.

8. Cf. Wigderowitz Neto, Walter, "A Cláusula Arbitral no Contrato Comercial", *Revista de Ciência Política* 3(33):106-119, maio/jul., 1990, p. 109.

9. Cf. Samtleben Jurgen, "Arbitragem Comercial no Direito Internacional Privado Brasileiro", *Revista da Faculdade de Direito da Universidade de Coimbra*, n. especial: *Estudos em Homenagem ao Prof. Antonio de Arruda Ferrer Correia* 691-731, 1986, p. 720

10. O Egberto Lacerda Teixeira, *Sociedades por Quotas*, Max Limonad, São Paulo, 1956.

11. Nomenclatura adotada pela nova Lei de Arbitragem.

12. Cf. Baptista Luiz Olavo, *Arbitragem Comercial*, São Paulo, Freitas Bastos, 1986, p. 31.

nado no contrato, bem como a indicação dos árbitros e seus substitutos eventuais".[13]

É certo que a solução de lides e conflitos de interesses não se faz tão somente por intermédio do Poder Judiciário, pois que é também possível de forma privada, pela autocomposição através do Juiz Arbitral, tal como está previsto no art. 1.037 do CC.[14]

Conforme elucidava o ínclito Clóvis "muitas vezes, as partes incluem nos seus contratos uma cláusula comprometendo-se a submeter as controvérsias que surgirem entre elas, à decisão de árbitros. É a cláusula compromissória, que ainda não é compromisso, mas a obrigação de celebrar". Esclareceu mais o mestre que a cláusula compromissória no direito pátrio, cria apenas uma obrigação de fazer. É um pacto preliminar cujo objeto é a realização de um compromisso, em dada emergência.

Como pacto de ordem privada não torna incompetente o juiz natural das partes, se, por ventura, a ele tivessem recorrido, não obstante a cláusula de compromitendo. E, como obrigação de fazer, desde que *nemo potest precise cogi ad factum*, não obrigava as partes à celebração do contrato.[15]

Também Carvalho Santos, em seus comentários, notava que é preciso não confundir o compromisso com a cláusula compromissória, a qual tem por fim a renúncia à jurisdição ordinária em função de questões que podem surgir no futuro, enquanto que a idéia de compromisso implica aquela de uma questão já existente.[16] Da mesma opinião o mestre Pontes de Miranda, o qual afirmava que "*pactum em compromittendo* não gera a *excetio em compromisso* ou a pretensa ao juízo arbitral".[17]

Como demonstrado, a cláusula compromissória inserida em contrato, na opinião da melhor doutrina, não era, antes da nova Lei, a instituição de Juízo Arbitral, mas a obrigação de o celebrar, não impedindo, portanto, que uma das partes fosse a Juízo. Não tornava incompetente o Juiz Natural enquanto ainda não era compromisso constitutivo do Juízo Arbitral, mas obrigação de o celebrar. Tratava-se de uma obrigação de fazer, que se resolvia em perdas e danos.

Cumpria, para tanto, distinguir o compromisso do Juízo Arbitral:[18]

"Compromisso é o ato pelo qual as partes em dissídio resolvem constituir o Juízo arbitral, fixando-lhe o objeto e escolhem o árbitro. Por ele as partes se comprometem a acatar o decidido. É o compromisso o ato constitutivo do Juízo Arbitral voluntário".[19]

Compromisso é de direito material. No fundo, lembra Pontes de Miranda, é a renúncia do Juízo Estatal, a processualidade estatal de relação jurídica entre as partes e a pessoa que tem, em virtude do seu estatuto, a cognição.[20]

Precisava, ainda mais, Washington de Barros Monteiro, que tratava-se de uma estipulação, que, se incluída em um contrato social, correspondia a simples promessa, dependendo, ainda, de novo acordo dos contratantes. Simplesmente compromissória, não impedia que as partes pleiteassem seus direitos no Juízo comum. E, de acordo com jurisprudência que cita "ne-

13. Cf. Schmalz, Luise Gisela Lydia, *A Convenção Arbitral nas Arbitragens entre Particulares Instituição do Tribunal Arbitral*, dissertação de Mestrado, USP, 1989.

14. Cf. R. Limongi França, *Jurisprudência das Sociedades Comerciais*, Ed. RT, São Paulo, 1980.

15. Código Civil, v. IV, p. 195, comentários ao art. 1.037 do CC em R. Limongi França, *Jurisprudência das Sociedades Comerciais*, Ed. RT, São Paulo, 1980.

16. *Código Civil Brasileiro Interpretado*, edição 1936, v. XIV, p. 141.

17. Pontes de Miranda, *Tratado de Direito Privado*, t. XVI, p. 339.

18. Ambos estão disciplinados nos arts. 1.037 e ss. do Código Civil e nos arts. 1.072 e ss. do Código de Processo Civil.

19. Hamilton de Moraes e Barros, *Comentários ao Código de Processo Civil*, Forense, v. IX, n. 52, p. 381.

20. Pontes de Miranda, *Tratado de Direito Privado*, t. XXV, p. 325.

nhum valor vinculativo tem entre nós o *pactum compromittendo*".[21]

Além das razões acima evidenciadas, outro motivo que prejudicou o uso da arbitragem foi determinado pelo artigo 1.097 do Código de Processo Civil,[22] o qual estabelecia a obrigatoriedade da homologação do laudo arbitral para que a decisão produzisse os mesmos efeitos da sentença arbitral, reservando-se a competência ao juiz a que originariamente tocar o julgamento da causa (artigo 1.098 do Código de Processo Civil).

A necessidade de homologação, como veremos melhor mais adiante, do laudo arbitral destruiu definitivamente as vantagens da arbitragem: o custo do processo acabava acrescido das despesas carreadas com a demanda perante o Judiciário e a celeridade esperada para a solução do litígio ficava totalmente comprometida, pois apesar da simplicidade (aparente) do procedimento homologatório, a sentença proferida pelo juiz togado desafiava recurso de apelação que, por sua vez, poderia abrir as portas ao recurso especial e ao recurso extraordinário.[23]

A nova Lei da Arbitragem: Lei 9.307/96

A nova Lei de Arbitragem veio contudo, equiparar, quanto aos efeitos a cláusula arbitral e o compromisso, aos quais chama, genericamente, de "convenção arbitral", seguindo as mais modernas orientações doutrinárias e legislativas nacionais, internacionais e supranacionais. Também aboliu a necessidade de homologação do laudo arbitral, dotando este, por si só, de força de título executivo extrajudicial.

21. *Curso de Direito Civil*, v. IV, pp. 352-353, R; Limongi França, *Jurisprudência das Sociedades Comerciais*, Ed. RT, São Paulo, 1980.

22. Art. 1.907 CC — O laudo arbitral, depois de homologado, produz entre as partes e seus sucessores os mesmos efeitos da sentença judiciária; e contendo condenação da parte, a homologação lhe confere eficácia de título executivo.

23. Carlos Alberto Carmona, "A Nova Lei da Arbitragem", em *Revista Consulex*, Ano I, n. 9, setembro 1997.

A nova Lei preocupou-se em conceituar a cláusula arbitral, bem como o compromisso, esclarecendo que *A*) a primeira é convenção através da qual as partes em um contrato comprometem-se a submeter à arbitragem os litígios que possam vir a surgir, relativamente a tal contrato;[24] e *B*) O compromisso arbitral é a convenção através da qual as partes submetem um litígio à arbitragem de uma ou mais pessoas, podendo ser judicial ou extrajudicial.[25]

Quanto à cláusula compromissória, determina a Lei de Arbitragem que deve ser estipulada por escrito, podendo ser inserta no próprio contrato ou em documento apartado que a ele se refira. Dá-se, portanto, a instituição do juízo arbitral consoante o convencionado pelas partes quando do *compromissum* ou, então, da contratação, se se trata de cláusula arbitral incerta no instrumento. Ou seja os litigantes eventuais ou futuros, devem previamente estabelecer o procedimento de constituição do juízo arbitral e processamento de arbitragem quando da interpelação de qualquer deles.

Devem as partes, então, quando da celebração do contrato e inserção da cláusula compromissória, minuciosamente estabelecer o procedimento de instituição do juízo arbitral, sob pena de, quando do surgimento de controvérsia, terem de recorrer ao Judiciário para fixação do procedimento a ser adotado. Reside, pois, na redação do instrumento contratual a base fundamental para sucesso na arbitragem.

Continua a Lei estabelecendo que não havendo acordo prévio sobre a forma de instituir arbitragem, a parte interessada manifestará a sua intenção de dar início à arbitragem convocando-a para firmar o compromisso arbitral. Não comparecendo a parte convocada ou, comparecendo, recusando-se a firmar o compromisso arbitral, poderá a outra propor demanda para, perante autoridade judiciária, estabelecê-lo (art. 7º, Lei 9.307/96).

24. Art. 4º, *caput*, Lei 9.307/96.

25. Art. 9º, *caput*, Lei 9.307/96.

Fundamental, na nova visão da Lei, é o já citado art. 7º, o qual estatui que, existindo cláusula compromissória e havendo resistência quanto à instituição da arbitragem, poderá a parte interessada requerer a citação da outra para comparecer em juízo a fim de lavrar-se o compromisso, designando o juiz audiência especial para tal fim. Deve aqui o autor indicar com precisão o objeto da arbitragem, instruindo o pedido com documento que contiver a cláusula compromissória, ou seja, na grande maioria dos casos, o instrumento contratual no qual a cláusula acha-se inserta.[26]

A parte recalcitrante, então, será jungida, compelida ao juízo arbitral pela cláusula inserta no contrato. Aplica-se na verdade o *pacta sunt servanda*, sendo o contratante responsável pelo que anteriormente, obrigou-se frente a outrem, e não mais somente pelas perdas e danos causados.

Desta forma, abre a Lei a possibilidade de que o Juízo arbitral seja instalado coercivamente, sem poder existir recusa por qualquer das partes.

A nova Lei de Arbitragem veio, entretanto, modificar substancialmente o tratamento da matéria, equiparando, quanto aos seus efeitos, compromisso e cláusula compromissória. Tanto um, quanto outro, desde que seja respeitado o ditado da Lei 9.307/96, bastam à instituição do juízo arbitral e extinção do processo sem julgamento de mérito, consoante estabelece o CPC. Pôs-se, dessa maneira, ponto final ao maior entrave à difusão do instituto, a saber, os efeitos da cláusula compromissória, hoje, por si mesma, capaz de afastar a competência do Judiciário, tal qual do compromisso.

Homologação do laudo arbitral

No regime da legislação anterior, como já evidenciado, a homologação do laudo arbitral apresentava-se como *conditio sine qua non* à sua execução, conforme estabelecia o CC em seu art. 1.045. Para que pudesse produzir os efeitos de sentença proferida pelo Judiciário, imprescindível tornava-se o procedimento de homologação.[27] Dedicava, ademais, o CPC em seus arts. 1.098 e ss., maior atenção ao procedimento de homologação do laudo.

Seria competente para a oficialização do laudo arbitral a autoridade judiciária a que originariamente tocasse o julgamento da causa,[28] permitindo-se, destarte, expressamente, apelação da sentença homologatória ou não do laudo arbitral.

Ocorre, entretanto, que a nova Lei de Arbitragem, seguindo moderna orientação do direito comparado, e mesmo de Convenções Internacionais que versam sobre a matéria, dispensou a homologação para executividade do laudo proferido, constituindo-se este, por si só, título executivo.

É o que estabelece o art. 18 da Lei 9.307/96, ao estatuir que o árbitro é Juiz de fato e de direito, e a sentença que proferir não fica sujeita a recurso ou homologação pelo Poder Judiciário. Mais adiante, enfatiza que a sentença arbitral produz, entre as partes e seus sucessores, os mesmos efeitos da sentença proferida pelos órgãos do Poder Judiciário e, sendo condenatória constitui título executivo.[29]

Independe, pois, o portador de laudo arbitral regularmente proferido, de homologação do Estado-Juiz, para que este possa constituir título executivo contra a parte contrária. *Ex vi* do disposto na Lei de Arbitragem, poderá o portador, prescindindo da homologação, promover a execução forçada do título, se frustrada a tentativa de cumprimento espontâneo.

26. Art. 7º, § 1º, Lei 9.307/96.

27. O dispositivo preconizava, *in verbis*: "art. 1.045 - A sentença arbitral só se executará depois de homologada, salvo se for proferida por juiz de primeira ou segunda instância, como árbitro nomeado pelas partes".

28. Art. 1.098, CPC.

29. Art. 31, Lei 9.307/96.

Instituto da arbitragem

Não é tarefa fácil conceituar o instituto da arbitragem, mas podemos entendê-la como jurisdição privada, doméstica, fundada em acordo de vontades cuja finalidade é solucionar controvérsias, dúvidas, problemas, questões de ordem patrimonial. É, pois, instância jurisdicional oriunda de contrato (compromisso), ou pré-contrato (cláusula compromissória), pelo qual aqueles envolvidos e interessados em determinada situação litigiosa elegem árbitro em que louvam dirimi-la.

Irineu Strenger conceitua o instituto como: "instância jurisdicional praticada em função de regime contratualmente estabelecido, para dirimir controvérsias entre pessoas de direito privado e/ou público com procedimentos próprios e força perante tribunais estatais."[30]

Por quanto supra, podem ser considerados como elementos fundamentais da arbitragem: *a*) um contrato (compromisso arbitral), ou pré-contrato (cláusula compromissória), no qual as partes acordem na submissão ou pronunciamento de um terceiro (árbitro) que decidirá acerca de controvérsia existente entre ambas, afastando a intervenção do Estado-Juiz; e *b*) um litígio que verse, obrigatoriamente, sobre questões de ordem patrimonial, concernentes direitos disponíveis, sobre os quais a lei admita transação.

O efeito mais marcante da arbitragem é portanto o afastamento do *ius imperii* do Estado-Juiz representado na atividade jurisdicional institucionalizada. Pontes de Miranda afirma mesmo que a instituição do juízo arbitral representaria "(...) *renúncia ao juízo estatal, à processualidade estatal*".[31]

Quanto ao litígio a ser submetido ao juízo arbitral, imprescindível que verse sobre questões de ordem patrimonial, afastando-se do âmbito da arbitragem matérias atinentes a direitos que transcendam ao patrimônio das partes envolvidas, como nos casos de direitos da personalidade, questões de Estado, paternidade, filiação etc.

Arbitragem e sociedades comerciais

O instituto da arbitragem sempre foi presente nas leis e regulamentos das sociedades comerciais, não existindo, para tanto, nenhum problema legislativo ou jurídico à respeito da sua aplicação.

Por expressa remissão do Decreto n. 3.708 ao artigo 302 do Código Comercial deveria o título constitutivo da sociedade por quotas indicar obrigatoriamente "a forma de nomeação dos árbitros para juízes das dúvidas sociais".[32] A exigência tornara-se necessária diante do que precedentemente estatuíra o Código, em seu artigo 294 *verbis*:

"Todas as questões sociais que se suscitarem entre os sócios durante a existência da sociedade ou companhia, sua liquidação ou partilha, serão decididas em juízo arbitral".[33]

Também a Lei 6.404/76 no seu artigo 129, § 2º, define que em caso de empate decisional entre os acionistas reunidos em Assembléia, caberá ao Poder Judiciário decidir, no interesse da companhia, a não ser que o Estatuto, desde logo, ou a Assembléia Geral, convocada novamente com intervalo mínimo de dois meses, estabeleçam procedimento de arbitragem.

Não tendo nenhum entrave legislativo ao uso da cláusula arbitral nos contratos de

30. Cf. Strenger, Irineu, *Arbitragem Comercial Internacional*, São Paulo, LTr Editora, 1996, p. 24.

31. Cf. Miranda, Pontes, *Tratado de Direito Privado*, t. XXVI, 3ª ed., Rio de Janeiro, Editor Borsoi, 1971, p. 325.

32. Art. 302 (...) CC - A escritura, deve conter: (...) 5. A forma de nomeação dos árbitros para juízes das dúvidas sociais. (...)

33. José Waldecy Lucena, *Das Sociedades por quotas de responsabilidade limitada,* Ed. Renovar, p. 95.

sociedades comerciais, passamos a analisar a possibilidade de encontrar na doutrina ou jurisprudência o reconhecimento da existência dos elementos fundamentais necessários à instituição de um juízo arbitral: divergências de ordem patrimonial.

Ao enunciarmos o conceito de sociedade comercial, buscamos deixar claro que a sociedade resulta, invariavelmente, de um contrato. Este é o entendimento da chamada *teoria contratualista*, a qual adotamos. Antes de melhor nos expressarmos a respeito, vale mencionar que esta não é a única tese a respeito da constituição do ente social.

Autores de prestígio como Rocco e Messineo sustentam doutrinas diversas, que não vislumbram no contrato o elemento formador da sociedade. Anticontratualistas desenvolvem teorias próprias. Uma certa homogeneidade de conteúdo das declarações de vontade seria o elemento que descaracteriza o ato formador da sociedade como contrato. Não haveria divergência, contraposição nas manifestações de vontade: não dirigem-se umas às outras, mas visam, todas elas, a um mesmo efeito jurídico, a saber, a formação do ente coletivo.[34]

No mesmo sentido, lembrou Waldirio Bugarelli, que: "Tendo em vista as características da sociedade, chegou-se a pôr em dúvida a sua natureza contratual, entendendo-se que, por lhe faltar a contradição de interesses que se reputa essencial para os contratos, já que na sociedade, ao contrário, há identidade de interesses, pois os sócios estão interessados no escopo comum, seria um ato complexo, com disciplina diversa da dos contratos."[35]

Mas tal posição é alvo de críticas na doutrina pátria, principalmente pelo fato de que as manifestações de vontade nem sempre se harmonizam, trazendo aquela homogeneidade preconizada. Na maioria das vezes, de fato, existe uma contrariedade de interesses na sociedade, não apenas quando de sua constituição, mas também durante toda a vida social.[36]

Prevalece entre nós a chamada teoria contratualista, que se vale da noção de contrato para explicar a formação do ente social. Tal doutrina parte da noção de *contrato plurilateral*, desenvolvida principalmente pelo mestre Tullio Ascarelli, que seria, segundo bem o definiu o Código Italiano de 1942, *o contrato com mais de duas partes, cuja prestação de cada uma é dirigida à consecução de um fim comum.*[37]

Vivante, em suas *Istitutioni di Diritto Commerciale*, afirma que: "(le società commerciali) Sono constituinte *mediante un contratto*, nel quale due o più persone convengono di formare coi loro conferimenti un fondo di proprietà sociale al fine di dividere il guardagno che ne potrà derivare mercè I'esercizio dii uno o più atti di commercio"[38] (grifo nosso).

Na existência de atos de comércio, a doutrina pátria reconhece a distinção entre sociedade civil e sociedade comercial. Buscando a presença dos elementos fundamentais da arbitragem na sociedade comercial, encontramos as palavras de Waldemar Ferreira o qual anotou que, "se, por sua essência, nos termos legais, não se distancia a sociedade civil da comercial, confundem-se, por apresentarem as duas, muitas vezes, no mundo jurídico, com as mesmas vestes. De onde se infere somente poder-se encon-

34. Cf. Requião, Rubens, *Curso de Direito Comercial*, v. I, 21ª ed., São Paulo, Saraiva, 1993, p. 273.

35. Cf. Bulgarelli, Waldirio, *Sociedades Comerciais — Empresa e Estabelecimento*, 3ª ed., São Paulo, Atlas, 1987, pp. 93 e ss.

36. Cf. Requião, Rubens, *Curso de Direito Comercial*, v. I, 21ª ed., São Paulo, Saraiva, 1993, p. 273. E também Bulgarelli, Waldirio, *Sociedades Comerciais — Empresa e Estabelecimento*, 3ª ed., São Paulo, Atlas, 1987, p. 94.

37. Vale citar o texto original, em seu artigo 2.247, *in verbis*: "Con il contratto di società due o più persone conferiscono beni o servizi per l'esercizio in comune di un'attività economica allo scopo de dividerne gli utili."

38. Vivante, Cesare, *Istituzioni di Diritto Commerciale*, Milano, Ulrico Hoepli, 1935, p. 75.

trar no objeto, ou na natureza de suas operações, o critério distintivo: comercial é a que tem por objeto o exercício profissional de atos de comércio".[39]

Encontramos o mesmo conceito no pensamento de Dionisio Gama, o qual leciona que a sociedade (limitada) é aquela em que duas ou mais pessoas, ainda que alguma ou algumas não sejam comerciantes, se reúnem, sob uma firma, ou denominação particular (...) para efetuarem em comum operações comerciais.[40]

Por isso, comenta José Waldecy Lucena que correta entre-mostra-se a postura dos que vêm, no objeto ou na natureza dos atos praticados, os elementos ideais para a distinção entre sociedades civis e comerciais: a prática habitual de atos de mercancia, com a partilha de lucros e de perdas, faz a sociedade comercial.[41]

Entretanto, o relacionamento que intercorre entre os sócios é de cunho essencialmente comercial, excluindo-se para tanto a possibilidade de outros tipos de relacionamentos como aqueles mencionados no parágrafo anterior que poderiam anular a possibilidade de haver um juízo arbitral.

Ademais, o mestre Tullio Ascarelli reconhece a existência, em cada sócio, de dois tipos de direitos e obrigações: um primeiro tipo de ordem exclusivamente patrimonial — o qual poderá ser fonte de divergências somente patrimoniais — e um outro ligado à gestão e administração da sociedade. Também nesta segunda classe de direitos e obrigações podemos encontrar o elemento patrimonial necessário à aplicação de uma cláusula arbitral. Sempre se socorrendo das palavras de Tullio Ascarelli, a gestão e administração de uma sociedade correspondem à existência de uma organização que visa uma finalidade comum a todos os participantes:[42] a obtenção dos lucros pela sociedade, através da empresa, e sua distribuição.[43]

É nossa opinião, por quanto supra-demonstrado, que qualquer tipo de relacionamento ou desavença entre os sócios de sociedades comerciais contém a característica de ser de ordem patrimonial.

Conclusão

Poderíamos terminar a nossa análise com uma frase de Widgerowitz Neto o qual esclarece que:

"Não resta a menor dúvida de que, em todo mundo, a arbitragem tem se tornado indispensável, não como substituta da justiça comum, mas como um meio de solução de controvérsias mais competente para determinadas relações judiciais, com árbitros capazes e conhecedores da matéria submetida ao julgamento, permitindo a apreciação de disputas em caráter sigiloso e melhorando a imparcialidade das decisões.[44]

Lembra também Guido Soares: "Na ordem dos direitos internos, as partes em conflito podem querer evitar recorrer ao poder judiciário, por vários motivos: podem querer preferir uma decisão rápida e que guarde o segredo inerente ao negócio litigioso ou, ainda, que a decisão seja tomada por árbitros altamente especializados e profundamente conhecedores das regras jurídicas atinentes à controvérsia."[45]

39. Cf. Waldemar Ferreira, *Instituições de Direito Comercial*, Max Limonad, 1954, v. 1, p. 271.

40. Cf. Afonso Dionysio Gama, *Das Sociedades Civis e Comerciais*, São Paulo, n. 149, p. 160.

41. Cf. Lucena, José Waldecy, *Das Sociedades por Quotas de Responsabilidade Limitada*, Renovar, Rio de Janeiro, 1996, p. 32.

42. Ascarelli, Tullio, *Corso di Diritto Commerciale Introduzione e Teoria dell'Impresa*, 3ª ed., Giuffré, Milano, 1962.

43. Bulgarelli, Waldirio, *Sociedades Comerciais*, Ed. Atlas, São Paulo, 1987.

44. Cf. Widgerowitz Neto, Walter, "A cláusula arbitral no Contrato Comercial", *Revista de Ciência Política* 3(33) maio/jul., 1990, p. 116.

45. Cf. Soares, Guido Fernando Silva, *Órgãos das Soluções Extrajudiciárias de Litígios*, São Paulo, Ed. RT, p. 15.

Apesar do prof. Modesto Carvalhosa[46] comentar que "a solução estatutária de arbitragem cria um novo poder na companhia, que derroga inteiramente as prerrogativas da Assembléia geral como seu órgão" deliberativo e que, "uma vez adotada esta solução, a vontade social estará delegada a um ente estranho ao seu quadro social, e isto prolongará, em vez de obviar, o impasse social"; porquanto demonstrado no decorrer deste trabalho, achamos louvável a possibilidade de poder usar da cláusula arbitral e dos benefícios de um juízo arbitral, mais técnico e, com certeza, mais rápido de um processo judicial, também nos relacionamentos internos às sociedades comerciais.

Bibliografia

Afonso Dionysio Gama, *Das Sociedades Civis e Comerciais*, São Paulo, n.149.

Ascarelli, Tullio, *Corso di Diritto Commerciale Introduzione e Teoria dell'Impresa*, 3ª ed., Giuffré, Milano, 1962.

Baptista, Luiz Olavo, *Arbitragem Comercial*, São Paulo, Freitas Bastos, 1986.

Bulgarelli, Waldirio, *Sociedades Comerciais*, Ed. Atlas, São Paulo, 1987.

Carmona, Carlos Alberto, *Arbitragem no Processo Civil Brasileiro*, São Paulo, Malheiros Editores, 1993.

______"A Nova Lei da Arbitragem", em *Revista Consulex*, Ano I, n. 9, setembro/1997.

Carvalhosa, Modesto, *Comentários à Lei de Sociedades Anônimas*, v. II, Ed. Saraiva, São Paulo, 1997.

Dinamarco, Cândido Rangel e Cintra, Antônio Carlos de Araújo & Grinover, Ada Pellegrini, *Teoria Geral do Processo*, 5ª ed., São Paulo, Ed. RT.

Egberto Lacerda Teixeira, *Sociedades por Quotas*, Max Limonad, São Paulo, 1956.

Guerreiro, José Alexander Tavares, *Fundamentos da Arbitragem do Comércio Internacional*, São Paulo, Ed. RT.

Hamilton de Moraes e Barros, *Comentários ao Código de Processo Civil*, Forense, v. IX, n. 52.

Lucena, José Waldecy, *Das Sociedades por Quotas de Responsabilidade Limitada*, Renovar, Rio de Janeiro, 1996.

Miranda, Pontes, *Tratado de Direito Privado*, t. XVI; XXV e XXVI, 3ª ed., Rio de Janeiro, Editor Borsoi, 1971.

R. Limongi França, *Jurisprudência das Sociedades Comerciais*, Ed. RT, São Paulo, 1980.

Requião, Rubens, *Curso de Direito Comercial*, v. I, 21ª ed., São Paulo, Saraiva, 1993.

Samtleben Jurgen, "Arbitragem Comercial no Direito Internacional Privado Brasileiro", *Revista da Faculdade de Direito da Universidade de Coimbra*, n. especial: *Estudos em Homenagem ao Prof. Antônio de Arruda Ferrer Correia* 691-731, 1986.

Schmalz, Luise Gisela Lydia, *A Convenção Arbitral nas Arbitragens entre Particulares Instituição do Tribunal Arbitral*, dissertação de Mestrado, USP, 1989.

Soares, Guido Fernando Silva, *Órgãos das Soluções Extrajudiciárias de Litígios*, São Paulo, Ed. RT.

Strenger, Irineu, *Arbitragem Comercial Internacional*, São Paulo, LTr Editora, 1996.

Vivante, Cesare, *Istituzioni di Diritto Commerciale*, Milano, Ulrico Hoepli, 1935.

Waldemar Ferreira, *Instituições de Direito Comercial*, Max Limonad, 1954, v. 1.

Widgerowitz Neto, Walter, "A cláusula arbitral no Contrato Comercial", *Revista de Ciência Política* 3(33), maio/jul., 1990.

46. Carvalhosa, Modesto, *Comentários à Lei de Sociedades Anônimas*, v. II, Ed. Saraiva, São Paulo, 1997, p. 627.

Atualidades

SISTEMAS DE ADMINISTRAÇÃO DAS S/A NO DIREITO COMPARADO E NO DIREITO PÁTRIO[*]

RENATO LUIS BUELONI FERREIRA

I. INTRODUÇÃO

O desenvolvimento econômico e o capitalismo moderno exigiram uma transformação no perfil da empresa. A empresa deixou de ser um mero agente econômico e passou a ser uma instituição social, capaz de gerar mudanças sociais e transformar a sociedade contemporânea através do desenvolvimento de novas tecnologias.[1] A empresa responde por geração de riqueza, quer através dos bens produzidos, quer através dos empregos gerados, quer através do pagamento de tributos. Enfim, a empresa tem um fundamental papel social no desenvolvimento econômico.

A empresa é um fenômeno econômico que, na ordem jurídica,[2] organiza-se através do contrato de sociedade.

O dinamismo do direito comercial[3] faz com que ressalvas sejam levantadas em relação à tipicidade fechada aos tipos societários e à sua restrição da autonomia privada.[4] As sociedades comerciais, porém, ainda estão restritas aos tipos previstos na legislação pátria.

A realidade comercial moderna revelou nas sociedades por ações a forma jurídica de organização da grande empresa. São, por natureza, sociedades de capitais, apesar da distinção entre as sociedades de pessoas e sociedades de capitais ser puramente doutrinária.

A necessidade de grandes somas de capital exigem a captação de poupança pública através do mercado de capitais.

Alfredo Lamy Filho entende que a grande empresa predomina na vida econômica moderna, recorrendo os empresários particulares e o próprio Estado a esta for-

* Trabalho apresentado no curso de Pós-Graduação da Faculdade de Direito da USP, 1997, na disciplina "Administração das Sociedades Mercantis em Direito Comercial Comparado II" (DCO 842), ministrada pelo Prof. Mauro Rodrigues Penteado

1. Comparato, Fábio Konder. "A reforma da empresa", in *Direito Empresarial*, 1ª ed., 2ª tiragem, São Paulo, Saraiva, 1995, p. 3.

2. A necessidade da construção de uma teoria jurídica da empresa é objeto de discussão na doutrina italiana e em outros países, como lembrado por Waldirio Bulgarelli (*Tratado de Direito Empresarial*, 2ª ed., São Paulo, Atlas, 1995, pp. 75-80).

3. As leis comerciais têm vida curta e devem sempre espelhar as constantes mudanças que ocorrem na realidade econômica. Lamy Filho faz 3 considerações gerais a respeito das leis comerciais: (a) têm vida curta; (b) tendem à universalização, e (c) são leis da empresa mercantil, "que ascendeu à condição de instituição dominante da sociedade moderna" (Lamy Filho, Alfredo. "Considerações sobre a Elaboração da Lei das S.A. e de sua necessária atualização", in *RDM* 104, p. 86).

4. Sztajn, Rachel. *Contrato de Sociedade e Formas Societárias*, São Paulo, Saraiva, 1989, pp. 170-9. Entre as conclusões apresentadas por Rachel Sztajn está a obtida através da "análise tipológica, e que tem que ver com os anseios dos operadores econômicos, anseio antigo já, se refere à busca da limitação da responsabilidade com controle da empresa. A organização dos interesses privados tende, de modo absoluto e definitivo, para essa direção, como se comprova com a criação dos grupos de sociedades (aí incluídos os contratos de franquia e concessão de

mulação jurídica, principalmente por ter-se revelado sempre mais útil e apta a atender as exigências do processo econômico de desenvolvimento.[5]

Os sistemas de administração das sociedades por ações ganham grande relevo, pois os administradores e gestores gerenciam recursos de terceiros, imputando-lhes a lei expressas responsabilidades por atos abusivos e de má administração.

De um modo geral, os sistemas de administração diferem na forma específica, mas todos, aceitam a teoria organicista e entendem os "poderes" da sociedade como órgãos. Este trabalho expositivo tem a finalidade de analisar os dois principais sistemas de administração de sociedades por ações existentes, e por fim, analisar o sistema vigente no direito brasileiro.

II. DIREITO NORTE-AMERICANO

Enquanto no direito europeu continental permanecia o sistema da diretoria, que concentrava os poderes de administração e de direção gerencial, como reflexo do Poder Executivo na divisão tripartite dos poderes do Estado, nos Estados Unidos era adotado um sistema mais flexível para a administração das sociedades por ações.[6]

No direito norte-americano, prevalecem dois órgãos essenciais na sociedade por ações: a assembléia geral de acionistas (*general meeting*) e o conselho de administração (*board of directors*). Porém, do ponto de vista de sistema de administração, o direito norte-americano adotou o mecanismo de utilizar um órgão colegiado para administrar a empresa.[7]

1. "Board of Directors"

O *Board of Directors* é o órgão responsável pela administração da sociedade. Seus membros são eleitos pelos acionistas nas assembléias gerais, sendo o número de *directors* definido no estatuto.[8] Seus mandatos duram até a eleição de um novo membro do *Board* ou até a próxima assembléia geral. O Revised Model Bussiness Corporation Act prevê que um ou mais *directors* podem ser destituídos pelos acionistas com ou sem causa ("with or without cause"), salvo disposição do Estatuto que exija motivo justificado para a destituição. Não havendo estipulação contratual, os *directors* são demissíveis ad nutum. Entende-se por "causa" justificada, o conflito de interesses ou outras violações das funções fiduciárias, violação do estatuto ou a prática de atos ilícitos.[9]

A relação entre os *directors* e os acionistas é denominada fiduciária. Não são empregados nem agentes dos acionistas, mas ocupam um cargo de confiança, uma posição de lealdade aos interesses da sociedade.

São 4 os aspectos importantes da relação fiduciária que os envolve:

a) Dever de lealdade — a função fiduciária exige total e incondicional dever de lealdade para com a empresa e seus acionistas. Os *directors* devem divulgar amplamente quaisquer conflitos de interesses que possam ter.

vendas) cada vez mais freqüentes, para limitar riscos da concentração econômica, alavancar financeiramente os investimentos e facilitar a penetração em novos mercados" (p. 178). Vale lembrar também que o Direito Comercial no Brasil não prevê a sociedade unipessoal, já admitida em países da Europa como Alemanha e Portugal.

5. Lamy Filho, Alfredo. "A Reforma da Lei de Sociedades Anônimas", in *RDM* 7, pp. 124-8.

6. Requião, Rubens. *Curso de Direito Comercial*, v. II, 17ª ed., São Paulo, Saraiva, 1988, p. 160.

7. Este modelo tradicional que vigora para as companhias abertas (*publicity held corporations*) foi questionado por Berle e Means em 1932 ao notarem que o verdadeiro poder nas grandes empresas está nas mãos dos *directors*, responsáveis pela administração da sociedade.

8. Historicamente, o número mínimo de *directors* é 3.

9. Cary, William L. e Eisenberg, Melvin Aron. *Cases and Materials on Corporations*, 7ª ed., Westbury, New York, The Foundation Press, Inc., 1995, pp. 254-286.

b) Não aproveitar-se de oportunidades corporativas — aproveitar oportunidades corporativas em benefício próprio.

c) Proibição do uso de ativos corporativos — os *directors* não podem utilizar ativos da empresa ou pessoal para conduzir negócios pessoais, incluindo a divulgação de segredos ou tecnologia da empresa, ou utilização desta tecnologia em negócios pessoais.

d) Restrição em relação a negociação com ações — *directors* não podem negociar ações da companhia se as ações foram adquiridas a preço injusto ou em condições desiguais com o mercado. Há ainda, exigências de *disclosure* para transações dos directors, visando coibir o insider trading.

Devem os directors agir com um razoável bom senso (*"reasonably good judgement"*). Em outras palavras, devem agir com diligência, boa-fé e no interesse social.

Compete ao *Board* a decisão de declarar dividendos, decidir sobre a destinação dos lucros, alterar o estatuto em alguns casos, dispor dos ativos da companhia, enfim administrar a sociedade. Em alguns casos, dependendo da legislação estadual, exige-se aprovação dos acionistas.

Robert H. Hamilton esclarece que alguns Estados americanos começam a dispensar a exigência do Board of Directors para companhias fechadas (*closely held corporations*) e com um número reduzido de acionistas. Assim, aponta para o nascimento de um novo tipo societário, onde o órgão de administração será a assembléia de acionistas que elegerá os *officers*, ficando estes responsáveis pela direção gerencial da empresa. Não há que se falar porém em diretoria como órgão, pois os *officers* continuam atuando isoladamente.[10]

10. Hamilton, Robert H. *The Law of Corporations in a nutshell*, 3ª ed., St. Paul, Minnesota, West Publishing Co., 1991, pp. 163-4. Explana Hamilton: *"It is too early to tell whether this innovative provision will be widely used; certainly it represents a sharp departure from the traditional mores of the corporate form."*

2. *"Officers"*

Os estatutos sociais geralmente não definem a autoridade e as funções dos *officers*, que atuam como agentes do Board, devendo gerenciar e implementar as políticas definidas pelo *Board*.[11]

Os *officers* são escolhidos e nomeados pelo *Board of Directors* e são os executivos da companhia. Em alguns casos, participam do *Board*. Não constituem um órgão, agindo individualmente e não de forma colegiada.

A previsão de que a empresa deveria ter como *officers*, no mínimo, um Presidente e um Secretário foi eliminada pelo *Revised Model Business Corporation Act*, seguindo a legislação societária de Delaware. Restaram, porém, as responsabilidades inerentes ao cargo de secretário, ou seja, manter os documentos societários em ordem, bem como autenticá-los.

III. DIREITO ALEMÃO

1. Introdução

A lei alemã de 1937, sobre as sociedades anônimas, modificou a tendência européia anterior, fazendo com que a administração da sociedade contasse com dois órgãos, o "Conselho de Direção" (*Vorstand*), que tinha funções de gestão dos negócios sociais (bem como representação judicial ou extrajudicial da sociedade), e o "Conselho de Administração" (*Aufsichtsrat*), que superintendia os negócios sociais, com poderes de nomear os membros do Conselho de Direção. Este Conselho seria eleito pela assembléia geral e poderia, a qualquer momento, solicitar do Conselho de Direção re-

11. Idem, ob. cit., pp. 164-5. O art. 8.41 do *Revised Model Business Corporation Act* prevê que cada officer *"has the authority and shall perform the duties set forth in the bylaws or, to the extent consistent with the bylaws, the duties prescribed by the board of directors or by direction of an officer authorized by the board of directors to prescribe the duties of other officers."*

latórios sobre as atividades da sociedade, sendo a fiscalização do Conselho de Direção feita pelo Conselho de Administração.

Esta orientação legislativa, criando um sistema dual de administração, foi seguida por outros países (Áustria e Holanda) e pela própria Alemanha retomada pela lei de 1965, sendo os membros do Conselho de Direção nomeados pelo Conselho de Administração e estes pela assembléia geral. Seguiram esta orientação a França, a Áustria, a Noruega e a Argentina. Influenciou também a estrutura administrativa da companhia aberta no Brasil.

Nota-se, portanto, que o *Führerprinzip*, que dominara a concepção administrativa da sociedade anônima alemã foi abandonado e a concepção nova deslocou o principal poder da sociedade para o conselho de administração, como órgão deliberante e fiscalizador da gestão, representantes diretos dos acionistas.[12]

2. *Sistema dual cogente: Conselho de Administração ("Aufsichtsrat") e Conselho de Direção ("Vorstand")*

Comparato ensina que "pode-se dizer que o modelo germânico marca uma tendência dominante, no moderno direito das companhias, de distinguir as funções administrativas de deliberação e supervisão, dos poderes simplesmente executórios e de representação".[13] A Alemanha adota, portanto, um sistema dual cogente, onde todas as sociedades por ações obrigatoriamente têm um Conselho de Administração e um Conselho de Direção.[14]

Ao contrário do que a denominação do primeiro desses órgãos poderia dar a entender, não se trata, apenas, de um conselho de vigilância ou de superintendência, mero fiscal da diretoria, mas também, e sobretudo, de um centro definidor da política empresarial, responsável por determinar e definir as diretrizes que a empresa deve seguir. A lei veda lhe seja conferida pelos estatutos qualquer função executiva. Esta, com efeito, é da competência exclusiva do Conselho de Direção. Compete também ao Conselho de Administração solicitar a qualquer momento ao Conselho de Direção relatórios sobre as atividades da sociedade, sendo a fiscalização do Conselho de Direção feita pelo Conselho de Administração.

A lei alemã determina, tal como a brasileira, que os membros do Conselho de Direção são nomeados pelo Conselho de Administração, pôs-se em juízo a questão de saber se esse poder de nomeação seria exclusivo ou não. Os tribunais alemães pronunciaram-se sempre no sentido da exclusividade desse poder, no conselho de administração. Julgou, assim, que o estatuto não pode atribuir à diretoria um direito de prioridade na designação de um novo diretor, nem pode o estatuto conferir a um diretor o direito de se reconduzir no cargo. Em outro tema levado ao tribunal, este declarou ilegal a cláusula estatutária que atribuía a um acionista o direito de ocupar o cargo de membro do Conselho de Direção.[15]

Assim, a nomeação dos diretores compete, exclusivamente, ao conselho de administração. Esse poder não pode ser delegado a outro órgão; portanto, nem à assembléia geral nem a uma comissão do conselho de administração, nem a um terceiro. Desta forma, não é possível fazer com que a eleição (dos diretores), pelo conselho de administração, dependa da autorização de um terceiro.[16]

Por fim, vale lembrar que os comitês do *Aufsichtsrat* não implicam em delegação de competência, mas simples divisão

12. Requião, ob. cit., p. 161.

13. Comparato, Fábio Konder. "Competência privativa do conselho de administração para a designação de diretores em companhia aberta", in *Novos Ensaios e Pareceres de Direito Empresarial*, Rio de Janeiro, Forense, 1981, p. 106.

14. Lamy Filho, "A Reforma", p. 135.

15. Idem, ob. cit., p. 107.

16. Würdinger, Hans. *Aktien-und Konzernrecht*, 3ª ed., Karlsruhe, 1973, p. 103.

de tarefas administrativas dentro do Conselho de Administração.

IV. DIREITO PÁTRIO

A Lei 6.404/76 adotou o sistema dual facultativo,[17] salvo para as companhias abertas, sociedades de economia mista e sociedades de capital autorizado. Nas companhias fechadas, a administração é exercida pela Diretoria exclusivamente, sendo seus membros eleitos pelos acionistas reunidos em Assembléia Geral.

Interessa-nos analisar o sistema dual existente, influenciado pelo sistema alemão. Tanto o Conselho de Administração, como a Diretoria, são órgãos da sociedade, sendo o primeiro um órgão deliberativo, e o segundo um órgão administrativo.

A atual lei do anonimato inovou em relação ao regime vigente sob a égide do Decreto-lei n. 2.627/40. Este dispositivo legal previa que a sociedade anônima seria administrada por uma diretoria com poderes não apenas para orientar os negócios sociais como praticar atos de gestão propriamente ditos, cabendo a cada diretor as atribuições que lhe fossem conferidas pelo estatuto.[18] Neste sistema tradicional, a assembléia geral elegia os diretores e por ela eram demitidos.

A Lei n. 6.404/76 adotou o modelo legal onde cada órgão da sociedade anônima tem funções privativas, não concorrendo um com o outro.[19] Comparato explana que "nenhum dos quatro órgãos necessários da companhia aberta recebe seus poderes ou atribuições de outro, mas sim da própria lei. O asserto é inteiramente verdadeiro para os órgãos administrativos, é curial dizê-lo. O conselho de administração não exerce funções delegadas da assembléia geral, nem os diretores são mandatários do conselho. A intervenção de um órgão no outro não se faz a nível de competência, mas de preenchimento de cargos".[20] Portanto, somente ao conselho de administração compete o poder de eleger e destituir diretores, entendendo Comparato que a deliberação de assembléia geral que objetivasse a nomeação de diretores de uma companhia aberta seria ineficaz, por falta de legitimação do órgão.[21]

O § 1º do art. 138 da Lei 6.404/76 declara que o Conselho de Administração é órgão de deliberação colegiada, encontrando-se no art. 142 a matéria objeto de sua competência privativa. Verifica-se que cabe ao Conselho, além de eleger e destituir os diretores, fiscalizar a gestão dos diretores, manifestar-se sobre o relatório da administração, escolher os auditores independentes, quando a sociedade os tiver. Fran Martins ensina que "é um órgão superior, com imensos poderes que, por isso mesmo, requer que os seus participantes sejam sócios da sociedade."[22] Os conselheiros são eleitos pela assembléia geral e somente por ela podem ser destituídos.

Trata-se de um órgão de deliberação colegiada, devendo os conselheiros tomarem suas decisões em conjunto, não podendo um só, isoladamente, praticar atos que requeiram a manifestação dos demais, definindo a lei as funções próprias do Conselho de Administração e não dos seus membros individualmente.[23] Assim, as deliberações serão sempre do conselho, não dos conselheiros.[24]

17. Carvalhosa considera que o regime é dual, sendo a opção de caráter residual. Entende que a lei prevê o regime dicotômico para todas as sociedades por ações, permitindo as companhias fechadas não terem Conselho. Discordamos de tal posição, pois as companhias fechadas podem optar por ter Conselho de Administração. Assim, parece-nos mais acertada a expressão "facultativa" (*Comentários à Lei das Sociedades Anônimas*, v. 3, São Paulo, Saraiva, 1997, p. 5)

18. Martins, Fran. *Comentários à Lei das Sociedades Anônimas*, v. 2, t. I, 2ª ed., Rio de Janeiro, Forense, 1984, p. 268.

19. Carvalhosa, ob. cit., pp. 32-3.

20. Comparato, *Novos Ensaios*, p. 97.

21. Idem, ob. cit., p. 98.

22. Martins, ob. cit., pp. 271-2.

23. Idem, ob. cit., p. 272.

24. Comparato, *Novos Ensaios*, p. 108.

A Diretoria é o órgão destinado a gerir os negócios sociais. Os diretores não necessitam ser sócios, devendo ser escolhidos por sua capacidade profissional de modo a exercerem bem as funções que lhe são confiadas, podendo até o máximo de um terço dos participantes serem também conselheiros. Não havendo Conselho de Administração, a Diretoria faz as vezes de gestor nos negócios sociais e de orientador da política empresarial.

Compete aos diretores privativamente representar a companhia e desempenhar as tarefas administrativas. Geralmente, os diretores têm função individual repartida, deliberando somente em reunião conjunta de seus membros quando o estatuto exigir.[25] Contudo, obrigatoriamente o estatuto deve estabelecer as atribuições e poderes de cada diretor. Especificando estas atribuições, cada diretor tem autonomia para agir e adotar as medidas que julgar necessárias dentro do escopo de atuação que lhe permite o estatuto. Qualquer ato que extrapole o escopo definido no estatuto implica em ato abusivo, gerando responsabilidade ao diretor.

V. CONCLUSÃO

Resta claro desta exposição a influência do sistema germânico sobre a lei societária brasileira. O sistema dual, cogente para as companhias abertas, sociedades de economia mista e sociedades de capital autorizado, parece distribuir melhor os poderes dentro da empresa, criando um sistema de fiscalização e controle interno da sociedade. As críticas lançadas a esta sistemática, que na alegação de alguns limita a liberdade de contratar e aplica-se apenas às grandes empresas, parecem-nos infundadas.[26]

25. Comparato, *Novos Ensaios*, pp. 108; Martins, ob. cit., p. 304; Carvalhosa, ob. cit., pp. 10-1.

26. Miranda Valverde, Trajano. *Sociedades por ações*, v. 2, Rio de Janeiro, Forense, 1953, pp. 292-3. A posição de Miranda Valverde sempre foi na defesa do sistema unitário, sendo rigorosamente contra a existência de um Conselho de Administração.

Na verdade, o estatuto social é um elemento organizador da sociedade, devendo atender às disposições legais. A total liberdade na organização de uma sociedade por ações levaria a abusos por parte dos acionistas majoritários, desprezando-se os minoritários. Esta rigidez parece saudável, pois as sociedades por ações captam poupança popular e utilizam-se dos mecanismos de financiamento disponíveis no mercado de capitais.

Estes dois modelos colegiados predominam no mundo moderno, manifestando-se de formas diversas nas legislações alienígenas. O modelo alemão e o anglo-saxônico evoluíram do sistema unitário, baseado no *Führerprinzip*, para o sistema dual. Alfredo Lamy Filho, lembrando Pietro Abadessa, menciona que "esses dois modelos colegiados — o alemão e o anglo-saxônico — sobretudo o primeiro, vem merecendo acolhimento em quase todas as reformas legislativas, embora ainda subsistam os defensores de uma terceira posição — de um órgão administrativo unitário com faculdade de efetuar ampla delegação, de forma a deixar a sociedade irrestrita liberdade de organizar sua própria administração segundo as exigências peculiares da empresa gerida."[27]

Concluímos então que a Lei 6.404/76 adotou o sistema de administração mais adequado, deixando flexibilidade para que o empresário opte pela melhor forma de constituir sua empresa. Na hipótese de necessitar de grandes somas de capital, optará pela companhia aberta; na hipótese de serem poucos os acionistas, optará pela companhia fechada. Esta opção implicará num sistema dual cogente ou facultativo.

A liberdade permitida pela lei não tolhe a autonomia de contratar, nem limita a autonomia organizacional da empresa. Pelo contrário, protege os acionistas e permite um melhor controle sobre os gestores da empresa, reais detentores do poder dentro da sociedade anônima.

27. Lamy Filho, "A Reforma", p. 147.

Bibliografia

BULGARELLI, Waldirio. *Manual das Sociedades Anônimas*, 8ª ed., São Paulo, Atlas, 1996

——— *Tratado de Direito Empresarial*, 2ª ed., São Paulo, Atlas, 1995.

CARVALHOSA, Modesto. *Comentários à Lei das Sociedades Anônimas*, v. 3, São Paulo, Saraiva, 1997.

CARY, William L. e EISENBERG, Melvin Aron. *Cases and Materials on Corporations*, 7ª ed., Westbury, New York, The Foundation Press, Inc., 1995.

COMPARATO, Fábio Konder. "A reforma da empresa", in *Direito Empresarial*, 1ª ed., 2ª tiragem, São Paulo, Saraiva, 1995.

——— "Competência privativa do conselho de administração para a designação de diretores em companhia aberta", in *Novos Ensaios e Pareceres de Direito Empresarial*, Rio de Janeiro, Forense, 1981.

HAMILTON, Robert H. The Law of *Corporations in a nutshell*, 3ª ed., St. Paul, Minnesota, West Publishing Co., 1991.

LAMY FILHO, Alfredo. "A Reforma da Lei de Sociedades Anônimas", in *Revista de Direito Mercantil*, v. 7, pp. 123.

——— "Considerações sobre a elaboração da Lei das S.A. e de sua necessária atualização", in *Revista de Direito Mercantil* 104, p. 86.

MARTINS, Fran. *Comentários à Lei das Sociedades Anônimas*, v. 2, t. I, 2ª ed., Rio de Janeiro, Forense, 1984.

MIRANDA VALVERDE, Trajano. *Sociedades por ações*, v. 2, Rio de Janeiro, Forense, 1953.

REQUIÃO, Rubens. *Curso de Direito Comercial*, v. II, 17ª ed., São Paulo, Saraiva, 1988.

SZTAJN, Rachel. *Contrato de Sociedade e Formas Societárias*, São Paulo, Saraiva, 1989.

WÜRDINGER, Hans. *Aktien-und Konzernrecht*, 3ª ed., Karlsruhe, 1973.

Mercosul

LEGISLAÇÃO

DECRETO N. 1.765, DE 28 DE DEZEMBRO DE 1995

Dispõe sobre a vigência das Resoluções do Grupo Mercado Comum e das Decisões do Conselho do Mercado Comum que menciona.

O Presidente da República, no uso da atribuição que lhe confere o artigo 84, inciso IV, da Constituição, e considerando o que dispõe o Tratado para a Constituição de um Mercado Comum entre a República Federativa do Brasil, a República Argentina, a República do Paraguai e a República Oriental do Uruguai, firmado em Assunção, em 26 de março de 1991, cujo texto foi aprovado pelo Decreto Legislativo n. 197,[1] de 25 de setembro de 1991, e ratificado pelo Decreto n. 350,[2] de 21 de novembro de 1991, decreta:

Art. 1º. Passam a viger no Território Nacional os textos das Decisões aprovadas na VII Reunião do Conselho do Mercado Comum — CMC, realizada na Cidade de Ouro Preto-MG, nos dias 16 e 17 de dezembro de 1994, e das Resoluções aprovadas na XVI Reunião do Grupo Mercado Comum — GMC, realizada nos dias 14 e 15 de dezembro de 1994, apenas por cópia a este Decreto e a seguir relacionadas:

I — Decisões ns.:

a) 16/94 — Norma de Aplicação sobre Despacho Aduaneiro de Mercadorias;

b) 17/94 — Norma de Aplicação sobre a Valoração Aduaneira das Mercadorias;

c) 18/94 — Norma de Aplicação Relativa ao Regime de Bagagem no MERCOSUL; e

d) 26/94 — Norma de Tramitação de Decisões, Critérios e Opiniões de Caráter Geral sobre Classificação Tarifária de Mercadorias

II — Resoluções ns.:

a) 111/94 — Recursos Financeiros e Humanos Necessários para o Funcionamento dos Controles Integrados de Fronteiras;

b) 115/94 — Regime Especial Destinado ao Material Promocional;

c) 116/94 — Norma sobre Mercadorias Carregadas em Distintas Aduanas do País de Partida com um mesmo MIC/DTA e na mesma Unidade de Transporte;

d) 117/94 — Norma sobre a Operação Aduaneira para o Transporte de Correspondência e Encomendas em Ônibus de Passageiros de Linha Regular, Habilitados para Viagens Internacionais;

e) 118/94 — Lista Positiva de Produtos que Não Devem Ser Submetidos a Nenhuma Intervenção Fitossanitária;

f) 127/94 — Horário nos Dias Úteis de Segunda a Sexta-Feira nos Pontos de Fronteira; e

g) 131/94 — Norma Relativa à Circulação de Veículos Comunitários do MERCOSUL de uso Particular Exclusivo dos Turistas.

Art. 2º. O Ministério da Fazenda expedirá as normas complementares necessárias à aplicação dos referidos atos.

1. Leg. Fed., 1991, p. 651.
2. 1991, p. 803, p. 1.414.

Art. 3º. Este Decreto entra em vigor na data de sua publicação.

Fernando Henrique Cardoso — Presidente da República. Pedro Pullen Parente.

ANEXO AO DECRETO N. 1.765, DE 28 DE DEZEMBRO DE 1995

DECISÃO MERCOSUL/CMC N. 16/94

Tendo em vista o Artigo 13 do Tratado de Assunção, o Artigo 10 da Decisão n. 4/91 do Conselho do Mercado Comum e a Recomendação n. 21/94 do Subgrupo de Trabalho 2 "Assuntos Aduaneiros", e

Considerando que pelo Artigo 4 da Resolução GMC n. 12/94 encomendou-se ao SGT 2 elaborar Anteprojeto de Normas de Aplicação para Despacho Aduaneiro de forma harmonizada e seguindo as pautas gerais que foram aprovadas pela citada Resolução do GMC, o Conselho do Mercado Comum decide:

Art. 1. Aprovar a "Norma de Aplicação para Despacho Aduaneiro de Mercadorias", que figura como anexo à presente Decisão nas versões em português e espanhol.

Art. 2. A presente Decisão entrará em vigor em 1º de janeiro de 1995.

ANEXO — NORMAS RELATIVAS AO DESPACHO ADUANEIRO

CAPÍTULO 1 — Importação

Do Controle Aduaneiro da Carga Introduzida no Território Aduaneiro

Artigo 1

1 — A introdução de mercadoria no território aduaneiro do MERCOSUL pelas vias aérea, aquática e terrestre, nas suas distintas modalidades de transporte, inclusive multimodal, será submetida a controle aduaneiro.

2 — O controle a que se refere o item anterior abrangerá toda a carga transportada no território aduaneiro do MERCOSUL.

3 — A permanência a bordo da carga destinada ao local de chegado do meio de transporte somente poderá ocorrer com a expressa concordância da autoridade aduaneira.

4 — A solicitação de permanência a bordo deverá ser efetuada, em qualquer caso, antes da saída do meio de transporte e com uma antecipação suficiente que permita o controle aduaneiro.

Artigo 2

1 — A entrada de mercadoria no território aduaneiro do MERCOSUL somente poderá ocorrer pelos locais previamente habilitados pela autoridade aduaneira.

2 — A permanência, a circulação e a saída de mercadoria desses locais ficará sujeita aos requisitos estabelecidos pela autoridade aduaneira e sob o seu controle.

Da Declaração de Chegada

Artigo 3

1 — Considera-se declaração de chegada a informação prestada pelo transportador à autoridade aduaneira, dos dados relativos às cargas transportadas, contidos nos documentos de transporte que amparam as mesmas.

2 — A declaração de chegada será efetuada mediante sistemas informatizados que permitam a transferência e o processamento imediato dos dados ou, quando estes não estiverem disponíveis, mediante a apresentação do manifesto de carga.

3 — A declaração de chegada deverá conter as informações que permitam à autoridade aduaneira identificar o veículo transportador e sua respectiva carga, informando os dados do manifesto e dos conhecimentos de carga a ele associados.

Artigo 4

1 — Toda mercadoria introduzida no território aduaneiro do MERCOSUL deverá ser imediatamente apresentada à autoridade aduaneira, por meio de uma declaração de chegada, a ser efetuada pela pessoa que a introduziu nesse território.

2 — Na impossibilidade de cumprir com tal obrigação, por motivo de força maior ou de caso fortuito, o responsável deverá comunicar o fato à autoridade aduaneira, informando os dados relativos à situação das mercadorias, com as devidas justificativas.

3 — As informações que constituirão a declaração de chegada podem ser prestadas previamente à introdução da mercadoria no território aduaneiro do MERCOSUL, utilizando, sempre que estiverem disponíveis, sistemas informatizados que permitam a transferência e o processamento imediato de dados, conforme estabelecido pela autoridade aduaneira.

Artigo 5

Considera-se formalizada a declaração de chegada perante a autoridade aduaneira:

a) com o registro da chegada efetiva do veículo transportador, no caso de cargas previamente informadas; ou

b) com o registro da declaração, quando se tratar de cargas informadas após a chegada do meio de transporte.

Artigo 6

Para efeitos de apuração de eventuais infrações aduaneiras, será levada em consideração a data do registro da declaração de chegada.

Artigo 7

As informações prestadas na declaração de chegada, após sua aceitação pela autoridade aduaneira, somente poderão ser modificadas com autorização aduaneira.

Do Tratamento a Dispensar às Mercadorias Objeto da Declaração de Chegada

Artigo 8

Somente após formalizada a declaração de chegada as mercadorias poderão ser descarregadas do veículo transportador ou submetidas a qualquer outra operação.

Artigo 9

As mercadorias objeto da declaração de chegada poderão receber um dos seguintes tratamentos, mediante prévia autorização aduaneira:

a) permanência a bordo;

b) transbordos;

c) reembarques;

d) translados;

e) depósito temporário à espera de uma destinação aduaneira;

f) destinação aduaneira.

Artigo 10

1 — O transportador é responsável pela apresentação, à autoridade aduaneira, da totalidade das mercadorias.

2 — A responsabilidade de que trata o item 1 estende-se a qualquer pessoa que, após a descarga, tenha sucessivamente a posse da mercadoria para assegurar a sua movimentação ou sua armazenagem.

Da Descarga

Artigo 11

Entende-se por descarga a operação pela qual a mercadoria chegada é descarregada do meio de transporte

Artigo 12

A descarga será realizada sob controle aduaneiro, nos locais habilitados e nos horários estabelecidos.

Artigo 13

1 — A totalidade da mercadoria transportada, destinada a um local de chegada, deve ser descarregada.

2 — Excetuam-se da obrigação estabelecida no item 1 as mercadorias cuja permanência a bordo estiver autorizada, inclusive as provisões de bordo.

Artigo 14

1 — As diferenças entre a mercadoria descarregada e aquela incluída na declaração de chegada, assim como as avarias, deverão ser registradas imediatamente, pela autoridade aduaneira.

2 — O transportador deverá justificar as diferenças, perante a autoridade aduaneira, no prazo de até quinze dias, contados da finalização da descarga.

Do Depósito Temporário

Artigo 15

A entrada da mercadoria no depósito temporário será efetuada sob controle aduaneiro, nos locais habilitados e nos horários estabelecidos.

Artigo 16

1 — A mercadoria descarregada para depósito temporário à espera de uma destinação aduaneira será entregue ao depositário que procederá ao registro imediato de sua admissão, confrontando as cargas com os dados da declaração de chegada.

2 — Os dados registrados no momento da admissão serão informados pelo depositário à autoridade aduaneira, utilizando, quando estiverem disponíveis, sistemas informatizados que permitam a transferência e o processamento imediato dos mesmos.

Artigo 17

As mercadorias em depósito temporário ficarão sob custódia do depositário, do qual poderá ser exigida garantia, visando a assegurar o pagamento de qualquer dívida surgida em razão do descumprimento das obrigações e condições a que estão sujeitas.

Artigo 18

As mercadorias em depósito temporário não poderão ser objeto de manipulações, exceto as destinadas a garantir sua conservação, no estado em que se encontrem, sem modificar sua apresentação ou suas características técnicas e as definidas no Artigo 24.

Artigo 19

A avaria e/ou falta de mercadoria deverão ser verificadas através da realização de vistoria, pela autoridade aduaneira, na presença do depositário, do consignatário e, quando for o caso, do transportador.

Artigo 20

A autoridade aduaneira estabelecerá a falta e/ou avaria, indicará o responsável e determinará a dívida aduaneira exigível.

Artigo 21

1 — As mercadorias avariadas ou deterioradas, por caso fortuito ou de força maior, devidamente comprovado, poderão ser despachadas para consumo mediante o pagamento dos gravames devidos na importação, no estado em que se encontrarem.

2 — As mercadorias armazenadas em depósito temporário que forem destruídas ou irremediavelmente perdidas, por caso fortuito ou de força maior, não estarão sujeitas ao pagamento de gravames na importação, sob condição de que esta destruição seja devidamente comprovada perante a autoridade aduaneira.

Artigo 22

1 — A saída de mercadoria de depósito temporário somente poderá ocorrer com autorização aduaneira.

2 — O depositário deverá informar, na forma estabelecida pela autoridade aduaneira, a saída do depósito da mercadoria sob a sua custódia.

Artigo 23

O depositário deverá manter contabilidade do estoque que permita à autoridade aduaneira controlar a movimentação das mercadorias.

Do Exame Prévio e Retirada de Amostras de Mercadorias

Artigo 24

1 — Sem prejuízo dos controles de competência de outros órgãos, e após o registro da declaração de chegada, o consignatário poderá solicitar o exame da mercadoria e a coleta de amostras, para efeito de atribuir-lhe uma destinação aduaneira.

2 — A solicitação para o exame da mercadoria poderá ser realizada verbalmente,

exceto quando, a juízo da autoridade aduaneira, seja considerada necessária a sua formalização, que poderá ocorrer, inclusive, por meios informatizados.

3 — A retirada de amostras somente será autorizada mediante solicitação formal.

4 — O exame prévio da mercadoria e a retirada de amostras serão efetuados sob controle da autoridade aduaneira.

5 — A autorização para retirar as amostras indicará a quantidade de mercadoria a ser coletada, segundo sua natureza.

6 — A desembalagem, pesagem, reembalagem e qualquer outra manipulação das mercadorias, bem como os gastos correspondentes, inclusive para sua análise, quando necessária, correrão por conta e risco do interessado.

7 — Às amostras extraídas deve ser atribuída uma destinação aduaneira.

Da Declaração para um Regime Aduaneiro

Artigo 25

A mercadoria destinada a ser incluída em um regime aduaneiro deverá ser objeto de uma declaração para esse regime, observando os requisitos específicos.

Artigo 26

1 — A declaração deverá obedecer ao modelo oficial único aprovado pelos Estados-Partes.

2 — Enquanto não for aprovado o modelo oficial referido no item 1, será utilizado o modelo vigente em cada Estado-Parte.

Artigo 27

A declaração deverá ser efetuada, utilizando processo mecânico ou eletrônico, conforme estabelecido pela autoridade aduaneira de cada Estado-Parte, estar assinada por pessoa habilitada ou identificada por meios eletrônicos, conforme o caso, e conter todos os dados necessários à aplicação das disposições correspondentes ao regime aduaneiro respectivo.

Artigo 28

O declarante é responsável pela:

a) exatidão dos dados da declaração;

b) autenticidade dos documentos anexados;

c) observância de todas as obrigações inerentes ao regime solicitado.

Artigo 29

1 — Independentemente do regime aduaneiro ao qual se destina a mercadoria, a data do registro da declaração correspondente determina o momento de ocorrência do fato gerador da dívida aduaneira.

2 — Tratando-se de um regime suspensivo, a dívida aduaneira somente se originará no caso de descumprimento ou inobservância de qualquer das obrigações inerentes a esse regime.

3 — No caso de que trata o item anterior, os efeitos decorrentes ficam sujeitos à legislação aduaneira de cada Estado-Parte.

Artigo 30

1 — Registrada a declaração, a autoridade aduaneira controlará todos os dados declarados, a liquidação do crédito tributário e a correta aplicação da legislação vigente.

2 — No caso de declarações efetuadas mediante processo informatizado, os aspectos assinalados serão indicados pelo sistema previamente ao seu registro.

3 — Somente será registrada a declaração cujo conhecimento de carga tenha sido previamente informado em declaração de chegada aceita pela autoridade aduaneira, salvo exceções expressamente previstas.

Artigo 31

Para o cálculo da dívida aduaneira, quando for o caso, será considerada a taxa de câmbio aplicável na data do registro da declaração.

Artigo 32

O pagamento da dívida aduaneira, quando for o caso, deve ser efetuado antes do registro da declaração de mercadorias, na forma que estabelecer cada Estado-Parte, sem prejuízo da exigência de eventuais diferenças posteriormente apuradas.

Artigo 33

1 — A declaração será instruída com a seguinte documentação:

a) o conhecimento de carga;

b) a fatura comercial;

c) a declaração de valor aduaneiro, quando exigida; e

d) outros documentos exigidos por Acordos Internacionais e pela legislação específica interna de cada Estado-Parte.

2 — A autoridade aduaneira poderá permitir o registro de uma declaração sem a apresentação de todos os documentos exigíveis, conforme o item 1, observando o regime de garantia vigente em cada Estado-Parte.

3 — O indicado no item 2 não se aplica quando a referida documentação puder determinar a aplicação de proibições ou a concessão de benefício tributário.

Artigo 34

A cada conhecimento de carga deverá corresponder uma única declaração, podendo ser autorizado, pela autoridade aduaneira, o seu parcelamento.

Artigo 35

Enquanto as legislações internas dos Estados-Partes não se encontrarem harmonizadas, a retificação, modificação ou ampliação da declaração ficará sujeita ao que estas determinem.

Artigo 36

1 — A autoridade aduaneira, a pedido do declarante, poderá cancelar uma declaração já registrada, nos casos em que a legislação interna do Estado-Parte o permita.

2 — O cancelamento da declaração não exime o declarante da responsabilidade por eventuais infrações ou delitos.

CAPÍTULO 2 — Exportação

Do Controle Aduaneiro da Carga Destinada à Exportação

Artigo 37

A saída de mercadoria do território aduaneiro do MERCOSUL, pelas vias aéreas, aquáticas e terrestres, em suas distintas modalidades de transporte, inclusive multimodal, será submetida a controle aduaneiro.

Artigo 38

1 — A saída de mercadoria do território aduaneiro do MERCOSUL somente poderá ocorrer pelos locais previamente habilitados pela autoridade aduaneira.

2 — A permanência, a circulação e a entrada de mercadoria nesses locais ficarão sujeitas aos requisitos estabelecidos pela autoridade aduaneira e sob o seu controle.

Da Declaração de Saída

Artigo 39

1 — Considera-se declaração de saída a informação prestada pelo transportador à autoridade aduaneira, dos dados relativos às cargas transportadas, contidos nos documentos de transporte que amparam as mesmas.

2 — A declaração de saída será efetuada mediante sistemas informatizados que permitam a transferência e o processamento imediato de dados ou, quando estes não estiverem disponíveis, mediante a apresentação do manifesto de carga.

3 — A declaração de saída será efetuada até dez dias após a saída de mercadoria do território aduaneiro do MERCOSUL, exceto no caso de transporte terrestre, quando será efetuada conjuntamente com a apresentação da mercadoria.

Artigo 40

As informações contidas nas declaração de saída, depois de sua aceitação pela autoridade aduaneira, somente poderão ser modificadas com sua autorização.

Artigo 41

A declaração de saída deverá conter as informações que permitam à autoridade aduaneira identificar e determinar o veículo transportador e sua respectiva carga, informando os dados dos conhecimentos de carga correspondentes.

Do Armazenamento

Artigo 42

1 — A mercadoria destinada à exportação e que será armazenada antes do seu embarque, será entregue ao depositário, o qual procederá o imediato registro de sua admissão, na presença da carga e confrontando esta com os documentos correspondentes.

2 — Os dados registrados no momento da admissão serão informados pelo depositário à autoridade aduaneira, e, quando estiverem disponíveis, mediante sistemas informatizados que permitam a transferência e processamento imediato dos mesmos.

Artigo 43

As mercadorias em depósito temporário ficarão sob custódia do depositário, do qual poderá ser exigida garantia, a fim de assegurar o pagamento de qualquer dívida surgida em razão do descumprimento das obrigações e condições a que estão sujeitas.

Artigo 44

As mercadorias em depósito temporário não poderão ser objeto de manipulações, exceto as destinadas a garantir sua conservação, no estado em que se encontrem, sem modificar sua apresentação ou suas características técnicas, podendo ser objeto de tratamentos destinados a sua preparação para o embarque.

Artigo 45

A avaria e/ou falta de mercadoria deverão ser verificadas através da realização de vistoria pela autoridade aduaneira, na presença do depositário e, quando for o caso, do transportador.

Artigo 46

A autoridade aduaneira estabelecerá a falta e/ou avaria, indicará o responsável e determinará a dívida aduaneira exigível.

Artigo 47

1 — A saída de mercadoria de depósito temporário somente poderá ocorrer com autorização aduaneira.

2 — O depositário deverá informar, na forma estabelecida pela autoridade aduaneira, a saída do depósito de mercadoria sob a sua custódia.

Artigo 48

O depositário deverá manter contabilidade do estoque que permita à autoridade aduaneira controlar a movimentação das mercadorias sob sua guarda e responsabilidade.

Da Declaração

Artigo 49

A mercadoria destinada a ser incluída em um regime aduaneiro de exportação deverá ser objeto de uma declaração para esse regime, observando os requisitos específicos.

Artigo 50

1 — A declaração deverá obedecer ao modelo oficial único aprovado pelos Estados-Partes.

2 — Enquanto não for aprovado o modelo oficial referido no item 1, será utilizado o modelo vigente em cada Estado-Parte.

Artigo 51

A declaração deverá ser efetuada, utilizando processo mecânico ou eletrônico, conforme estabelecido pela autoridade aduaneira de cada Estado-Parte, estar assinada por pessoa habilitada ou identificada por meios eletrônicos, conforme o caso, e conter todos os dados necessários à aplicação das disposições correspondentes ao regime aduaneiro respectivo.

Artigo 52

O declarante é responsável pela:

a) exatidão dos dados da declaração;

b) autenticidade dos documentos anexados; e

c) observância de todas as obrigações inerentes ao regime solicitado.

Artigo 53

1 — Registrada a declaração, a autoridade aduaneira controlará todos os dados declarados, a liquidação do crédito tributário e/ou dos benefícios cabíveis e a correta aplicação da legislação vigente.

2 — No caso de declarações efetuadas mediante processo informatizado, os aspectos assinalados serão indicados pelo sistema previamente ao seu registro.

Artigo 54

O pagamento da dívida aduaneira e/ou dos benefícios à exportação, quando for o caso, será efetuado na forma e no momento em que a legislação de cada Estado-Parte determine.

Artigo 55

A declaração deve ser complementada com a seguinte documentação, a ser entregue no momento estabelecido pela autoridade aduaneira de cada Estado-Parte:

a) o conhecimento de carga;

b) a fatura comercial;

c) a declaração de valor aduaneiro, quando exigida; e

d) outros documentos exigidos em razão de Acordos Internacionais e pela legislação específica interna de cada Estado-Parte.

Artigo 56

Enquanto as legislações internas dos Estados-Partes não se encontrarem harmonizadas, a retificação, modificação ou ampliação da declaração estará sujeita ao que estas determinem.

Artigo 57

1 — A autoridade aduaneira, a pedido do declarante, poderá cancelar uma declaração já registrada, nos casos em que a legislação interna do Estado-Parte o permita.

2 — O cancelamento da declaração não exime o declarante da responsabilidade por eventuais infrações ou delitos.

Do Embarque das Mercadorias

Artigo 58

1 — Entende-se por embarque a operação pela qual a mercadoria é carregada a bordo do meio de transporte.

2 — O embarque será efetuado sob controle aduaneiro, nos locais habilitados e nos horários estabelecidos.

3 — Concluído o embarque, a autoridade aduaneira procederá à determinação final da dívida aduaneira e/ou dos benefícios à exportação, uma vez comprovada a exatidão das declarações de saída e de exportação.

4 — A autorização para a liquidação e pagamento dos benefícios à exportação somente será concedida uma vez verificada a conformidade dos dados que constam do documento de transporte, assim como da declaração de exportação.

CAPÍTULO 3 — Disposições Comuns

Das Declarações Simplificadas

Artigo 59

A declaração aduaneira das mercadorias poderá ser feita de forma simplificada.

Artigo 60

A declaração simplificada poderá assumir a forma:

a) da apresentação de um formulário, contendo os elementos essenciais que identifiquem o usuário, a mercadoria e o regime aduaneiro aplicável, acompanhado dos documentos de transporte e/ou comerciais;

b) do ingresso, mediante processo informatizado, dos elementos identificatórios enunciados no item anterior, com oportuna apresentação dos documentos de transporte e/ou comerciais;

c) da apresentação da declaração de chegada ou saída da mercadoria, com os documentos de transporte e/ou comerciais, declarando o regime que se solicita;

d) da apresentação dos documentos de transporte e/ou comerciais, declarando o regime aduaneiro pretendido;

e) opção pelo canal verde ou "nada a declarar", nos pontos que disponham de um duplo canal de controle; e

f) de outras, estabelecidas pela legislação aduaneira do MERCOSUL.

Artigo 61

1 — A autoridade aduaneira poderá exigir que o declarante apresente, posteriormente à entrega das mercadorias, a declaração a que se referem os Artigos 26 e 50.

2 — A declaração referida no item 1 poderá, em casos especiais, ser apresentada englobando várias operações objeto de declarações simplificadas realizadas num determinado período.

Artigo 62

1 — A declaração simplificada, em operações comerciais, poderá aplicar-se:

a) a usuários habituais que possuam escrita fiscal que possibilite efetuar um controle eficaz "a posteriori";

b) a situações em que se possa assegurar um controle eficaz do cumprimento de normas que estabeleçam proibições ou restrições ao regime solicitado ou de outras disposições relativas ao regime aplicável.

2 — A autoridade aduaneira poderá exigir, para a concessão da autorização, a constituição de uma garantia para assegurar o pagamento de uma eventual dívida aduaneira.

Artigo 63

A autoridade aduaneira procederá ao desembaraço da mercadoria mediante prévio pagamento da dívida aduaneira.

Artigo 64

As operações de exportação para as quais se optar por declarações simplificadas não gozarão de benefícios à exportação.

Da Análise Documental e da Verificação de Mercadoria

Artigo 65

Entende-se por análise documental e verificação da mercadoria a seqüência de atos praticados pela autoridade aduaneira com vistas a comprovar a exatidão da declaração apresentada e o cumprimento dos requisitos de ordem legal ou regulamentar correspondentes ao respectivo regime aduaneiro.

Artigo 66

A análise documental e a verificação da mercadoria compreendem:

a) a análise dos dados da declaração;

b) o exame dos documentos que instruem a declaração;

c) a verificação da mercadoria; e

d) o exame do valor aduaneiro.

Da Seleção para a Análise Documental e Verificação da Mercadoria

Artigo 67

A autoridade aduaneira determinará as declarações que serão objeto de conferência total, parcial ou de nenhuma conferência antes da entrega da mercadoria.

Artigo 68

Quando a declaração realizar-se por sistema informatizado, a seleção de que trata o artigo anterior será automática, levando em consideração os parâmetros previamente determinados pela autoridade aduaneira.

Artigo 69

Para fins de identificar o tipo e a amplitude da conferência a ser realizada pela autoridade aduaneira antes da entrega da mercadoria, serão observados os seguintes critérios de seleção:

a) Canal Verde: a mercadoria será entregue sem a realização do exame documental, da verificação da mercadoria e da análise do valor aduaneiro, o que não impedirá que a autoridade aduaneira efetue controles sobre essa operação;

b) Canal Laranja: será realizado somente o exame documental e, não sendo constatada nenhuma irregularidade, a mercadoria será liberada, caso contrário, estará sujeita a sua verificação e valoração; e

c) Canal Vermelho: as declarações objeto de seleção para esse canal somente serão liberadas após a realização do exame documental, da verificação da mercadoria e, sendo o caso, da análise do valor aduaneiro.

Artigo 70

1 — No caso dos canais verde e laranja, o sistema de seleção estabelecido deverá prever a indicação aleatória de declarações e declarantes que serão objeto de fiscalização "a posteriori".

2 — As irregularidades eventualmente constatadas por um Estado-Parte no controle realizado posteriormente à entrega da mercadoria deverão ser informadas imediatamente aos demais Estados-Partes e ser consideradas na determinação dos critérios seletivos.

Artigo 71

1 — As declarações relativas a mercadorias selecionadas para a análise de valor serão automaticamente direcionadas para o canal vermelho.

2 — O exame do valor declarado, nesse caso, será realizado de forma preliminar e sumária, antes da entrega da mercadoria, ficando condicionada sua aprovação à análise realizada pelo órgão central de valoração.

Do Exame Documental

Artigo 72

O exame documental consiste em estabelecer a exatidão e correspondência dos dados consignados na declaração com os demais documentos exigíveis para o regime aduaneiro solicitado.

Da Verificação da Mercadoria

Artigo 73

1 — A verificação da mercadoria consiste no exame físico das mesmas, com o fim de assegurar que sua natureza, qualidade, origem, estado, quantidade e valor aduaneiro estejam de acordo com os declarados.

2 — A verificação da mercadoria será realizada nos locais habilitados e nos horários estabelecidos pela autoridade aduaneira.

3 — A verificação em locais e horários diferentes dos referidos no item anterior dependerá de autorização, correndo as despesas por conta do declarante.

Artigo 74

1 — O declarante ou a pessoa por ele designada para assistir à verificação prestará à autoridade aduaneira a colaboração necessária com vistas a facilitar sua tarefa.

2 — Caso a autoridade aduaneira considere insatisfatória a assistência prestada, poderá adotar todas as medidas que considere necessárias, correndo as despesas por conta do declarante.

Artigo 75

1 — Sempre que a autoridade aduaneira decida realizar uma extração de amostras, deverá informar esse fato ao declarante para que participe e presencie a mesma, e poderá exigir que essa extração seja efetuada, sob o seu controle, pelo próprio declarante ou por pessoas por ele designadas.

2 — A não participação do declarante dentro do prazo de cinco dias da notificação facultará a autoridade aduaneira a agir de ofício, não se admitindo reclamações posteriores do declarante relativamente a algum direito que tiver deixado de exercer.

3 — As despesas correspondentes à extração de amostras e à sua análise poderão estar a cargo do declarante.

Artigo 76

1 — Quando a entrega da mercadoria depender unicamente do resultado da análi-

se, a autoridade aduaneira poderá autorizar essa entrega, sempre que a dívida aduaneira eventualmente exigível tiver sido paga ou garantida.

2 — A autorização de saída não será concedida quando a autoridade aduaneira tiver dúvidas quanto à aplicabilidade de medidas de proibição ou de restrição às mercadorias objeto de extração de amostras para análise.

3 — As quantidades extraídas a título de amostra não são dedutíveis da quantidade declarada.

Artigo 77

1 — Salvo quando inutilizadas durante a análise, as amostras extraídas poderão ser restituídas ao declarante, a seu pedido e às suas expensas, desde que a sua conservação, pela autoridade aduaneira, resulte desnecessária.

2 — As amostras colocadas à disposição do declarante e que não sejam retiradas no prazo estabelecido serão consideradas abandonadas a favor do Erário.

Das Exigências Decorrentes da Conferência Aduaneira

Artigo 78

Quanto a autoridade aduaneira, no curso da conferencia, identificar elementos discordantes entre a declaração apresentada e a mercadoria ou os documentos que a instruem, que resultarem em eventual constituição de uma obrigação tributária aduaneira e sempre que isso não constitua infração ou delito, exigirá sua liquidação ou a pertinente garantia.

Artigo 79

Quando a entrega da mercadoria não puder ser autorizada, o declarante, deverá regularizar a situação no prazo de cinco dias, após o qual será aplicada a legislação pertinente de cada Estado-Parte.

CAPÍTULO 4 — Do Trânsito Aduaneiro

Artigo 80

As mercadorias provenientes de terceiros países ou destinadas aos mesmos em trânsito pelo território aduaneiro, ficam sujeitas às disposições dos Acordos Internacionais subscritos pelos Estados-Partes.

CAPÍTULO 5 Dos Prazos

Artigo 81

Os prazos expressamente previstos na presente Norma são contados em dias corridos.

CAPÍTULO 6 — Das Disposições Transitórias

Artigo 82

Até que se institua um mecanismo de distribuição de arrecadação pertinente à aplicação da Tarifa Externa Comum:

a) as mercadorias procedentes de terceiros países que forem consignadas a pessoas estabelecidas em um Estado-Parte distinto daquele em que as mesmas tenham sido introduzidas estarão sujeitas às disposições da presente Norma, bem como, ainda, ao pagamento dos gravames correspondentes à sua importação na Aduana do Estado-Parte a que se destine;

b) as mercadorias que saiam do território aduaneiro com destino a terceiros países, por um Estado-Parte distinto daquele em que se efetuar a declaração para um regime aduaneiro de exportação, estarão sujeitas às disposições da presente Norma, bem como, ainda, ao pagamento dos gravames ou percepção dos benefícios correspondentes, na Aduana do Estado-Parte exportador.

Artigo 83

Até que sejam estabelecidas disposições especiais, a presente Norma também será aplicável à circulação de bens derivada do intercâmbio comercial entre os Estados-Partes.

Artigo 84

Aos casos não previstos na presente Norma aplica-se a legislação vigente em cada Estado-Parte, até que seja aprovada a correspondente norma comunitária.

DECISÃO MERCOSUL/CMC N. 17/94

Tendo em vista o Tratado de Assunção, o Artigo 10 da Decisão n. 4/91 do Conselho do Mercado Comum, a Resolução n. 72/94 e a Recomendação n. 17/94 do SGT n. 2 — "Assuntos Aduaneiros",

Considerando que são necessários procedimentos harmonizados em matéria de valoração;

Considerando que, para tanto, os Estados-Partes devem aplicar normas comuns no âmbito do MERCOSUL, o Conselho do Mercado Comum, decide:

Art. 1. Aprovar a Norma de Aplicação sobre Valoração Aduaneira das Mercadorias que figuram como anexo da presente Decisão.

Art. 2. A presente Decisão entrará em vigor em 1º de janeiro de 1995.

ANEXO — NORMA DE APLICAÇÃO SOBRE VALORAÇÃO ADUANEIRA DAS MERCADORIAS

CAPÍTULO 1 — Disposições Gerais

Artigo 1

1 — A base de cálculo dos direitos aduaneiros para a importação será o valor aduaneiro das mercadorias importadas ingressadas a qualquer título no território aduaneiro do MERCOSUL, apurado segundo as normas do Acordo sobre a Implementação do Artigo VII do GATT.

2 — No valor aduaneiro serão incluídos os seguintes elementos:

a) o custo de transporte das mercadorias importadas até o porto ou local de importação;

b) os gastos relativos ao carregamento, descarregamento e manuseio, associados ao transporte das mercadorias importadas até o porto ou local de importação; e

c) o custo do seguro.

3 — O porto ou local de importação de que trata o numeral 2 é o ponto de introdução das mercadorias no território aduaneiro do MERCOSUL.

Artigo 2

O valor aduaneiro das mercadorias importadas será apurado para a aplicação da Tarifa Externa Comum ou de qualquer outro gravame não tarifário estabelecido por disposições comunitárias específicas relativas à importação de mercadorias.

Artigo 3

O controle do valor aduaneiro será efetuado de forma seletiva, conforme previsto na Norma de Aplicação para o Despacho Aduaneiro.

Artigo 4

A Declaração de Valor Aduaneiro anexa a esta Norma de Aplicação instruirá a declaração de despacho aduaneiro, quando for o caso.

CAPÍTULO II — Procedimentos

Artigo 5

O controle e as decisões sobre valor aduaneiro serão realizados, após a entrega das mercadorias, pelo órgão central de valoração de cada Estado-Parte, sem prejuízo do disposto no Artigo 7.

Artigo 6

Ao órgão a que se refere o artigo anterior caberá ainda:

a) a coordenação geral da valoração aduaneira, incluindo a elaboração de normas e regulamento; e

b) o atendimento às consultas formuladas por pessoas físicas ou jurídicas e órgãos da Administração Pública interna, assim como os Órgãos Centrais de Valoração dos outros Estados-Partes.

Artigo 7

1 — No momento do despacho das mercadorias selecionadas para o canal vermelho, será realizado um exame preliminar e uma análise sumária do valor declarado.

2 — Durante o exame preliminar poderão ser adotadas providências para assegurar os meios de prova necessários para uma correta apuração, "a posteriori", do valor aduaneiro, tais como coleta de amostras, retirada de espécimes e consulta a técnicos.

Artigo 8

A documentação que instruir o despacho selecionado para o canal vermelho será encaminhada para o Órgão Central de Valoração, após a entrega da mercadoria.

Artigo 9

O Órgão Central de Valoração poderá:

a) exigir a apresentação de documentos comprobatórios e informações que subsidiem a apuração do valor aduaneiro;

b) promover a realização de diligências ou auditorias;

c) solicitar diretamente à administração aduaneira do país de procedência da mercadoria ou através de outros mecanismos adequados, informação ou cópia do documento mediante o qual a exportação foi efetuada ou informações relativas aos preços de exportação vigentes naquele país; e

d) tomar quaisquer outras medidas que julgar necessárias.

Artigo 10

1 — Recebida a documentação, o Órgão Central de Valoração terá um prazo não superior a 60 (sessenta) dias, podendo cada Estado-Parte estabelecer prazos menores, para:

a) aceitar o valor declarado;

b) realizar os ajustes correspondentes, determinando o novo valor; ou

c) iniciar uma investigação, sempre que houver dúvidas de que os valores declarados são razoáveis.

2 — Aceito o valor declarado ou determinado o novo valor, a decisão será registrada na declaração de importação e encaminhada à repartição de origem, para ciência do interessado e, se for o caso, exigência do crédito tributário de acordo com a legislação interna de cada Estado-Parte.

3 — Os Estados-Partes poderão exigir, em conformidade com sua legislação interna, garantia do importador no caso de impugnação da exigência do crédito tributário.

4 — O prazo para conclusão da valoração prevista na letra "c", do item 1, será de 120 (cento e vinte) dias, prorrogável, justificadamente, por igual período.

CAPÍTULO III — Casos Especiais

Artigo 11

O valor aduaneiro de mercadoria cujo despacho tenha sido selecionado para o canal verde poderá ser objeto de análise de acordo com o previsto na legislação interna de cada Estado-Parte.

Artigo 12

A determinação do valor aduaneiro ficará sujeita às normas comunitárias específicas, nos seguintes casos:

a) de bens trazidos por viajantes, dentro do conceito de bagagem;

b) de bens destinados a:

1 — missões diplomáticas e repartições consulares de caráter permanente e a seus integrantes;

2 — representações de órgãos internacionais de caráter permanente de que os Estados-Partes sejam membros e a seus funcionários, peritos, técnicos e consultores.

c) de urnas funerárias contendo restos mortais; e

d) de bens contidos em remessas postais internacionais e encomendas aéreas, não sujeitas ao regime de importação comum, conforme previsto em legislação interna de cada Estado-Parte.

CAPÍTULO IV — Disposições Transitórias

Artigo 13

As disposições contidas na presente Norma aplicar-se-ão também às operações comerciais, de circulação de mercadorias, realizadas entre os Estados-Partes.

Artigo 14

Para os casos não previstos nas presentes disposições, aplicar-se-á a legislação vigente em cada Estado-Parte, enquanto não for aprovada a correspondente norma comunitária.

Artigo 15

A legislação dos Estados-Partes será aplicada supletivamente, desde que não se oponha à presente Norma.

Artigo 16

Os ajustes de valor que estiverem em vigência, em cada Estado-Parte, continuarão sendo aplicados a partir da vigência da presente Norma, sem prejuízo de sua consideração pelo órgão competente do MERCOSUL, que poderá ratificá-lo, retificá-lo ou torná-lo sem efeito, fazendo-se extensiva tal decisão aos demais Estados-Partes.

CAPÍTULO V — Disposições Finais

Artigo 17

Fica resguardado às respectivas Administrações Aduaneiras o direito de exigir os créditos tributários, relativos a qualquer despacho, dentro dos prazos decadenciais, previstos na legislação de cada Estado-Parte.

Artigo 18

Os documentos comprobatórios e as informações que subsidiem o valor aduaneiro declarado pelo importador, inclusive o dossiê comercial relativo à operação, devem permanecer disponíveis, à autoridade aduaneira, até o fim do prazo previsto na legislação de cada Estado-Parte.

DECISÃO MERCOSUL/CMC N. 18/94

Tendo em vista o Artigo 13 do Tratado de Assunção, o Artigo 10 da Decisão n. 4/91 do Conselho do Mercado Comum,

Considerando que são necessários procedimentos harmonizados para o tratamento aduaneiro da bagagem dos viajantes, com vistas à União Aduaneira, a partir de 1º de janeiro de 1995;

Considerando que para tal fim, todos os Estados-Partes devem aplicar normas comuns no âmbito do MERCOSUL, o Conselho do Mercado Comum, decide:

Art. 1. Aprovar a Norma de Aplicação Relativa ao Regime de Bagagem, que figura como anexo à presente Decisão.

Art. 2. A presente Decisão entrará em vigor em 1º de janeiro de 1995.

ANEXO — NORMA DE APLICAÇÃO RELATIVA AO REGIME DE BAGAGEM NO MERCOSUL

CAPÍTULO 1 — Definições

Artigo 1

Para os efeitos da presente Norma, entender-se-á por:

Bagagem: os objetos novos ou usados que um viajante, em compatibilidade com as circunstâncias de sua viagem, puder destinar para seu uso ou consumo pessoal, bem como para presentear, sempre que, pela sua quantidade, natureza ou variedade, não permitirem presumir importação ou exportação com fins comerciais ou industriais.

Bagagem Acompanhada: o que o viajante levar consigo e no mesmo meio de transporte em que viaje, exceto quando vier em condição de carga.

Bagagem Não-Acompanhada: o que chegar ou sair do país, antes ou depois do viajante, ou que chegar junto a ele, estando, porém, em condição de carga.

Objetos de Uso ou Consumo Pessoal: os artigos de vestuário, higiene e demais bens de caráter manifestadamente pessoal.

CAPÍTULO 2

1. Categorias de Viajantes

Da Bagagem de Importação

Artigo 2

Para os fins da presente Norma, ficam estabelecidas as seguintes categorias de viajantes, para a bagagem de importação:

I — residentes em terceiros países que ingressem no território aduaneiro:

a) em viagem de turismo, negócios ou em trânsito pelo território;

b) em caráter temporário, para fins de estudo ou exercício de atividade profissional; ou

c) para residir de forma permanente.

II — residentes nos Estados-Partes, que retornem ao território aduaneiro, provenientes de terceiros países, depois de permanecerem no exterior há:

a) mais de um ano; ou

b) menos de um ano.

III — residentes em um dos Estados-Partes, que retornem a ele depois de permanecerem em outro Estado-Parte:

a) em viagem de turismo ou negócios; ou

b) em razão de estudos ou exercícios da atividade profissional de caráter temporário.

IV — residentes em um dos Estados-Partes, que ingressem em outro, para fixar sua residência permanente.

2. Disposições Gerais da Declaração

Artigo 3

1 — Os viajantes de qualquer categoria que ingressarem no território aduaneiro, bem como aqueles que circularem de um Estado-Parte a outro, deverão efetuar a declaração do conteúdo de sua bagagem.

2 — A autoridade aduaneira poderá exigir que a declaração seja efetuada por escrito.

3 — Tratando-se de bagagem não acompanhada, a declaração deverá ser formulada por escrito.

4 — Os viajantes não poderão declarar como própria, bagagem de terceiros ou encarregar-se, por conta de pessoas que não viajem a bordo, de conduzir e introduzir objetos que não lhe pertençam. A infração a esta disposição será sancionada de acordo com a legislação nacional vigente em cada Estado-Parte, até que seja editada a respectiva norma comunitária. Excetuam-se a esta regra os objetos pessoais de uso dos residentes no território aduaneiro, que tiverem falecido no exterior, sempre que se comprovar o óbito com documentação idônea.

5 — A declaração deverá ser apresentada dentro dos prazos estabelecidos pela legislação aduaneira nacional de cada Estado-Parte, com as conseqüências ali previstas, no caso de seu descumprimento.

Da Valoração da Bagagem

Artigo 4

1 — Para os fins de determinação do valor dos bens que compõem a bagagem, considerar-se-á o valor de sua aquisição, à vista da fatura.

2 — Na falta do valor mencionado no item anterior, por inexistência ou inexatidão da fatura, considerar-se-á o valor que, em caráter geral, estabelecer a autoridade aduaneira.

Das Isenções

Artigo 5

1 — As isenções estabelecidas em favor dos viajantes são individuais e intransferíveis.

2 — Os bens comprovadamente saídos do território aduaneiro estarão isentos de gravames quando retornarem, independentemente do prazo de permanência no exterior.

Das Proibições

Artigo 6

1 — Fica proibido importar sob este regime mercadorias que não constituam bagagem, bem como aquelas que estejam sujeitas a proibições ou restrições de caráter não econômico.

2 — Os bens integrantes da bagagem sujeitos a controles específicos somente se-

rão liberados mediante prévia anuência do organismo competente.

Das Exclusões

Artigo 7

1 — Estão excluídos do presente regime os veículos automotores em geral, motocicletas, motonetas, bicicletas com motor, motores para embarcação, motos aquáticas e similares, casas rodantes, aeronaves, embarcações de todo tipo.

2 — Os bens excluídos deste regime, citados no item anterior, poderão ingressar a um Estado-Parte em admissão temporária, sempre que o viajante comprove sua residência permanente em outro país.

Do Extravio de Bagagem

Artigo 8

Os objetos despachados como bagagem e que, por caso fortuito ou força maior, ou por confusões, erros ou omissões, chegarem sem seus respectivos titulares, deverão permanecer depositados pelo transportador, à ordem de quem corresponder, em jurisdição aduaneira, enquanto não forem reclamados. Tais objetos poderão ser liberados mediante o prévio cumprimento das formalidades previstas na presente Norma. No caso de reembarque, a bagagem poderá ser solicitada pelo titular dos objetos ou, quando vier marcada para outro país, pelo transportador.

Dos Limites de Isenção

Artigo 9

1 — A bagagem acompanhada de todas as categorias de viajantes estará livre do pagamento de gravames relativamente a:

a) roupas e objetos de uso pessoal; e

b) livros, folhetos e periódicos.

2 — Além dos mencionados no item 1, o viajante que ingressar a um Estado-Parte, por via aérea ou marítima, gozará de isenção para outros bens, até o limite de US$ 300 (trezentos dólares estadunidenses ou o equivalente em outra moeda).

3 — No caso das fronteiras terrestres, os Estados-Partes poderão fixar uma franquia não inferior a US$ 150 (centro e cinqüenta dólares estadunidenses ou o equivalente em outra moeda).

4 — Não obstante o estabelecido nos itens 2 e 3, os Estados-Partes que tenham franquias mais elevadas poderão mantê-las até que as mesmas possam ser harmonizadas.

5 — As Autoridades Aduaneiras exercerão os controles devidos, particularmente no sentido de que a franquia não seja utilizada mais de uma vez por mês

Da Tributação

Artigo 10

Os bens compreendidos no conceito de bagagem que excederem os limites de isenção estabelecidos no Artigo 9, sem prejuízo desta, serão liberados mediante o pagamento prévio de um único gravame com alíquota de 50% sobre o valor da mercadoria.

Dos Viajantes que Ingressam para Residir de Forma Permanente

Artigo 11

1 — Os estrangeiros que venham a se estabelecer nos Estados-Partes e os residentes em terceiros países que regressem para se estabelecerem no território do MERCOSUL, depois de terem permanecido no exterior por um período superior a um ano, poderão ingressar no território aduaneiro, livre de gravames e sem prejuízo do disposto no Artigo 9, os seguintes bens, novos ou usados:

a) móveis e outros bens de uso doméstico;

b) ferramentas, máquinas, aparelhos e instrumentos necessários ao exercício de sua profissão, arte ou ofício, individualmente considerado.

2 — O gozo deste benefício para os bens referidos na alínea "b" do item 1 estará su-

jeito à prévia comprovação da atividade desenvolvida pelo viajante, e, no caso de residente no exterior que regressar, do prazo estabelecido no item 1.

3 — No caso de estrangeiro, enquanto não lhe for concedido o visto permanente em um dos Estados-Partes, seus bens poderão ingressar no território aduaneiro, sob o regime de admissão temporária.

Dos Residentes em um Estado-Parte que se Transferirem a Outro, para Nele Residir de Forma Permanente

Artigo 12

Os residentes em um Estado-Parte que se transferirem para residir em outro Estado-Parte de forma definitiva terão, relativamente a sua bagagem, o tratamento previsto no Artigo 11 da presente Norma.

Dos Bens Adquiridos em Lojas Francas

Artigo 13

1 — Os viajantes gozarão de uma isenção adicional de um mínimo de US$ 300 (trezentos dólares estadunidenses ou o equivalente em outra moeda) em relação aos bens adquiridos nas lojas francas de chegada existentes nos Estados-Partes.

2 — Os bens adquiridos em lojas francas de chegada, que excederem o limite estabelecido no item anterior, estarão sujeitos ao regime de tributação previsto no Artigo 10.

Da Bagagem Não Acompanhada

Artigo 14

1 — A bagagem não acompanhada deverá chegar ao território aduaneiro dentro dos três meses anteriores ou até os seis meses posteriores à chegada do viajante, e somente será liberada após a chegada do mesmo.

2 — A bagagem não acompanhada deverá chegar na condição de carga e seu despacho poderá ser efetuado pelo próprio interessado ou por seu representante devidamente autorizado.

3 — A bagagem não acompanhada deverá provir do lugar ou lugares de procedência do viajante.

4 — Estarão isentos de gravames as roupas e objetos de uso pessoal usados, livros e periódicos, não se aplicando os limites de isenção previstos nesta Norma.

Dos Tripulantes

Artigo 15

1 — A bagagem dos tripulantes estará isenta de gravames somente quanto a roupas, objetos de uso pessoal, livros e periódicos, não se beneficiando dos limites de isenção previstos nesta Norma.

2 — Sem prejuízo do disposto no item anterior, a bagagem dos tripulantes dos navios de longo curso terá o tratamento previsto nos Artigos 9 e 10, quando proceder de terceiros países e desembarcar definitivamente no território aduaneiro.

CAPÍTULO 3 — Da Bagagem de Exportação

Artigo 16

1 — O viajante que se destinar a terceiros países gozará de isenção dos gravames de exportação relativamente a sua bagagem, acompanhada ou não.

2 — Dar-se-á o tratamento de bagagem a outros bens adquiridos no território aduaneiro, levados pessoalmente pelo viajante, até o limite de 2.000 dólares dos Estados Unidos da América ou o equivalente em outra moeda, sempre que se tratarem de produtos de livre exportação e seja apresentada a nota fiscal correspondente a sua aquisição.

CAPÍTULO 4 — Das Disposições Transitórias

Artigo 17

Os casos omissos reger-se-ão pela legislação vigente em cada Estado-Parte, até que seja editada a respectiva norma comunitária.

DECISÃO MERCOSUL/CMC N. 26/94

Tendo em vista o Artigo 13 do Tratado de Assunção, a Decisão n. 4/91 do Conselho do Mercado Comum e a Resolução n. 81/93, do Grupo Mercado Comum,

Considerando a necessidade de contar, a partir de 1º de janeiro de 1995, com uma Norma de Tramitação de Decisões, Critérios e Opiniões de Caráter Geral sobre Classificação Tarifária de Mercadorias na Nomenclatura Comum do MERCOSUL, o Conselho do Mercado Comum decide:

Art. 1. Aprovar a Norma de Tramitação de Decisões, Critérios e Opiniões de Caráter Geral sobre Classificação Tarifária de Mercadorias na Nomenclatura Comum do MERCOSUL, que consta como anexo à presente Decisão.

Art. 2. A presente Decisão entrará em vigor em 1º de janeiro de 1995.

ANEXO — NORMA DE TRAMITAÇÃO DE DECISÕES, CRITÉRIOS E OPINIÕES DE CARÁTER GERAL SOBRE CLASSIFICAÇÃO TARIFÁRIA DE MERCADORIAS NA NOMENCLATURA COMUM DO MERCOSUL

1 — As administrações nacionais dos Estados-Partes emitirão decisões, critérios e opiniões de caráter geral sobre classificação de mercadorias na Nomenclatura Comum do MERCOSUL e de acordo com suas respectivas legislações.

2 — As decisões, critérios e opiniões serão comunicados, juntamente com os antecedentes que os originaram, dentro de 15 dias após sua emissão, às administrações dos demais Estados-Partes para seu conhecimento e análise, por intermédio do Comitê Técnico de Nomenclatura e Classificação de Mercadorias da Comissão de Comércio do MERCOSUL (CCM), doravante denominado Comitê, o qual centralizará a informação sobre decisões das administrações.

3 — Se em um prazo não superior a 30 dias desde a data de sua recepção não se produzirem observações discrepantes sobre essas decisões, critérios e opiniões, entender-se-á que os mesmos são compartilhados pelas demais administrações.

4 — Se a administração de um Estado-Parte tiver discrepância, deverá comunicá-la com todos os fundamentos técnicos que justifiquem essa discordância dentro do prazo estipulado no item 3 ao Comitê, para efeitos de sua remissão às demais administrações dos Estados-Partes para seu conhecimento.

5 — A discrepância de que trata o item anterior será submetida a estudo pelo Comitê, em sua próxima reunião.

6 — Nos casos de consenso sobre decisões, critérios e opiniões, o Comitê elevará pelos canais competentes o correspondente parecer para sua consideração pela CCM.

7.1 Se não existir consenso, a discrepância pode basear-se em dois fatores:

a) não acordar sobre posição e/ou subposição do Sistema Harmonizado;

b) discrepar sobre a aplicação dos dígitos 7º e 8º correspondentes à Nomenclatura Comum.

7.2 Para o primeiro dos casos, o Comitê realizará a correspondente consulta, por intermédio de um dos Estados-Partes, à Direção de Nomenclatura e Classificação da Organização Mundial de Aduanas (OMA).

8 — Uma vez produzida a resposta da Direção, consultada segundo o item 7.2, e dentro de um prazo de 10 dias, o Estado-Parte que haja efetuado a consulta remeterá cópia ao Comitê para conhecimento e análise pelos demais Estados-Partes. Se as administrações dos Estados-Partes não se pronunciarem em desacordo em um prazo de 30 dias desde sua recepção, entender-se-á que estão de acordo com a resposta recebida.

9.1 Se existir este consenso e se a resposta da Direção de Nomenclatura e Classificação de Mercadorias da OMA coincide com a decisão de classificação do país emissor, seguir-se-á o procedimento previsto do item 6.

9.2 Somente no caso em que a opinião da Direção não seja coincidente com a decisão que originou a discrepância, e existindo consenso conforme o estabelecido no item 8, o país que a emitiu formulará uma decisão com a nova orientação e remeterá ao Comitê para sua comunicação aos demais Estados-Partes para os efeitos previstos no item 6.

10.1 Se algum dos Estados-Partes manifestar sua desconformidade com a opinião a que faz referência o item 8, o mesmo a comunicará ao Comitê, e este à CCM, a qual encomendará a um dos países que ostente o caráter de Parte Contratante do Convênio do Sistema Harmonizado, para que solicite à Direção de Nomenclatura e Classificação da OMA que submeta o caso ao Comitê do Sistema Harmonizado. A decisão do Comitê do Sistema Harmonizado exarada no relatório definitivo da respectiva sessão será remetida ao Comitê para os efeitos do procedimento previsto no item 6 quando esta decisão for coincidente com a do país emissor.

10.2 A adoção será obrigatória pelos mesmos, e só em caso de não coincidir com a decisão que originou a discrepância, o país que a emitiu formulará nova decisão com o critério do Comitê do Sistema Harmonizado e a remeterá ao Comitê para comunicação aos demais Estados-Partes, para os efeitos do procedimento previsto no item 6.

11 — Se a controvérsia for com relação à aplicação dos 7º e 8º dígitos da Nomenclatura Comum do MERCOSUL, o Comitê elevará o caso à decisão do GMC, por intermédio da CCM, para sua resolução conforme o Sistema de Solução de Controvérsias vigente no MERCOSUL.

12 — Produzida a decisão referida no numeral anterior, a CCM a comunicará ao Comitê para que este a dirija a cada um dos Estados-Partes. Estes deverão adotar a dita decisão em caráter obrigatório.

13 — As diretivas sobre classificação de mercadorias adotadas pela CCM terão validade no território comunitário a partir da publicação oficial no âmbito do MERCOSUL.

14 — Enquanto não existir uma decisão comum e obrigatória para os Estados-Partes, as decisões de cada Estado-Parte permanecerão em vigor somente em seus territórios.

15 — Para os efeitos da presente Norma os prazos estipulados consideram-se em dias corridos.

16 — O Comitê, em relação ao não previsto na presente Norma, deverá ajustar suas atribuições ao que estabeleça o regulamento para seu funcionamento.

RESOLUÇÃO MERCOSUL/GMC N. 111/94

Recursos Financeiros e Humanos Necessários para o Funcionamento dos Controles Integrados de Fronteiras

Tendo em vista o Artigo 13 do Tratado de Assunção, o Artigo 10 da Decisão n. 4/91 e as Decisões ns. 5 e 12/93 do Conselho do Mercado Comum, a Resolução GMC n. 8/94 e a Recomendação n. 24/94 do SGT-2 — "Assuntos Aduaneiros",

Considerando que através dos atos decisórios acima citados foram instituídos controles integrados nas fronteiras entre os Estados-Partes do MERCOSUL, e se estabeleceram as normas operacionais para o seu funcionamento;

Considerando que, mediante a Resolução GMC n. 8/94, foram determinados os Pontos de Fronteira nos quais se aplica o referido sistema de controle fronteiriço;

Considerando que para seu eficaz e pleno funcionamento, é necessário que os Estados-Partes atribuam, com caráter urgente e prioritário, aos organismos intervenientes nas áreas de controle integrado, os recursos financeiros e humanos necessários, o Grupo Mercado Comum, resolve:

Art. 1. Proceder, por intermediário de suas Seções Nacionais respectivas, às gestões necessárias com vistas a que sejam outorgados aos Organismos Intervenientes nas Áreas de Controle Integrado, com caráter urgente e prioritário, os recursos financeiros e humanos necessários para seu pleno funcionamento.

RESOLUÇÃO MERCOSUL/GMC N. 115/94

Tendo em vista o Artigo 13 do Tratado de Assunção, o Artigo 10 da Decisão n. 4/94 do Conselho do Mercado Comum e a Recomendação n. 29/94 do Subgrupo de Trabalho 2 — "Assuntos Aduaneiros",

Considerando, a necessidade de facilitar e impulsionar as atividades promocionais, turísticas ou comerciais afins, fundamentais para o incremento das atividades econômicas intra-regional e o trânsito simplificado de material promocional, que são fatores decisivos para o incremento comercial, o Grupo Mercado Comum, resolve:

Art. 1. Aprovar o "Regime Especial Destinado ao Material Promocional" que consta como anexo à presente Resolução.

Art. 2. O Regime supracitado entrará em vigor em 1º de janeiro de 1995

ANEXO — REGIME ESPECIAL DESTINADO AO MATERIAL PROMOCIONAL

Artigo 1

Considera-se material promocional os folhetos, "slides", fitas de vídeo, panfletos, revistas, cartazes, guias, fotografias, mapas ilustrados ou outros similares que sejam destinados à utilização ou distribuição de forma gratuita em feiras, exposições, congressos, "workshops" ou qualquer atividade turística, cultural, educativa, desportiva, religiosa ou de promoção comercial.

Artigo 2

Estão também compreendidas no Artigo 1 aquelas mercadorias a serem distribuídas gratuitamente na ocasião ou em função da realização dos eventos mencionados, sempre que seu valor FOB não supere o valor de US$ 5,000.00 (cinco mil dólares dos Estados Unidos).

Artigo 3

Os bens descritos no Artigo 1, que circulem entre os Estados-Partes, estarão isentos do pagamento de direitos aduaneiros e não estão sujeitos a proibições ou restrições de natureza econômica.

Artigo 4

Fica proibida a comercialização dos bens a que se refere a presente Norma.

Artigo 5

A circulação de material promocional de cada Estado-Parte realizar-se-á através de formulário simplificado anexo à presente Norma.

Artigo 6

São beneficiários desta Norma as pessoas físicas ou jurídicas que se dedicam às atividades mencionadas no artigo 1 estabelecidas nos Estados-Partes do MERCOSUL.

Artigo 7

Às infrações a presente Norma serão aplicadas as sanções previstas na legislação vigente no Estado-Parte.

RESOLUÇÃO MERCOSUL/GMC N. 116/94

Tendo em vista o Artigo 13 do Tratado de Assunção, o Artigo 10 da Decisão n. 4/94 do Conselho do Mercado Comum, e a Recomendação n. 31/94 do Subgrupo de Trabalho 2 — "Assuntos Aduaneiros",

Considerando a importância em facilitar e incrementar o trânsito de mercadorias ao amparo do regime MIC/DTA, reduzindo custos operacionais e tempo de parada de veículos em fronteira, o Grupo Mercado Comum, resolve:

Art. 1. Aprovar a norma sobre "Mercadorias Carregadas em Distintas Aduanas do País de Partida com um Mesmo MIC/DTA e na mesma Unidade de Transporte" que consta como anexo à presente Resolução.

ANEXO — NORMA COMUNITÁRIA PARA MERCADORIAS CARREGADAS EM DISTINTAS ADUANAS DO PAÍS DE PARTIDA COM UM MESMO MIC/DTA E NA MESMA UNIDADE DE TRANSPORTE

Artigo 1

O carregamento de mercadorias em uma unidade de transporte com um mesmo MIC/DTA poderá ser efetuado em distintas aduanas do país de partida.

Artigo 2

Para os efeitos do previsto no artigo anterior, o MIC/DTA deverá ser apresentado à aduana de partida, com a indicação das aduanas intermediárias onde serão efetuados novos carregamentos, situados entre a aduana de partida e a de saída do país de origem.

Artigo 3

O trâmite das operações e os controles a que estas serão submetidas ajustar-se-ão aos procedimentos estabelecidos no Capítulo VIII — Formalidades a serem observadas nas aduanas de partida — Artigo 14 do Anexo I — Assuntos Aduaneiros —, do Acordo sobre Transporte Internacional Terrestre.

Artigo 4

O MIC/DTA será registrado na aduana de partida.

Artigo 5

A rota e o prazo da operação de trânsito aduaneiro internacional até a aduana de destino, com a indicação de cada aduana intermediária de carga, serão declarados no MIC/DTA a ser apresentado na aduana de partida, devendo-se computar no referido prazo o tempo gasto para embarque em cada aduana intermediária.

Artigo 6

Para as mercadorias que forem embarcadas em cada aduana intermediária, deverá ser anexado ao MIC/DTA documento denominado "Continuação", com a declaração das mesmas, que será registrado com o mesmo número de MIC/DTA, devendo-se, ainda, constar do referido documento número próprio de registro da aduana intermediária.

O documento a que se refere este artigo será expedido com o mesmo número de vias previsto para o MIC/DTA.

Artigo 7

Em cada aduana intermediária proceder-se-á à colocação de novo lacre MS, ocasião em que será removido o lacre colocado pela aduana precedente, registrando-se seu número no documento "Continuação".

Será lacrada somente a mercadoria acrescentada numa aduana intermediária, sem que se proceda à remoção dos lacres aplicados na aduana precedente, quando estes tenham sido utilizados em volumes ou grupo de volumes de uma unidade de transporte, ou ainda, quando compartimentos interiores separados existentes dentro da mesma unidade de transporte tenham sido lacrados.

Deverá ser procedida a lacração exterior da unidade de transporte, quando a última aduana intermediária do país de partida utilizar o sistema de lacração a que se refere o parágrafo anterior.

Artigo 8

Na aduana intermediária poderá ser incorporada unidade de transporte, contendo nova carga, ao veículo em operação de trânsito aduaneiro internacional.

Neste caso, deverá ser declarado no MIC/DTA, na aduana de partida, a circunstância e, se for o caso, os dados do veículo transportador incorporado.

Em caso de não se conhecerem os dados do veículo a que se refere o parágrafo anterior, deverá constar sua placa, na folha "Continuação" do MIC/DTA.

Artigo 9

Concluída a operação de trânsito aduaneiro internacional, uma via do MIC/DTA e dos documentos "Continuação" correspondentes serão utilizadas como torna-guia, remetidas à aduana de partida.

ANEXO — INSTRUÇÕES PARA O PREENCHIMENTO DO MIC/DTA

1 — No MIC/DATA:

Campo 15 — indicação da unidade de transporte que se incorpora, quando for o caso, e o número de sua placa.

Campo 40 — lugar onde será incorporada a unidade de transporte.

2 — No documento "Continuação":

Campo 4 — número de registro na aduana de partida.

Campo 40 — número de registro na aduana intermediária de carga.

— número da placa do reboque que se incorpora, na aduana intermediária de carga.

— abertura de lacres.

Campo 41 — carimbo e assinatura da aduana interveniente.

RESOLUÇÃO MERCOSUL/GMC N. 117/94

Tendo em vista o Artigo 13 do Tratado de Assunção, o Artigo 10 da Decisão n. 4/94 do Conselho do Mercado Comum e a Recomendação n. 32/94 do Subgrupo de Trabalho 2 — "Assuntos Aduaneiros",

Considerando a necessidade de regulamentar o transporte de correspondência e de encomendas por ônibus de passageiros de linha regular, habilitados para viagens internacionais, juntamente com o transporte de passageiros, com vistas a facilitar as interconexões entre os mesmos, o Grupo Mercado Comum, resolve:

Art. 1. Aprovar a "Norma sobre a Operação Aduaneira para o Transporte de Correspondência e Encomendas em Ônibus de Passageiros de Linha Regular, Habilitados para Viagens Internacionais", que consta como anexo à presente Resolução.

Art. 2. A presente Resolução entrará em vigor em 1º de janeiro de 1995.

ANEXO — NORMA COMUNITÁRIA SOBRE A OPERAÇÃO ADUANEIRA PARA O TRANSPORTE DE CORRESPONDÊNCIA E ENCOMENDAS EM ÔNIBUS DE PASSAGEIROS DE LINHA REGULAR, HABILITADOS PARA VIAGENS INTERNACIONAIS

Os Estados-Partes, conscientes da necessidade de regulamentar o transporte de correspondência e de encomendas de passageiros de linha regular habilitados para viagens internacionais juntamente com o transporte de passageiros, para fins de facilitação de interconexões dos mesmos, segundo as diretrizes do Tratado de Assunção, acordam o marco geral das medidas técnicas e operativas para sua regulamentação:

1 Correspondência

Entende-se por correspondência:

a) comunicações escritas, gravadas ou realizadas por qualquer outro meio;

b) carta ou cartão-postal;

c) faturas comerciais, notas de débito e crédito ou outros documentos de natureza contábil;

d) citações, aviso de vencimento, recibo, notificações, intimações e outras comunicações similares;

e) planilhas, listagens e fitas (em seus diferentes tipos de suporte e outros elementos afins), com informações dos distintos sistemas de computação, cujo conteúdo seja necessário para o desenvolvimento das atividades das entidades financeiras ou comerciais destinatárias;

f) balanços e relatórios contábeis;

g) documentos de transferência de fundos;

h) ofícios lacrados, qualquer que seja seu conteúdo.

2 — Encomendas

2.1 Constituem encomendas objetos ou mercadorias, sujeitos ou não ao monopólio postal, segundo a legislação de cada país.

Dita carga será a seguinte:

a) toda documentação, impressos ou papéis não sujeitos ao monopólio postal, inclusive a documentação própria e inerente à carga (faturas e notas fiscais que acompanham as mercadorias);

b) amostras cujo valor FOB não supere US$ 3,000.00 (três mil dólares dos Estados Unidos), com peso de até cinqüenta quilogramas;

c) mercadorias que tiverem ou não finalidade comercial cujo valor FOB não ultrapasse US$ 3,000.00 (três mil dólares dos Estados Unidos), com peso de até cinqüenta quilogramas;

d) reservas e provisões para a manutenção ou para o reparo de veículos estrangeiros em trânsito pelo território aduaneiro, ou veículos nacionais em trânsito pelo território de outro país.

2.2 Para fins de cálculo dos tributos incidentes na importação, deverá ser considerado o valor aduaneiro da mercadoria a partir do valor CIF da mesma, computando-se, para tal fim, o valor real do frete. A autoridade aduaneira poderá recusar o valor aduaneiro declarado, determinando outro, caso os documentos apresentados não sejam idôneos e tomando por base a verificação física da mercadoria e listas de preços que possua.

Quando o valor determinado pela aduana for diferente do declarado e não supere US$ 3,000.00 (três mil dólares dos Estados Unidos), será permitido o desembaraço da mercadoria nos termos desta Norma, com o pagamento dos respectivos tributos, sem prejuízo da aplicação das sanções cabíveis.

Quando o valor determinado pela aduana for diferente do declarado e supere os US$ 3,000.00 (três mil dólares dos Estados Unidos), a mercadoria será despachada pelo regime comum de importação, sem prejuízo da aplicação das sanções cabíveis.

2.3 As encomendas deverão ser transportadas e acondicionadas em unidades de carga especiais, construídas com materiais resistentes ao uso contínuo, com características de identificação e de inviolabilidade, que permitam sua lacração.

2.4 O trânsito aduaneiro internacional será instruído com o MIC/DTA, em cumprimento às condições constantes do Anexo I — Assuntos Aduaneiros —, do Acordo sobre Transporte Internacional Terrestre.

3 — Disposições Gerais

3.1 São beneficiárias deste regime as empresas habilitadas ao transporte internacional de passageiros, com base no Acordo sobre Transporte Internacional Terrestre, devidamente credenciadas nos termos do item 3.2.

3.2 As empresas interessadas em utilizar o presente regime deverão estar credenciadas na Administração de Aduanas de cada país.

Quando se tratar de encomendas sujeitas ao monopólio postal, transporte das mesmas deve ser autorizado previamente pela autoridade postal, sem prejuízo dos controles aduaneiros que se fizerem necessários.

3.3 A bagagem dos passageiros terá prioridade sobre o transporte de correspondência ou encomendas.

4 — Exclusões ao Regime e Responsabilidade da Beneficiária

4.1 Excluem-se do presente regime as seguintes mercadorias:

a) armas de fogo;

b) explosivos e munições;

c) inflamáveis;

d) entorpecentes;

e) substâncias psicotrópicas;

f) precursores e substâncias químicas essenciais à elaboração de substâncias entorpecentes e psicotrópicas;

g) objetos obscenos e pornográficos;

h) mercadorias cuja importação seja proibida;

i) mercadorias cuja exportação seja proibida;

j) resíduos perigosos;

l) mercadorias sujeitas à intervenção das autoridades sanitárias, com exceção dos medicamentos a serem aplicados em pacientes com prescrição médica expressa, e medicamentos, alimentos e cosméticos em quantidade suficiente para análises qualitativa e bromatológica;

m) exportação de material nuclear, tecnologia de míssil, substâncias químicas e demais elementos de natureza sensível e bélica;

n) mercadorias sujeitas à intervenção prévia das autoridades sanitárias (animal e vegetal);

o) mercadorias sujcitas à identificação aduaneira — "porta a porta".

4.2 A beneficiária é responsável pelas infrações aos regimes aduaneiros de trânsito, de importação e de exportação, pelas declarações prestadas por ocasião da descarga, pelo retorno de unidades de carga e pelas transgressões ao disposto nesta Norma.

4.3 Sem prejuízo das penalidades estabelecidas na legislação vigente, ao beneficiário poderão ser aplicadas as sanções administrativas de suspensão ou cassação de habilitação para operar neste regime.

4.4. A fabricação, a posse e o uso exclusivo de unidades de carga é de responsabilidade dos beneficiários.

4.5 Não será admitido o transporte de encomendas fora de suas unidades de carga.

4.6 A beneficiária deverá expedir um único MIC/DTA para cada local de destino.

5 — Infrações ao Regime

5.1 Toda infração, violação ou descumprimento por parte das operadoras ou permissionárias ao presente regime acarretará aplicação de penalidades previstas na legislação vigente em cada país, sem prejuízo de outras sanções contempladas na referida legislação, quando tratar-se de fatos, atos ou omissões cometidos em função da atividade que pela presente se regulamenta.

RESOLUÇÃO MERCOSUL/GMC N. 118/94

Lista Positiva de Produtos que Não Devem Ser Submetidos a Nenhuma Intervenção Fitossanitária

Tendo em vista o Artigo 13 do Tratado de Assunção, o Artigo 10 da Decisão n. 4/91 do Conselho do Mercado Comum e a Recomendação n. 37/94 do SGT-2 — "Assuntos Aduaneiros",

Considerando que existem certos produtos de origem vegetal que apresentam reduzido risco de transmissão de pragas ou enfermidades agrícolas, razão pela qual não se justifica submetê-los, em caráter permanente, a uma rigorosa inspeção fitossanitária;

Considerando que tais produtos são habitualmente transportados por passageiros em viagem turística, tanto no âmbito do MERCOSUL, quanto desde e a terceiros países;

Considerando que a não fiscalização Fitossanitária para esses produtos significará um notório benefício para a agilização na circulação de pessoas nos pontos de fronteira entre os Estados-Partes do MERCOSUL;

Considerando que tal norma está prevista no "Acordo Sanitário e Fitossanitário do MERCOSUL", o Grupo Mercado Comum, resolve:

Art. 1. Os viajantes que ingressarem ou deixem o território de um Estado-Parte do MERCOSUL, poderão transportar em sua bagagem os produtos de origem vegetal, descritos na seguinte lista positiva:

- Azeite de origem vegetal (comestível, cosmético, medicinais, etc.), sólidos ou líquidos
- Essências vegetais (colorantes, aromatizantes, etc.)
- Produtos embalados a vácuo
- Produtos enlatados
- Produtos em salmoura e outros conservantes
- Especiarias embaladas no varejo
- Chocolates
- Erva-mate elaborada e embalada

• Pó para sorvete e sobremesas, embalados

• Féculas embaladas

• Manteiga e pasta de cacau

• Artesanatos ou manufaturas pequenas de fibras vegetais (esteiras, tapetes, chapéus, cestos, bijuterias de madeira, etc.)

• Café solúvel

• Café torrado e moído

• Glucosa e açúcar refinado e embalado

• Cigarros e charutos

Art. 2. Os produtos que integram a lista mencionada no Artigo 1 não devem ser submetidos a nenhuma intervenção fitossanitária.

Art. 3. A lista mencionada nos artigos anteriores tem caráter dinâmico e será modificada pelo GMC de acordo com as recomendações técnicas conjuntas dos serviços de sanidade vegetal dos Estados-Partes.

Art. 4. A autoridade de Sanidade Vegetal de cada Estado-Parte dará conhecimento desta lista aos serviços aduaneiros, a fim de que esses últimos tomem as medidas necessárias quanto ao assinalado pela presente Resolução em suas áreas operacionais.

Art. 5. A presente Resolução entrará em vigor em 1º de janeiro de 1995.

RESOLUÇÃO MERCOSUL/GMC N. 127/94

Horário nos Dias Úteis de Segunda a Sexta-Feira nos Pontos de Fronteira

Tendo em vista o Artigo 13 do Tratado de Assunção, o Artigo 10 da Decisão n. 4/91 do Conselho do Mercado Comum, 5 e 12/93 do Conselho do Mercado Comum, as Resoluções ns. 3/91 e 8/94 do Grupo Mercado Comum e a Recomendação n. 23/94 do SGT-2 — "Assuntos Aduaneiros",

Considerando que através dos atos decisórios acima foram instituídos Controles Integrados de Fronteira em alguns Pontos das Fronteiras entre os Estados-Partes do MERCOSUL, estabelecendo-se que os Organismos operadores nesses âmbitos devem dar atendimento permanente às 24 horas do dia durante todo o ano;

Considerando que nesse sentido o Grupo Mercado Comum emitiu a Resolução n. 3/91, com vistas a que os Organismos dos Estados-Partes que atuam nessas áreas de Controle Integrado adotem as medidas de caráter administrativo correspondentes para o seu cumprimento;

Considerando que pela Resolução GMC n. 8/94 forma listados os Pontos de Fronteira entre os Estados-Partes do MERCOSUL, nos quais serão instalados Controles Integrados;

Considerando que de conformidade com as pautas horárias antes aludidas, torna-se necessário determinar o período hábil ao qual se ajustarão os distintos Organismos que atuam nessas Áreas de Controle Integrado;

Considerando que seu estabelecimento contribui para a harmonização das tarefas, bem como uma melhor prestação de serviços ao usuário, por parte dos organismos intervenientes de ambos os países;

Considerando que de acordo com o expresso do anteriormente cabe solicitar aos organismos intervenientes nas Áreas de Controle Integrado a atribuição prioritária dos recursos humanos, materiais e orçamentários para seu eficaz funcionamento, o Grupo Mercado Comum, resolve:

Art. 1. Estabelecer o horário das 7:00 às 19:00 horas, nos dias úteis de segunda-feira a sexta-feira, como horário hábil de funcionamento das repartições dos distintos organismos intervenientes nas Áreas de Controle Integrado.

Art. 2. O acima estabelecido dar-se-á sem prejuízo da extensão do horário hábil que se realize em algum Ponto de Fronteira com Controle Integrado, resultado de normas preexistentes, as quais continuarão vigentes.

Art. 3. Fica facultado aos Organismos Coordenadores, em caso de variação de horário oficial entre os Estados-Partes, adequar a jornada hábil de funcionamento nas Áreas de Controle Integrado de tráfico reduzido.

Art. 4. Solicitar aos organismos dos Estados-Partes, intervenientes nas Áreas de Controle Integrado, que outorguem prioridade à atribuição de recursos humanos, materiais e orçamentários, a fim de possibilitar o adequado funcionamento de suas respectivas repartições.

Art. 5. A presente Resolução entrará em vigor em 1º de janeiro de 1995.

RESOLUÇÃO MERCOSUL/GMC N. 131/94

Tendo em vista os Artigos 1 e 13 do Tratado de Assunção, o Artigo 10 da Decisão n. 13/93 do Conselho do Mercado Comum, e a Recomendação n. 20/94 do SGT-2 — "Assuntos Aduaneiros", e

Considerando que através do estatuído no Capítulo I, artigo 1 do Tratado de Assunção foram estabelecidos os propósitos, Princípios e Instrumentos para a constituição do Mercado Comum do Sul — MERCOSUL;

Considerando que a intensificação dos movimentos turísticos tem gerado um trânsito de veículos terrestres de grande importância, o qual merece uma consideração especial em prol de sua facilitação;

Considerando que neste sentido e em conformidade com o novo marco legal mencionado, se faz necessário formular normas que regulem a circulação de veículos comunitários, de uso particular, exclusivo de turistas residentes nos Estados-Partes, dentro do âmbito do território do Mercado Comum;

Considerando que uma vez aprovado pelo GMC, o mesmo deve ser elevado ao Conselho do Mercado Comum para sua aprovação, o Grupo Mercado Comum, resolve:

Art. 1. Aprovar o projeto de Norma Relativa à Circulação de Veículos Comunitários do MERCOSUL de Uso Particular Exclusivo de Turistas, que figura em anexo a esta Resolução.

ANEXO — NORMA RELATIVA À CIRCULAÇÃO DE VEÍCULOS COMUNITÁRIOS DO MERCOSUL DE USO PARTICULAR EXCLUSIVO DE TURISTAS RESIDENTES NOS ESTADOS-PARTES

Artigo 1

Âmbito de Aplicação

Os veículos comunitários do MERCOSUL, de uso particular, exclusivo de turistas, circularão livremente pelo território dos Estados-Partes nas condições estabelecidas pela presente Norma.

Artigo 2

Definições

Para os efeitos desta Norma, entender-se-á por:

a) Veículos Comunitários do MERCOSUL: automóveis, motocicletas, bicicletas motorizadas, casas rodantes, reboques, embarcações de recreio e desportivas e demais veículos similares, que estejam registrados e matriculados em qualquer Estado-Parte;

b) Turista: toda pessoa que ingresse no território de um Estado-Parte distinto daquele em que mantém sua residência habitual, e que permaneça nele sem exceder ao prazo máximo estabelecido na legislação migratória do Estado-Parte.

Artigo 3

Condutores Autorizados

Os veículos automotores incluídos neste regime deverão ser conduzidos pessoalmente pelo proprietário ou por pessoa autorizada conforme a legislação vigente, sempre que sejam residentes no Estado-Parte de matrícula.

Artigo 4

Formalidades

A circulação dos veículos comunitários, de um Estado-Parte a outro, conduzidos por turistas não estará sujeita ao cumprimento de qualquer formalidade aduaneira, sem prejuízo dos controles seletivos que as autoridades competentes possam exercer em relação ao cumprimento das condições e requisitos exigidos por este regime.

Artigo 5

Documentação

1 — A qualidade de veículo comunitário será comprovada mediante a documentação oficial que com esta finalidade seja expedida pelo Estado-Parte de matrícula e pela utilização das placas de registro exigíveis para a circulação do mesmo.

2 — A residência no Estado-Parte de matrícula do veículo será comprovada mediante o documento de identidade válido no âmbito do MERCOSUL ou, no caso de estrangeiros que não possuam este documento, mediante o Certificado de Residência expedido pelo órgão competente neste Estado-Parte.

3 — Desta forma, a condição de turista deverá ser comprovada mediante a documentação que para este fim seja estipulada, quando a legislação do Estado-Parte de ingresso assim o exija.

Artigo 6

Infrações

1 — Será excluído do regime previsto nesta Norma:

a) o condutor do veículo que não exiba a documentação exigida no artigo 5 da presente;

b) o veículo que transportar mercadorias que, por sua quantidade ou características, façam supor uma finalidade comercial, ou que sejam incompatíveis com as finalidades do turismo.

2 — Às transgressões ao presente regime serão aplicadas as penalidades previstas na legislação vigente no Estado-Parte em que forem detectadas.

Temas em Debate

A REFORMA DO JUDICIÁRIO

A CORRUPÇÃO DOS JUÍZES

JORGE F. MALEM SEÑA

É fato amplamente aceito que um direito desenvolvido se caracteriza, entre outras coisas, por conter regras de adjudicação que estabelecem quais órgãos e sob que condições se determina, de forma revestida de autoridade, quando há violação de uma norma e se cabe, ou não, como conseqüência, impor determinada sanção ao infrator. Neste sentido, os juízes constituiriam elemento necessário a uma ordem jurídica moderna.[1]

Quem tenha exercido o papel de juiz, como exerceu e em que circunstâncias o fez, dependeu certamente de condições históricas. Antes do advento da ordem democrática, os juízes dependiam diretamente do governante e distribuíam justiça por delegação. A potestade jurisdicional estava no governante, encarnação do Estado, o qual com freqüência a exercia pessoalmente. Mas na Idade Moderna, com o aumento das competências do Estado e diante das novas necessidades impostas pela ordem social tem início uma rápida burocratização dos órgãos jurisdicionais.

Neste contexto, não era rara a venda de cargos judiciais, e o recebimento, pelos juízes, de dádivas e compensações ou a utilização do aparato judicial como poderoso mecanismo político nas lutas pelo poder. Por isso não é de estranhar que o pensamento ilustrado e os impulsos democratizadores observassem com preocupação àqueles que decidiam sobre as vidas e bens das pessoas. Supunha-se que eles teriam direitos inalienáveis e que havia que desenvolver um desenho institucional equilibrado que garantisse o desfrute desses tais direitos. Com esse objetivo propugnou-se pelo que, tradicionalmente, se considerava a separação de poderes, dando-se aos juízes papel muito específico.

O que se pretendia era substituir o governo dos homens pelo império da lei. No dizer de Modesto Saavedra, a legitimidade judicial é legitimidade instrumental e a organização e funcionamento do aparato judicial foram pensados para realizar uma *aplicación objetiva y cierta de la ley, para asegurar la imparcialidad y neutralidad del juez, para privarle de todo margen de discrecionalidad, y para evitar las influencias políticas e impedir los abusos de poder en el ejercicio de su función.*[2]

Naturalmente, tanto os órgãos como as próprias funções de cada um dos três ramos

1. Cf. H. Hart, *El concepto de derecho*. Tradução espanhola de Genaro Carrió. Buenos Aires, Abeledo Perrot, 1968.

2. Cf. Modesto Saavedra López, *La legitimidad judicial en la crisis del imperio de la ley — Jueces para la democracia*, v. 18, n. 1, 1993.

em que foi concebido o poder estatal nem sempre têm sido apresentados da mesma forma, nem adquiriram uniformidade na sua manifestação empírica. A própria expressão "separação de poderes" é ambígua. Na teoria política tem sido utilizada para fazer referência a tantas e tão diferentes questões que levou G. Marshall a propor a inutilidade de seu uso e, inclusive, sua supressão.[3]

No que se segue, analisarei unicamente certos aspectos vinculados àqueles tradicionais à idéia de separação de poderes. O da independência e imparcialidade dos juízes. Dedicarei minha atenção, inicialmente, ao problema da corrupção dos juízes, para, finalmente, concluir com o dos efeitos da corrupção no poder Judiciário.

Se a expressão "separação de poderes" é elusiva, a "independência e imparcialidade dos juízes" não o é menos. Apesar disso, é facilmente reconhecível que tem sentido falar da segunda sob condição de existência da primeira. Em geral o termo "independência" é usado para indicar a relação do poder Judiciário com outros organismos estatais e com o público em geral. E as constituições democráticas costumam estabelecer essa independência contendo cláusulas que a garantam.

A independência dos juízes no exercício das funções que lhes tenham sido atribuídas, e a ausência de todo tipo de interferências no momento de exercer a postestade jurisdicional, têm sido considerados como uma das pedras de toque de um Estado democrático de direito. A questão é, agora, saber de quem hão de ser independentes os juízes que compõem o poder Judiciário. É usual postular que devem ser livres da interferência dos demais poderes do Estado. Tratar-se-ia, aqui, de assegurar uma independência externa ou, como a qualificou Owen Fiss, de alcançar uma "insularidade política".[4]

Também os juízes devem ficar fora do controle dos demais integrantes do poder Judiciário. Trata-se de chegar à independência interna ou de proteger a "autonomia individual" do juiz.[5] Apesar de as instâncias superiores poderem invalidar decisões dos tribunais inferiores por meio da resolução dos diferentes recursos de revisão existentes no sistema jurídico, devem abster-se de fixar diretivas, impor critérios ou condicionar de qualquer modo as decisões daqueles.

Finalmente, o juiz deve manter-se à margem dos interesses das partes no processo em que lhe cabe conhecer e manter atitude de completa indiferença em face do objeto do litígio. Deve afastar-se dos interesses em jogo e decidir objetivamente. "Esse aspecto da independência está enraizado na idéia de imparcialidade e é intransigente em sua observância: quanto mais distante das partes, melhor".[6] Todo o sistema de abstenções e recusas está voltado para zelar pela garantia da imparcialidade.

Ora bem, as três formas de independência judicial podem solapar-se segundo o processo de que se trate e, com certeza, seu gozo dependerá de situações históricas concretas. Nesse sentido, a independência judicial é sempre relativa. É relativa, em primeiro lugar, ao próprio esquema de um Estado democrático de tomada de decisões. A função dos juízes não consiste em ditar normas gerais, mas dirimir conflitos conforme convenha ao direito. Porém, de outra parte, os juízes têm que decidir, com certa freqüência, conflitos não individuais, seja porque os legisladores assim previram, seja porque, ao aplicar a Constituição, devem interpretar cláusulas de textura muito aberta que afetam direitos fundamentais.

3. Cf. G. Marshall, *Teoria constitucional*. Tradução castelhana R. Garcia Cotarelo. Madrid, Espasa-Calpe, 1982, p. 164.

4. Cf. Owen Fiss, "The Limits of Judicial Independence", *The University of Miami Inter-American Law Review*, v. 25, n. 1, 1993, pp. 59-60.

5. A expressão "autonomia individual" para fazer referência à independência interna é de Owen Fiss, ibidem, p. 58.

6. Ibidem, p. 58.

Isto faz com que sua insularidade política fique limitada. Em segundo lugar, os tribunais não operam no vazio social. Existe uma série de fatores exógenos, políticos, econômicos e sociais, que têm impacto diverso também sobre sua insularidade política.[7] Nesse sentido, a independência judicial se refere ao núcleo da função e não a seus aspectos marginais. E, por outro lado, ter independência em um sentido não implica que se a tenha nos outros. Um conjunto de juízes muito próximos ideologicamente do governo ou inclusive gratos por suas nomeações podem desfrutar de grande independência externa formal, mas, porém, de modo algum, são imparciais. Pode-se inclusive ser imparcial com relação aos interesses em litígio e decidir segundo os Tribunais superiores para assim favorecer à própria promoção profissional. A burocratização do aparato judicial afeta negativamente a independência interna ou a autonomia individual de um juiz. Um juiz cujas decisões sejam em boa parte reformadas tem reduzidas possibilidades de ascender.[8]

Mas, o importante aqui, é como a corrupção afeta a independência judicial em qualquer dos três sentidos mencionados. A corrupção dos juízes não é tema novo nem alheio à cultura jurídica. De fato, historicamente, houve forte resistência teórica para limitar o uso do termo "suborno" unicamente aos juízes.[9] E é até freqüente encontrar ao longo da história escândalos jurídico-políticos cujos centros de atenção recaem sobre juízes venais.

Por atos de corrupção — judicial ou de outro tipo — entenderei aqui os que reúnem as seguintes características.[10]

1. Um ato de corrupção implica a violação de um dever posicional. Quem se corrompe transgride algumas regras que disciplinam o cargo que ostenta ou a função que exerce. Quem se corrompe manifesta, nesse sentido, claro sentimento de deslealdade frente à regra violada.

2. Para que exista um ato de corrupção, portanto, deve haver um sistema normativo que lhe sirva de referência. A noção de corrupção é parasitária de um sistema normativo.

3. Um ato de corrupção nem sempre contém uma ação antijurídica. Que o ato de corrupção seja legal ou ilegal dependerá, com certeza, do tratamento que o sistema jurídico ofereça às regras do sistema normativo de referência. De outro lado, às vezes, se suborna um funcionário não para que tome uma decisão contrária ao direito, mas para que cumpra uma obrigação legal. Neste caso, pode-se falar em feito impróprio.

4. Os atos de corrupção tendem a ser secretos, ou ao menos se realizam em quadro de discreção. A noção de discreção se liga aqui a certo intento de ocultar a ação de que se trata. A corrupção, por implicar atitude de deslealdade, tem carga negativa e, portanto, tende a ser subtraída do público.

5. Os atos de corrupção estão sempre vinculados à obtenção de benefício extraposicional. Não é necessário que haja um ganho de caráter financeiro, pode ser profissional, sexual, etc., e também não é necessário que a contraprestação esteja perfeitamente determinada. Um corruptor inteligente pode deixar aberta a ação exigível da contraparte para data futura.

Pode-se definir atos de corrupção, então, como aqueles que constituem a violação de dever posicional, realizada em quadro discricionário, com o objetivo de obter benefício extraposicional.

Diversas são as classificações propostas para os atos de corrupção. Não me dedicarei à análise de todas, tarefa tão infru-

7. Cf. Christophr Larkins, "Judicial Independence and Democratization: A Theoretical and Conceptual Analysis", *The American Journal of Compartive Law*, v. XLIV, n. 4, 1996, pp. 614 e ss.

8. Isto dependerá, por certo, da flexibilidade das práticas e regras que regem a promoção dos juízes na carreira.

9. Cf. John Noonan Jr., *Bribes,* Nova Iorque, Macmillan Pub. Co., 1984, p. XX.

10. Para desenvolvimento detalhado da definição de corrupção aqui proposta, cf. Jorge F. Malem

tífera quanto esgotante. Mas, em troca, prestarei atenção a certa tipologia que poderá ser relevante para a análise da corrupção dos juízes.

Em primeiro lugar, a corrupção pode ser política ou de outro tipo (em geral, embora não exclusivamente econômica). Há corrupção política quando se viola um dever posicional de caráter político ou atendendo a interesses políticos. Neste caso não se põe a tônica no personagem, mas na ação e sua motivação. Um político que assedia sexualmente sua secretária não comete um ato de incorreção política *estrito sensu*, pratica, porém, em todo caso, uma ilegalidade jurídica e, sempre, uma incorreção moral; quem ordena a liberação de verba por ter recebido uma contraprestação monetária pratica ato de corrupção não política. Porém, um juiz que decida um litígio atendendo a pressões governamentais em troca de favorecimento em sua posição, por vingança ou pela promessa de vantagens futuras na divisão de cargos públicos, corrompe-se politicamente.

Em segundo lugar, em algumas formas de corrupção é suficiente a presença de um único agente, enquanto que em outras é necessária a existência de dois ou mais agentes. Estes dois tipos de corrupção — individual e pluripessoal — podem ser praticados por um juiz. Exemplo do primeiro tipo seria o peculato por distração, isto é, aquele em que existe a apropriação de fundos públicos para benefício privado. Outro é o uso de informação privilegiada obtida em diligências processuais submetidas ao relator. Os dois exemplos mais típicos de corrupção pluripessoal são o suborno e a extorção. Em ambos os casos corruptor e corrompido estão perfeitamente identificados ou são identificáveis. E, mesmo que haja alguma dificuldade empírica em determinar se certo fato constitui suborno ou extorção, é certo que o primeiro se aperfeiçoa por acordo. Quem paga, trata de influenciar o subornado para que atue em seu benefício. Para que o subornado lhe ofereça tratamento igual ou melhor do que seria eqüitativo ou legal. A reciprocidade é, nesse sentido, elemento essencial do suborno. As duas partes — subornante e subornado — são culpadas no ato de subornar. Um ato extorsivo é, em geral, a busca ou a captação de benefício que se persegue sob ameaça de dar ao pagador tratamento pior do que seria eqüitativo, ou de piorar sua situação. Quem recebe o pagamento é o extorsionista, quem paga a vítima.[11] A relação que há na extorsão é entre vítima e agressor, no suborno não é assim. Se no suborno a situação é contratual, na extorsão se assemelha ao que Hart denomina "situação do assaltante". A posição do juiz no processo o torna passível de ser sujeito ativo e passivo tanto de um suborno quanto de uma extorsão.

Mas dado que, por exemplo, na Espanha, desde 1822, data em que foi aprovado o Código Penal e 1978, data de entrada em vigor da Constituição, apenas três juízes da carreira judicial foram condenados pelo Supremo Tribunal, dois por prevaricação e um por malversação de fundos públicos,[12] poder-se-ia pensar que falar em corrupção dos juízes não deixa de ser mero exercício acadêmico, sem nenhum substrato real. Os juízes seriam uma ilha de cordura, honestidade e último bastião dos direitos da parte no processo.

Naturalmente, quem afirma que os juízes constituem, em algum momento histórico, um conjunto corrupto deve prová-lo.

11. Cf. Michael Phillips, *Bribes*, Eethics, v. 94, julho 1984, p. 630.

12. STS 20.2.06; STS 8.7.17; STS 15.3.49; cf. J. Montero Aroca, *Independencia y responsabilidad del juez*. Madrid, Civitas, 1990, pp. 111-2. Montero Aroca nota que este exíguo número faz referência unicamente a sentenças condenatórias do Supremo Tribunal, e que poderia haver mais alguns outros sem que se leve em consideração a jurisprudência das diversas Instâncias. Mas, ao mesmo tempo adverte que o possível incremento de casos ainda que possível é pouco provável. É verdade que a partir da última data referenciada no texto principal tem havido casos de mais juízes condenados por prestar-se a práticas corruptas, mas isso não afeta substancialmente o seu número limitado.

Não é a intenção deste trabalho apresentar os resultados de uma indagação empírica a respeito. Mas sim, me interessa, mostrar quais são as possibilidades que tem um juiz de corromper-se, quais são os incentivos que tem para fazê-lo e que conseqüências ocasiona para o sistema jurídico um comportamento desse tipo.

Segundo uma bem conhecida equação de Robert Klitgaard[13] *Corrupção = Monopólio + Discricionariedade - Responsabilidade.* Naturalmente, as condições expostas nesta fórmula não devem ser entendidas com condições necessárias ou suficientes para que se produzam atos de corrupção, mas sim como geradoras de um marco que oferece fortes incentivos para a corrupção. Se esta hipótese for aceita, e se demonstra que os juízes satisfazem todas as suas propriedades, haverá que concluir-se que, em sua prática profissional, têm muitos incentivos e possibilidades para comprometer-se em atividades corruptas.

Com relação ao monopólio. Um dos postulados que se costuma aduzir nas teses clássicas da separação de poderes é o quase monopólio da potestade jurisdicional que têm os integrantes do poder Judiciário. Deter o quase monopólio da potestade jurisdicional outorga a juízes e magistrados importantes prerrogativas e grande poder. Com efeito, eles têm a faculdade de dirimir os conflitos que conhecem e de fazer executar suas decisões, ainda que contra a oposição dos atingidos por meio do uso de força estatal. Esse quase monopólio jurisdicional se manifesta tanto na exclusividade quanto na unidade jurisdicional. O princípio de exclusividade significa que todo possível conflito que surja na vida social tem a possibilidade de ser apresentado perante os tribunais, e exige que estes decidam segundo a lei. Naturalmente, a exclusividade se manifesta nas fases declaratórias do processo e nas instâncias executórias. A unidade jurisdicional, de outro lado, implica em que a competência para resolver as controvérsias jurídicas recai sobre um único corpo de juízes e magistrados. E, ademais, a faculdade para estabelecer a coisa julgada lhes cabe com exclusividade.[14]

Este quase monopólio tem sido tradicionalmente apresentado como garantia para as partes em conflito. Assim, é comum afirmar que o poder judicial é a última instância de salvaguarda dos direitos. "Diante do aparato do Estado, a Administração da Justiça é o refúgio do cidadão, e, quanto mais oprimido se veja, mais a sociedade aumenta e tolera a figura do juiz. O juiz oferece proteção e por isso obtém poder."[15]

Mas este quase monopólio da potestade jurisdicional também tem conseqüências negativas. A concentração de competências tão amplas gera o controle da oferta das últimas instâncias de solução de conflitos. Um juiz de instrução (primeira instância no Brasil), por exemplo, pode oferecer a um importante narcotraficante detido acusado de introduzir toneladas de drogas no país, um ato de liberdade provisória sob fiança e assim possibilitar-lhe se evada da ação da justiça. É óbvio que o detido pode ou não aceitar. Mas é importante assinalar que o juiz ofertante cria sua própria demanda. E que sua força monopolista o faz ocupar uma posição privilegiada na negociação do intercâmbio corruptor. Ao revés, suponha-se agora que é o detido que requer ao juiz seja posto em liberdade em troca de uma elevada soma de dinheiro, aqui a demanda cria uma oferta que só o juiz pode satisfazer, o que o coloca novamente em posição de privilégio.

Como já me manifestei repetidamente, uma vez que o acordo tenha sido con-

13. Cf. Robert Klitgaard, *Controlando la corrupción,* tradução castelhana E. Sierra Ochoa. Buenos Aires, Editorial Sudamericana, 1994, p. 85.

14. Para uma análise das conseqüências políticas do monopólio da potestade jurisdicional, cf. Perfecto Andrés Ibañez e Claudio Movilla Alvarez, *El Poder Judicial,* Madrid, Tecnos, 1986, especialmente pp. 153 e ss.

15. Cf. Valeriano Hernandez Marín, *Independencia del Juez y desorganización judicial.* Madrid, Civitas, 1991, p. 64.

cluído pode ser empiricamente difícil reconhecer quem corrompeu a quem, se se está diante de um suborno ou de uma extorsão.[16] Por outro lado, em muitas atividades, uma única pessoa pode produzir ou operar eficientemente, dada a magnitude do mercado e a reduzida escala na qual deve operar a produção. O mesmo sucede no caso estatal, com uma burocracia hierarquicamente estruturada e onde apenas uma instância é a que toma a decisão pertinente. O pagamento pelos serviços do juiz pode ser considerado um tipo de renda de seu poder de monopolista.[17] É importante assinalar, ademais, que uma vez que tenha formalizado o primeiro acordo, abrem-se novas possibilidades para que este tipo de intercâmbio se reproduza no futuro. Os amigos do narcotraficante solicitarão do juiz iguais serviços e ele verá no acioná-los um meio para aumentar seus benefícios. Terá sido criado, pois, um mercado de corrupção que tenderá à expansão.

Mas a expansão não se produzirá apenas nesse sentido. Suponha-se que o órgão jurisdicional seja colegiado e que um de seus membros necessite do concurso de outro para alcançar os fins perseguidos. Ou que se deva assegurar o resultado final por intermédio da participação do juiz que intervirá dada a possibilidade de eventual recurso. Em casos como estes, de aventura compartilhada, o efeito expansivo da corrupção é manifesto.[18]

Ademais, quando o mercado é completamente ilegal, como é o das drogas, os pagamentos potenciais aos funcionários públicos pela proteção de uma posição no mercado negro — se for monopolista melhor — são enormes. Quando o poder para outorgar estes serviços se concentra em poucas mãos, o pagamento por comprometer-se em atividades corruptas é extremamente elevado. Os juízes, por exemplo, têm controle quase monopolista sobre a solução desses tipos de casos que lhes cabe conhecer e, portanto, o pagamento por atos de corrupção judicial pode ser substancial.[19]

Freqüentemente costuma-se assinalar que este quase monopólio do poder jurisdicional que ostenta o poder judicial não pode predicar-se de cada um dos seus integrantes. Não só vigoraria o princípio do juiz natural predeterminado pela lei, o que faz com que o juiz tenha poucas possibilidades de apossar-se de causas de seu interesse que facilitem uma prática corrupta por força do sistema de turnos, mas, também, porque podem existir até três ou quatro instâncias julgadoras diferentes às quais se chega por via de recursos ordinários e extraordinários. O poder judicial teria um quase monopólio da função de julgar e de fazer executar o julgado, mas seus membros cumpririam essa função em graus diferentes, fato que diminuiria notavelmente seu poder e, por certo, sua capacidade para oferecer acordos corruptos. É verdade que as regras que estabelecem o critério do juiz natural e a presença de diversos recursos dificultam a existência de uma oferta monopolista por parte de cada um dos juízes e magistrados antes que lhes seja atribuída uma causa, porém não a impossibilitam. Primeiro, porque é uma prática habitual que os advogados esperem que o julgamento seja presidido por um juiz para que apresentem suas demandas. Segundo, porque em inúmeras ocasiões o juiz de primeira instância aparece como instância única, sobretudo no que tem relação com fatos que servirão de base para a sentença e que não poderão ser revistos em apelação. Por ter o

16. Para analisar as dificuldades de distinguir empiricamente casos de suborno e de extorsão, cf. Jorge F. Malem Seña, *El fenómeno de la corrupción*, ob. cit., especialmente pp. 80-81

17. Cf. Harenda K. Dey, "The Genesis and Spread of Economic Corruption: A Microtheoretic Interpretation", *World Development*, v. 17, n. 4, 1989, pp. 504 e ss.

18. Ibidem, p. 507.

19. Cft. Bruce Benson, "Corruption in Law Enforcement: One Consequence of 'The Tragedy of the Commons' Arising with Public Allocation Processes", *International Review of Law and Economics*, v. 8, 1988, p. 79

monopólio sobre a determinação do fato judicial, o juiz de primeira instância limita, certamente, o conjunto de normas aplicáveis ao caso e, por isso, reduz o âmbito de discussão do tribunal superior conservando, em certa medida, o controle das possíveis soluções alternativas. Terceiro, em certas circunstâncias os tribunais superiores se avocam o direito ao conhecimento da causa do procedimento *per saltum*, reservando-se o monopólio de julgar. Por outro lado, a existência de recursos pode ser ineficaz para evitar uma oferta monopolista da potestade jurisdicional. Se um juiz instrutor decreta a liberdade condicional, e o processado foge da ação da justiça, de nada serve que sua decisão possa ser revogada pela instância superior. O pacto de corrupção teria alcançado, já, todos seus objetivos. Naturalmente a validade destas considerações dependerá das facilidades que o sistema jurídico ofereça a respeito.

Mas, os juízes e magistrados não apenas detêm o quase monopólio da potestade jurisdicional, também gozam de uma grande discricionariedade no exercício de suas funções. Essa discrição atua não unicamente nas decisões finais ou últimas, mas, também, em cada passo procedimental. E, por certo, se manifesta tanto em suas ações como em suas omissões. Além disso, a discrição judicial não se limita às escolhas sobre questões substantivas, abarcando todos os métodos seguidos, a aspectos formais e processuais e a outros fatores subsidiários.[20]

Ora, o termo "discrição" é usado referido a vários contextos diferentes. Em primeiro lugar, diz-se que um órgão tem discrição quando suas decisões não são passíveis de serem controladas ou revisadas por qualquer outro organismo. Discrição aqui é entendida como definitividade. Em segundo lugar, a discrição denota a capacidade que tem quem ocupa determinado cargo para tomar decisões dentro de um leque de possibilidades legalmente estabelecido.

Fica óbvio que se aceitará alguma destas formas de discricionariedade, conforme o sistema jurídico do qual se trate. Para os fins deste trabalho limitar-me-ei a anotar, de forma um tanto dogmática, que os juízes e magistrados participam, segundo os casos, em todos estes sentidos de discricionariedade e que obtêm seu poder discricionário, fundamentalmente, por delegação legislativa e pelas específicas características da linguagem jurídica. Quando a lei autoriza um juiz a graduar as penas em sentença condenatória outorga-lhe importante poder discricionário. Goza também desse poder quando é avocada a interpretação de normas que são vagas e ambíguas. Neste marco, os tribunais utilizam sua discricionariedade para a determinação jurídica dos casos marginais, quer dizer, dos que se situam em zona de penumbra. Tão pouco carecem de forte discricionariedade sobre os méritos da prova em um sistema de livre convicção sobre a valoração delas.

Se esta forma de caracterizar a discrição for aceita, será impossível sua eliminação em um dado sistema jurídico completo cujas disposições fossem formuladas em linguagem natural e onde, em algum ponto, haveria que terminar com o conflito jurídico. "Nenhum governo tem sido nunca um governo de lei e não de homens no sentido de eliminar todo o poder discricionário. Todo governo tem sido sempre *um governo de leis e de homens*".[21] Porém a discricionariedade judicial não aparece unicamente como dado fundamental do mundo jurídico como, também, não são poucos os que valoram positivamente o fato de os juízes a possuírem.

Um sistema de regras sem discrição não permite adequar os resultados legislativos perseguidos aos fatos e circunstâncias de cada caso particular. Desse modo, a discrição poderia ser justificada com base na necessidade de uma justiça individualiza-

20. Cf. Kenneth Culp Davis, *Discrecionary Justice. A Preliminary Inquiry.* University of Illinois Press, 1969, p. 4.

21. Ibidem, p. 17, em cursivas no original. Concordo, pp. 216-217.

da, e se transformar em uma das principais fontes de criatividade no âmbito do jurídico. Por outro lado, a discricionariedade evitaria que os juízes se aproximassem de problemas que lhes cabe conhecer a partir de padrões políticos, sociais e morais vigentes na comunidade.[22]

Mas a discrição judicial não gera apenas efeitos positivos, encerra, também, numerosos perigos. Se um juiz dispuser de discrição ampla na aplicação da lei e na função de fixar os méritos dos fatos objeto do processo, poderá, então solucionar um caso de modo e, de maneira diferente, outro caso manifestamente similar. Qualquer pessoa estaria a sua mercê, podendo ser beneficiada ou prejudicada de modo substancialmente desigual. Ademais o exercício marcadamente discricionário na interpretação e aplicação da lei produz falta de certeza acerca de quais sejam as normas do sistema jurídico, solapando sua eficiência e diminuindo sua utilidade.[23] Rompe-se o princípio da igualdade e, ainda que se admita, que não há nenhuma relação necessária entre discricionariedade e arbitrariedade, quanto mais amplos forem os poderes discricionários maior é o perigo de arbitrariedades.

À margem do prejuízo que se pudesse causar no caso concreto pelo uso discricionário da potestade de julgar, produz-se uma espécie de ameaça genérica acerca de seu possível uso futuro sobre a parte em litígio. Sobretudo quando o precedente versa sobre assuntos com conotações políticas ou morais importantes. E, ainda que essa ameaça nunca chegue a materializar-se, exerce influência danosa sobre as pessoas que poderiam considerar-se vítimas potenciais, afetando as práticas sociais de uma sociedade pluralista e aberta.[24] Seu efeito conservador é manifesto.

Nesse sentido, a discrição judicial afetaria a certeza e segurança jurídicas próprias de todo sistema jurídico democrático, tornando praticamente impossível a predição dos comportamentos puníveis. E constitui, por certo, terreno fértil para o desenvolvimento de práticas corruptas. Que a discrição favorece à corrupção não é nada novo, já o sabiam os incas, como recorda Ernesto Garzón Valdés, "decían que dando licencia al juez para poder arbitrar, disminuían la majestad de la ley ... y que era hacer venales los jueces y abrirles puerta para que, o por cochechos o por ruegos, pudiesen comprarles la justicia, de donde nacería grandísima confusión en la república, porque cada juez haría lo que quisiese ..."[25]

Quase monopólio do poder jurisdicional mais discricionariedade constituem, pois, um binômio de difícil separação no trabalho de juízes e magistrados que geram amplos incentivos para a realização de práticas corruptas. A responsabilidade dos juízes tem sido apresentada como o reverso desses atributos que lhes imporiam, por sua vez, os limites necessários para evitar o uso arbitrário de seu poder. Uma pessoa ou um organismo é responsável quando tem que "prestar contas", isto é, quando deve explicar e justificar suas ações. Isto é o que está subjacente na exigência de que o juiz deve fundamentar suas decisões; isto é, deve mencionar as considerações de fato e de direito que as fundamentam. Mais, sua responsabilidade seria uma garantia efetiva para o correto funcionamento da administração da justiça e dos direitos do cidadão. Este sentido da responsabilidade ganha maior importância, se isso for possível, em uma democracia, porque, tradicionalmente, como se demonstrou, uma das características de toda a instância democrática é sua responsabilidade.[26]

22. Ibidem, p. 17.

23. Cf. Peter Ingram, "Procedural Equality", S. Guest e A. Milne (eds.), *Equality and Discrimination: Essays in Freedom and Justice*. Stuttgart, Franz S. Verlag, 1985, p. 47.

24. Cf. Roger Traynor, "Quo Vadis, Prospective Overruling: A Question of Judicial Responsability", *The Hasting Law Journal*, v. 28, janeiro de 1977, pp. 50 e ss.

25. Garcilaso de la Vega, "Comentario reales de los incas", 2 vs., Caracas, Biblioteca Ayacucho, Laporta y S. Alvarez (eds.), *La corrupción política*, ob. cit., pp. 53-54.

26. Naturalmente, a responsabilidade dos juízes não nasce com a democracia nem se limita a seu

Mas a idéia de responsabilidade judicial admite um sentido mais forte ainda, se possível. O juiz deverá sofrer sanções pelo descumprimento de seus deveres. Neste sentido, a responsabilidade dos juízes, dependendo, por certo, de cada sistema jurídico particular, pode ser de caráter civil, penal ou disciplinar. Estas três formas de responsabilidade podem operar disjuntiva ou conjuntamente, segundo o caso de que se trate. Com respeito à responsabilidade civil de juízes e magistrados, ao menos na Espanha, o comentário mais generalizado da doutrina é que ela constitui uma das maiores mentiras da nossa cultura política; e que, apesar de sua existência legislativa, não teve, de fato, nenhum papel, e até se chegou a propor sua supressão.[27] E, como mecanismo de ressarcimento dc danos, dado que a garantia de ressarcimento é oferecida pelo Estado, adquire importância muito secundária.

Quanto à responsabilidade penal, o juiz deve responder pela possível comissão de uma série de delitos que vão desde o não cumprimento do dever de prestação jurisdicional ao conchavo, passando pela malversação e a prevaricação. Comum à aplicação de todas essas figuras, no contexto de atividade corrupta, é a instrumentalização do cargo para obter benefício para si ou para outrem, exigindo-se, por razões convencionais, o dolo direto. O que nestes casos se tenta proteger não é o dever de probidade dos juízes e magistrados, mas o correto funcionamento da administração da justiça e o respeito ao princípio de imparcialidade ou objetividade.

Mas ainda quando os supostos delitos cometidos pelos juízes pudessem multiplicar-se e receber sanção legislativa sempre ficaria pendente o complicado problema da prova. Isto foi objeto de advertência em diferentes sentenças do Supremo Tribunal espanhol, em que se chegou a afirmar que, quanto ao fato cometido por juízes, devido à dificuldade probatória, existe "na prática um efeito muito grave de impunidade ou quase impunidade".[28]

A dificuldade da prova explica apenas parcialmente que "um longo período cumprido na justiça federal por juízes extraordinariamente corruptos — durante 25 anos David; 21 anos Johnson; 23 anos Manton — proclamaram a compatibilidade da honraria pública e do cargo judicial com a prática secreta do suborno. Colegas próximos não haviam visto nada de errado. Os colégios de advogados locais eram tão indiferentes ao problema que não prosseguiram as investigações sobre comportamento, bem documentado, de advogados que haviam garantido o pagamento de subornos em fóruns não judiciais.[29]

De outro lado, os advogados, os quais por sua especial tarefa profissional, deveriam estar interessados no controle da atividade jurisdicional, são, freqüentemente, representantes de interesses poderosos e partícipes necessários nos delitos de corrupção. E não é incomum que prefiram tratar de emendar uma sentença ditada com base em prevaricação ou conchavo por meio de recursos pertinentes — se houver — do que embarcar na árdua tarefa de denúncia e prova desses delitos, que pode implicar na animosidade do julgador ou de outros juízes com o consabido prejuízo em causas futuras. A cumplicidade entre juízes e advogados, de outro lado, sempre existiu, foi prática habitual, por exemplo, nos fins do império romano. Amiano Marcelino deixou testemunhos mais que suficientes "de abusos de um sistema judicial que permitia a conivência de juízes e advogados que, de mútuo acordo, se abriam caminho para honrarias e riquezas, vendendo

sistema político. Basta recordar, por exemplo, a responsabilidade judicial estabelecida pelo *Fuero Juzgo* ou o *Juicio de Residencia*. Cf., em geral, José Almagro Nosete, *Responsabilidad judicial*, Córdoba, Ediciones El Almendro, 1984, especialmente pp. 13 e ss.

27. Cf. Ignacio Diez-Picazo, *Poder judicial y responsabilidad*. Madrid, La Ley, 1990, pp. 13 e ss.

28. STS, 15 de julho de 1988.

29. Cf. J. Noonan, ob. cit., p. 575.

os interesses dos mais humildes a cortesãos e altos oficiais, e, nos tribunais, em vez de garantir os direitos mediante os devidos processos, se convertiam, facilmente, em instrumentos abusivos de poder".[30] Se a responsabilidade civil dos juízes e magistrados é, de fato, mínima, a penal não deixa de ser simbólica.

Quanto às sanções disciplinares por atos de corrupção valem as mesmas observações que se fez a respeito das penais. Mais, para impor sanções disciplinares — se faz referência aqui exclusivamente a supostos de corrupção — costuma-se exigir, como faz o art. 415 da LOPJ, que não se haverá decisão — disciplinar — até que tenha havido sentença ou auto de sobrestamento finais na ação penal, e que, a declaração de fatos, provados em sede penal, vincula a autoridade disciplinar. Se há dificuldades para impor sanções penais por atos de corrupção também as haverá para impor, pelas mesmas razões, sanções disciplinares.

A imposição de sanções por exercício intencionalmente desviado do poder jurisdicional fica debilitada, ademais, por outros fatores importantes. O primeiro deles é o caráter corporativo que tem a organização judicial. A burocratização do aparato judicial foi necessária para a modernização da justiça, mas, gerou, por sua vez, uma rígida estrutura vertical e de solidariedade entre seus membros. Isto faz com que os próprios juízes sejam renitentes em investigar, julgar e condenar, no seu caso, aos seus próprios companheiros. Temem que se o fizerem poderá haver alguma represália profissional sobre eles. E, ademais, temem, também, que, se se tornarem públicos, certos casos de corrupção, a poluição gerada termine contaminando, à luz do respeito dos cidadãos, todo o conjunto. Por essa razão, os escassíssimos juízes corruptos condenados tendem a ser considerados como "maçãs podres" em um barril de frutas maduras, embora sãs.

Por certo, a perspectiva da "maçã podre" põe em destaque as características pessoais dos agentes corruptos. Trata de explicar porque um indivíduo se corrompe e outro não. E, ao chamar a atenção sobre a culpabilidade individual, deixa a salvo as instituições. Mas esse procedimento, por vezes, implica percorrer o caminho mais fácil. "Aceitar este tipo de explicação é ignorar as perguntas mais difíceis acerca das imperfeições de nossas leis e instituições ou sobre os problemas básicos e as contradições dentro de nossa experiência coletiva no governo democrático. O ponto de vista personalista é tipicamente exercício para culpar às pessoas, não para explicar os processos políticos e freqüentemente pouco nos diz acerca dos problemas básicos da corrupção".[31] E, talvez mais do que respeito de qualquer outro funcionário público, a tese da "maçã podre" tenha sido utilizada para justificar, não simplesmente explicar, um sistema judicial com fortes incentivos para a corrupção.

As considerações precedentes valem tanto para a corrupção de tipo econômico quanto política. Quando a corrupção dos juízes é política, tem um significado especial, sobretudo se vinculada ao âmbito da democracia. Haverá corrupção política quando as regras do marco de referência que se viola são as que regem ou determinam o marco político. Acentuar este aspecto é importante porque um ato de corrupção política nem sempre implica ato inconstitucional ou ilegal. Constituição, sistema jurídico e democracia não são termos coextensivos.

Como já se apontou, a democracia funciona como um sistema de controles e contrapesos, um de cujos mecanismos consiste em que as decisões político-administrativas devem submeter-se ao escrutínio do poder Judiciário. Em certas ocasiões, o po-

30. Cf. G. Carrasco Serrano, "Justicia y poder en Amianos Marcelino", *Hispania Antiqua*, v. XVI, 1992, p. 371.

31. Cf. Michael Johnston, *Political Corruption and Publica Policy in America*, Monterrey, Califórnia, Brooks/Cole Publ., 1982, p. 13

der Executivo, amparado, em alguns casos, na maioria legislativa, exerce pressão sobre as mais altas instâncias judiciárias ou nomeie diretamente parte de seus membros para o fim de que esse controle se relaxe e possibilite uma atividade política livre de travas que poderiam marcar a ilegalidade ou a inconstitucionalidade. Em troca, oferece vantagens econômicas, políticas ou de qualquer outro tipo — de fato nestas circunstâncias, a designação como juiz ou magistrado constitui, já, um benefício. Isto foi o que aconteceu nos Estados Unidos quando Roosevelt ameaçou à Suprema Corte com a modificação de seu número se não fosse permitida a política do *New Deal* e na Argentina quando Menem ampliou o número de membros da Corte Suprema com o fim de obter poder judicial mais obsequioso com suas necessidades. Em ambos os casos, a ampliação numérica dos membros das Cortes respectivas estava legal e constitucionalmente prevista. Nada obstante, não há dúvida de que se está frente a atos de corrupção política que denota nenhum respeito pelas regras da democracia por aqueles que dele participam. A independência judicial e a imparcialidade ficam comprometidas e se abre a possibilidade certa para a arbitrariedade governamental com cumplicidade judicial. Esta situação poderia chegar a ter efeitos terríveis nos tribunais inferiores, segundo seja a força do precedente dos mais altos magistrados, os tipos de recursos para chegar a eles e o peso que sua opinião tenha sobre o sistema de acessos na carreira burocrática.

O panorama até aqui suscintamente apresentado mostra que estão presentes as condições para que os juízes se corrompam. Possuem o quase monopólio de uma atividade que distribui ônus e benefícios nos casos particulares que competencialmente conhecem e uma ampla discricionariedade ao longo do processo que se manifesta, fundamentalmente, na interpretação da lei e na valoração dos fatos. Se se aceita a fórmula de Klitgaard, só uma forte responsabilidade poderia reduzir os incentivos para sua corrupção, mas a responsabilidade civil, penal ou disciplinar tem tido, seja pela dificuldade da prova, pela dificuldade do processo ou pela conivência de outros operadores jurídicos, um escasso papel na prática. E, ainda que se pudesse estabelecer controles mais rigorosos da atividade jurisdicional, permaneceria em aberto sua compatibilidade com a independência judicial. Como advertiu G. Krause, a proteção diante dos maus juízes corre o perigo de tropeçar com o obstáculo essencial da independência judicial.[32]

E a questão se agrava ainda mais se se pensa que os delitos de corrupção judicial são cometidos a partir do Estado e que, diferentemente de outros funcionários e cargos públicos, os juízes têm a última palavra na solução dos conflitos. Isto é, constituem a instância definitiva ou final na interpretação constitucional. E se, ainda mais, se admite que os juízes usam determinados critérios para identificar as normas que vão qualificar os fatos objeto do litígio, dever-se-á aceitar que a corrupção judicial, ao potencializar a falta de certeza e a insegurança que ela contém, introduz forte distorção que provoca patologias no sistema jurídico denunciadas por Hart.

Naturalmente, todo sistema jurídico admite que certo número de decisões judiciais sejam tomadas atendendo a interesses espúrios. Isso não afetará a validade ou a vigência geral das normas jurídicas. Mas existe um limite — ambíguo — tolerável. "É possível, sem dúvida, que escudados nas regras que dão as decisões judiciais autoridade definitiva, os juízes se ponham de acordo para rechaçar as regras existentes e deixem de considerar que as leis do Parlamento, ainda as mais claras, imponham quaisquer limites às suas decisões. Se a maioria dos casos tiver esse caráter e forem aceitos, isso imporia uma transformação do sistema.[33] Se esse fosse o caso, o

32. Citado por Mercedes Garcia Arán, *La prevaricación judicial.* Madrid, Tecnos, 1990, p. 64.

33. Cf. Herbert Hart, *El concepto de derecho,* ob. cit., p. 181.

potencial destrutivo da corrupção, política ou econômica, teria ficado demonstrado.

Que o esquema institucional oferece fortes incentivos para que juízes e magistrados se corrompam não implica que eles o façam. A corrupção é, em última instância, um problema moral. E a decisão de corromper-se não constitui mero cálculo ou exercício prudencial, é, fundamentalmente, uma questão de princípios. Por essa razão, "o juiz deve ser mais sábio que engenhoso, mais respeitável que simpático e popular, e mais circunspecto que presunçoso. Mas antes de tudo deve ser íntegro, sendo esta para ele uma virtude principal, e a qualidade própria do seu ofício."[34]

34. Cf. F. Bacon, *Ensayos sobre moral y política*. Tradução castelhana de A. Rodas Rivas. Buenos Aires, Editorial Lautaro, 1946, p. 257.

Jurisprudência Comentada

GRUPO DE SOCIEDADES E ABUSO DO ACIONISTA CONTROLADOR*

Comentário de LUÍS FELIPE DE CARVALHO PINTO
ao acórdão do Supremo Tribunal Federal
no Recurso Extraordinário n. 108.650-5/SP

SOCIEDADE COMERCIAL — Anônima — Conglomerado de empresas — Alegação por acionistas minoritários de que em benefício do administrador e controlador a política global das empresas, com ofensa aos arts. 117 e 152 da Lei 6.404/76 — Improcedência reconhecida em julgamento antecipado da lide por suficientes os elementos constantes dos autos — Cerceamento de defesa inexistente — Hipótese em que as provas requeridas não visavam a demonstrar a lesividade da política aos interesses das companhias ou de seus acionistas, mas as disparidades das remunerações individuais dos diretores em relação ao administrador — Falta de legitimidade dos acionistas para postular em juízo quanto àqueles — Recurso extraordinário não conhecido — Decisão mantida.

Emenda oficial: Sociedade anônima.

1. Sociedades de capital aberto do "Grupo Real". Ação ajuizada por acionistas e substitutos processuais das empresas do conglomerado objetivando a indenização da diferença entre honorários, participações e verbas de representação efetivamente recebidas pelo administrador e controlador das companhias e a importância que deveria ter recebido, considerando-se o valor do mercado.

2. Improcedência da ação em grau de embargos infringentes para restabelecer-se a sentença de 1º grau que considera desnecessária a produção de provas oral e pericial, ante os elementos já constantes dos autos.

3. Recurso extraordinário que vislumbra ofensa aos arts. 117, § 1º, "c" e "f", e 152 da Lei das Sociedades Anônimas e 130, 332 e 333, I, do CPC, além de divergência jurisprudencial, propugnando pela produção das provas oportunamente requeridas.

4. Insubsistência da prejudicial de coisa julgada suscitada pelos recorridos. O pedido formulado no recurso extremo é precisamente o da anulação da sentença, em face do julgamento antecipado da lide.

5. Provas requeridas desnecessárias para os efeitos pretendidos, porquanto visam não a infirmar a política lesiva aos interesses das companhias, mas sim a demonstrar as disparidades das remunerações individuais dos diretores. Falta de le-

* Trabalho apresentado no curso de Pós-Graduação da Faculdade de Direito da Universidade de São Paulo em 1997, na disciplina *"Administração das Sociedades Mercantis em Direito Comercial Comparado II" (DCO 842)*, ministrada pelo Prof. Mauro Rodrigues Penteado

gitimidade dos recorrentes para postularem em juízo quanto a estes.

6. Inexistência de violação dos dispositivos legais apontados e falta de comprovação do dissídio jurisprudencial (art. 322 do RISTF). Recurso extraordinário não conhecido pelas alíneas "a" e "d" do permissivo constitucional.

RE 108.650-5 — SP — 2ª T. — j. 21.8.87 — rel. Min. Célio Borja — DJU 25.9.87.

ACÓRDÃO

Vistos, relatados e discutidos estes autos: Acordam os Ministros da 2ª Turma do Supremo Tribunal Federal, na conformidade da ata de julgamento e das notas taquigráficas, à unanimidade de votos, em não conhecer do recurso.

Brasília, 21 de agosto de 1987 — Djaci Falcão, pres., Célio Borja, relator.

RELATÓRIO

O Sr. Min. Célio Borja: Starvesa - Serviços Técnicos, Acessórios e Revenda de Veículos Ltda., Disbrasa-Distribuidora Brasileira de Veículos Ltda. e Marco Enrico Slerca, na qualidade de acionistas e substitutos processuais das sociedades de capital aberto do denominado "Grupo Real", nos termos do art. 246 da Lei 6.404/76, ajuizaram, perante o Juízo da 10ª Vara Cível da Capital, ação ordinária de indenização contra Transamérica, Representações e Participações Ltda., Nova América - Representações, Administração e Participações Ltda., Administradora Fortaleza Ltda. e Aloysio de Andrade Faria — respectivamente sociedades controladoras de todas as empresas do referido grupo e, o último, detentor da quase-totalidade das ações dessas sociedades controladoras — objetivando o ressarcimento da diferença entre os honorários, participações e verbas de representação *efetivamente* percebidos pelo quarto réu em decorrência da administração das empresas do conglomerado Real e a importância que deveria ter recebido, a esse título, dentro dos padrões de mercado (cf. item VI, "c", petição inicial, fls. 14).

2. A r. sentença de fls. 1.360-1.372 (4ª v.), afastando preliminares relativas à prestação de caução, carência da ação e inépcia da inicial, entendeu desnecessária a produção de provas em audiência, ante os elementos já constantes dos autos e, decidindo antecipadamente a lide, julgou improcedente a ação, no mérito.

3. Em grau de apelação, a E. 6ª Câmara do Tribunal de Justiça, por maioria, anulou a sentença para permitir a produção das provas oportunamente requeridas, em acórdão do seguinte teor (fls. 1.613-1.621, 5º v.):

"Os autores (duas sociedades comerciais e uma pessoa física), na qualidade de acionistas das empresas que formam o denominado "Grupo Real", ajuizaram a presente ação indenizatória, alegando, em resumo, que as três primeiras rés são controladoras das sociedades anônimas do referido grupo e que o quarto réu, por sua vez, detém a quase-totalidade das quotas das litisconsortes passivas. Valendo-se de seu poder de controle, o quarto réu integra a administração das sociedades controladas, percebendo quantias astronômicas e inimagináveis a título de honorários, participações e verbas de representação, com prejuízo para as empresas e seus acionistas. Em face disso, pedem uma indenização correspondente à diferença entre as verbas efetivamente percebidas pelo quarto réu e os valores situados dentro dos padrões de mercado.

A sentença de 1ª instância, cujo relatório é adotado, antecipou o julgamento da lide, rejeitando as preliminares das contestações e, no mérito, concluindo pela improcedência da ação.

Apelaram os autores, através de dois recursos separados (fls. 1.374 e 1.398), pleiteando o acolhimento do pedido inicial ou a abertura da possibilidade de produção de provas.

As apelações foram regularmente processadas, com respostas dos apelados. É o relatório.

As preliminares das contestações foram bem repelidas pelo Magistrado, por fundamentos jurídicos que ficam adotados (fls. 1.368 e 1.369, 4ª v.).

Precipitou-se, contudo, o MM. Juiz ao antecipar o julgamento do mérito, pois a controvérsia envolve matéria de alta indagação, que depende da dilação probatória.

Os autores não impugnaram propriamente a regularidade formal das remunerações do quarto réu, mas entendem configurado o abuso de direito, consistente no exercício anormal do poder de controle para a obtenção de verbas remuneratórias exageradas, acima dos padrões usuais.

A r. sentença apelada concluiu pela improcedência da ação porque a remuneração global dos administradores, fixada pela assembléia geral, estaria dentro dos limites da normalidade, sendo irrelevante indagar se um dos administradores recebe soma superior à dos demais, pois a forma de repartição da verba não acarreta qualquer dano à sociedade ou aos acionistas.

Trata-se de argumento que vem apoiado em pareceres de ilustres e respeitáveis juristas, mas que tem como base um pressuposto de fato que precisa ser esclarecido pela prova, conforme será demonstrado mais adiante.

Antes, porém, convém que se estabeleça, desde logo, que o simples fato de ter sido a verba aprovada pela assembléia não afasta, em tese, a possibilidade do abuso de poder e da responsabilidade do acionista controlador, nos termos do art. 117 da Lei 6.404/76. Isto porque, de acordo com o art. 116 do mesmo estatuto, o acionista controlador é aquele que detém ações suficientes para a constituição da maioria dos votos nas deliberações da assembléia geral, de modo permanente. Sendo assim, o abuso de poder pode caracterizar-se através de deliberações da assembléia manifestadas pelos votos majoritários do controlador.

A enumeração do § 1º do art. 117 da Lei 6.404/76 é exemplificativa. Conforme ensina Waldirio Bulgarelli, as teorias do abuso de direito e do desvio de poder "poderão ser também invocadas em casos não previstos como integrantes do abuso de poder, fornecendo aos juízes as bases para a decisão apreciadora da vida social" (*A Proteção às Minorias na Sociedade Anônima*, Ed. Pioneira, 1977, p. 98).

Em princípio, portanto, a responsabilidade poderá configurar-se, dependendo da prova do pressuposto de fato que, no caso concreto, constitui o ponto principal da controvérsia (exagero ou normalidade do *quantum* das verbas remuneratórias).

O MM. Juiz admitiu, desde logo, que a remuneração global se situa nos limites da normalidade. Tratando-se, porém de matéria de fato de alta indagação, o Magistrado não poderia ter antecipado o julgamento da lide antes de dar às partes a oportunidade da produção de todas as provas. Note-se que tanto os autores, na inicial (fls. 16), como os réus, nas contestações (fls. 170, 360 e 361), protestaram por prova oral e pericial (exame de livros). Os próprios demandantes, portanto, sentiram a necessidade da dilação probatória.

É certo que, para aceitar o pressuposto de fato da normalidade da remuneração global, o MM. Juiz não foi arbitrário, pois se baseou em alguns elementos informativos já existentes nos autos. O conjunto probatório, contudo, ainda não está completo. Se os próprios demandantes, de ambos os lados, manifestaram interesse na produção de outras provas, tal possibilidade não pode ser afastada.

Ademais, a comparação entre os gastos de administração do Grupo Real e os de outros grupos financeiros deve basear-se em critérios de relatividade. Tais gastos podem variar, em maior ou menor escala, dependendo do porte, do capital e do movimento de negócios de cada empresa. Daí a necessidade de melhores e mais seguros elementos para a aferição da normalidade ou da anormalidade das despesas de administração.

Em resumo, somente após a instrução ordinária do feito poderá o julgador formar sua convicção a respeito da existência ou inexistência de dano para a sociedade, seja em razão do *quantum* da remuneração global, seja em razão do montante da remuneração individual dos administradores.

A antecipação do julgamento da lide é medida salutar de economia processual. Tal faculdade, contudo, deve ser exercida com cautela, para que não haja risco de cerceamento de defesa.

No caso em questão, a controvérsia é complexa e exige uma apuração mais cuidadosa dos fatos.

Por tais motivos a apelação é provida para a anulação da sentença, a fim de que outra seja proferida, após a produção das provas pelas quais protestaram as partes.

Participou do julgamento, com voto vencedor, o Sr. Des. Camargo Sampaio.

São Paulo, 10 de agosto de 1983 — Macedo Bittencourt, pres. e relator — Macedo Costa, 3º juiz, vencido, com a seguinte declaração de voto: Adoto o relatório do r. acórdão. A presente ação tem objeto preciso e explícito: sustentam os autores, acionistas das rés, que se rebelam e impugnam "uma política global das controladoras posta em benefício do quarto réu", que resulta no pagamento a este de "inimagináveis", pelo vulto e exagero, honorários e participações que contaminam os resultados financeiros e provocam, defluentemente, lesão prejudicial da distribuição de dividendos. Estão os autores legitimados para a demanda, nos termos do art. 246, § 1º, "b", da Lei das S/A e foram convocados ao pólo passivo todos os que responderiam pela alegada incontinência.

Os autos da ação se avolumaram, muito do que se trouxe é despiciendo para o desate, nada obstante, os longos e eruditos arrazoados das partes, todos de alto nível, facilitam o exame da controvérsia e sua solução.

As rés compõem um dos mais relevantes e atuantes conglomerados financeiros do País, sendo notório que representam, em crescendo, exemplo de notável êxito no quadro empresarial da Nação. Desnecessário é pesquisar, em minudências, a razão de tanto, no entanto, é indescartável a presunção de que, para atingir tais metas e resultados, teve orientação e política dirigente bem ordenadas. Nesta ação, porém, se põe em dúvida um dos itens de sua administração, asseverando-se que na sua intimidade gerencial ocorrem abusos de poder, a dano de melhores resultados para os acionistas.

A imputação do libelo não se aninha em nenhuma das práticas típicas que envolvem administração ruinosa das empresas coligadas, de forma a levá-las à ruína, quer pela gestão fraudulenta, incompetente, temerária, negligente ou imperita, do elenco do art. 117 da Lei das S/A, na verdade, sequer se afirma ou se levanta suspeita de que o acionista controlador tenha deixado de cumprir os deveres inseridos, *in genere*, no parágrafo único do art. 116 da mesma lei. Tudo quanto se argúi na inicial é a indigitada atribuição de honorários excessivos ao quarto réu, que detém 99,99% das cotas das rés controladoras do grupo.

Ora, está comprovado e confessado pelos autores que todas as sociedades envolvidas na lide tiveram fixado o montante global da remuneração aos administradores por deliberação das assembléias gerais ordinárias de cada qual, nos expressos termos do art. 152 da Lei das S/A, enfatizando os demandantes que não impugnam "a fixação de honorários e participações nesta ou naquela sociedade". Este posicionamento dos autores é de capital importância, admitem, e não impugnam, a legitimidade e o montante global da remuneração dos administradores, que só a assembléia geral pode outorgar. Forçoso é convir, portanto, que o libelo é claudicante ao pretender caracterizar a lesão reflexa aos acionistas na excessividade da remuneração aos administradores, por eles expressamente não impugnada. Em outros termos, aceitando a deliberação da assembléia em item de defesa fixa e imutável (nos balanços societários), não podem, ao depois, alegar que o item é motivador do desfalque de lucros para os dividendos.

Por isso mesmo, a sentença recorrida bem atentou para o inusitado do libelo, se os autores não negaram (com premissa do silogismo acusatório) nem contestaram que o montante global das remunerações estava conforme aos paradigmas do mercado (prova documental que acompanhou as respostas), a conclusão de remate é absolutamente desconexa.

É verdade que os autores pretendem se esquivar desse incontornável veto da lógica afirmando que na partilha do montante global é que ocorre o abuso de poder, desde que é nesse ato *interna corporis* que o quarto réu ganha o indevido, mas, se ganha o indevido, é intuitivo e óbvio que o episódio não guarda relação causal com lesão aos réus (concordes, em uníssono, com a verba votada pelas assembléias), se lesão houvesse seria na sua distribuição entre os administradores e seriam os consortes do quarto réu que suportariam o desfalque, e os autores como já se afirmou nos autos, não são substitutos processuais desses. Oportuno é colar aqui o percuciente argumento de Modesto Carvalhosa, um dos mais insignes intérpretes da Lei das S/A: "O montante destinado à remuneração dos administradores contou com a aprovação dos acionistas, em deliberação válida, tomada em assembléia geral. Será esse montante, o qual representa encargo da pessoa jurídica, que, nas demonstrações financeiras, refletirá na determinação do lucro e na distribuição dos dividendos".

Os r. votos dos DD. Relator e Revisor dão provimento parcial ao recurso para a prova de quanto é partilhado ao quarto réu naquele montante não impugnado. Com a devida vênia, é absolutamente inconseqüente a diligência. Admitida a hipótese de uma partilha que favoreça o quarto réu com régia remuneração, a ação proposta não pode cortá-los, diminuí-los ou fazer arbitramento discricionário: tanto importaria em imiscuir-se em ato típico e *interna corporis* de cada sociedade, ofendendo-lhes a intimidade gerencial, com censura e invalidação de deliberação da assembléia geral que não é questionada nem impugnada nesta causa.

Pelo sumulado, o meu voto nega provimento ao recurso e mantém a sentença recorrida, acolhendo e adotando, nos pontos de contato com esta síntese, as contrarazões dos apelados" (fls. 1.613-1.621).

4. Rejeitados embargos declaratórios sobre as preliminares argüidas (fls. 1.635 e 1.636), interpuseram os réus, ora recorridos, na esteira do douto voto vencido, embargos infringentes, os quais foram recebidos pelos fundamentos expendidos a fls. 1.638-1.685, *verbis:*

"Os presentes embargos só podem ser apreciados nos limites do voto vencido. A douta maioria repeliu expressamente as preliminares tanto no acórdão de fls. 1.613-1.617 quanto no de fls. 1.635 e 1.636, prolatado em embargos de declaração. O r. voto vencido (primeiro acórdão) enfrentou o mérito, pelo que, obviamente, repeliu as preliminares. Ademais, o acórdão proferido nos embargos de declaração (onde se discutiram, ainda, as preliminares) foi unânime. Portanto, as preliminares não podem ser objeto de apreciação nos presentes embargos infringentes.

Quanto ao mérito, é de notar, de início, que o fato de as partes protestarem por prova não significa que elas necessariamente fossem produzidas. A circunstância, com efeito, não era óbice para o julgamento antecipado da lide. Basta que o Juiz entendesse desnecessária a prova oral ou pericial, ante os elementos do processo, para que pudesse, desde logo, proferir a sentença. E foi o que fez.

As alegações da inicial não se enquadram em nenhuma das hipóteses do art. 117 da Lei das S/A. O que diz a inicial é que são pagos honorários excessivos a um dos réus, que, por sinal, detém 99,99% das cotas das suplicadas controladoras do grupo.

Contudo, está provado pela própria confissão dos autores que todas as sociedades rés tiveram o montante global da remuneração aos administradores fixado em assembléia geral ordinária, com respeito ao art. 152 da Lei das S/A. Os próprios embargados salientam não impugnar a "fixação de honorários e participação nesta ou naquela sociedade". Admitem, o que é mais relevante para a decisão, a legitimidade do montante global da remuneração.

Ora, se tal ocorre, a alegada excessividade da remuneração aos administradores por eles não foi impugnada. É que aceitam as deliberações das assembléias, os balanços societários, não podendo, por isso mesmo, falar em desfalque de lucros para os dividendos.

É certo que os autores buscaram convencer de que o abuso de poder residiria no montante global aceito pelas assembléias, ato do qual decorreriam os ganhos ditos ilícitos do quarto réu. Todavia, como esclareceu o r. voto vencido, "se lesão houvesse seria na sua distribuição entre os administradores e seriam os consortes do quarto réu que suportariam o desfalque, e os autores, como já se afirmou, não são substitutos processuais desses (fls. 1.620). Não há dúvida (os embargados não negam) de que o montante destinado aos administradores foi aprovado por assembléias gerais. Tal montante é que refletirá na determinação do lucro e na distribuição dos dividendos.

Na realidade, de nada adiantaria a prova do *quantum* recebido pelo quarto réu. A importância por ele recebida será sempre legítima, pois decorre da assembléia geral, num típico ato *interna corporis*, no qual, por isso mesmo, não se pode imiscuir. Seria, em última análise, anular o que fora deliberado em assembléia, o que nem se pediu na presente causa.

Ante a prova produzida, decidiu com acerto o Magistrado quando afirmou que "dúvidas não há, portanto, de que foi observado o disposto na Lei das S/A, fixando-se a remuneração de acordo com os padrões de mercado. Aliás, os próprios autores reconhecem essa circunstância na inicial, convalidando, por conseguinte, as deliberações da assembléia".

Pelo exposto, recebem os embargos, nos precisos termos do voto vencido, *data venia* da ilustrada maioria, ficando restabelecida a r. sentença de 1º grau.

O julgamento foi presidido pelo Sr. Des. Garrigós Vinhaes, com voto vencedor, e dele também participaram os Srs. Des. Macedo Costa, com voto vencedor, Macedo Bittencourt e Camargo Sampaio, com votos vencidos. São Paulo, 24 de maio de 1984 — Gonçalves Santana, relator."

5. Os recorrentes, imputando ao acórdão supratranscrito contradição e omissão que implicariam em ofensa à Lei 6.404, de 15.12.76 (arts. 116, parágrafo único, 117, § 1º, "c", e 152, *caput*) e ao Código de Processo Civil (arts. 130 e 131), opuseram embargos de declaração (fls. 1.693-1.701), unanimemente rechaçados pela E. Câmara Julgadora (fls. 1.704 e 1.705).

6. Em decorrência do acolhimento dos embargos infringentes, manifestaram o presente recurso extraordinário, com apoio nas alíneas "a" e "d" do permissivo constitucional, alegando afronta aos arts. 117, § 1º, "c" e "f", e 152 da Lei das S/A e 130, 332 e 333, I, do CPC, bem como divergência jurisprudencial, requerendo o conhecimento e provimento do apelo para determinar-se a anulação da sentença, devendo outra ser proferida, após a produção de provas pelas quais protestaram as partes, como decidira o v. acórdão de fls. 1.617.

7. Impugnado o cabimento do recurso (fls. 1.726-1.744), o ilustre Des. Nereu César de Moraes inadmitiu o seu processamento através do r. despacho de fls. 1.746-1.752, aduzindo:

"2. O recurso, porém, não reúne condições de admissibilidade. Os recorrentes estabeleceram como objetivo do recurso "a anulação da sentença, a fim de que outra seja proferida, após a produção das provas pelos quais protestaram as partes".

Aliás, não poderia o apelo extremo ensejar a procedência da ação, porque, com o julgamento das apelações (fls. 1.613-1.621) e restringindo-se os embargos infringentes ao voto vencido, ficaram exauridas as instâncias ordinárias para tal finalidade, restando a alternativa: a anulação da sentença ou da improcedência da ação.

Nestas condições, pode causar perplexidade a apreciação da alegação de infringência dos arts. 117 e 152 da Lei das S/A, porque, pretendendo, exclusivamente, a anulação da sentença, em face do julgamento antecipado, estariam os recorrentes, na verdade, discutindo o mérito da causa.

Todavia, impõe-se o exame da matéria tratada pelos referidos dispositivos legais exclusivamente para averiguação da necessidade de produção de provas o que obstaria ao julgamento antecipado.

O v. acórdão recorrido concluiu que não ocorreu nenhuma ilicitude ou prejuízo para as sociedades do chamado "Grupo Real". A respeito do julgamento antecipado da lide, deixou claro que as provas existentes no processo, naquele ensejo, já eram suficientes para conclusão a que chegou.

Resta saber, portanto, se a interpretação que se deu aos referidos dispositivos, por errônea que fosse, tenha sido a causa determinante do entendimento pelo qual seriam desnecessárias outras provas.

Os recorrentes indicam como suporte fático a "remuneração excessiva" do quarto réu, argumentando que o art. 117 da Lei das S/A é meramente enunciativo, e não taxativo, como considerou o v. acórdão recorrido.

Paradoxalmente, apontam a ocorrência das hipóteses previstas pelas alíneas "c" e "f" do § 1º do referido artigo.

Na verdade, excluindo a apreciação da matéria não prequestionada, o que se poderia cogitar, para averiguação da necessidade de produção de provas, seria, apenas, a abrangência do art. 117 da Lei das S/A quanto aos fatos narrados na inicial. Assim, resta saber se a "remuneração excessiva" atribuída ao quarto réu configura suporte fático para a conseqüência pretendida pelos recorrentes, a ser demonstrado com a dilação probatória.

O v. acórdão não negou que esse fato pudesse ensejar a conseqüência requerida. Mas, asseverou, claramente, que a fixação da remuneração dos administradores foi regular e que é legítima a importância percebida pelo quarto réu.

Por outro lado, reportou-se o julgado ao art. 152 da Lei das S/A, para justificar a regularidade com que se fixou a remuneração dos administradores.

Nestas condições, não há como se concluir pela necessidade de produção de outras provas, em face de errônea interpretação ao texto legal atinente ao mérito da causa. Mas, mesmo que a interpretação dada aos arts. 117 e 152 da Lei das S/A venha a afetar o critério que determinou o julgamento antecipado, essa interpretação se mostra razoável, dando ensejo à atuação da Súmula 400.

Os preceitos do Código de Processo Civil apontados no recurso também não foram afrontados.

Não negou o v. acórdão recorrido que os recorrentes tenham direito à produção de provas e que lhes incumbe os ônus de demonstrar os fatos que alegaram (arts. 332 e 333, I, do CPC).

Também não se negou que ao juiz incumbe determinar as provas necessárias à instrução do processo (art. 130 do CPC).

Houve, no caso, correta interpretação e aplicação do art. 330, I, do estatuto processual, porque ficou evidenciado que não era necessária a produção de outras provas para julgamento da demanda.

Assim, o recurso, pela alínea "a" do permissivo constitucional, é obstado pelo enunciado na Súmula 400.

Quanto à alegação de dissídio jurisprudencial, os recorrentes não cumpriram os requisitos do art. 322 do RISTF, porque não indicaram circunstâncias comprovadoras da semelhança ou identidade dos julgados colacionados com o caso em foco.

Aliás, neste particular, tem o E. Pretório Excelso asseverado a necessidade de demonstração analítica da divergência jurisprudencial, mediante o confronto das partes idênticas ou semelhantes do acórdão recorrido e dos apontados como paradigmas (*RTJ* 93/1.133).

3. Por essas razões, indefiro o processamento do recurso extraordinário."

8. Porquanto, todavia provido agravo de instrumento pelo meu eminente Antecessor, Min. Cordeiro Guerra, os autos subiram a esta Corte, para melhor exame.

9. Razões a fls. 1.774-1.780.

10. Contra-razões a fls. 1.784-1.819, destacando-se, nesta peça, preliminar de coisa julgada, para que o STF, não conhecendo do recurso extraordinário, "também declare que passou em julgado a decisão de mérito contida no acórdão recorrido" (item 2.4, fls. 1.793). É o relatório.

VOTO

O Sr. Min. Célio Borja (relator): Registro a prejudicial suscitada pelo r. despacho que, na origem, indeferiu o recurso: "Aliás, não poderia o apelo extremo ensejar a procedência da ação, porque, com o julgamento das apelações (fls. 1.613-1.621) e restringindo-se os embargos infringentes ao voto vencido, ficaram exauridas as instâncias ordinárias para tal finalidade, restando a alternativa: a anulação da sentença ou da improcedência da ação".

A seu turno, o recorrido pede, nas suas contra-razões, que o STF, não conhecendo do recurso, "também declare que passou em julgado a decisão de mérito contida no acórdão recorrido" (fls. 1.793).

Tenho que o pedido formulado no recurso extraordinário é, precisamente, o da anulação da sentença, para que os autores produzam as provas pelas quais oportunamente protestaram (fls. 1.721 e 1.722).

Mas, para apreciar tal requerimento, é mister examinar eventual infringência dos arts. 117 e 152 da Lei das S/A, por parte dos réus, adverte a decisão que negou trânsito, no Tribunal *a quo,* ao presente recurso.

A questão prejudicial que o recorrido propõe à suprema instância é a da possibilidade de anular — por vício processual — sentença de mérito proferida na 1ª instância, confirmada no 2º grau de jurisdição e, aí, transitada em julgado!

É certo que o voto vencido, da lavra do Des. Macedo Costa, já transcrito, afirmou que a diligência pretendida pelos recorrentes "é absolutamente inconseqüente" porque: "Admitida a hipótese de uma partilha que favoreça o quarto réu com régia remuneração, a ação proposta não pode cortá-los, diminuí-los ou fazer arbitramento discricionário: tanto importaria em imiscuir-se em ato típico e *interna corporis* de cada sociedade, ofendendo-lhes a intimidade gerencial, com censura e invalidação de deliberação da assembléia geral que não é questionada nem impugnada nesta causa".

Conclui o voto vencido negando provimento ao recurso e mantendo a sentença recorrida (fls. 1.621).

Em grau de embargos infringentes o E. Tribunal *a quo* estatuiu, *verbis:* "Os presentes embargos só podem ser apreciados nos limites do voto vencido... O r. voto vencido enfrentou o mérito... Quanto ao mérito, é de notar, de início, que o fato de as partes protestarem por prova não significa que elas necessariamente fossem produzidas. A circunstância, com efeito, não era óbice para o julgamento antecipado da lide".

Fundamentando a decisão de mérito, que, como se viu da transcrição acima, diz à recusa de produção de provas, pelo julgamento antecipado da lide, entra o v. aresto recorrido a fundamentar a desnecessidade da dilação reclamada pelos recorrentes na inexistência de ofensa ao art. 152 da Lei das S/A.

Perfilha, a esse propósito, a afirmação do Magistrado de 1º grau segundo a qual "dúvidas não há, portanto, de que foi observado o disposto na Lei das S/A, fixando-se a remuneração de acordo com os padrões de mercado. Aliás, os próprios autores reconhecem essa circunstância na inicial, convalidando, por conseguinte, as deliberações da assembléia" (fls. 1.683-1.685).

Conclui recebendo os embargos, nos termos do voto vencido, "... ficando restabelecida a r. sentença de 1º grau".

Parece-me claro que os sucessivos apelos interpostos pela parte sucumbente voltaram-se contra o julgamento antecipado da lide, que viciaria assim a sentença de 1º grau como os v. acórdãos proferidos na apelação e nos embargos infringentes.

E que ao 3º grau de jurisdição somente incumbe decidir essa questão, preclusa a apreciação das preliminares, como resolvido, sem recurso, no julgamento da apelação.

Daí a alegação dos recorrentes de ofensa aos arts. 130, 332 e 333 do CPC.

Em princípio, cabe ao juiz "... determinar as provas necessárias à instrução do processo" (art. 330 do CPC).

O nexo entre o fato que se quer provar e o direito alegado pela parte há de ser necessário.

Ora, os autores assim definiram o seu intento, *verbis:* "... Aliás, o que se impugna nesta lide é uma *política global das controladoras posta em benefício do quarto réu, e não a fixação de honorários e participações nesta ou naquela sociedade*. Quer isto dizer que não se denuncia a fixação da verba honorária da sociedade "X", aprovada pela assembléia geral ordinária realizada em data "Y". Os autores insurgem-se — isto, sim — contra a *política ilícita* que visou ao benefício do quarto demandado, em prejuízo das sociedades abertas, do denominado "Grupo Real" (fls. 13, item 35, grifos dos autores).

O prejuízo causado pelos réus é exemplificado: "... não é difícil de imaginar que os resultados do Banco Real S/A são diminuídos pela remuneração, participação nos lucros e verbas de representação que são auferidos pelo quarto réu em todas as sociedades coligadas ao Banco Real S/A ou que dele são controladas ..." (fls. 13, item 36).

Fiquemos por aqui, por ora, para podermos analisar detidamente o que se afirma e a necessidade da prova reclamada e não autorizada nas vias ordinárias.

Comecemos pela última afirmação: a remuneração, participação nos lucros e verbas de representação diminuem os resultados da sociedade anônima. Lembro a propósito, a lição de Mariano Gagliardo: "Finalmente, remuneración del director y dividiendos son nociones vinculadas, pues, como se ha sostenido,[184] en la medida en que existan mayores utilidades para retribuir al directorio, menor será el saldo para distribuir entre los accionistas y, en su caso, constituir reservas potestativas" (*El Directorio en La Sociedad Anonima,* Abeledo-Perrot, Buenos Ayres, cap. VI, "Remuneración de los directores", pp. 137 e 138).

Em nota 184 socorre-se o ilustre Comercialista argentino de decisão da Corte Suprema de seu país segundo a qual os honorários de diretores e conselheiros fiscais "se consideran como gastos registrados en la fecha de realización de la asamblea y se reflejan *como afectación de resultados (gasto)* en el estado de resultados acumulados y como pasivo en los asientos de contabilidad de ese ejercício posterior" (ob. cit., p. 137).

Parece óbvio que remuneração, participação nos lucros e verbas de representação dos diretores influem negativamente naquela parte dos resultados que deverá ou poderá ser distribuída aos acionistas sob a forma de dividendos.

Sensatamente, dizem os autores, por isso mesmo, que não impugnam a fixação de honorários e participações nesta ou naquela sociedade pelas respectivas assembléias gerais ordinárias. Mas uma política global das controladoras que beneficia o quarto réu.

Em que consiste tal política? Descrevem-na, literalmente:

"O esquema foi montado de forma tal que o réu integra a administração de um vastíssimo número de sociedades, de vez que aí se encontram as subsidiárias, coligadas e controladas das sociedades abertas do Grupo Real.

Tudo isso faz com que o quarto réu receba honorários, participações e verbas de representação que atingem, anualmente, cifras astronômicas e inimagináveis, do que decorrem enormes prejuízos para os acionistas das companhias que as autoras, nesta lide, processualmente substituem" (fls. 6, item 14).

Tais vantagens seriam ilícitas, à vista do que dispõe o art. 152 da Lei das S/A.

"Art. 152. A assembléia geral fixará o montante global ou individual da remuneração dos administradores tendo em conta suas responsabilidades, o tempo dedicado às suas funções, sua competência e reputação profissional e o valor de seus serviços no mercado.

"§ 1º. O estatuto da companhia que fixar o dividendo obrigatório em 25% ou mais do lucro líquido pode atribuir aos administradores participação no lucro da companhia, desde que o seu total não ultrapasse a remuneração anual dos administradores nem 0,1 dos lucros (art. 190), prevalecendo o limite que for menor.

"§ 2º. Os administradores somente farão jus à participação nos lucros do exercício social em relação ao qual for atribuído aos acionistas o dividendo obrigatório de que trata o art. 202."

Invocam os ora recorrentes a regra da razoabilidade e compatibilidade com o mercado, para afirmar que eventual excesso é participação adicional nos lucros da sociedade (fls. 7 e 8, item 19).

Socorrem-se, também, do art. 117 da Lei das S/A, para vislumbrar abuso de poder por favorecer outras companhias em detrimento daquelas que o quarto réu controla e os autores substituem, neste processo (§ 1º, "a"), e, ainda, por prejudicar, tal política global, os acionistas minoritários (alínea "c") (fls. 12, item 31).

Com vistas a provar quanto afirmaram, os autores, ora recorrentes, especificaram as seguintes provas:

"a) Às companhias abertas do Grupo Real, substituídas processualmente nesta ação (Cia. Real de Investimentos S/A, Banco Real de Investimentos S/A, Banco Real S/A, Consórcio Real Brasileiro de Administração S/A), para que informem, durante o período em que permaneceram sob o controle das rés, quanto pagaram ao seu presidente diretamente, aqui e no exterior, ou através de suas subsidiárias e coligadas, componentes do chamado "Grupo Real" até o fim da linha (isto é, a subsidiária/coligada da subsidiária/coligada até a última companhia do Grupo Real), ano após ano, a qualquer título, informando, inclusive as vantagens do cargo (exs.: automóvel, avião, motoristas, pilotos, verbas de representação e viagens ao exterior etc.).

Idem em relação ao 2º executivo diretor mais bem pago do grupo, não acionista importante e um diretor executivo médio que também não seja acionista importante no grupo. Neste caso, esclarecer o número de ações possuídas aqui ou no exterior.

b) À Receita Federal, para que envie a esse Juízo cópia das três últimas declarações de imposto de renda, ano/base 1978-1979-1980, do presidente do conglomerado Real e controlador, Aloysio de Andrade Faria (CPF 001156577/20), brasileiro, casado, banqueiro, domiciliado e residente no Rio de Janeiro-RJ, na Av. Vieira Souto 350, a fim de provar o alegado na inicial, inclusive a respeito das suas outras atividades, além das do Grupo Real, que influenciam a remuneração, nos termos citados no art. 152.

Outrossim, os autores pedem a realização de perícia técnica para o exame dos números e elementos coletados através dos dois ofícios e outros dados no mercado de trabalho, e determinar o que seria, em termos de remuneração do presidente do conglomerado Real, o "razoável" e compatível com a realidade do mercado, responsabilidade e tempo dedicados à função, cotejando com o total recebido. Isto ano a ano, desde o início do conglomerado Real.

Protestam os autores, ainda, pela juntada de novos documentos e pelo depoimento pessoal dos réus e de testemunhas.

Termos em que pedem deferimento" (fls. 948 e 949).

Ora, como se vê, as provas requeridas não visam a infirmar a política lesiva aos interesses das companhias de que são eles substitutos processuais, ou aos dos seus acionistas minoritários, mas, sim, a demonstrar as disparidades das remunerações individuais dos diretores, ou o conjunto dos ganhos de quaisquer fontes do quarto réu (declaração do seu imposto de renda).

Como se viu antes, a desigualdade dos ganhos dos diretores não lesa injustamente, e por si só, o montante da parcela dos resultados que se convertem em dividendos nem, tampouco, outros ganhos da companhia. Não se enquadra, pois, nem na alínea "a", nem na "c", do § 1º do art. 117 da Lei 6.404/76. Para esses efeitos, a prova requerida e não produzida, pela antecipação do julgamento da lide, não é *necessária.*

É de recordar-se, porém, que os autores, ora recorrentes, deram como vulnerado o art. 152 da lei acima referida, que vincula a remuneração dos diretores aos seguintes critérios: responsabilidades, tempo dedicado às suas funções, competência e reputação profissional e valor dos seus serviços no mercado.

Ora, a norma invocada não estabelece nem a paridade nem a proporção recíproca entre os honorários dos diretores, seja no regime de atribuição individual de valor, pela assembléia, a cada um deles, seja no de assinação global e coletiva à diretoria, como um todo.

A disparidade que a prova pretendida poderia vir a demonstrar não teria pertinência ao art. 152, em exame.

Se prejuízo resulta da desproporção entre as diferentes retribuições pagas pelas companhias é para seus diretores, não para elas mesmas ou seus acionistas. Não sendo substitutos ou representantes eletivos, dativos ou legais dos eventuais prejudicados, em nome deles não podem os recorrentes reivindicar (art. 3º do CPC).

Não tendo por vulnerados os dispositivos da Lei das S/A nem os do Código de Processo Civil, invocados pelos recorrentes, não conheço do recurso pela alínea "a" do inc. III do art. 119 da CF.

Nem pela alínea "d", posto que o aresto colacionado não teve demonstradas, analiticamente , afinidades e discrepâncias com a hipótese dos autos (art. 322 do RISTF), nem, a meu ver, guarda com ela pertinência. É o meu voto.

VOTO (PRELIMINAR)

***O Sr. Min. Djaci Falcão* (pres.)**: Também acompanho o eminente Relator. Tive oportunidade de ler, inclusive, o memorial apresentado pelo patrono dos recorridos e não cheguei a outra conclusão. O recurso, inclusive, dá ênfase à anulação da sentença, não atacando frontalmente o acórdão. Não conheço do recurso.

EXTRATO DE ATA

RE 108.650-5, SP, rel. Min. Célio Borja, rectes: Starvesa-Serviços Técnicos, Acessórios e Revenda de Veículos Ltda. e outros (advs.: Márcio Slerca Júnior e outros), recdas.: Transamérica, Representações e Participações Ltda. e outra (advs.: José Frederico Marques e outros) e Administradora Fortaleza Ltda. e outro (advs.: José Frederico Marques e outros).

Decisão: Não conhecido. Unânime. Falou pelos recorridos o Dr. José Frederico Marques. 2ª T., 21.8.87.

Presidência do Sr. Min. Djaci Falcão. Presentes à sessão os Srs. Mins. Aldir Passarinho, Francisco Rezek, Carlos Madeira e Célio Borja. Subprocurador-Geral da República o Dr. Mauro Leite Soares.

COMENTÁRIO

Luis Felipe de Carvalho Pinto

Trata-se de ação ordinária indenizatória proposta por acionistas minoritários de empresas que formam o "Grupo Real" contra as sociedades controladoras de todas as empresas do grupo e contra o detentor da quase-totalidade das ações dessas sociedades controladoras, sendo este último também administrador das sociedades controladas de capital aberto, de que participam os autores.

Objetivam os autores, através da ação proposta, o ressarcimento da diferença entre os honorários, participações e verbas de representação efetivamente percebidos pelo administrador e a importância correspondente aos padrões de mercado.

Sustentam seu pedido no fato de o detentor da quase totalidade das ações das controladoras valer-se de seu poder de controle para integrar a administração das sociedades controladas, percebendo remuneração exagerada, com prejuízo para as empresas e seus acionistas.

Em primeiro grau, houve julgamento antecipado da lide, em termos de improcedência quanto ao mérito. Entendeu o MM. Juiz singular desnecessária qualquer dilação probatória, tendo em vista que a remuneração global dos administradores foi regularmente fixada pela assembléia geral.

Contudo, a E. 6ª Câmara do Tribunal de Justiça, por maioria de votos, anulou a sentença para permitir a produção de provas oral e pericial (exame de livros) requerida por ambas as partes. Considerou precipitada a conclusão de primeira instância pela complexidade da controvérsia e apoiando-se no fato de que a enumeração do § 1º do art. 117 da Lei 6.404/76 é exemplificativa e que a aprovação em assembléia não afasta, em tese, a possibilidade do abuso de poder e da responsabilidade do acionista controlador.

O julgamento teve voto vencido, que sustentou a manutenção da sentença com base nos seguintes aspectos: a) impugnam os autores uma política global das controladoras posta em benefício do administrador, que resulta no pagamento a este de vultuosos honorários e participações que contaminam os resultados financeiros e lesam a distribuição de dividendos, b) não há alegação de qualquer prática típica de administração ruinosa, gestão fraudulenta, incompetente, temerária, negligente ou imperita, c) coloca-se em dúvida apenas um dos itens de sua administração, asseverando-se que na sua intimidade gerencial ocorrem abusos de poder, a dano de melhores resultados para os acionistas (atribuição de honorários excessivos ao detentor de 99,99% das cotas das sociedades controladoras do grupo), d) houve fixação do montante global da remuneração dos administradores por deliberação das assembléias gerais ordinárias de cada sociedade, em conformidade com o art. 152 da Lei das S/A, e) não há impugnação quanto à fixação das remunerações, mas tão-somente quanto à sua distribuição entre os administradores, e f) aceitando tal deliberação assemblear, não se pode, ao depois, alegar desfalque de lucros para os dividendos.

Mesmo sob a argumentação de que o abuso de poder ocorre na partilha do montante global (ato *interna corporis*), não se vislumbrou relação causal com a alegada lesão aos lucros das sociedades controladas e conseqüentemente aos dividendos. As únicas pessoas que poderiam eventualmente alegar prejuízos seriam os demais administradores, que não são partes na ação e nem poderiam ser substituídos pelos autores.

Percebeu, com clareza, o MM. Des. vencido que a ação proposta não poderia atacar a assembléia geral regularmente convocada e instalada, nem a legitimidade da deliberação assemblear. Não se poderia assim alterar o valor global da remuneração dos administradores, reduzindo-o ou arbitrando-o, sob pena de ilegalmente se atacar o órgão supremo da companhia, com ofensa à sua intimidade gerencial.

Nos limites do voto vencido, os réus interpuseram embargos infringentes, os quais foram recebidos e acolhidos, ficando restabelecida a sentença de primeiro grau. Prevaleceu assim o entendimento de que não há prova a ser produzida, tendo em vista que importância recebida pelo administrador, detentor de 99,99% das cotas das sociedades controladoras, será sempre legítima, pois decorre da assembléia geral, num típico ato *interna corporis,* que sequer pode ser anulado por falta de pedido nessa ação.

Em sendo a demanda anterior à Constituição Federal dc 1988, os autores (Recorrentes) interpuseram recurso extraordinário alegando ofensa aos arts. 117, § 1º, "c" e "f", e 152 da Lei das S/A, e divergência jurisprudencial. Com o advento da nova carta constitucional, tal recurso, de natureza especial, seria de competência exclusiva do E. Superior Tribunal de Justiça.

Tal recurso foi inadmitido na origem, mas por ter sido provido agravo de instrumento contra o despacho denegatório subiu ao Pretório Excelso.

Na suprema corte foi novamente analisada a necessidade de produção de provas para fazer valer o direito alegado. As provas pretendidas visavam demonstrar a excessiva remuneração obtida pelo administrador e o que se poderia considerar "razoável" em termos de mercado.

Mas a impugnação dos autores refere-se à política global das controladoras posta em benefício do detentor da quase totalidade de suas cotas, e não à fixação de honorários nesta ou naquela sociedade. Não se denunciam então as remunerações fixadas pelas assembléias gerais ordinárias respectivas.

Concluiu então a corte máxima que as provas requeridas não visam a infirmar a política lesiva aos interesses das controladas, ou aos dos seus acionistas minoritários. Eventual desigualdade de remuneração dos administradores não lesa injustamente, e por si só, o lucro que se converte em dividendos. Se há prejuízo, é para seus demais administradores, não para a sociedade ou seus acionistas.

O apelo extremo então deixou de ser conhecido por não vislumbrar violação aos dispositivos legais citados (arts. 117, § 1º, "c" e "f", e 152 da Lei das S/A), encerrando assim a controvérsia.

Andou bem o Judiciário na solução da lide. De fato, é competência privativa da assembléia geral a fixação da remuneração dos administradores (art. 152). Tal remuneração pode ser fixada individualmente ou de forma global, sendo, neste último caso, delegada aos administradores a competência para entre eles distribuí-la como melhor lhes convier.

Ora, se os acionistas, num primeiro momento, optaram por estabelecer a remuneração dos administradores de forma global, permitindo a estes a sua distribuição, não podem, num segundo momento, contestar o rateio levado a efeito.

A assembléia geral ordinária que deliberou pela remuneração global poderia ser questionada caso se vislumbrasse abuso do direito de voto ou conflito de interesses (art. 115, *caput* e parágrafos terceiro e quarto). O abuso de poder do acionista controlador, na maioria das vezes praticado na própria assembléia geral (esfera de atuação dos acionistas), também pode ser tolhido. Basta que haja ou possa haver prejuízos para a companhia, seus acionistas, empregados ou mesmo a comunidade em que atua.

É curioso no julgado não ter havido qualquer discussão quanto à caracterização do grupo de controle, formado até por terceiro não acionista (administrador e detentor de 99,99% das cotas das controladoras), mas que caracteriza o controle indireto.

A Lei 6.404/76 (art. 116) centrou a noção de controle na: a) titularidade permanente de direitos de sócios, asseguradora da maioria nas deliberações sociais e o poder de eleger a maioria dos administradores, e b) uso efetivo do poder de controle para dirigir as atividades sociais e orientar o funcionamento dos órgãos da companhia.

Ora, ao restringir a figura do controlador ao titular de direitos de sócios, o legislador excluiu o controle indireto (exercido por terceiro não acionista, através de acionista por ele controlado).

A verificação do controle muitas vezes suscita dúvidas. Isso porque o controle ainda está equivocadamente associado ao conceito da maioria, caracterizado pela fórmula "metade mais um".

O controle não se prende à posse da maioria do capital social ou das ações votantes, como se pensava antigamente. Na fase incipiente da formação do capitalismo, onde as empresas eram de pequena dimensão e surgiam do gênio inventivo do empresário, ou de sua pessoal capacidade de organização, detinha este o poder decisório. Ao formar o capital da sociedade, reservava para si a maioria do capital (metade mais um).

Confundia-se, naquela época, a propriedade que detinham os sócios com o poder de dirigir o rumo e a atividade social. Somente com o desenvolvimento da atividade comercial, com o ingresso de novos investimentos e a participação de terceiros nos negócios familiares, que se distinguiu da propriedade a administração.

A expansão do sistema gerou a desintegração do direito de propriedade. O proprietário-acionista ("dono da empresa") passou a atribuir a terceiros a gestão dos bens e recursos da sociedade, mantendo para si apenas a fruição dos resultados.

Com a evolução então das atividades sociais, maior dinâmica nas operações, maior necessidade de especialização, etc., impôs-se a necessidade de atribuir a determinadas pessoas (terceiros) a prática da gestão e administração dos negócios sociais.

Da separação entre propriedade e a gestão, percebeu-se desde logo que não há sociedade sem poder (gestão). Por outro lado, como ensina o prof. Fábio Konder Comparato,[1] "a todo poder correspondem deveres e responsabilidades próprias, exatamente porque se trata de um direito-função, atribuído ao titular para a consecução de finalidades precisas". E, para se estabelecer a extensão das responsabilidades decorrentes do exercício do poder de gestão fez-se necessário definir e caracterizar o titular do poder.

Tal caracterização também tornou-se necessária em virtude da distinção entre diferentes espécies de acionistas. Ao lado dos acionistas empresários, que procuram dirigir os negócios ou influir na sua gestão social, encontram-se acionistas rendeiros, que visam tão-somente auferir dividendos como fonte de renda pessoal, e acionistas especuladores, que fazem da circulação das ações um jogo de altas e baixas onde procuram obter seus ganhos.

Verifica-se claramente hoje tamanha dispersão das ações e desinteresse pelos negócios sociais (absenteísmo dos acionistas em assembléias gerais), que se tornou possível determinar a orientação geral da companhia com um pequeno número de ações. Quando se diz que com participação de 16,67% (em ações votantes) é possível exercer o controle de companhia que tenha emitido dois terços de suas ações na forma preferencial sem direito a voto, faz-se uma afirmação conservadora e inquestionável. Mas, na prática, verifica-se que, nas companhias abertas, muitas vezes detém o controle o acionista que possui menos de 10% ou até de 5% das ações.

Situação curiosa pode ser imaginada numa companhia que possua três acionistas, com participações de 49%, 49% e 2%. É possível que o acionista minoritário exerça o poder de comando nesta sociedade, e que suas ações sejam altamente disputadas e valorizadas. O fenômeno do controle minoritário não é expresso da Lei das S/A (o art. 116, alínea "a", refere-se a quem exer-

1. *O Poder de Controle na Sociedade Anônima*, Ed. RT, 1967, São Paulo, p. 307.

ce a maioria dos votos nas deliberações assembleares), mas já foi admitido pela jurisprudência, que tem entendido resultar o controle da verificação da situação de fato.

Também não previu o legislador brasileiro o controle externo, decorrente de relação contratual ou mesmo pessoal, já reconhecido em alguns sistemas jurídicos estrangeiros, que o colocam como uma "influência dominante", ou seja, o poder de impor uma orientação incontrastável sobre a direção de negócios de outrem.[2]

Na configuração do controle, o que importa são as ações detidas pelo grupo de acionistas que, com elas, embora minoria, controlam a empresa. Quando se fala em "proteção da minoria" deveria se falar em proteção do acionista que não disponha do controle ou não pertença ao grupo que o exerce.

O caso comentado não trouxe à apreciação do Judiciário a configuração fática do controle, o que não significa que merecesse ficar excluída de nossa abordagem, tendo em vista que praticamente esgotou o tema diretamente abordado na lide e o interesse que o tema apresenta.

São Paulo, 28 de outubro de 1997

2. Mauro Rodrigues Penteado, "Comentário de Jurisprudência: Sociedade Anônima — Acionista Controlador", *RDM* 83, p. 111, Editora RT, 1991.

Bibliografia

Batalha, Wilson de Souza Campos — *Comentários à Lei das Sociedades Anônimas* v. II, Editora Forense, 1977, RJ.

Bulgarelli, Waldírio — *A Proteção às Minorias na Sociedade Anônima*, Livraria Pioneira Editora, SP.

______ *Manual das Sociedades Anônimas*, Editora Atlas, 7ª ed., 1993, SP.

Carvalhosa, Modesto — *Comentários à Lei das Sociedades Anônimas*, 2º e 3º vs., Editora Saraiva, 1997.

Comparato, Fábio Konder — *O Poder de Controle na Sociedade Anônima*, Editora RT, 1976, SP.

Contin, Raphael — *Le Contrôle de la Gestion des Sociétés Anonymes*, Librairies Techniques, 1975, Paris.

Miranda Júnior, Darcy Arruda — *Breves Comentários à Lei de Sociedades por Ações*, Editora Saraiva, 1977.

Paes, P. R. Tavares — *Manual das Sociedades Anônimas*, 2ª ed., Editora RT, 1996.

Penteado, Mauro Rodrigues — "Comentário de Jurisprudência: Sociedade Anônima — Acionista Controlador", *RDM* 83, p. 99, Editora RT, 1991.

Requião, Rubens — *Curso de Direito Comercial*, 2º v., Editora Saraiva, 12ª ed., 1982.

______ "O Controle e a Proteção dos Acionistas", *RDM* 15/16, p. 23, Editora RT, 1974.

Jurisprudência Comentada

IMPOSSIBILIDADE DE RESILIÇÃO UNILATERAL DE ACORDO DE ACIONISTAS POR PRAZO INDETERMINADO*

Comentário de MARIA ISABEL DE ALMEIDA ALVARENGA
ao acórdão do Tribunal de Justiça do Estado de São Paulo na Apelação Cível n. 211.924.1/4

ACÓRDÃO

Vistos, relatados e discutidos estes autos de Apelação Cível n. 211.924.1/4, da comarca de São Paulo, em que são apelantes Adhemar de Barros Filho e outra e Jacobs Suchard do Brasil Alimentos Ltda., atual denominação de Interfood do Brasil Alimentos Ltda., sendo apelados os Mesmos e Jacobs Suchard A.G.:

Acordam, em Sexta Câmara Civil do Tribunal de Justiça do Estado de São Paulo, por votação unânime, negar provimento aos recursos.

I. Adhemar de Barros Filho e Endipa — Comércio e Administração S/A ajuizaram ação ordinária contra Jacobs Suchard A.G. e Jacobs Suchard do Brasil Alimentos Ltda. relatando acordos que celebraram, do qual resultaram a participação dos réus nas Indústrias de Chocolate Lacta Ltda., da qual eram os autores acionistas majoritários, acordos esses que, resumidamente, visavam aporte de capital dos réus à Lacta, bem como transferência de tecnologia e técnicas diretivas àquela sociedade. Porque teriam dado causa os réus a resilição do ajuste e, também, pelo deficiente ou até mesmo em parte inexistente cumprimento do que fora acordado, pretendem os autores, nesta ação, o reconhecimento da desconstituição do acordo de acionistas, nos termos de notificação que fizeram às rés e, ainda, o ressarcimento de perdas e danos. Em aditamento a inicial esclareceram os autores que seus prejuízos decorreram da redução do valor patrimonial da sociedade, dos lucros sociais, desvalorização dos investimentos que fizeram na Lacta e danos a essa empresa resultantes e, conseqüentemente, para os sócios majoritários.

Contestando o feito e após complexa instrução sobreveio a r. sentença de fs. 936 e ss., que julgou a ação improcedente, com imposição aos autores de encargos sucumbenciais.

Apelação tempestiva dos vencidos, buscando reversão do julgado. Apelação também, interposta por Jacobs Suchard do Brasil Alimentos Ltda., visando ao aumento da verba honorária. Os recursos foram recebidos e bem processados, com ofertas de contra-razões.

Já distribuído o feito a este relator veio para os autos a petição de fs. 1.102 e ss. na qual a apelada Jacobs Suchard do Brasil Alimentos S.A. pede não seja conhecido da apelação porque praticaram os recorrentes ato incompatível com a vontade de recor-

* Trabalho apresentado no curso de Pós-Graduação da Faculdade de Direito da Universidade de São Paulo em 1997, na disciplina *"Administração das Sociedades Mercantis em Direito Comercial Comparado II" (DCO 842)*, ministrada pelo Prof. Mauro Rodrigues Penteado.

rer ou, sucessivamente, o reconhecimento da perda de interesse recursal, em virtude dos termos da ação outra que ajuizaram contra a peticionária. Resposta dos apelantes a fls. 1.124 e ss.

2. Conhecem da apelação. Não há como identificar comportamento colidente com a vontade de recorrer ou manifestação de perda de interesse derivado do ajuizamento por um dos réus de ação outra contra os autores aqui apelantes. Como observam esses recorrentes a fs. 1.125 nessa nova ação há pedido relativo a efeitos jurídicos atuais decorrentes das obrigações que anteriormente haviam pactuado. Essa pretensão não colide com aquela deduzida nestes autos e o ajuizamento da nova ação não tem o significado que pretende um dos apelados seja reconhecido.

3. Esta ação foi julgada improcedente pela cuidadosa sentença de fs. 936 e segs. que deve ser prestigiada, uma vez que seus bem deduzidos fundamentos não foram abalados pela argumentação desenvolvida pelos apelantes.

É dos autos, que celebraram autores e rés um acordo de acionistas dizendo respeito à Indústrias de Chocolate Lacta S.A. Por esse acordo (nos autos a fs. 32 e segs.) as rés passaram a integrar a sociedade; foram previstas condições para exercício do direito de preferência na alienação de ações a terceiros; cuidou-se, ainda, da transferência de tecnologia e de produtos das rés à Lacta e, ainda, disciplinada a administração dessa pessoa jurídica por autores e rés, detentores do capital social dela.

O acordo, que foi cumprido, ao que tudo indica, com vantagem para todos os interessados durante quatro anos, veio a dar causa as desinteligências entre os dois grupos societários, desinteligências essas que desaguaram nesta ação ordinária. Pretendem os autores que as rés não cumpriram suas obrigações como pactuadas; dizem estas que o autor varão postulou da segunda ré empréstimo em dinheiro e, porque negado, passou a tomar medidas de retaliação, culminando com indevida emissão de ações preferenciais e, finalmente, pela notificação que visava à resilição do ajuste.

4. Dizem os autores, em sua apelação que a r. sentença incluiu no provimento questões *extra petita*. Dizem, mais, que em momento algum pretenderam o reconhecimento da rescisão judicial do acordo de acionistas, mas, apenas, o reconhecimento da resilição dele, pelo descumprimento de obrigações por parte das rés, ainda também porque não tem o ajuste prazo determinado e, finalmente, porque houve transferência da posição das rés a terceiros sem anuência, muito menos com a concordância deles apelantes.

5. Bem observaram os réus, em suas contra-razões, que somente no apagar das luzes da instrução é que os apelantes passaram a sustentar que houvera pedido sobre desconstituição do acordo, limitada sua pretensão a pedido de perdas e danos. O pedido de declaração da retirada do acordo do mundo do direito — qualquer que seja o nome jurídico que a essa retirada se dê — foi expressamente postulado na inicial e essa retirada (denominada, no pedido exposto no item 19 da vestibular, "desconstituição" do acordo) é que, ainda segundo o desenvolvimento da postulação inicial teria causado os prejuízos que pretendem haver das rés.

A pretendida "desconstituição" não pode ser reconhecida. Não há como se invocar, no caso aqui examinado, direito a resilição unilateral porque sem prazo de vigência o ajuste. As normas que assim rezam, tanto no Código Civil como no Código Comercial deverão ser interpretadas à luz do moderno desenvolvimento dos negócios que envolvem organizações societárias; valerão aquelas normas que fulminam o prevalecimento de sociedades constituídas por prazo ilimitado quando associadas pessoas físicas, que não podem permanecer ilimitadamente ligadas umas às outras por ajustes vinculando corporações comerciais. Esse entendimento moderno e consentâneo com a complexidade do mundo comercial repercutiu na doutrina e na jurisprudência; deve ser prestigiado, uma vez que seria manifestamente injurídico — por isso mesmo injusto, a impedir fosse prestigiado pelo bom direito — pudesse uma das partes, após receber substancial aporte de capital e transferência de tecnologia, sem mais aquela, unilateralmente, pelo exercício de verdadeira denúncia vazia, considerar desfeito o acordo que pouco tempo antes fora celebrado.

6. Também não socorre o posicionamento dos autores eventual nulidade de cláusula contratual — bem observou a sentença, nesse passo, que nulidade não existe porque não ferida a autonomia do Conselho de Administração e, ainda que nula a cláusula, o eventual reconhecimento da nulidade (que, a rigor, dependeria de procedimento judicial específico), não macularia todo o acordo; não há como se falar em perda ou desaparecimento da *affectio societatis,* mesmo porque não há como afirmar desaparecida em decorrência das providências tomadas pelas rés, na defesa de seus interesses e, principalmente, o acordo que pretendem ver desconstituído não é daqueles para os quais imprescindível o liame da *affectio* para que se mantenha válido.

7. O mau cumprimento de obrigações assumidas pelas rés, como sustentado pelos autores ainda como razão para a desconstituição do ajuste não resultou provado. Houve transferência de marcas e de conhecimentos industriais relativamente à produção industrial de produtos à base de chocolate; é dos autos que a Lacta apresentou resultados econômicos favoráveis após o estabelecimento do acordo.

Mas, ainda que esses resultados fossem diminutos ou até mesmo inexistentes tal circunstância não provaria, por si só, o descumprimento do acordo, já que o resultado econômico derivado da produção industrial é de aferição complexa, a depender de múltiplos fatores — muitos dos quais não ao menos em teoria imputáveis aos réus, já que o grupo acionário autor também se manteve na administração da Lacta.

Da mesma forma, irrelevante para a solução da controvérsia o acordo acionário celebrado entre a controladora Suíça e a Philip Morris, do qual terá resultado o controle ainda que indireto da Lacta pela multinacional americana que também se dedicaria a industrialização de chocolates. Cuida-se de fato outro, que não poderia alicerçar postulação deduzida muitos anos antes de ter ocorrido aquele fato; nem ele poderia ser aqui aduzido porque diria respeito diretamente à Lacta, pessoa jurídica que não se confunde com as dos autores.

8. As argüidas perdas e danos obviamente não podem ser deferidas se faltante a causa de pedir, como decorrência do improvimento da postulação principal. Nada, a rigor, há que ser acrescentado, nesse capítulo, embora possa ser dito, também, que nem ao menos restou comprovado o argüido prejuízo.

9. O apelo dos réus também não poderá ser acolhido. Não há como ser negada a importância da causa nem a cuidadosa diligência dos dignos advogados desses réus; a sentença seguramente tomou em conta esses fatores quando fixou a verba honorária no percentual máximo previsto no § 3º do art. 20 do Código de Processo Civil. Não cabe argumentar com a exigüidade do valor sobre o qual incidirá o percentual porque, se afastado da realidade o valor atribuído à causa, caberia impugnação dele, no momento oportuno, e não a condenação em honorários em percentual superior ao máximo previsto no Estatuto Processual.

10. Negam, assim, provimento a todos os recursos.

O julgamento teve a participação dos Desembargadores Ernani de Paiva e Munhoz Soares, com votos vencedores.

São Paulo, 15 de dezembro de 1994. P. Costa Manso, Presidente e Relator.

COMENTÁRIO

Maria Isabel de Almeida Alvarenga

1. O acórdão em exame negou provimento às apelações interpostas pelas partes com o objetivo de reformar a sentença proferida em 10 de março de 1993 pelo M.M. Juiz de Direito da 24ª Vara Cível do Foro Central da Comarca de São Paulo, Sebastião Thiago de Siqueira, julgando improcedente a ação ordinária que Adhemar de Barros Filho e Endipa - Comércio e Administração S/A moveram contra Jacobs Suchard A.G. e Jacobs Suchard do Brasil Alimentos Ltda.

Os autores, acionistas majoritários da companhia aberta Indústrias de Chocolate Lacta S.A., celebraram com as rés acordo de acionistas, em 28 de fevereiro de 1984, que regulava, basicamente, o controle conjunto da companhia; a forma de alienação ou cessão das ações respectivas, assegurando reciprocamente às partes direito de preferência; e o modo e forma de administração da empresa, com cláusulas relativas ao exercício do voto. Além disso, o documento em questão se traduzia como verdadeiro instrumento de *joint venture* entre as partes, na medida em que as rés comprometeram-se a, em troca da participação acionária adquirida, aportar capital e tecnologia na sociedade, inclusive mediante o licenciamento de suas marcas, conhecimentos de *marketing,* controle de qualidade, colocação de novos produtos desenvolvidos à disposição da sociedade, além de desenvolvimento conjunto de novos produtos. Quanto ao prazo de duração, previu-se que o acordo de acionistas devia vigorar enquanto Jacobs e seus sucessores fossem detentores de 40% (quarenta por cento) das ações ordinárias representativas do capital da companhia. Estava também estabelecido que no caso de modificação dessa porcentagem os acionistas deveriam renegociar o contrato no prazo de 30 dias da data do registro da transferência das ações nos livros sociais e, se não fosse possível, rescindi-lo.

Após alguns anos, os autores enviaram notificação extrajudicial às rés, para o fim de resilir unilateralmente o acordo de acionistas.

Em seguida, propuseram ação judicial contra as rés, pleiteando fosse reconhecida a desconstituição do acordo de acionistas promovida através de notificação extrajudicial; e fossem as rés condenadas no pagamento de perdas e danos sofridos pelos autores. Os fundamentos jurídicos dos pedidos eram (i) a nulidade do acordo de acionistas, eis que a cláusula 5 atribuiria às partes a competência para indicação dos membros da Diretoria, em infração à lei, na medida em que tal função seria exclusiva do Conselho de Administração , sendo a Lacta uma companhia aberta; (ii) estaria evidenciada a quebra do *affectio societatis* antes existente entre as partes; (iii) as rés teriam descumprido obrigações constantes do acordo de acionistas.

A sentença julgou improcedente os pedidos dos autores, por considerar que o acordo de acionistas de 28 de fevereiro de 1984, além de ter natureza de acordo de voto e acordo de bloqueio, foi mais além, regulando a própria *joint venture* celebrada entre as partes e estabelecendo obrigações especiais das rés em relação à Lacta. Seria, por essa razão inadmissível a resilição unilateral do acordo de acionistas, apesar de ter ele prazo indeterminado, uma vez que isto somente seria cabível no acordo de acionistas cujo conteúdo se restringe àqueles previstos no artigo 118 da Lei n. 6.404/76. Somente seria possível, assim, rescisão judicial do acordo de acionistas caso se verificasse inadimplemento contratual, que não restou demonstrado. Inadmissível, ainda, a rescisão unilateral do acordo por nulidade ou por perda de *affectio societatis.* No primeiro caso, seria imperativo que fosse pleiteado o reconhecimento judicial de tal nulidade. Ademais, incorre nulidade, porque não foi ferida a autonomia do Conselho de Administração e, mesma que nula a cláusula, tal vício não contaminaria todo o acordo. Por outro lado, a segunda hipótese não restou provada nos autos. Além disso, o acordo de acionistas não era baseado unicamente no elemento *affectio societatis,* haja vista seu conteúdo e sua finalidade.

O acórdão ora em exame rejeitou tanto a apelação das rés, que pretendiam a elevação da verba honorária, como dos autores, que queriam a integral reforma da decisão de 1º grau, mantendo integralmente a sentença proferida nos termos acima mencionados.

2. A questão de direito colocada em Juízo diz respeito, basicamente, à possibilidade de resilição unilateral de acordo de acionistas celebrado por prazo indeterminado, e se a extinção do acordo pode dar-se imotivadamente, ou seria necessária a presença de justa causa.

Nesse ponto, o acórdão do Tribunal de Justiça de São Paulo decidiu acertadamente no sentido da impossibilidade de resilição unilateral do acordo de acionistas celebrado por prazo indeterminado, acolhendo o entendimento que vem sendo ultimamente adotado pela maior parte da doutrina.

Com efeito, restou decidido que "a pretendida 'desconstituição' não pode ser reconhecida. Não há como se invocar, no caso aqui examinado, direito a resilição unilateral porque sem prazo de vigência o ajuste. As normas que assim rezam, tanto no Código Civil como no Código Comercial deverão ser interpretadas à luz do moderno desenvolvimento dos negócios que envolvem organizações societárias; valerão aquelas normas que fulminam o prevalecimento de sociedades constituídas por prazo ilimitado quando associadas pessoas físicas, que não podem permanecer ilimitadamente ligadas umas às outras por ajustes civis ou comerciais — nunca porém com ajustes vinculando corporações comerciais. Esse entendimento moderno e consetâneo com a complexidade do mundo comercial repercutiu na doutrina e na jurisprudência; deve ser prestigiado, uma vez que seria manifestamente injurídico — por isso mesmo injusto, a impedir fosse prestigiado pelo bom direito — pudesse uma das partes, após receber substancial aporte de capital e transferência de tecnologia, sem mais aquela, unilateralmente, pelo exercício de verdadeira denúncia vazia, considerar desfeito o acordo que pouco tempo antes seria celebrado".

3. Como se vê, os Julgadores consideraram inaplicáveis, no caso, os dispositivos do Código Civil e do Código Comercial que permitem a extinção do contrato de sociedade celebrado por prazo indeterminado pela vontade de um dos sócios.

Determina o artigo 1.399, V, do Código Civil que dissolve-se a sociedade "pela renúncia de qualquer deles, se a sociedade for de prazo indeterminado (art. 1.404)". O citado artigo 1.404 do Código Civil prevê que "a renúncia de um dos sócios só dissolve a sociedade (art. 1.399, n. V), quando feita de boa-fé, em tempo oportuno, e, notificada aos sócios dois meses antes".

O artigo 335, V, do Código Comercial, reza que "as sociedades reputam-se dissolvidas por vontade de um dos sócios, sendo a sociedade celebrada por prazo indeterminado".

Ocorre que há muito já se pacificou o entendimento da doutrina e da jurisprudência no sentido de que tais dispositivos, além de não se aplicarem ao acordo de acionistas, que não têm natureza jurídica de sociedades, não devem ser interpretados de forma absoluta, havendo que se atentar ao interesse da preservação da empresa explorada pela sociedade. Nesse sentido, os tribunais têm afastado a possibilidade de dissolução total das sociedades por vontade imotivada de um dos sócios.[1] Além disso, a regra do artigo 335, V, do Código Comercial não é aplicável às companhias, as quais somente se dissolveriam por deliberação de acionistas que representem metade, no mínimo, das ações com direito de voto, nos termos do artigo 136, VII, da Lei n. 6.404/76. Sobre isso já se manifestaram Alfredo Lamy Filho,[2] Luiz Gastão Paes de Barros

1. Nesse sentido, acórdão proferido pelo Supremo Tribunal Federal, publicado na *Revista de Direito Mercantil, Industrial, Econômico e Financeiro* n. 49, nova série, p. 88.

2. Alfredo Lamy Filho ressalta que "em verdade", essas normas jurídicas do Código Civil e do Código Comercial (arts. 1.399, V e 1.404 do Cód. Civil, e 335, 5, do Cod. Com.) que admitiam a denúncia vazia para os contratos societários eram fir-

Leães,[3] Darcy Bessone[4] e Carlos Celso Orcesi da Costa.[5]

Assim, ao considerar que os artigos 1.399, V, e 1.404 do Código Civil e 335, V, do Código Comercial não autorizam a denúncia unilateral do acordo de acionistas por prazo indeterminado, que não tem natureza jurídica de sociedade, o acórdão comentado acolheu entendimento unânime da doutrina e da jurisprudência sobre a questão.

4. Outro fundamento foi considerado pelos Julgadores no sentido da impossibilidade da resilição unilateral do acordo. Considerou-se que "seria manifestamente injurídico — por isso mesmo injusto, a impedir fosse prestigiado pelo bom direito — pudesse uma das partes, após receber substancial aporte de capital e transferência de tecnologia, sem mais aquela, unilateralmente, pelo exercício de verdadeira denúncia vazia, considerar desfeito o acordo que pouco tempo antes seria celebrado". Assim, tendo o acordo consubstanciado uma *joint venture* entre os acionistas, não haveria possibilidade de que o acionista que ofereceu co-participação na sociedade ao grupo estrangeiro, garantindo-lhe controle e exercício da administração, em troca de aporte de capital e transferência de tecnologia, denunciasse o acordo de acionistas unilateralmente.

Embora não esteja expresso no acórdão, tal linha de raciocínio implica o reconhecimento de que o acordo de acionistas celebrado entre as partes tinha por escopo o exercício do controle conjunto da sociedade, classificando-se, pois, como *acordo plurilateral*.

Fábio Konder Comparato identifica três espécies de acordo de acionistas quanto a seus efeitos: "no que tange aos seus efeitos, os acordos acionários classificam-se em unilaterais, bilaterais e plurilaterais. Cuida-se, aqui, de imputar a eficácia dos acordos em relação às partes, ou centros de interesse contratual, inconfundíveis com os sujeitos contratuais, ou agentes, isto é, os que manifestam declarações de vontade. Estes, com efeito, podem se aglutinar em uma só parte ou constituir, cada qual, um centro de interesses distinto. Na doação de um pacote acionário, o donatário se obriga, por exemplo, a acompanhar o voto do doador em certas matérias. Esse encargo, como elemento integrante da doação, pode se consubstanciar em acordo de acionistas, que será, então, unilateral em seus efeitos, pois que vinculante para apenas uma das partes. Nos acordos bilaterais ou sinalagmáticos, as obrigações assumidas por uma das partes são correlativas às contraídas pela outra, qualquer que seja o número de acionistas componentes de cada parte. Finalmente, são plurilaterais os acordos com comunhão de escopo, nos quais não há, propriamente, intercambialidade das prestações, mas colaboração em vista de um objetivo comum. Por isso, em tais acordos, o número de partes não é limitado a duas, podendo ser ampliado sem mudança de estrutura. Os acordos plurilaterais de acionistas podem constituir, em razão de suas características estruturais, uma espé-

mados apenas entre pessoas físicas (as jurídicas só mais tarde foram admitidas como sócias) — o que explica que a doutrina e a jurisprudência comecem a dar-se conta do imperativo de uma interpretação na linha dessa evolução" ("Denúncia Unilateral de Acordo por Prazo Indeterminado", in *A Lei das S.A. (Pressupostos, Elaboração, Aplicação)*, v. II, Rio de Janeiro, Renovar, 1995, p. 315.

3. Em parecer publicado na *Revista Forense* n. 297, Leães sustenta que "em primeiro lugar, cumpre registrar que, embora revista também o caráter de contrato plurilateral, o acordo de acionista não desfruta da natureza da sociedade. Por outro lado, é claro que a resilição unilateral dos contratos por prazo indeterminado é regra, mas que, como regra, comporta exceções e temperamentos. No caso citado, é volumosa a jurisprudência pátria no sentido de que a regra do art. 335, V, da lei comercial não é absoluta, pois pode ceder à vontade dos contratantes, expressa em cláusula restritiva, como a que examinamos, ou sofrer temperamento, em atenção à conveniência à preservação do empreendimento (v., p. ex., acórdão do STF publicado na *Revista de Direito Mercantil* 49/88). No caso do acordo do banco também se visa a preservação do negócio celebrado"(p. 168).

4. *Revista Forense* n. 300, p. 129.

5. *Revista de Direito Mercantil, Industrial, Econômico e Financeiro* n. 60, nova série, pp. 39-44.

cie de complemento ou regulamento das normas estatutárias, máxime quando tais convênios abrangem todas ou quase todas as ações em que se divide o capital social".[6]

Essa comunhão de escopo está evidentemente presente na situação vivida entre as partes, que estabeleceram *joint venture* com vistas ao desenvolvimento de um empreendimento, com previsão de controle conjunto — característica essa que, aliás, é própria dos contratos de *joint venture*.[7] Daí porque, nitidamente, o acordo de acionistas de que se trata era plurilateral.

Como salienta Comparato, os acordos de acionistas plurilaterais são verdadeiros *contratos parassociais*, que além de regular as matérias previstas no artigo 118 da Lei n. 6.404/76 (compra e venda de ações, preferência para adquiri-las, exercício do direito de voto) criam vínculos jurídicos outros entre as partes, com reflexos na esfera societária. Arnoldo Wald salienta, inclusive, que entre os acordos de acionistas plurilaterais e os atos constitutivos da sociedade a que se referem existe estreitíssima ligação, de tal sorte que *os primeiros têm sua duração determinável pelo prazo de duração da própria sociedade*. Não poderiam tais acordos de acionistas, assim, ser rescindidos unilateralmente sem existência de justa causa.[8]

Aos acordos de acionistas plurilaterais com caráter parassocial aplicam-se, pois, as regras normalmente aplicáveis aos negócios jurídicos em geral.

No campo do direito obrigacional, a extinção dos contratos celebrados por prazo indeterminado pode dar-se através de distrato (resilição bilateral), e através de resolução por inexecução contratual, seja ela voluntária ou involuntária. A resolução por inexecução contratual voluntária depende de propositura de ação judicial para esse fim, sendo imprescindíveis a verificação de inadimplemento contratual por culpa de um dos contratantes, o dano causado ao outro e o nexo de causalidade entre a conduta do agente e o prejuízo. Muitos autores entendem ser possível, nos contratos celebrados por prazo indeterminado, a resilição unilateral pela vontade de uma das partes, sob o argumento de que as partes não quiseram se obrigar perpetuamente. Tal possibilidade, entretanto, representa uma exceção ao princípio da força obrigatória dos contratos (*pacta sunt servanda*), que impede a revogação unilateral do acordo de vontades sem o consentimento da outra parte. Nos contratos com comunhão de escopo, como é o caso dos acordos de acionistas com prazo indeterminado, celebrados para fim de exercício de controle conjunto, a resilição unilateral se revela incompatível com as obrigações nele previstas,[9] daí porque acertadamente decidiu o acórdão pela sua impossibilidade.

Aliás, a sentença de primeiro grau já havia salientado que a possibilidade de resilição unilateral de acordo de acionistas celebrado por prazo indeterminado era restrita aos acordos de voto e de acordos de bloqueio celebrados na forma do artigo 118 da Lei n. 6.404/76. De qualquer forma, a

6. "Validade e Eficácia de Acordo de Acionistas. Execução Específica de suas Estipulações", *Novos Ensaios e Pareceres de Direito Empresarial*, Forense, Rio de Janeiro, 1981, pp. 55-56.

7. Arnoldo Wald esclarece que "a doutrina tem salientado que o contrato plurilateral se caracteriza pelo fato dos interesses das partes contratantes se unificarem para alcançar um fim comum, caracterizando-se um contrato ou negócio plurilateral, pela autonomia do seu escopo ou fim. Ele consiste em organizar e fazer funcionar adequadamente uma entidade, um conjunto de mecanismos, sob a forma de sociedade, associação ou *joint venture*" ("Do Descabimento de Denúncia Unilateral de Pacto Parassocial que estrutura o Grupo Societário", *Revista de Direito Mercantil, Industrial, Econômico e Financeiro* n. 81, nova série, pp. 14-15).

8. Ob. cit., pp. 17-21.

9. Alfredo Lamy Filho, analisando o caso, conclui que "a natureza consorcial do Acordo sob exame, firmado por pessoas jurídicas, com definição de obrigações independentemente de compra e venda de ações, é incompatível com a denúncia vazia, ou a resilição unilateral, como acima reportamos. Só a sentença judicial, firmada em justa causa, poderia declarar a rescisão desse ou qualquer outro contrato: *pacta sunt servanda*" (ob. cit., p. 316).

resilição unilateral é descabida em acordos de acionista plurilaterais, como ocorre no presente caso. Em acordos unilaterais e bilaterais, a possibilidade de resilição unilateral deve ser estudada caso a caso, mas sempre se considerando seu caráter absolutamente excepcional, e analisando-se o caráter das obrigações previstas no contrato.

5. Não se admitindo resilição unilateral e imotivada de acordo de acionistas plurilateral celebrado por prazo indeterminado, cumpre analisar as causas que podem ensejar sua resolução.

No caso em exame, os autores invocaram três situações que, a seu ver, consistiriam justa causa para o pedido de resolução do acordo de acionistas: (i) a nulidade da avença; (ii) a ruptura da *affectio societatis;* e (iii) o inadimplemento, pela ré, das obrigações previstas no acordo. As três hipóteses foram rejeitadas pelo acórdão. Considerou-se que a cláusula invocada pelos autores, atinente à escolha dos diretores da sociedade, não era nula; que não havia sido provada a quebra da *affectio societatis,* e que esse elemento não seria essencial ao contrato, além de não ter restado provado o inadimplemento contratual.

Note-se que a sentença havia ressaltado que eventual nulidade do acordo de acionistas não seria causa para sua resolução, sendo essencial a propositura de ação declaratória de nulidade do contrato.

Assim, a par da questão probatória, o acórdão parece rejeitar a nulidade do acordo de acionistas e a ruptura da *affectio societatis* como causas ensejadoras da resolução do acordo de acionistas, no caso específico.

De fato, caso houvesse algum vício no acordo de acionistas, não há que se pretender sua resolução judicial, mas sim a declaração de sua nulidade. Note-se que a natureza do provimento judicial a ser proferido, em cada um dos pedidos, é diferente. A sentença que reconhece a nulidade do acordo de acionistas tem natureza declaratória, produzindo efeitos *ex tunc*, por se considerar que aquele contrato jamais produziu efeitos no mundo jurídico. No caso da resolução judicial, por sua vez, a sentença tem natureza constitutiva, mas os efeitos por ela produzidos dependem da espécie de acordo de acionistas que está sendo extinto. Se se tratar de um contrato de execução única, a resolução produz efeitos *ex tunc,* devendo as partes restituir reciprocamente as prestações recebidas. Mas se o contrato for de execução continuada, como ocorre na grande maioria dos acordos de acionistas (cujas obrigações prolongam-se no tempo), os efeitos da resolução operam-se *ex nunc,* de forma que as prestações cumpridas não se restituem.

Quanto à ruptura da *affectio societatis* como possível causa de resolução do acordo de acionistas, Modesto Carvalhosa, entendendo inadmissível a denúncia pura e simples nos acordos de voto celebrados por prazo indeterminado, salienta, por sua vez, que "não há, pois, nesse contrato tipicamente parassocial e plurilateral a possibilidade de extinguir-se por resilição unilateral. A denúncia dependerá de justa causa, ou seja, a quebra da *affectio*, ou pelo dissídio de vontades das partes ou ainda pela interpretação das cláusulas do pacto, e qualquer outra que configure materialmente a desavença ou ainda por deslealdade em face dos pactuantes e do interesse social. Essa a tendência jurisprudencial, ou seja, de que a denúncia só pode dar-se por motivo justo".[10] Assim, admite o doutrinador a ruptura da *affectio societatis* como causa da resolução do acordo de acionistas.

Carlos Celso Orcesi da Costa também considera que a resolução somente pode se dar se houver motivo justo, mas esclarece que "a nosso ver, o motivo justo para a rescisão contratual há de ser *objetivo,* não potestativo, ligado à indevida atuação dos demais contratantes".[11]

Quanto à *affectio societatis,* consideramos que há acordos de acionistas em que

10. In *Comentários à Lei de Sociedades Anônimas,* v. 2, São Paulo, Saraiva, 1997, p. 481.
11. Ob. cit., p. 44.

tal elemento não é essencial, caso em que sua ruptura, por si só, não é causa de resolução do contrato. Essa a situação verificada no caso em exame, uma vez que o que levou as partes a se unirem não foram suas características pessoais, mas sim o interesse recíproco em injeção de capital, transferência de tecnologia e licenciamento de marcas, de um lado, e ingresso em um novo mercado e crescimento de vendas, de outro, sempre visando a um aumento dos lucros. Em outros acordos de acionistas, o elemento *affectio societatis* pode estar presente, como no caso das sociedades de estrutura familiar, em que os acionistas utilizam o acordo como instrumento do poder de controle. Nesse caso, a ruptura da *affectio societatis* pode ser justa causa para a resolução judicial do acordo de acionistas.

De qualquer forma, entendemos que a mera existência de um litígio entre as partes não enseja, por si só, a resolução do acordo, sendo essencial, para que ela seja reconhecida, a ocorrência e fatos que demonstrem cabalmente a ruptura da *affectio societatis.* Com efeito, a se admitir a existência de meras desavenças como causa ensejadora da resolução do acordo de acionistas, seria muito fácil para a parte que deseja se desvencilhar daquele acordo criar artificialmente uma situação de litígio para, com isso, obter a resolução do contrato. Somente fatos que demonstrem concretamente a ruptura da *affectio,* pois, configuram causa justa para a resolução do acordo de acionistas plurilateral celebrado por prazo indeterminado.

O inadimplemento contratual é, sem dúvida, a principal causa justificativa da resolução judicial do acordo. Na maioria das vezes, o descumprimento de obrigação prevista no acordo de acionistas é um reflexo objetivo da quebra da *affectio societatis* ou da existência de desconfianças entre as partes. Por outro lado, em acordos em que o elemento *affectio* não está presente, somente o descumprimento objetivo de obrigação convencionada entre as partes enseja a resolução do acordo.

6. Inobstante seja preponderante a doutrina que considera inadmissível a resilição unilateral do acordo de acionistas celebrado por prazo indeterminado, não se pode deixar de mencionar a existência de entendimentos no sentido contrário, como aquele exarado por Celso Barbi Filho: "A meu ver, a razão está com a corrente que entende que o acordo de acionistas, que vigore ou venha a vigorar por prazo indeterminado, é passível de resilição unilateral. Tal conclusão se revela mais compatível com toda a construção doutrinária existente sobre o instituto. (...) Assim sendo, admitir-se que o acordo por prazo indeterminado não seja passível de resilição unilateral seria dar caráter de perpetuidade à vinculação contratual do voto, e devolver, por conseqüência, a razão àqueles que, em tempos idos, propugnavam pela ilicitude das convenções de acionistas".[12]

Modesto Carvalhosa manifestava, a princípio, posicionamento semelhante, entendendo que acordos de acionistas celebrados por prazos muito longos deveriam ser considerados por prazo indeterminado, "ensejando, em conseqüência, a resilição por qualquer das partes. O fundamento para o rompimento total ou parcial do vínculo será pura e simplesmente o cerceamento à liberdade do exercício do direito de voto; constrangimento esse que decorre da natureza das relações que se instituem através dos acordos, que não têm, com efeito, vocação a se perpetuarem e se estratificarem, mas, pelo contrário, a continuamente se transformarem, por força da própria esfera jurídica onde se operam os seus efeitos — o da companhia".[13] Mais recentemente, entretanto, o autor passou a adotar o entendimento contrário, considerando inadmissível a simples denúncia unilateral do acordo de acionistas por prazo indeterminado, como já visto acima (item "5" supra).

12. In *Acordo de Acionistas,* Belo Horizonte, Del Rey, 1993, pp. 207-208.

13. In *Acordo de Acionistas,* São Paulo, Saraiva, 1984, p. 203.

A jurisprudência anterior sobre a matéria era no sentido da possibilidade de resilição unilateral de acordo de acionistas celebrado por prazo indeterminado.

A propósito, acórdão proferido pela mesma 6ª Câmara Civil do Tribunal de Justiça do Estado de São Paulo na Apelação Cível n. 7.795-1, de 4 de dezembro de 1980.[14] Não há, contudo, análise das cláusulas do acordo de acionistas que permitam a verificação de que espécie de acordo de acionistas se tratava (unilateral, bilateral ou plurilateral). Destaque-se, ainda, acórdão da Apelação Cível n. 34.167, da 6ª Câmara Civil do Tribunal de Justiça do Estado do Rio de Janeiro, de 18 de março de 1985, em que houve voto vencido no sentido da impossibilidade de resilição unilateral.[15] No julgamento dos embargos infringentes prevaleceu a tese de que o acordo de acionistas tinha prazo certo, embora vinculado a evento futuro ou condição suspensiva e, por essa razão, a denúncia unilateral seria ineficaz, daí porque foi dado provimento ao recurso.[16]

7. Em que pesem as manifestações doutrinárias e jurisprudenciais em sentido contrário, todavia, conclui-se que o acórdão analisado decidiu corretamente a questão, rejeitando a possibilidade de resilição unilateral do acordo de acionistas com prazo indeterminado, celebrado com comunhão de escopo, que tinha por objetivo a realização de um empreendimento a ser submetido a controle conjunto das partes, sendo esse o posicionamento mais coerente com a finalidade para que o acordo foi firmado.

Bibliografia

BARBI FILHO, Celso. *Acordo de Acionistas*, Belo Horizonte, Del Rey, 1993.

BESSONE, Darcy. Parecer publicado na *Revista Forense* n. 300, pp. 123-130.

CARVALHOSA, Modesto. *Acordo de Acionistas*, São Paulo, Saraiva, 1984.

________. *Comentários à Lei de Sociedades Anônimas*, v. 2, São Paulo, Saraiva, 1997.

COMPARATO, Fábio Konder. *O Poder de Controle na Sociedade Anônima*, São Paulo, Ed. RT, 1976.

14. "Os réus Rolf Fred Simon, Robert G. Simon e Frieda E. Simon fizeram o acordo de acionistas de fls. 9/11 com o caráter de irrevogabilidade e irretratabilidade, valendo para si, seus herdeiros ou sucessores. Entretanto, esse acordo é por prazo indeterminado. Em conseqüência, dessa falta de fixação do prazo a r. sentença, que merece confirmação, acolheu a pretensão de Robert G. Simon e sua mulher autorizando-os a fazer o levantamento das cautelas representativas das ações de sua propriedade e ao réu Rolf Fred Simon também caberá levantar as que lhe pertencem. Funda-se a r. sentença na opinião de Modesto Carvalhosa de que os acordos de acionistas por prazo indeterminado não podem ser entendidos como eternos, ou, de qualquer forma, como um vínculo permanente e irrevogável e *ipso facto* a denúncia unilateral. Traz também em seu apoio o ensinamento de Caio Mário: "Os contratos de execução continuada, quando ajustados por prazos indeterminados, comportam a cessação mediante denúncia promovida por um dos contratantes" (*Instituições* 3º/100). No mesmo sentido Darcy Bessone (*Do Contrato*, 1ª ed., p. 323). Os recorridos em sua resposta escoram-se em Wilson de Campos Batalha (*Comentários à Lei S.A.*, v. 2, p. 576) e José S. Coelho (*Aspectos Polêmicos da Lei das Sociedades Anônimas*, p. 27).

"Com base nos ensinamentos desses autores a solução dada a causa só poderia ser feita pela r. sentença" (Eizirik, Nelson e Bastos, Aurélio Wander, *Mercado de Capitais e S/A — Jurisprudência*, v. 1, Rio de Janeiro, Comissão Nacional de Bolsas de Valores, 1987, p. 27).

15. "Acordo de Acionistas. A validade dos acordos de acionistas por prazo indeterminado, não pode ser entendida como vinculação permanente, podendo, por isso, qualquer das partes denunciar a avença, por não mais interessar prossegui-la. Ementa do voto vencido do Des. Basileu Ribeiro Filho: Acordo de Acionistas. Hipótese em que o prazo de dez anos se referia exclusivamente ao contrato sobre venda de ações e preferência para adquiri-las, não abrangendo a convenção de voto, estipulada para vigorar enquanto as partes mantivessem o controle acionário. Descabimento da denunciação unilateral e sem interpelação prévia da referida convenção de voto, não sendo admissível, por outro lado, a alegação de rescisão por abuso de direito de voto, que pressupõe ação própria em que o mesmo seja comprovado" (Miranda Júnior, Darcy Arruda, *Dicionário Jurisprudencial da Sociedade por Ações*, São Paulo, Saraiva, 1990, p. 51).

16. Eizirik, Nelson e Bastos, Aurélio Wander, ob. cit., pp. 27-31.

_______. "Validade e Eficácia de Acordo de Acionistas. Execução Específica de suas Estipulações", *Novos Ensaios e Pareceres de Direito Empresarial*, Forense, Rio de Janeiro, 1981, pp. 52-73.

_______. "Eficácia dos Acordos de Acionistas", *Novos Ensaios e Pareceres de Direito Empresarial*, Forense, Rio de Janeiro, 1981, pp. 74-87.

COSTA, Carlos Celso Orcesi da. "Da Rescisão Imotivada de Acordo de Acionistas por Prazo Indeterminado", *Revista de Direito Mercantil, Industrial, Econômico e Financeiro* n. 60, nova série, pp. 39-44.

EIZIRIK, Nelson e BASTOS, Aurélio Wander. *Mercado de Capitais e S/A — Jurisprudência*. v. 1, Rio de Janeiro, Comissão Nacional de Bolsas de Valores, 1987.

GOMES, Orlando. *Contratos*, Forense, Rio de Janeiro, 1994.

LAMY FILHO, Alfredo e PEDREIRA, José Luiz Bulhões. "Denúncia Unilateral de Acordo por Prazo Indeterminado", *A Lei das S.A. (Pressupostos, Elaboração, Aplicação)*, v. II, Rio de Janeiro, Renovar, 1995, pp. 309-318.

LEÃES, Luiz Gastão Paes de Barros. Parecer publicado na *Revista Forense* n. 297, pp. 161-168.

MIRANDA JÚNIOR, Darcy Arruda. *Dicionário Jurisprudencial da Sociedade por Ações*, São Paulo, Saraiva, 1990.

WALD, Arnoldo. "Do Descabimento de Denúncia Unilateral de Pacto Parassocial que estrutura o Grupo Societário", *Revista de Direito Mercantil, Industrial, Econômico e Financeiro* n. 81, nova série, pp. 13-21.

Jurisprudência Comentada

ANULAÇÃO DE ASSEMBLÉIA GERAL. VOTO DO ACIONISTA CONTROLADOR CONTRÁRIO AO INTERESSE DA COMPANHIA*

Comentário de RODRIGO RECART
ao acórdão do Tribunal de Justiça do Estado do Rio de Janeiro
nos Embargos Infringentes na Apelação Cível n. 38.701

SOCIEDADE COMERCIAL — Anônima — Assembléia geral — Convocação para aprovação de alienação celebrada pelo presidente — Negócio manifestadamente lesivo à empresa — Impedimento do administrador para votar aprovação do próprio ato — Anulação do voto — Aplicação do art. 115, § 1º, da Lei 6.404/76 — Votos vencidos.

O sócio administrador pode ser admitido a votar matéria relacionada com ato de sua administração. No entanto, o que não se pode tolerar é que tal sócio possa votar em descompasso com o interesse da própria sociedade — descompasso, este, que se verifica em ato por ele praticado que seja manifestamente lesivo à empresa. (Red.)

Ementa oficial: Sociedade anônima. Anulação de deliberação, em assembléia de acionista, que ratificou transação ruinosa para a sociedade. Sócio administrador. Conflito de seus interesses com os próprios interesses da sociedade. Como se resolve.

* Trabalho apresentado no curso de Pós-Graduação da Faculdade de Direito da Universidade de São Paulo em 1997, na disciplina *"Administração das Sociedades Mercantis em Direito Comercial Comparado II" (DCO 842)*, ministrada pelo Prof. Mauro Rodrigues Penteado.

Ap. 38.701 (EInfrs) — 4º Gr. Cs. — j. 16.4.86 — Rela. Des. Áurea Pimentel Pereira.

ACÓRDÃO

Vistos, relatados e discutidos estes autos de embargos infringentes na apelação cível 38.701, em que figuram, respectivamente, como embargante Vera Lúcia Condé e, embargados 1) Leblon Hoteleira S/A e Sydônia Machado Cruz e 2) Synia Machado Cruz; Acordam os Desembargadores do 4º Grupo de Câmaras Cíveis do Tribunal de Justiça do Estado do Rio de Janeiro em, por maioria, contra os votos dos Des. Relator e Rui Domingues, dar provimento aos embargos. Lavrará o acórdão a Desa. Revisora. Assim decidem pelas razões seguintes.

Como se vê dos autos, a embargante moveu a presente ação objetivando ver declarada a nulidade de voto dado em assembléia de acionistas, voto esse, que, se afirma teria entrado em conflito com os interesses da sociedade, quando ratificou venda feita por preço vil de imóvel de propriedade da mesma sociedade.

Consoante se recolhe da ata, por xerox a fls. 49 da medida cautelar, o voto que a embargante sustenta lesivo — portanto, em conflito com os interesses da sociedade

—foi proferido pela presidente da sociedade e inventariante do espólio do sócio majoritário, sócio, esse que se afirma nos autos de forma incontroversa, deteria 98% do capital social.

Vê-se, mais, dos autos que através do referido voto foi aprovada venda feita em 1983, ou, mais precisamente, em 31.8.83, de apartamento *duplex* na R. Nascimento da Silva, em Ipanema, pelo irrisório preço de Cr$ 38.000.000,00, pago com pequena entrada de Cr$ 8.000.000,00 e com o saldo parcialmente congelado, preço, esse, que à época da transação, se situava pouco acima da avaliação defasada feita em laudo pericial para o mês de maio/82 (fls. 66 do apenso).

De que a operação (transação imobiliária) foi ruinosa aos interesses da sociedade não se tem dúvida, já que a venda foi celebrada, de fato, por preço vil, e, ademais efetivada por procurador da sociedade que não exibia alvará judicial, *in casu* imprescindível, porque, à época, já era falecido o sócio majoritário da sociedade (fls. 54).

É verdade que não se está diante de voto que tivesse sido dado pela inventariante do espólio do sócio majoritário com vistas à ratificação de ato de administração da mesma inventariante, pois, como se lê da escritura de fls. 25-27 do apenso, quem firmou dita escritura, pela sociedade, foi o procurador desta última, Paulo Roberto Cruz Vasconcellos.

É indiscutível, contudo, que se está diante de voto através do qual ratificou-se transação feita em conflito com os reais interesses da referida sociedade, não se podendo deixar de reconhecer que o sócio que se declara favorável à aprovação de transação ruinosa aos interesses da sociedade, indiscutivelmente, está-se pondo em conflito com os interesses da mesma sociedade.

Reconhece-se que, em certas ocasiões, o sócio administrador possa ser admitido a votar matéria relacionada com ato de sua administração, pois, do contrário, em determinados casos, correr-se-ia o risco de ficar a matéria sem possibilidade de ser na assembléia de acionista votada, uma vez ocorrida a ausência dos sócios minoritários.

O que não se pode tolerar é que tal sócio (administrador) possa votar em descompasso com os interesses da própria sociedade (art. 115, § 1º, da Lei das Sociedades Anônimas).

No caso dos autos, tal descompasso ou conflito, de fato, se instalou quando a inventariante do espólio do sócio majoritário votou no sentido da ratificação de transação verdadeiramente ruinosa para a sociedade.

Quanto à alegação dos embargados de que somente o acionista que represente 5% do capital social poderia promover a anulação de deliberação da natureza da presente, não colhe, só valendo o argumento quando, na hipótese do art. 159, § 4º, da Lei das Sociedades Anônimas, se estiver pretendendo ver reconhecida a responsabilidade civil do administrador por atos praticados.

Ainda que assim não fosse, observe-se que, a esta altura, a embargante representa interesse superior a 5%, herdeira que se tornou de 25% das ações deixadas por seu pai.

Pelas razões expostas, portanto, acolhe a maioria os embargos, nos termos do voto vencido.

Rio de Janeiro, 16 de abril de 1986 — Barbosa Moreira, pres., sem voto — Áurea Pimentel Pereira, relatora — Narcizo Pinto, vencido, com a seguinte declaração de voto: Com a devida vênia da douta maioria, rejeitava os embargos, pelas seguintes razões.

A anulação de voto de acionista está prevista no § 4º do aludido art. 115 e só pode ocorrer na hipótese de voto proferido por acionista que tenha interesse conflitante com o da companhia. Para outras hipóteses, inclusive a de prejuízo à sociedade, o que a lei prevê é a responsabilidade civil do acionista (§ 3º).

Os casos em que pode ocorrer colisão de interesses estão previstos no § 1º do mesmo artigo e referem-se a deliberações relativas ao laudo de avaliação de bens com que concorrer para a formação do capital social e à aprovação de suas contas como administrador; e quaisquer outras deliberações que possam beneficiar o acionista de modo particular, ou em que tiver interesse contrário ao da companhia.

Assim, além das hipóteses tipificadas como vedativas do exercício do voto, a abstenção só pode ter como fundamento a existência de conflito de interesses, que, como o próprio nome indica, se configura quando o interesse do acionista se apresenta em oposição ao da sociedade.

O caso dos autos não se refere a qualquer das hipóteses típicas acima mencionadas, pois aqui não se discute sobre deliberação relativa ao laudo de avaliação, nem a respeito de contas de administrador.

Como visto, a pretensão deduzida a fls. 2 assenta na alegação de que o voto proferido pela inventariante do espólio do acionista majoritário seria nulo porque resultou na aprovação de operação imobiliária.

É de se ver, contudo, que nada há nos autos que autorize afirmar que entre a aludida inventariante e a sociedade havia um conflito de interesses a impedir que aquela exercesse, em nome do espólio, o direito de voto na assembléia que aprovou a promessa de cessão.

O fato de a promessa ter sido feita por preço que, ao que se diz, seria inferior ao de mercado, por si só, não configura conflito de interesses a justificar a anulação da deliberação assemblear.

Com efeito, como observa Modesto Carvalhosa, "na esfera societária há interesse conflitante *stricto sensu* quando a satisfação do próprio interesse faz-se com o sacrifício do interesse social" (*Comentários à Lei de Sociedades Anônimas,* 4ª v.).

Destarte só se poderia anular a deliberação da assembléia, com base em "conflito de interesses", se ficasse iniludivelmente demonstrado que estava em jogo interesse da inventariante a ser satisfeito com sacrifício do interesse social. Nesse sentido, porém, nada se demonstrou.

Ainda que se admita, para argumentar, que a promessa de cessão foi feita por preço inferior ao que valia, isto não quer dizer que algum interesse da inventariante houvesse sido satisfeito.

Assim, não estando evidenciado o conflito de interesse que justificaria a anulação da deliberação, correta apresenta-se, a meu ver, a solução dada pela ilustrada maioria da C. 6ª Câmara Cível — Rui Octavio Domingues, vencido, com a seguinte declaração de voto: Rejeitava os embargos infringentes. O acórdão embargado, da E. 6ª Câmara Cível, confirmou a minuciosa e bem articulada sentença de 1º grau (fls. 61-66).

O douto voto divergente reformava o julgado para julgar procedente ação de anulação de deliberação de assembléia de acionistas. Sem razão, *data venia.*

Não obstante o respeito devido às altas cogitações que alicerçaram a decisão da douta maioria, criou-se neste processo um precedente que subverte os princípios mais tradicionais da gestão de sociedades mercantis. *O acórdão embargado é incensurável.*

Nas sociedades de capital vigora o princípio basilar do sistema capitalista, segundo o qual, nas deliberações, prevalece a vontade dos que representam a maioria do capital social.

Agasalhou-se, neste processo, a *inaceitável interpretação da Lei das Sociedades Anônimas* segundo o qual o voto representativo de 98% do capital social não pode ser lançado, devendo ser dado como "impedido" aquele que o representa sempre que a deliberação tiver por objeto a ratificação de ato de diretor que seja também o acionista majoritário.

Em outras palavras: se o acionista majoritário é também diretor, deveria abster-se de votar na assembléia, ficando a ratificação dos seus atos à mercê da boa vontade do acionista titular de apenas 1% do capital social. Pode-se aceitar esta "interpretação" da vigente Lei das Sociedades Anônimas? Não.

Adoto os fundamentos da r. sentença de fls. 61-66, os do v. acórdão da E. 6ª Câmara Cível (fls. 101-107) e, ainda, os do primoroso voto de fls. 153. Rejeitava os embargos infringentes.

ACÓRDÃO EMBARGADO

Vistos, relatados e discutidos estes autos de apelação cível 38.701, em que é apelante Vera Lúcia Condé e apelados 1) Leblon Hoteleira S/A e outro e 2) Sydônia Machado Cruz: Acordam os Desembargadores que integram a 6ª Câmara Cível do Tribunal de Justiça do Estado do Rio de Janeiro, em sessão de 8.10.85, por maioria de votos, em negar provimento ao recurso, contra o voto do Des. Revisor.

Assim decidem considerado o relatório a fls. 96-98 e pelas razões que se seguem.

Como elucida o relatório, retratam os autos lamentável e penosa pretensão de acionista proprietária de 18.027 ações, correspondentes a 0,1202% do capital social de 150.000.000 de sociedade anônima fechada, familiar, no sentido de ver decretada a nulidade de voto proferido em assembléia geral extraordinária pela acionista, mãe da autora, representando o espólio do pai, fundador da sociedade e detentor de 98% das 150.000.000 ações que compõe o capital social.

É que, segundo o colorido da petição inicial, o voto anulando seria ilegal, porque proferido por sócio com interesse conflitante com os da sociedade, eis que com sua força majoritária permitiu que se ratificasse na aludida assembléia a alienação de bem da sociedade, sem motivação econômica ou financeira, abaixo do preço real, e, por isso, contrária aos interesses sociais.

Além do mais, a Sra. Sydônia, mãe da autora, representante do espólio do pai desta e marido daquela, votou ratificando o ato de alienação por ela praticado, pernicioso para o patrimônio social e, por isso, conflitante com os da sociedade, o que resulta em ofensa ao art. 115 da Lei das Sociedades Anônimas, que considera anulável a deliberação tomada pelo voto de sócio com interesse conflitante com os da sociedade.

Envolveu-se, também, na demanda a acionista Synia Machado Cruz, detentora de 0,1202% do capital social, irmã da autora, eis que participara ela de malsinada assembléia.

Além do aspecto moral subjetivo, indefensável, a ação não pode prosperar no plano material do Direito objetivo, tendo em vista os fatos enfocados nos autos e as normas legais pertinentes à espécie.

Como se vê das alegações da petição inicial, pretende-se a anulação da assembléia de que se trata porque nela deliberou-se em contrário aos interesses sociais e em conflito de interesse entre acionista votante e os da companhia.

Tais eventos, no entanto, não se verificaram na espécie, e, ainda que tivessem ocorrido, não permitiriam as conseqüências objetivadas na ação.

O voto contrário aos interesses sociais, dando lugar à figura do abuso de direito de voto, é tratado no *caput* e § 3º.

"Art. 115 O acionista deve exercer o direito de voto no interesse da companhia; considerar-se-á abusivo o voto exercido com o fim de causar dano à companhia ou a outros acionistas, ou de obter, para si ou para outrem, vantagem a que não faz jus e de que resulte, ou possa resultar, prejuízo para a companhia ou para outros acionistas.

"...

"§ 3º O acionista responde pelos danos causados pelo exercício abusivo do direito de voto, ainda que seu voto não haja prevalecido."

Já o voto conflitante com interesse social, nos §§ 1º e 4º:

"§ 1º O acionista não poderá votar nas deliberações da assembléia geral relativas ao laudo de avaliação de bens com que concorrer para a formação do capital social e aprovação de suas contas como administrador, nem em quaisquer outros que puderem beneficiá-lo de modo particular, ou em que tiver interesse conflitante com o da companhia.

"...

"§ 4º A deliberação tomada em decorrência do voto de acionista que tem interesse conflitante com o da companhia é anulável; o acionista responderá pelos danos causados e será obrigado a transferir para a companhia as vantagens que tiver auferido."

Qual a sanção ou a conseqüência do voto contrário ao interesse social? Não é a anulação, sim a responsabilidade por perdas e danos.

Qual a conseqüência para o voto em conflito de interesses? Anulação (§ 4º), mais perdas e danos. Fran Martins comenta assim este ponto: "... a deliberação tomada em decorrência do voto do acionista que tem interesse conflitante com o da companhia é anulável, respondendo o acionista pelos danos causados e sendo obrigado a transferir para a companhia as vantagens que tiver auferido (§ 4º). Também pelo regime da lei anterior poder-se-ia manter a deliberação em que houvesse interesse conflitante entre o acionista e a sociedade, pois, em tal caso, o acionista ficava apenas com a obrigação de responder por perdas e danos resultantes daquela deliberação. O assunto dava lugar a interpretações discordantes na doutrina; a lei atual foi taxativa a respeito, possibilitando a anulação da deliberação tomada pela assembléia geral, respondendo o acionista pelos danos causados e sendo obrigado a transferir para a sociedade os benefícios por acaso auferidos" (Fran Martins, *Comentários à Lei das S/A*, pp. 84 e 85).

Como se vê, a conseqüência pretendida pela autora da presente ação, a anulação da decisão, não poderá ser obtida nos casos de voto prejudicial ao interesse social, mas apenas nos casos de voto exercitado em conflito entre os interesses do acionista e os da sociedade.

É claro que, mesmo não se caracterizando aqui o voto em colisão de interesses — acarretante da anulação da deliberação — o abuso de direito de voto daria lugar à responsabilização civil do votante, no caso o espólio do acionista controlador, que foi representado por Sydônia, conforme § 3º do art. 115 da Lei das Sociedades Anônimas.

O que se há de determinar agora é se o voto de Sydônia emitiu-se em colisão de interesses com o da sociedade ou foi apenas prejudicial à mesma.

Na verdade, ela votou duas vezes. Uma em nome próprio, representando uma ínfima parcela do capital social, talvez menos de 1%. E tal voto, embora vicioso, não tinha forças, dada sua inexpressividade em relação ao capital, a construir qualquer deliberação, num ou noutro sentido.

O outro seu voto, aquele que exarou em nome do acionista controlador, representando 98% do capital, este, sim, foi decisivo para a deliberação. Mas este voto não era seu. O direito não confunde a pessoa do representante com a do representado. Quem votou com 98% do capital foi o espólio. E este, eventualmente, poderá ser responsabilizado, sendo certo que sua responsabilização irá atingir forçosamente quem o representava, a indigitada Sydônia.

Poderia o *de cujus,* vivo estivesse, votar como votou o seu espólio? Sim. Tem 98% de capital. E a venda seria aprovada. Aprovada, mas sem excluir a responsabilização do alienante.

Infelizmente, o conflito de interesses em causa só se poderá resolver noutra ação, porque anulação da deliberação da assembléia é efeito só atingível nos casos de acionista votante em conflito com o interesse social.

Inaplicável a espécie é o parecer de Konder Comparato, lançado à luz da Lei das Sociedades Anônimas anterior, que não previa a anulação da deliberação nos casos de conflito de interesses, obrigando a uma construção jurisprudencial visante de tal resultado. Em fls. 9 pode-se observar que se trata de parecer sobre lei revogada, que em tal ponto é diferente da lei nova.

Em suma: o acionista tem todo o direito de fiscalizar a gestão dos negócios sociais, inclusive propondo a responsabilidade civil dos votantes em contrário aos interesses sociais e a dos administradores da companhia (Lei 6.404, art. 159 e §§). Mas esse direito não inclui o de anular decisão de assembléia geral, a não ser nos casos do § 4º do art. 115 da lei, que não estão presentes na espécie.

Observe-se, finalmente, que consoante prescreve o art. 159 da Lei 6.404/76, compete à companhia, mediante prévia deliberação da assembléia geral, ação de responsabilidade civil contra o administrador pelos prejuízos causados a seu patrimônio.

É certo que qualquer acionista poderá propor a ação, se não for proposta pela companhia nos três meses da deliberação da assembléia geral (art. 159, § 3º).

Todavia, somente acionistas que representam 5%, pelo menos, do capital poderão fazê-lo se a assembléia deliberar não propor a ação, o que não ocorre com a autora, detentora de fração inferior a 1% do capital.

Ciente dessa realidade legal, a autora com o exclusivo e lamentável propósito de perturbar a tranqüilidade da sociedade e visando à pessoa de sua genitora, presidente da empresa, ingressou com a presente demanda carente de qualquer respaldo em lei.

Correta, pois, a solução dada ao feito pela decisão recorrida, julgando improcedente tão desprimorosa quanto descabida pretensão. Daí o desprovimento da apelação.

Rio de Janeiro, 8 de outubro de 1985 — Basileu Ribeiro Filho, pres., sem voto — Émerson Santos Parente, relator — Raul Quental, vencido, com a seguinte declaração de voto: A Leblon Hoteleira S/A tem como diretora-presidente Sydônia Machado Cruz, inventariante do Espólio de Paulo Câmara Cruz, o qual é titular de ações representativas de 98% do capital social.

Em agosto/83, sem prévia autorização da assembléia geral dos acionistas, exigida pelo estatuto da sociedade, alienou Sydônia imóvel do patrimônio social por preço evidentemente vil. Basta considerar que se trata de apartamento *duplex* em Ipanema avaliado no mês de maio/82 em Cr$ 36.000.000,00, ou 20.273,98 ORTN, como valor para venda à vista, tendo sido alienado em agosto/83, 14 meses depois, por Cr$ 38.000.000,00, que então representavam apenas 7.655,25 ORTN, e ainda assim para pagamento posterior de parte do preço correspondente a 6.043,6228 ORTN. Ainda mais: com cláusula segundo a qual o valor da parcela a ser paga posteriormente ficaria congelado se a escritura definitiva não fosse assinada em 240 dias, o que acabou por suceder, visto que a Leblon Hoteleira S/A não apresentou a documentação necessária.

Pois bem: consumada tal alienação, com desrespeito frontal no disposto no estatuto e evidente prejuízo para o patrimônio da sociedade, pretendeu Sydônia convalidar o seu ato submetendo-o à aprovação da assembléia geral. Na assembléia para tanto convocada foi a operação aprovada contra o voto da autora, tendo Sydônia exercido o direito de voto na qualidade de representante legal do espólio detentor de 98% do capital.

Semelhante deliberação é anulável, nos termos do art. 115, §§ 1º, *in fine,* e 4º, da Lei 6.404/76.

Com efeito, o ato praticado por Sydônia na qualidade de diretora-presidente deu lugar à sua responsabilidade civil perante a sociedade, de acordo com o disposto no art. 158, II, da Lei 6.404, eis que importou em violação de regra estatutária expressa.

Essa circunstância configurou a colisão de interesses entre Sydônia e a sociedade e acarretou o impedimento daquela para votar a aprovação de seu próprio ato, como previsto no art. 115, § 1º, *in fine*.

Dir-se-á que a regra legal se refere ao acionista e que Sydônia não votou nessa qualidade, e sim na de representante legal do acionista Espólio de Mário Câmara Cruz. Mas a *ratio legis* conduz a se dever reconhecer o impedimento mesmo nesse caso. O próprio *de cujus,* se vivo fosse e tivesse praticado o ato, não poderia votar a sua aprovação, por mais acionista controlador que fosse, pois a lei atribui ao acionista dessa espécie que exerce cargo de administrador os deveres e responsabilidades próprias do cargo (art. 117, § 3º), e estaria ele igualmente impedido de ratificar o ato de que lhe teria advindo a responsabilidade civil. Não se compreende, então, que Sydônia esteja imune ao impedimento apenas por força da sutileza de não ter votado em seu nome próprio, e sim no do espólio. Na realidade, o que a lei não quer é que participe da votação quem estiver em situação de conflito de interesses com a companhia, tanto fazendo que essa pessoa seja acionista ou representante legal deste, pois em qualquer dos casos o voto terá sido dado, presumivelmente, contra o interesse da sociedade. Na espécie, essa presunção está mais que confirmada diante das características ruinosas do negócio aprovado. A interpretação literal do art. 115, § 1º, para excluir-se do impedimento o representante legal do acionista, importaria em escancarar-se a porta a fraudes de todo tipo, o que não pode estar no espírito da regra legal.

Por outro lado, não é verdade que somente acionista representando mais de 5% do capital social possam promover a anulação da deliberação tomada em decorrência do voto de quem estava impedido. A regra do art. 159, § 4º, invocada pelos réus, diz respeito à ação de responsabilidade civil contra o administrador, não à ação anulatória do art. 115, § 4º.

Por tais fundamentos, voto dando provimento ao recurso para julgar procedente a ação nos termos do pedido inicial, condenados os réus em custas e honorários advocatícios de 20% sobre o valor da causa.

COMENTÁRIO

Rodrigo Recart

Como nos ensina Waldirio Bulgarelli, a problemática moderna das sociedades anônimas está sempre a se renovar, enriquecendo-se a cada dia, com o surgimento de novas questões e conquanto algumas delas possam ser simples produto até de um certo desconhecimento da lei e da *praxis* societária, outras, entretanto, se apresentam complexas servindo como um verdadeiro desafio aos estudiosos e ao aplicador da lei.[1]

O caso em exame reflete discussão judicial na qual os insignes membros do Tribunal de Justiça do Rio de Janeiro foram obrigados a se debruçar sobre aspectos do direito societário atinentes às sociedades por ações.

A questão central cinge-se em se saber se o voto de acionista majoritário (representando 98% do capital social), manifestado em assembléia geral dos acionistas, poderia ser anulado sob a alegação de que ele foi exercido contra o interesse da companhia.

Como se constata do v. acórdão, o voto considerado lesivo à sociedade foi proferido pela diretora presidente da companhia e inventariante do espólio do sócio majoritário, sócio esse que detinha 98% do capital social.

O negócio pretensamente danoso à sociedade foi a alienação de imóvel por valor considerado vil, conforme entendimento do desembargador relator.

A questão que se põe é a seguinte: o voto de acionista majoritário que aprova seu ato de administrador pode ser anulado,

1. *Revista de Direito Mercantil* n. 57, p. 78, Ed. RT.

mesmo que o referido acionista represente 98% do capital social? Seria essa uma violação do princípio majoritário?

Em nossa opinião, mesmo nas sociedades anônimas fechadas, como é o caso, onde predomina o caráter contratualista em contraposição ao institucionalismo presente nas sociedades por ação com capital aberto, o princípio majoritário não pode ser exercido de modo absolutista.

O princípio majoritário parte, sem dúvida, do postulado de que a sociedade existe no interesse dos sócios, e como ninguém pode decidir por outros, prevalece sempre a vontade do maior número.[2] Segundo Kelsen, o ordenamento social deve estar de acordo com o maior número possível de sujeitos, e em desacordo com o menor número possível.[3]

Todavia, isto não significa simplesmente desprezar e constranger a minoria, violando seus direitos.

Neste sentido, agiram bem, a nosso ver, os desembargadores do Tribunal de Justiça do Rio de Janeiro ao aceitarem a anulação de voto conflitante com os interesses da companhia, nos termos do artigo 115, § 1º da Lei n. 6.404/76.

A posição esposada pelo desembargador Rui Octavio Domingues, vencida, de que a decisão *in casu* propiciaria a interpretação segundo a qual o acionista majoritário, que também é diretor, deveria abster-se de votar na assembléia geral que tiver por objeto a ratificação de seu ato enquanto administrador, não cola. O que se decidiu, em nosso sentir, foi a anulação de assembléia geral que aprovou *determinado* ato praticado por acionista majoritário e administrador da sociedade, por ser lesivo à companhia.

Entender de outra forma seria diminuir em muito a importância da assembléia geral como controle interno da companhia, a ponto de torná-la supérflua, face ao império do princípio majoritário.

2. Fábio Konder Comparato, *O Poder de Controle na Sociedade Anônima,* Forense, 3ª ed., 1983, p. 43.

3. *Teoria Generale del Diritto e dello Stato,* Milão, 1964, p. 192, *apud* Fábio Konder Comparato *O Poder de Controle na Sociedade Anônima,* Forense, 3ª ed., 1983, p. 43.

Jurisprudência

TRIBUTÁRIO — IPMF — EMPRESA DE ARRENDAMENTO MERCANTIL — INCIDÊNCIA DA ALÍQUOTA ZERO POR EQUIPARAÇÃO ÀS INSTITUIÇÕES FINANCEIRAS

Voto do Juiz NEWTON DE LUCCA
do TRF da 3ª Região

Apelação em Mandado de Segurança n. 95.56136-1

Relator: Juiz Newton de Lucca

Apelante: União Federal (Fazenda Nacional)

Apelado: Sudameris Arrendamento Mercantil S.A.

Advs: Elyadir F. Borges e Luiz Eduardo de Castilho Girotto e outros

Remte: Juízo Federal da 2ª Vara de São Paulo

Ementa: Tributário. IPMF. Empresa de arrendamento mercantil. Incidência da alíquota zero por equiparação às instituições financeiras.

I — Corresponde o contrato de arrendamento mercantil ou "leasing" a um negócio complexo, comportando diferentes declarações de vontade que se combinam em função da unidade de causa. O "financiamento" é um dos elementos inerentes a esse contrato.

II — Existem, é certo, várias modalidades de arrendamento mercantil, mas no chamado "leasing financeiro" — que é a mais corriqueira de todas — o substrato financeiro da operação é inquestionável.

III — As empresas de arrendamento mercantil são equiparadas às instituições financeiras, seja pela doutrina mais autorizada; seja pela competência do Conselho Monetário Nacional na edição de normas a respeito; seja, ainda, pela jurisprudência que se consolida sobre a matéria. Por isso, podem beneficiar-se da alíquota zero do IPMF, prevista no art. 8º, inc. IV, da Lei Complementar n. 77/93, combinado com o disposto no art. 1º inc. XXVII, da Portaria n. 386, de 14 de julho de 1993, expedida pelo Ministério da Fazenda.

IV — Rejeitada a matéria preliminar, nega-se provimento à apelação e à remessa oficial.

ACÓRDÃO

Vistos, relatados e discutidos estes autos, em que são partes as acima indicadas, ACORDAM os Juízes da Quarta Turma do Tribunal Regional Federal da Terceira Região, à unanimidade, em rejeitar a matéria preliminar, negando-se provimento à apelação e à remessa oficial, nos termos do relatório e voto do Sr. Juiz Relator, que fazem parte integrante do presente acórdão.

São Paulo, 27 de agosto de 1997 (data do julgamento). Newton de Lucca, Juiz Relator.

RELATÓRIO

O Senhor Juiz Newton de Lucca (Relator): Cuida-se de apelação em mandado de segurança, originalmente impetrado por Sudameris Arrendamento Mercantil S.A., com o escopo de beneficiar-se da alíquota zero do IPMF, conforme estabelecido pelo art. 8º, inc. IV, da Lei Complementar n. 77/93, tendo em vista entendimento do Fisco no sentido de que a apelada não poderia usufruir tal vantagem por não se enquadrar na categoria de instituição financeira.

O MM. Juiz *a quo* deferiu a liminar (fls. 33 e ss.).

As informações foram prestadas, argumentando a impetrada que lhe caberia tão-somente aplicar a lei. Não enfrentou, contudo, o mérito da questão.

O Ministério Público Federal, em parecer que analisava a matéria à luz do princípio da anterioridade da lei tributária, opinou pela concessão da segurança (fls. 51 e ss.).

A ordem foi concedida (sentença às fls. 62 e ss.). Apelou a União sustentando que não caberia mandado de segurança à hipótese, tendo em vista a ausência de qualquer ato da autoridade coatora no sentido de ameaçar direito da impetrante. Quanto ao mérito, alegou que as empresas de arrendamento mercantil não poderiam ser consideradas instituições financeiras, razão pela qual não deveriam ser beneficiadas pela alíquota zero.

Em contra-razões de apelação, a impetrante argüiu preliminar de extemporaneidade do recurso da União, que foi afastada pelo MM. Juiz *a quo,* pelo R. despacho de fls. 89.

Em segunda instância, o Ministério Público Federal manifestou-se pelo acolhimento da preliminar de intempestividade ou, no mérito, pelo improvimento do recurso da União e da remessa oficial (fls. 93 e ss.).

Dispensada a revisão na forma regimental.

É o relatório.

VOTO

O Senhor Juiz Newton de Lucca (Relator): Cuida o pleito de verificar se as empresas de arrendamento mercantil podem se beneficiar da alíquota especial estabelecida pelo art. 8º, inc. IV, da Lei Complementar n. 77/93, que criou o Imposto sobre Movimentação Financeira — IPMF.

Impõe-se, porém, o cuidadoso exame de duas preliminares. A primeira delas — prejudicial à segunda — foi argüida pela apelada, sustentando a intempestividade do recurso da União. Aduz que a R. sentença apelada foi publicada no *Diário Oficial* em 20.10.94, enquanto o recurso voluntário teria sido apresentado somente em 7.12.94, sem chancela do protocolo, constando data apenas no R. despacho de recebimento.

Afasto essa primeira preliminar. E assim procedo por não encontrar nos autos, prova alguma de que a União tenha sido intimada da R. sentença. A certidão de intimação de fls. 65 nada menciona sobre tal fato. Na autuação da primeira instância não consta o nome de nenhum procurador da União. A intimação pessoal foi feita somente ao impetrante e o aviso de recebimento, devidamente cumprido, só foi juntado em 13.2.95 (cfr. fls. 65vº). Assim, a União deu-se por intimada no momento em que integrou o processo, com a interposição da sua apelação que, por isso, é tempestiva.

Passo à segunda preliminar. Esta foi argüida pela União, que sustenta a inadequação do meio processual. Também não a vislumbro prosperável.

Como foi percebido tanto pela apelada quanto pelo D. representante do *Parquet,* fica claro nas informações prestadas pela impetrada, que ela — na consecução de sua obrigação funcional — não hesitará em exigir o imposto da apelada, consoante interpretação que a ora apelante faz da legislação pertinente. Logo, está amplamente caracterizado, tanto o interesse, quanto o cabimento do presente *mandamus.*

Passemos, sem mais delongas, ao exame do mérito.

A Lei Complementar n. 77, de 13 de julho de 1993, criou o IPMF, estabelecendo em seu art. 8º a alíquota zero, incidente sobre os lançamentos em contas correntes de depósitos das instituições financeiras não referidas no inc. III do art. 2º (bancos comerciais, bancos múltiplos com carteira econômica e caixas econômicas), desde que os respectivos valores sejam movimentados em contas correntes de depósito especialmente abertas e exclusivamente utilizadas para as operações relacionadas em ato do Ministro da Fazenda, dentre as que constituam o objeto social das referidas entidades (este texto compila os arts. 2º, 8º e seu § 3º, todos da Lei Complementar n. 77).

Pois bem, preliminarmente, cuidarei de verificar se as sociedades de arrendamento mercantil podem ser consideradas instituições financeiras, como exige o art. 8º da Lei Complementar n. 77, de 13 de julho de 1993, para a incidência da alíquota privilegiada. Depois, verificarei o ato do Ministro da Fazenda.

O arrendamento mercantil é regulado pela Lei n. 6.099, de 12.9.74, por onde *entrou pela porta dos fundos ou pela porta lateral,* para utilizar uma expressão do Dr. José Reinaldo Peixoto de Souza (in *Revista do Advogado*, n. 16, p. 47), já que foi regulado por uma lei de índole eminentemente tributária. Mas, desde muito antes da edição desta lei, a figura do *leasing* já era conhecida e utilizada entre nós.

Com efeito, já em 1968, o prof. Fábio Konder Comparato escrevia o primeiro texto em língua portuguesa sobre o tema: Contrato de "leasing", publicado originalmente na *Revista dos Tribunais* n. 389, p. 7, depois na *Revista Forense* n. 205, p. 7 e, por fim, na compilação *Ensaios e pareceres de direito empresarial*, 1978, Rio, Forense, p. 319.

Neste trabalho, o Mestre detectava um dilema empresarial que afligia o agente econômico de então e que o sistema de *leasing* se propunha a redimir.

Com a rápida aceleração do processo tecnológico, a sobrevivência da empresa no mercado competitivo passou a demandar constante modernização dos seus equipamentos, o que exigia do empresário um investimento constante, única forma de possibilitar a continuidade da *"revolução permanente"*, sem a qual o agente econômico ficaria à margem da realidade do mercado moderno.

No entanto — explicava o professor — o investimento em maquinaria significa imobilização de ativos financeiros, que tem a desvantagem de diminuir a agilidade financeira da empresa em continuar se modernizando, por causa do vertiginoso processo de obsolescência.

O dilema surge, então, naturalmente, em virtude da concorrência cada vez mais acirrada e do desenvolvimento tecnológico cada vez mais rápido: "como equiparar-se, sem imobilizar consideráveis recursos próprios, de forma a conservar a liqüidez da empresa e a substituir rapidamente o equipamento obsoleto?" (*Ensaios*..., ob. cit., p. 322).

O leasing se propõe a, pelo menos, minimizar o problema, pois "ao invés de comprar o equipamento de que necessita, com ou sem financiamento, o empresário pede a uma instituição financeira especializada que o compre em seu lugar, segundo indicações técnicas que ele próprio fornece, e que lho dê em seguida em locação por um prazo determinado, ao cabo do qual o empresário tem a opção de adquirir o material locado por um preço residual, ou de devolvê-lo, se não preferir continuar na locação por prazo indeterminado" (ob. cit. p. 322).

O contrato de *leasing* corresponde, então, a um *negócio complexo,* por comportar várias declarações de vontade que se combinam entre si, em função de uma unidade de causa. Embora inclua uma locação, uma promessa de compra, um financiamento e até uma compra e venda; não há uma prevalência da locação sobre o financiamento ou sobre a promessa unilateral de venda, que poderá desembocar numa compra e venda definitiva. Um destes institutos não existiria sem o outro. Existe uma total *interdependência* entre eles, de maneira tal que só é lícito falar em *coexistência* de todos, no seio do instituto do *leasing* (cfr. Fábio Konder Comparato, "O irredentismo da 'nova contabilidade' e as operações de *leasing*", in *Direito empresarial*, 1990, SP, Saraiva, p. 418).

Assim, por essa época, já começaram a surgir no nosso país, empresas especializadas em *leasing*, satisfazendo as necessidades de investimentos surgidas a partir do nosso *soi-disant* "milagre econômico".

E foi justamente para regulamentar esse novo campo, coibindo certos abusos, que surgiu a Lei n. 6.099, de 12.9.74.

O primeiro aspecto notado pela doutrina especializada foi a nomenclatura adotada pela lei, *arrendamento mercantil*, merecendo desde logo as críticas de J. A. Penalva Santos, que considerava o *nomen iuris* "arrendamento financeiro" o mais adequado ("Leasing", *Revista Forense* n. 205, p. 47). A definição legal do instituto também mereceu críticas do autor.

Nesse sentido, dispôs o parágrafo único do art. 1º, que "considera-se arrendamento mercantil, para os efeitos desta lei, o negócio jurídico realizado entre pessoa jurídica, na qualidade de arrendadora, e pessoa física ou jurídica, na qualidade de arrendatária, e que tenha por objeto o arrendamento de bens adquiridos pela arrendadora, segundo especificações da arrendatária e para uso desta" (redação alterada pela Lei n. 7.132/83, para incluir as pessoas físicas).

Para Penalva Santos, "a definição legal é incompleta, pois não incluiu o financiamento, considerado por nós, parte integrante da estrutura contratual, além de omitir a cláusula de opção irrevogável [de compra], da essência do contrato"(ob. cit. p. 47).

De fato, e agora já se começa a solucionar o caso dos autos, a maioria dos doutrinadores enxerga, no *financiamento*, um dos elementos do arrendamento mercantil.

E assim efetivamente o é, tendo-se em vista que o surgimento do instituto se deu, justamente, para possibilitar a adequação do parque produtivo às modernas tecnologias, sem a necessidade de grande imobilização de capital do próprio empresário.

Fran Martins, por exemplo (*Contratos e Obrigações Comerciais*, 6ª ed., Rio, Forense, p. 545), embora não destaque, em sua definição, o aspecto fundamental da existência de um financiamento, conceituando-o como

"o contrato segundo o qual uma pessoa jurídica arrenda a outra, por tempo determinado, um bem comprado pela primeira de acordo com as indicações da segunda, cabendo ao arrendatário a opção de adquirir o bem arrendado findo o contrato, mediante um preço residual previamente fixado."

Cuida de salientar, linhas após, essa indisfarçável característica:

"O arrendamento mercantil ou 'leasing' aparece, assim, como uma modalidade de financiamento à empresa arrendatária, facilitando-lhe o uso e gozo de um bem de sua necessidade sem ter de desembolsar inicialmente o valor desse bem, e com a opção de, findo o prazo estipulado para a vigência do contrato, tornar-se o arrendatário proprietário do bem, pagando nessa ocasião um preço calcado no valor residual do mesmo" (idem, ibidem).

Poder-se-ia trazer algum embaraço à discussão, com efeito, se se considerasse as várias modalidades existentes do arrendamento mercantil. É sabido que, a par do *leasing financeiro* — que corresponde à forma mais corriqueira desse contrato — existe o *leasing operacional, o lease-back* (este previsto no art. 9º da Lei n. 6.099/74 e considerado privativo das instituições financeiras que deverão obedecer as condições estabelecidas pelo Conselho Monetário Nacional), o *self-leasing,* o *dummy corporation etc.*

A presença do substrato financeiro da operação não estaria em *todos* os tipos de *leasing* existentes. Seria o caso, por exemplo, do *leasing operacional,* no qual a operação de arrendamento dá-se diretamente com o fabricante, sem a necessidade de intervenção de um intermediário, quase confundindo-se com o chamado *renting.* Tais modalidades, porém, nem foram objeto de regulação por parte da Lei n. 6.099, de 12 de setembro de 1974, não correspondendo, como já foi frisado, ao modelo básico de *leasing.*

Também é preciso afastar, para os destinos do presente feito, a sedutora e interminável discussão a respeito da natureza jurídica do *leasing.* Pouco importará, na verdade, considerá-lo um *negócio indireto,* um *negócio misto* ou um *negócio jurídico complexo.* Esse debate não alterará a conclusão certa e inafastável de que, pelo menos no que toca ao *leasing financeiro* e ao próprio *lease-back,* o contrato envolve uma operação eminentemente financeira.

Para o eminente e saudoso prof. Mauro Brandão Lopes existe um negócio indireto "quando as partes recorrem, em determinado caso concreto, a um contrato atípico, nominado, para conseguir, por meio dele, não somente os seus efeitos normais, mas também fim diverso daquele que decorreria de sua estrutura peculiar. É exatamente o caso do leasing: os efeitos normais de todo o contrato de arrendamento são desejados pelas partes e por meio dele, como fim indireto, querem também o financiamento, que é a razão de ser do negócio indireto".

Já o prof. Waldirio Bulgarelli, assim se pronuncia a respeito da natureza jurídica do contrato de *leasing:*

"Estruturalmente, a seqüência das obrigações decorrentes do contrato de *leasing* caracteriza-o muito mais como misto do que como complexo. Nela estão contidos elementos de contratos típicos, devidamente ajustados numa unidade. A entrega do bem em locação, por prazo determinado, mediante o pagamento de uma quota fixada, de comum acordo, é elemento típico do contrato de locação; a possibilidade de o locatário, ao término do prazo, continuar a locação ou dá-la por terminada, também; e a opção de compra é conhecida; portanto, figura típica; o que há de atípico é a forma de fixar o preço em caso de exercício da opção de compra. Assim sendo, afigura-se mais aceitável a qualificação entre nós como contrato misto, na sua conformação, cujo elemento preponderante é, sem dúvida, a locação, até que seja devidamente tipificado pelo ordenamento legal".

Finalmente, a maior parte da doutrina — à qual, como se viu, aderimos irrestritamente — considera o contrato de *leasing* como um *negócio jurídico complexo,* parecendo superado, no atual momento, o tormentoso debate de outrora. Assim o consideram, entre outros, os profs. Fábio Konder Comparato, Luiz Gastão Paes de Barros Leães, Philomeno J. da Costa, Fran Martins e Rodolfo Camargo Mancuso.

A par de não haver mais dúvidas quanto à natureza financeira da operação — pois tanto o prof. Mauro Brandão Lopes quanto o prof. Waldírio Bulgarelli também entenderam haver a presença de um financiamento (o primeiro em "Natureza Jurídica do *Leasing*", in *Revista de Direito Mercantil* n. 14, pp. 35 e ss. e o segundo em *Contratos Mercantis*, Atlas, 7ª edição, 1993, pp. 369 e ss., especialmente p. 373) — tanto na Lei n. 6.099/74, quanto nas Resoluções do Conselho Monetário Nacional, de ns. 351, de 17.11.75 e 980, de 13.12.84 e, mais recentemente, a de n. 1.647, de 18.10.89, esse aspecto financeiro revela-se evidente.

Pergunta sugestivamente, a propósito, a eminente profa. Priscila Maria Pereira Corrêa da Fonseca:

"Não fosse assim por qual razão os americanos o denominariam de *financial lease,* os italianos de *locazione finaziare* ou de *finanziamento de locazione,* os portugueses de *locação financeira,* os belgas de *location-financement* e os alemães de *miet-finanzierung?* Aliás, diz-se mesmo que a denominação que o *leasing* veio a receber entre nós só se explica por um acidente de percurso..." (*Novos Contratos Empresariais*, Ed. Revista dos Tribunais, p. 101).

Uma breve incursão no direito comparado, com efeito — ainda que extremamente ligeira e feita com o propósito meramente ilustrativo — serve para reforçar a convicção de que a natureza financeira do contrato de *leasing* é absolutamente inquestionável.

Veja-se, por exemplo, a definição constante do art. 1º, inc. 2, do Decreto-lei n. 135/79, editado em Portugal aos 18 de maio de 1979:

"Locação financeira é o contrato pelo qual uma das partes se obriga, contra retribuição, a conceder à outra o gozo temporário de uma coisa, adquirida ou construída por indicação desta e que a mesma pode comprar total ou parcialmente, num prazo convencionado, mediante o pagamento de um preço determinado ou determinável, nos termos do próprio contrato".

Em França — onde a operação tomou o nome de *crédit-bail* — o art. 1º da Lei n. 66/455, de 2 de julho de 1966, forneceu uma definição que poderia, por si só, deixar dúvidas quanto a essa natureza de operação financeira para o *leasing*. Estabeleceu esse artigo que:

"São operações de locação de bens de equipamento, de material, de equipamento ou de bens imobiliários de uso profissional, especialmente comprados em vista dessa locação, por empresas que permanecem proprietárias, quando tais operações, qualquer que seja a denominação, conferem ao locatário a faculdade de adquirir, no todo ou em parte, os bens locados mediante um preço convencionado, computando, embora parcialmente, os pagamentos efetuados a título de aluguéis".

Esclarecem, no entanto, René Rodière e Rives-Lange, em sua clássica obra *Droit bancaire* (Dalloz, 2ème édition, pp. 392/393), em tradução livre, que:

"Por tratar-se de crédito, o legislador decidiu normalmente que somente as empresas comerciais poderiam praticar o leasing e que elas estariam submetidas, seja às regras relativas aos bancos, seja àquelas aplicáveis aos estabelecimentos financeiros, segundo elas se utilizem ou não de fundos públicos para o exercício da sua atividade".

Nessa linha, Paul Bibot define arrendamento mercantil como sendo "*une opération de financement* à moyen ou à long terme, pratiquée par una societé financière et qui a pour support juridique un contrat de louage de choses" ("Trois anées de *leasing*", in *suplemento Agefi Bruxelas*, 26.10.64, p. 77, apud Arnoldo Wald, "Noções básicas de *leasing*", in *Revista Forense*, n. 205, p. 32, os grifos não são do original).

Serge Rolin também é dos que identificam o elemento financiamento no contrato de *leasing* (apud Arnoldo Wald, ob. cit. p. 32 e Antonio da Silva Cabral, *Leasing — Noções, tipos e aspectos*, vol. I, 1975, SP, Resenha Tributária, p. 17).

A Corte de Cassação italiana, já na primeira manifestação que fez sobre a matéria de *leasing,* não hesitou em divisar a característica creditícia do instituto. Na motivação do acórdão, ficou dito que "nel leasing finaziario — che è l'ipotesi che qui interessa — l'operazione promossa dal locatores presenta esclusivamente gli *aspetti del finanziamento di un bene* prodotto da terzi: la società finanzaria acquista il bene per conto dell'utilizzatore di esso, che lo sceglie in relazione alle proprie esigenze produttive" (apud Mauro Bussani e Paolo Cendon, *I contrati nuovi*, 1989, Milano, Giuffrè, p. 36, os grifos não estão no original).

Para Eduardo J. Boneo Villegas e Eduardo A. Barreira Delfino, "el contrato de *leasing* configura una típica operación de financiación de mediano o largo plazo que se materializa entre una entidad financiera autorizada y una empresa comercial, industrial o de servicios interesada en incorporar, renovar o modernizar sus equipos productivos e instalaciones, en pro de la obtención de mejores niveles de eficiencia y competitividad" (*Contratos bancarios modernos*, 1994, Buenos Aires, Abeledo-Perrot, p. 87). Como se percebe, para esses autores, o elemento *financiamento* possui um *caráter funcional* no arrendamento mercantil, pois "sin finaciación no habría 'leasing', en el sentido de negocio juridico autónomo. Sólo habria una unión de contratos independientes entre sí, que impediria la consecución de las finalidades económicas e prácticas que caracterizá al 'leasing' como unidad jurídica total e indisolube" (ob. cit., p. 102).

A doutrina nacional, como já se viu, não destoa dessa orientação. Acrescente-se *ex abundantia,* mais os seguintes posicionamentos.

Arnoldo Wald, na conclusão, afirma ser, o arrendamento mercantil, uma operação de financiamento (ob. cit., p. 33).

Para José Wilson Nogueira de Queiroz, "a operação de *leasing* representa uma simbiose, uma concentração dos institutos jurídicos da locação, da compra e venda e de um financiamento" (*Arrendamento mercantil* (*leasing*), 2ª ed., 1983, Rio, Forense, p. 29).

Fran Martins vê no *leasing* "uma modalidade de financiamento ao arrendatário" (*Contratos e obrigações comerciais*, 12ª ed., 1993, Rio, Forense, p. 535).

Por fim, Fábio Konder Comparato disse, no primeiro estudo que escreveu, "o *leasing* propriamente dito, não obstante a pluralidade das relações obrigacionais típicas que o compõe, apresenta-se funcionalmente uno: a 'causa' do negócio é sempre o financiamento de investimentos produtivos" (*Contrato de leasing,* ob. cit., p. 329). Anos depois, o prof. Fábio mudou de opinião, passando a ver como elemento nodal do *leasing* a própria *alternativa* de compra que se dá ao arrendante no final do contrato. No entanto, ele não excluiu o *financiamento* como um dos elementos do arrendamento mercantil, apenas retirou-lhe o caráter de "causa" do negócio, ressaltando que esse tipo de análise só faria sentido se feita *a posteriori* das operações já encerradas (cfr. *O irredentismo...,* ob. cit., p. 420).

Esses elementos não deixam dúvida sobre o caráter financeiro do arrendamento mercantil e, desde já, permitem entrever que as empresas autorizadas a operá-lo são consideradas instituições financeiras.

Aliás, na própria Lei n. 6.099/74, há elementos que conduzem a esse raciocínio. O seu art. 7º estabelece que "todas as operações de arrendamento mercantil subordinam-se ao controle e fiscalização do Banco Central do Brasil, segundo as normas estabelecidas pelo Conselho Monetário Nacional, a elas se aplicando, no que couber, as disposições da Lei número 4.595, de 31 de dezembro de 1964 [lei das instituições financeiras], e legislação posterior relativa ao Sistema Financeiro Nacional".

Ao comentar a incumbência de o Banco Central do Brasil regulamentar o arrendamento mercantil (normatização essa que demorou cerca de um ano para ser editada) o prof. Arnoldo Wald registrou que "o primeiro ponto básico nas normas a serem baixadas pelas autoridades monetárias se refere a aplicação às companhias *leasing* das normas estabelecidas para as instituições financeiras. Tal decisão, que já se encontra implícita na lei, mas deverá vir explicitada nas Resoluções a serem baixadas, envolve um maior controle e uma decorrente moralização do novo campo de atividades que deverá se enquadrar na sistemática geral do sistema financeiro" (cfr. "O regulamento do *leasing* pelo Banco Central", *Revista Forense*, n. 205, p. 44).

A observação se justifica, afinal o *leasing* é uma operação financeira, já que há nele um *financiamento* (cfr. Fran Martins, ob. cit., p. 545 e José Wilson

Nogueira de Queiroz, ob. cit., p. 46), pois ambos afirmam expressamente essa característica, que, não obstante, está implícita no trabalho de todos os demais doutrinadores aqui citados). Sendo assim, é razoável que sua disciplina seja, como de fato é, regida pelo Conselho Monetário Nacional e pelo Banco Central do Brasil, entidades qualificadas para normatizar e fiscalizar o setor financeiro, no qual o *leasing* se insere.

Nessa linha, as empresas autorizadas a operar profissionalmente o arrendamento mercantil, também devem ser consideradas — por equiparação — instituições financeiras. José Wilson Nogueira de Queiroz disse-o expressamente: "não há negar entretanto, que a operação de *leasing* apresenta-se muitas vezes, como substitutivo e uma operação de financiamento e, razão teve o legislador ao equiparar as empresas de *leasing* às instituições financeiras para fins de controle das operações".

Em diversas passagens doutrinárias já transcritas, as empresas de arrendamento mercantil são tratadas como equiparadas com as instituições financeiras. O prof. Fábio Konder Comparato, ao explicitar o mecanismo do *leasing* em seu pioneiro estudo, disse que "ao invés de comprar o equipamento de que necessita, com ou sem financiamento, o empresário pede a *uma instituição financeira especializada* que o compre em seu lugar..." (cfr. *Ensaios...*, ob. cit., p. 322). Paul Bibot, citado por Arnoldo Wald, também nomeia a empresa de *leasing* de *socièté financière* (apud "Noções básicas de *leasing*", in *Revista Forense*, n. 205, p. 32). Para Eduardo J. Boneo Villegas e Eduardo A. Barreira Delfino, o contrato de *leasing* "se materializa entre una entidad financiera autorizada y una empresa comercial, industrial o de servicios" (ob. cit., p. 87). Também a Corte de Cassação entende que a empresa de *leasing* é uma "società finanzaria" (ob. cit., p. 36).

Por fim, o ainda não citado prof. J.C. Sampaio de Lacerda vê as empresas de *leasing* como instituições financeiras em seu trabalho intitulado "Considerações acerca do *leasing* e sua aplicação no campo de Direito Aeronáutico", publicado na *Revista de Direito Mercantil*, n. 5, p. 128. Com ele concorda Mauro Grinberg, em artigo publicado na *Revista Forense*, n. 205, p. 100, intitulado "Conseqüências da caracterização do *leasing* como operação financeira".

Para finalizar, dois significativos precedentes jurisprudenciais do Col. Superior Tribunal de Justiça consideraram, *incidenter tantum,* que as empresas de arrendamento mercantil revestem-se das características das instituições financeiras. O primeiro deles, REsp. 82.262/95-RJ, foi relatado pelo E. Min. Waldemar Zveiter, j. 9.9.96, publicado no *DJU* de 14.10.96, p. 39.005. O segundo, mais importante, foi proferido nos Embargos de Divergência em Recurso Especial n. 341/90-SP e teve como relator o E. Min. Ilmar Galvão, tendo ficado assim ementado:

Tributário. Contratos de *leasing.* Imposto sobre serviços de qualquer natureza (ISS).

— Os contratos da espécie não constituem fato gerador do tributo em referência, já que *têm por traço fundamental a operação de financiamento neles contida e não a utilização temporária do bem, não sendo por outro motivo que estão sistematicamente vinculadas a uma instituição financeira, nem tampouco, que tais operações são regulamentadas e fiscalizadas pelo Banco Central.*

— De outra parte, ainda que pudessem ser assimilados à locação, não se prestariam para tal, já que a locação não se confunde com prestação de serviço.

Embargos acolhidos (julgados em 9.4.91, publicado no *DJU* 25.11.91, p. 17.039, apud *Juris*-CD).

Devo consignar, por outro lado, que vozes autorizadas também se levantaram para negar a característica de instituição financeira às empresas de arrendamento mercantil. Dentre elas, destacam-se as de Ary

Oswaldo Mattos Filho e Luiz Mélega, este último inspirado no escrito do primeiro.

Para o prof. Ary Oswaldo, "no arrendamento mercantil não aparece nenhuma das três fases [atividades que pelo teor do art. 17 da lei n. 4.595/64, caracterizam as instituições financeiras] já que ela não coleta nem intermedia com apelo ao público; porém recebe de um industrial um plano-proposta para o arrendamento de determinada máquina, adquire esta máquina e arrenda-a ao industrial; sendo que o dinheiro para tal é levantado em instituição financeira" ("Problemas nas operações de *leasing*", *Revista Forense*, n. 205, p. 83). O artigo foi escrito antes da edição da Lei 6.099/74 e, fica claro do texto, suas indagações visavam a abstrair da competência do Banco Central do Brasil a regulamentação do setor. No mesmo sentido são as ponderações de Luiz Mélega, no artigo intitulado "Aspectos fiscais do *leasing*" *(*in *Revista Forense*, n. 205, p. 89).

No entanto, no contexto atual, confronta o argumento dos citados professores, o fato — à época inexistente — de que, assim como as instituições financeiras típicas, as empresas de arrendamento mercantil estão aptas a receber depósitos interfinanceiros, podendo dar como garantia seus direitos creditícios oriundos das próprias operações de arrendamento mercantil, conforme os arts. 1º e 10 do Título 2, que trata exatamente das *Normas operacionais de instituições financeiras e assemelhadas*, capítulo 7, seção 2, do *Manual de normas e instruções* do Banco Central do Brasil (atualização n. 1.431, de 15.5.97).

Definida a equiparação das empresas de arrendamento mercantil às instituições financeiras, resta verificar se o disposto no § 3º do art. 8º da Lei Complementar n. 77, de 13 de julho de 1993, pode ser plenamente aplicado à autora.

Para tanto, há que se analisar o conteúdo da Portaria n. 386, de 14 de julho de 1993, expedida pelo Ministério da Fazenda, tendo em vista a determinação constante nos dispositivos legais *suso* mencionados.

Esta portaria estabelece, em seu art. 1º, que a alíquota zero do IPMF fica restrita aos lançamentos referentes às operações e atividades consignadas nos seus incisos. Nesse passo, o inc. XXVII cuida exatamente das operações de arrendamento mercantil feitas pelo arrendador. Logo, não há espaço para qualquer discussão. As empresas de arrendamento mercantil podem se beneficiar da alíquota zero de IPMF, desde que, como ocorre *in casu,* dêem cumprimento integral ao art. 8º, da Lei Complementar n. 77, de 13 de julho de 1993, vale dizer, desde de que os valores sejam movimentados em contas correntes de depósito especialmente abertas e exclusivamente utilizadas para essas operações.

Ademais, o tratamento tributário privilegiado para as instituições financeiras não poderia mesmo deixar de ser estendido às empresas de arrendamento mercantil pois, em diversos diplomas legais, é afirmada essa identidade de tratamento para impor-lhes tributação especial.

Nessa linha, confira-se o que dispõem a Lei n. 8.541, em seu art. 10, § 1º (quanto à alíquota do adicional de imposto de renda), e a Lei Complementar n. 70/91 (ao aumentar a alíquota da contribuição social sobre os lucros das instituições financeiras, entre as quais se encontram relacionadas as sociedades de arrendamento mercantil, por força do § 1º do artigo 22 da Lei n. 8.212/91). Além disso, veja-se também a *contribuição social adicional,* imposta pelo art. 2º da Lei Complementar n. 84/96 a diversas instituições financeiras, dentre as quais se incluem as empresas de arrendamento mercantil.

Adotando a mesma linha de raciocínio deste Relator, *vide* o voto proferido pelo E. Desembargador Federal Clélio Erthal, do Egrégio Tribunal Regional Federal da 2ª Região, na AMS n. 95.02.20330-5-RJ, julgado por unanimidade em 12 de fevereiro de 1996.

Como se vê, em diversos casos o próprio legislador tributário tratou de equiparar as empresas de *leasing* com as instituições financeiras. Portanto, o que dispôs a Portaria n. 386, de 14 de julho de 1993, expedida pelo Ministério da Fazenda, aludida linhas acima, só vem manter uma linha de coerência com a sistemática tributária que já vinha sendo adotada, como deixam claro os exemplos acima mencionados.

Nem se poderia esperar outra forma de atuação. Dar um tratamento tributário contraditório à caracterização jurídica de uma empresa — equiparando-a às instituições financeiras para tributá-la e distinguindo-a para excluí-la de algum benefício — afrontaria o princípio constitucional da eqüidade, bem como esgarçaria o princípio da segurança jurídica.

Agindo desta maneira temerária, o Fisco estaria, de fato, impedindo que essa empresa elaborasse adequadamente o seu planejamento financeiro e tributário, tendo em vista que, certa margem de previsibilidade e continuidade do tratamento jurídico proporciona mais adequada adaptação do agente econômico ao setor jurídico-econômico em que se insere.

Afinal, a *função do Direito é conferir certeza às relações sociais* (Becker), subtraindo resquícios de arbitrariedade no Estado-de-Direito, vinculando o ente estatal e seus súditos a um prévio "projeto político que regerá suas relações, garantindo estes contra intemperanças daquele, mediante prévia subordinação do Poder e de seus exercentes a um quadro normativo geral e abstrato cuja função precípua é de conformar *efetivamente* a conduta estatal a certos parâmetros, antecipadamente estabelecidos como forma de defesa dos indivíduos" (cfr. Celso Antônio Bandeira de Mello, apud Roque Antônio Carrazza, *Curso de direito constitucional tributário*, 8ª ed., 1996, SP, Malheiros Editores, p. 231), dando às pessoas elementos para conhecer e, razoavelmente, prever, as conseqüências de seus atos.

Assim, tendo o Fisco optado por instituir uma paridade de tratamento na hora de cobrar os tributos, deve manter essa técnica também quanto aos benefícios.

Em face do exposto, rejeito a matéria preliminar e nego provimento à apelação e à remessa oficial.

É o meu voto.

Newton de Lucca — Juiz Relator.

Impresso nas oficinas da
Gráfica Palas Athena